天

Borderless

下

天 下 ， 在 乎 正 义 和 你

陈瑞华作品

刑事辩护的理念

第二版

陈瑞华　著

法律出版社 | LAW PRESS
北京

图书在版编目(CIP)数据

刑事辩护的理念 / 陈瑞华著. -- 2版. -- 北京：法律出版社, 2021
ISBN 978-7-5197-5745-8

Ⅰ. ①刑… Ⅱ. ①陈… Ⅲ. ①刑事诉讼－辩护－研究－中国 Ⅳ. ①D925.215.04

中国版本图书馆CIP数据核字(2021)第136845号

刑事辩护的理念（第二版）
XINGSHI BIANHU DE LINIAN（DI-ER BAN）

作　　者：陈瑞华
责任编辑：高　山　许莹洁
装帧设计：汪奇峰
出版发行：法律出版社
编辑统筹：学术·对外出版分社
责任校对：王晓萍　王语童
责任印制：陶　松
经　　销：新华书店
开　　本：710毫米×1000毫米　1/16
印　　张：32
字　　数：408千
版　　本：2021年11月第2版
印　　次：2021年11月第1次印刷
印　　刷：中煤（北京）印务有限公司
书　　号：ISBN 978-7-5197-5745-8
定　　价：98.00元

销售电话：010-83938349　客服电话：010-83938350　咨询电话：010-63939796
地　　址：北京市丰台区莲花池西里7号(100073)
网　　址：www.lawpress.com.cn
投稿邮箱：info@lawpress.com.cn
举报盗版邮箱：jbwq@lawpress.com.cn
凡购买本社图书，如有印装错误，我社负责退换。电话：010-83938349

作者简介

陈瑞华

北京大学法学教授，博士生导师，北京大学法学院学术委员会主任。兼任中国法学会常务理事，最高人民检察院专家咨询委员会委员，中国检察理论研究会副会长。曾获中国法学会“全国十大杰出青年法学家”称号，教育部“长江学者奖励计划”特聘教授。主要研究诉讼法、证据法、司法制度、企业合规等领域。著有《刑事诉讼法》《刑事证据法》《刑事审判原理论》《刑事诉讼的前沿问题》《程序正义理论》《程序性制裁理论》《企业合规基本理论》等著作。

第二版序言

2017年，笔者出版了《刑事辩护的理念》这部著作。自那时以来，我国刑事司法体制发生了重大的变化，司法改革决策者提出了“刑事辩护全覆盖”的改革思路，并进行了一系列相关的制度改革探索。中华全国律师协会（以下简称全国律协）通过了修订后的《律师办理刑事案件规范》，对原有的“律师独立辩护”条款作出了大幅度删改，初步确立了辩护律师的忠诚义务规范。与此同时，法律制度改革和司法实践提出了一系列理论课题，等待法学研究者的深入思考和学术讨论。例如，辩护律师与委托人之间究竟具有怎样的关系？如何重新确立辩护律师的职业伦理？我国刑事辩护制度的发展脉络和未来走向如何界定？如何根据我国实际情况打造一套有效辩护的理论体系……

法律制度的发展呼唤法学理论的创新，司法实践的问题等待法学研究者的理论回应。在这个法律制度变动不居的时代，法学研究者既不应固守原有的思维方式和研究方法，动辄从事规范解释或者对策法学方面的研究，也不应唯西方法学马首是瞻，动辄遵照西方的法理学理论框架来研究中国的法律问题。我们应当发愤图强，树立法学研究的主体意识，遵循“从经验到理论”的研究逻辑，根据中国的法律改革经验和教训，发现深层次的制度问题（problems），并通过与现有理论进行学术对话，找到真正的理论问题（issues），并提供概念化的努力，提出具有原创性的法学理论，作出独立的学术贡献。

基于上述认识，笔者近年来对刑事辩护问题进行了进一步的学术思考，发表了几篇相关的学术文章。其中，《有效辩护的中国化问题》提出了将有效辩护理论引入我国刑事诉讼法学的基本思路；《论协同性辩护理论》是一篇重新思考辩护律师与委托人关系的文章，是对原有的“独立辩护人理论”的理论回应和进一步发展；《刑事辩护制度四十年来的回顾与展望》是一篇制度回顾性的文章，梳理了我国刑事辩护制度发展的几个基本理论脉络；《辩护律师职业伦理的模式转型》是一篇反思我国辩护律师职业伦理问题的文章，提出了从“双中心模式”走向“单一中心模式”的理论思路。为使读者了解最新的理论变化，获得新的学术灵感，笔者将这四篇文章全都编入本书之中，以确保这部著作及时吸收刑事辩护领域的最新研究成果。

“天不生仲尼，万古如长夜。”没有理论的总结和提炼，任何制度改革和法律实践都是盲目的，也是注定会出现漏洞和缺陷的。通过对《刑事辩护的理念》的修订，笔者深切体会到，理论研究者唯有不拘泥于法律条文，而是深刻揭示法律条文的背后制约因素，才有可能超越具体而又繁杂的法律知识，奉献出具有真知灼见的法学思想。这是笔者矢志追求的学术目标。

陈瑞华

2020年11月3日谨识于北京大学

初版序言

呈现在读者面前的《刑事辩护的理念》一书，是笔者研究刑事辩护问题的学术专著。

屈指算来，笔者涉足刑事辩护问题的研究，已经有十几个年头了。最初，笔者只是作为一个辩护制度的旁观者，以各级律师协会刑事业务委员会“顾问”的身份，参与了辩护律师界的各种论坛和讨论会，对律师辩护的艰辛和酸楚有了较为直观的认识，对刑事辩护制度中存在的问题也有了初步的感悟。后来，笔者在辩护律师界有了越来越多的朋友，有时会接受他们的委托，对一些存在疑难法律问题的案件帮助出出主意，提供一些新的辩护思路。通过不断地接触律师朋友转来的疑难案件，笔者发现了不少制约刑事辩护制度发展的因素，开始从政治、经济、社会、文化的角度思考刑事辩护问题。再后来，通过与各地律师协会合作一些研究课题，接触了无计其数的精英律师，开始了解律师辩护的成功经验和失败教训，尝试着从律师辩护的经验中进行一定的理论思考，通过概念化的努力，将一些带有普遍性的经验上升为中国的刑事辩护理论。于是，就有了这一篇篇的研究论文，也最终形成这部刑事辩护理论著作。

作为一名关注刑事辩护问题的法律学者，笔者与各地律师协会开展了诸多研究项目的工作。2005年，笔者曾经接受全国律师协会刑事业务委员会的委托，组织研究生协助起草了一部“律师版”的刑事诉讼法立法建议稿草案。笔者还与该委员会进行过第二次合作，就律师会见问题起草了一部专题立法建议稿。在随后的八年时间里，笔者曾与一些地方律师协会进行过三次大规模的项目合作：一是与山东省、河南省和贵州省的律师协会，起草死刑案件刑事辩护的最低工作标准；二是协助贵州遵义市、山东东营市和济南市的律师协会，就量刑辩护问题起草工作指引；三是与江苏省律师协会合作，就律师申请非法证据排除的辩护问题起草工作指导意见。这些项目合作最终都取得了预期的效果，这些地方律师协会都将我们协助起草的辩护指引或辩护指导意见，以红头文件的形式予以颁布实施，使其成为指导律师辩护工作的规范性文件。

通过与律师界进行各种研究项目的合作，可以为刑事辩护制度的发展发挥一些力所能及的作用，但笔者从中也获益良多，甚至可以说“打开了一扇又一扇窗户”。笔者发现，即使在目前并不令人满意的司法环境下，律师界也在努力开拓刑事辩护的空间，探索刑事辩护的策略和技巧，为委托人的权益进行有勇有谋的斗争。我国律师界在长期辩护实践中逐步形成一些独特的执业风格，创造了一个又一个有效辩护的经验。数年前，在与田文昌大律师的一场学术对话中，笔者就试图对中国刑事辩护的经验进行学术总结，形成了一部名为《刑事辩护的中国经验》的对话录作品。就在笔者起草本书序言的同时，笔者与叶逗逗女士共同完成的一部对话体作品《刑事辩护的艺术》，正在进行后期的编辑加工之中，有望与本书同时加以推出。在这两部作品中，笔者将自己塑造成“学术搬运工”的角色，将众多律师创造的辩护经验加以总结和提炼，以较为简练轻松的叙述方式，奉献给那些愿意从事刑事辩护的律师朋友。

但是，在总结和传播律师辩护经验的过程中，笔者深深体会到

“授人以鱼，不如授人以渔”的道理。对于中国刑事辩护律师而言，一方面要善于从那些成功的刑事辩护中总结经验，受到“举一反三”的执业训练；但另一方面也需要加强自己的学术积累，了解刑事辩护的前沿理论，打好法律理论的功底。而对于研究法律问题的学者而言，与其从西方法律理论中引入一些新的概念、理论和原理，来对中国刑事辩护问题进行“指点江山”式的学术讨论，倒不如脚踏实地地进行辩护经验的总结，在与现有法律理论进行学术会话的基础上，提炼出一些富有说服力的刑事辩护理论。在那些受过社会科学方法训练的学者眼里，无论是刑事辩护制度存在的问题，还是辩护律师所创造的经验，都属于学术研究的对象，而揭示出这些制度和实践表象背后的经验、规律或其他制约因素，并通过概念化的努力，将其上升为抽象的理论，从而将法学研究推向深入，这才是法学研究的终极目的。

从经验到理论，从中国刑事辩护的经验事实中提炼出理论命题，这是笔者从事法律研究的学术志趣，也是本书所力图达到的学术目标。在本书的讨论中，笔者试图对刑事辩护作出新的理论表述。例如，笔者将刑事辩护区分为“自然意义上的辩护”与“法律意义上的辩护”，将刑事辩护的形态区分为“无罪辩护”、“量刑辩护”、“罪轻辩护”、“程序性辩护”和“证据辩护”等五种形态，并对这种“五形态分类法”进行了理论反思；笔者对“独立辩护理论”和“有效辩护理论”进行了分析和评论，讨论了辩护律师的“忠诚义务”问题，从而对辩护律师的职业伦理作出了理论上的思考；笔者还对近年来兴起的“量刑辩护”和“程序性辩护”进行了理论反思，对审判前阶段律师权利的救济问题提出了理论思路；笔者结合辩护律师与委托人的关系问题，提出并论证了被告人享有“自主性辩护权”等理论命题；等等。

在对刑事辩护理论进行探索的过程中，笔者尽管“使尽了浑身解数”，力图在辩护理论的推进上有所建树，但是，由于自身理论功力存在不足，而海内外有关刑事辩护理论的研究十分有限，因此不少研究都是浅尝辄止，也是有待后来者继续开拓的。学术研究是一项永无休止的事业，那些对刑事辩护问题有兴趣的研究者，如果能与律师界进行广泛而深入的接触，如果能进行更加系统的理论思考，并辅之以科学的研究方法，就可以在此领域做出更大也更有开创性的理论贡献。笔者期待着，我国法学界对刑事辩护理论的研究取得实质性的进展。

陈瑞华

2016年3月21日于北大中关园

目 录 CONTENTS

第一部分 基本理论

第一章 | 刑事辩护的理论挑战

第二章 | 刑事辩护制度四十年来的回顾与展望

第五章 | 有效辩护的中国化问题

第六章 | 辩护律师的忠诚义务

第七章 | 协同性辩护理论

第八章　|　辩护律师职业伦理的模式转型

第二部分　辩护形态论

第九章　|　刑事辩护的基本形态

第十章　|　刑事诉讼中的量刑辩护

第三部分　辩护保障论

第十三章 ｜ 审判前程序中辩护权的救济问题

第十四章 ｜ 被告人的自主性辩护权

第十五章 ｜ 被告人的阅卷权

第一部分

01

基本理论

第 一 章

刑事辩护的理论挑战

一、刑事辩护的旧理论与新问题

刑事诉讼制度的发展史，在一定程度上就是辩护权扩大和加强的历史。我国1979年通过的第一部《刑事诉讼法》，确立了被告人有权获得辩护的制度。1996年，立法机关通过修改《刑事诉讼法》，加强了嫌疑人、被告人的权利保障，将律师参与辩护的范围从原来的审判阶段延伸到侦查和审查起诉阶段。而2012年《刑事诉讼法》则首次明确了律师在侦查阶段的“辩护人”身份，使律师在侦查、审查批捕、审查起诉和庭前会议环节可以发表辩护意见，律师的会见权、阅卷权获得更为有效的程序保障。同时，刑事诉讼中的法律援助范围得到显著的扩大，嫌疑人获得法律援助的阶段也从审判阶段延伸到侦查和审查起诉环节。这些都显示了我国刑事辩护制度经历了从无到有、从弱到强的不断发育过程。

然而，书本上的刑事辩护制度是一回事，实务中的辩护形态则是另一回事。刑事辩护的实际状态显示，律师辩护制度所面临的问题并没有得到全部解决，律师界“为权利而斗争”的道路仍然曲折而漫长。但是，在律师界为改善律师执业环境而展开持续努力的时候，在新的刑事司法改革又将启动的时刻，我们也需要对刑事辩护问题保留一点理论思考的空间。或许，推进制度变革的努力是需要更多激情和勇气的。但是，对刑事辩护制度改革的目标和方向的反思则需要理性的分析和冷静的反思。

比如，对于会见权，传统的观点认为这是律师不容置疑的诉讼权利，我国刑事诉讼立法也是朝着这一方向而发展的。但是，难道"会见权"仅仅属于律师专属的诉讼权利？难道在押的嫌疑人、被告人就不能享有"要求律师会见的权利"？假如我国刑事诉讼法为在押嫌疑人、被告人确立了这种"会见权"，那么，他们一旦提出会见律师的请求，看守所就应及时安排律师会见，那些接受委托或指定而从事辩护活动的律师，则有义务前来会见在押的嫌疑人、被告人。这种对会见权的理论讨论一旦取得立法效果，那么，整个会见制度的面目岂不将变得焕然一新吗？

又如，对于阅卷权，传统的观点认为这是律师所独享的诉讼权利，嫌疑人、被告人都被排斥在阅卷权的主体之外。但是，作为辩护权享有者的嫌疑人、被告人，为什么就不能行使阅卷权呢？2012年《刑事诉讼法》所确立的律师向在押嫌疑人、被告人"核实有关证据"的权利，不就使后者有机会了解控方证据了吗？假如在押嫌疑人、被告人真的获得了阅卷权，那么，他们不仅可以为法庭的举证、质证活动进行有针对性的准备工作，而且还可以就辩护思路与律师进行实质性的讨论，从而有效地协调委托人与辩护律师的辩护立场，避免可能出现的辩护观点上的分歧和冲突。相对于委托人与律师不沟通、不协商的情况而言，这岂不是可以达到更好的辩护效果？表面看来，被告人是否获得阅卷权属于一个理论问题，但这一问题一旦得到解决，那么，律师辩护制度不就发生了实质变化了吗？

再如，传统的观点认为调查权就是律师调查核实证据的权利，无论是律师法还是刑事诉讼法，都是通过强化律师的自行调查权来维护其诉讼权利的。但是，律师调查取证毕竟不同于公检法三机关的调查活动，不具有国家强制力。律师向有关单位或个人进行调查取证，一旦遭到拒绝，他们单靠个人力量是无法调取证据的。其实，相对于律师的自行调查权而言，律师的申请调查权才属于真正意义上的诉讼权利。在“有关单位或个人”拒绝律师调查请求的时候，律师唯有向法院提出协助调查的请求，申请后者运用国家强制力来调查取证，或者传召证人出庭作证，这才能从根本上解决律师调查难的问题。假如律师的调查权被界定为自行调查权与申请调查权的结合，假如申请调查权被确定为律师申请法院以强制手段调取证据的权利，那么，律师“调查难”的问题或许可以迎来彻底解决的机会。

笔者拟以辩护制度的改革为背景，对这一制度所涉及的几个基本理论问题发表初步的看法。首先，根据裁判者是否参与的标准，本书将辩护区分为“自然意义上的辩护”和“法律意义上的辩护”，并据此提出了改革审判前的诉讼构造和重塑职业伦理的思路。其次，根据近年来刑事证据制度发展和量刑制度改革的实际进程，本书认为中国刑事辩护逐步具有了包括“无罪辩护”、“量刑辩护”和“程序性辩护”在内的多元化辩护形态。再次，本书将辩护权定位于“诉权”，强调这种权利的实现，一方面取决于辩护律师自身的努力和争取，另一方面更取决于司法机关的强力协助和有效救济。最后，基于辩护律师与被追诉者之间所具有的委托代理关系，本书将辩护权的权利主体设定为律师与被追诉者，尤其是强调被追诉者直接行使辩护权的重要性，对于会见权和阅卷权的行使方式，提出了新的理论见解。

二、刑事辩护的双重意义

按照传统的刑事诉讼理论，刑事辩护是指那些受到刑事控告的人为推翻或者削弱起诉方的指控，提出被告人无罪观点或者罪轻主张的诉讼活动。其中，被告人通过律师或其他人的帮助而进行的辩护，属于“辩护人辩护”；被告人在没有他人帮助的情况下自行实施的辩护，属于“自行辩护”。而根据辩护人的来源，“辩护人辩护”又可以被区分为“律师辩护”与“非律师辩护”。其中的“律师辩护”则可以被进一步区分为“委托辩护”与“指定辩护”。

应当说，这种对刑事辩护的类型化分析并没有什么不当之处。刑事辩护发生的前提确实是有刑事指控的存在，辩护的目的也是将刑事指控予以削弱或者推翻。但是，这种对刑事辩护的界定却忽略了一个重要因素：辩护方与作为第三方的裁判者的关系。其实，刑事诉讼之所以被称为“诉讼”，就是因为其中既要有可以平等对抗的控辩双方，也要有一种居于中立地位的裁判者。在没有裁判者参与的“诉讼活动”中，那种由控诉、辩护和裁判所组成的三方诉讼构造并不存在，而只能形成一种由刑事追诉机构与被追诉者所组成的“二方构造”。而这种“二方构造”并不具有基本的“诉讼形态”，而只能带有行政处罚程序的性质。〔1〕这是因为，这种“诉讼活动”要么根本不存在任何裁判者的参与，要么是侦查官员、检控官员事实上在充当着裁判者，从而使指控者与裁判者完全合而为一了。于是，我们不得不面对这样一个实际的问题：在没有第三方参与的所谓“诉讼活动”中，嫌疑人、被告人所进行的申辩或防御活动真的属于“辩护活动”吗？

或许，有人会认为，在指控者与裁判者合而为一的“诉讼活动”中，嫌疑人、被告人完全可以从事辩护活动，也可以提出各种诉讼主张和辩护意见，只不过这种申请和辩护一般不会发生实质性法律效果罢了。然而，按照德国法学家拉德布鲁赫的观点，“假如原告本身就是法官，那只有上帝才能充当辩护人”〔2〕。在没有裁判者参与的“诉讼活动”中，被告人的辩护是不会有其存在空间的。毕

〔1〕 在以往的研究中，笔者曾将“诉讼形态的回归”作为中国刑事诉讼制度未来的重大改革课题。有关的分析可参见陈瑞华：《刑事诉讼的前沿问题》（第5版），中国人民大学出版社2016年版，“代序言　通过程序实现法治”；陈瑞华：《问题与主义之间——刑事诉讼基本问题研究》（第2版），中国人民大学出版社2008年版，第10章。

〔2〕 ［德］拉德布鲁赫：《法学导论》，米健、朱林译，中国大百科全书出版社1997年版，第121页。

竟，无论是否有辩护律师的参与，也无论这种辩护是否具有说服力，这种辩护活动都无法发挥直接的辩护效果。因为在这一“辩护活动”中，裁判者并不保持中立和超然的地位，而与案件的结局有直接的利害关系，对于被告方的诉讼主张无法保持客观对待和认真倾听的态度；无论是被告人还是辩护律师，辩护意见越有力量，就会与裁判者的利益和观点发生越严重的抵触，最终带来更为消极的辩护效果，而那种服从和配合的辩护方在这种裁判者面前，则会得到更大的实惠。

考虑到中立裁判者参与诉讼活动的重要性，我们将辩护做以下两种类型的区分：在没有裁判者参与的诉讼活动中，被告方针对刑事指控所进行的申辩活动，属于“自然意义上的辩护”；而在中立裁判者参与的诉讼活动中，被告人及其辩护律师为削弱或者推翻刑事指控所进行的防御活动，则属于“法律意义上的辩护”。

当然，“自然意义上的辩护”也不失为一种辩护活动。社会学、心理学的研究表明，任何一个有理性的人在面临刑事指控时，都会有一种进行防御和辩解的本能欲望，并会作出各种申辩行为。但是，在没有中立第三方参与的情况下，这种申辩注定是不会发生任何法律效果的。毕竟，“自然意义上的辩护”很难削弱指控的效果，更不可能造成指控的推翻；提出此种辩护的被告人也有可能提出各种程序上的申请或申辩意见，但侦查人员或公诉方要么不予置评，要么直接驳回。

“自然意义上的辩护”的最典型样本，莫过于嫌疑人在审判前阶段所作的各种辩护活动。由于不存在中立的第三方和裁判者，无论是侦查还是审查起诉都是在公安机关或检察机关直接控制下进行的。也无论是各种旨在剥夺嫌疑人人身自由的强制措施，还是那些可能导致嫌疑人隐私权和人格尊严遭受侵犯的强制性侦查行为，都是由检察机关、公安机关自行授权、自行决定下实施的。对于辩护律师的会见、调查、阅卷以及有关变更强制措施的申请，一律都是由公安机关或者检察机关自行作出裁决，而几乎不可能提交中立的司法官员加以裁决和救济。在这种带有行政治罪性质的“诉讼”活动中，除非侦查官员、检控官员自己愿意采取某种诉讼行动，否则，无论是嫌疑人的申辩还是辩护律师的交涉，都很难发生实质效果。

与“自然意义上的辩护”不同，“法律意义上的辩护”是指被告方在中立裁判者面前所进行的防御和辩解活动。由于有中立的司法官员作为裁判者参与诉讼活动，被告方的所有辩护活动就有了一个倾听者和审查者。即使是那些明显倾向于刑事追诉的裁判者，也不会明目张胆地站在检控方的立场上，不给被告方任何实质的辩护机会。当然，即使是在裁判者参与诉讼活动的情况下，辩护空间的大小和辩护有效性的强弱，也在很大程度上取决于裁判者独立性和中立性的高低。而一个不具备最起码的中立性的裁判者，或许本身就等于检控方的延伸和帮手，都不能称其为真正意义上的“裁判者”。

无论如何，要使刑事辩护活动发生实质性的效果，被告方就只能在作为第三方的裁判者面前进行各种辩护活动。事实上，辩护方无论是提出各类程序性申请，还是针对侦查、公诉、审判的合法性提出程序异议，都只能在裁判者面前进行，并直接向裁判者提出。被告人及其辩护律师所进行的所有辩护活动，只有在裁判者亲自参与的情况下才具有法律上的意义。

由此可见，所谓“法律意义上的辩护”，其实就是被告方为推翻或者削弱检控方的犯罪指控，在作为裁判者的法庭面前所作的辩解和交涉活动，其目的在于说服裁判者接受本方的辩护意见。从实质上看，被告方要达到推翻或者削弱检控方指控的目标，就必须说服作为裁判者的法庭接受其诉讼主张，从而对法庭的裁判结论施加自己积极的影响。因此，刑事辩护成功的标志并不仅仅在于将检控方的指控加以驳倒，而更重要地在于说服裁判者，使其在裁判结论中接受或者容纳本方的辩护意见。

这种对“自然意义上的辩护”与“法律意义上的辩护”的区分，对于我们重新思考刑事审判前程序的改革，是有启发意义的。在中国刑事审判前程序中，由于不存在中立的第三方，法院基本不参与侦查和审查起诉活动，因此，所谓的“法律意义上的辩护”并不存在。今后，随着中国司法体制改革的逐步推进，在审判前程序中构建一种司法审查机制，将是一项重大的司法改革课题。通过确保一种中立司法官员（可以称为“预审法官”或者“侦查法官”）的参与，可以在那些涉及限制、剥夺公民基本权利的事项上，确立一种司法令状主义的审批机制。这种司法审批可以适用到诸如拘留、逮捕、羁押延长、搜查、扣押、监听等强制性侦查措施上面。同时，遇有侦查人员、检察官剥夺律师诉讼权利的场合，律师应有权向这种司法官员申请司法救济。例如，对于侦查人员、看守所剥夺律师会见权，对于公诉人剥夺律师阅卷权，对于有关单位或个人拒绝律师调查请求的，律师都可以向司法官员提出申请，由该司法官员发布有关的司法令状，以便作出强制性的命令，责令侦查人员、看守所满足律师的会见请求，责令公诉人满足律师的阅卷要求，责令有关单位或个人接受律师的调查取证行为，或者直接出庭作证。〔1〕

这种对“法律意义上的辩护”的重新界定，对于重新构建律师的职业伦理，尤其是重新调整辩护律师与法院之间的关系，也具有重要的理论指导意义。应当说，如何促使法院尊重辩护律师的辩护权，理性地看待辩护律师的辩护意见，这确实是一个值得关注的重要问题。但不容忽视的是，辩护律师不尊重法庭，没有将刑事法官当作需要说服和对话的一方，甚至采取一种“政治演说式的辩护”，将法庭当作一种向公众发表观点的场所，这也是一种十分危险的倾向。这会导致本方的诉讼主张不被采纳，也无助于维护委托人的合法权益。需要强调的是，刑事辩护的目的不仅仅在于发表本方的辩护意见，而更在于说服法官接受这种辩护意见。为了有效地与法官展开法律对话，辩护律师应当遵守一种特殊的职业伦理。具体而言，辩护律师应当对法庭保持基本的尊重，而不能有藐视法庭的言行；辩护律师应当始终面向裁判者进行有理有据的

---

〔1〕　有关审判前程序中的诉讼形态的建构问题，参见陈瑞华：《刑事诉讼的前沿问题》（第 3 版），中国人民大学出版社2011年版，第278页以下。

申辩和论证，而不应面向旁听者发表演讲；律师应当通过法庭这一途径表达本方的辩护意见，而不应将正在争议的案件诉诸新闻媒体，不应通过社会舆论对司法裁判者施加压力；辩护律师应当使用与法官相同的理论、案例、政策和思维方式，来形成本方的辩护思路，如可以援引最高人民法院（以下简称最高法院）法官的学术观点，援引最高法院指导性案例对相似案件的裁判理由和裁判结论；对法院的裁判不服，辩护律师可以通过审级制度向上级法院提出上诉，争取在审级制度范围内获得有效的司法救济……

三、程序性辩护和量刑辩护的兴起

在传统的刑事诉讼理论中，刑事辩护主要被界定为一种为追求无罪或罪轻之结局而展开的辩护活动。这种对刑事辩护概念的界定，着重强调了"实体性辩护"的重要性，而没有将"程序性辩护"视为一种独立的辩护形态，更没有对"实体性辩护"本身做进一步的区分，因此，无法反映刑事辩护的实际情况，无助于律师根据案件的具体情况确立不同的辩护思路。

随着中国刑事司法改革的逐步推进，审判制度和证据规则都发生了深刻的变化，刑事辩护的空间也随之有所扩展。那种以推动实体法实施为核心的辩护理念，已经无法对中国的辩护实践作出富有说服力的解释，那种对刑事辩护的理论界定也不足以包容越来越丰富的辩护形态。因此，无论是刑事司法改革还是刑事辩护的实践，都呼唤着一种新的辩护形态理论。

2010年，最高法院参与颁布实施的两部刑事证据规则，首次确立了非法证据排除规则。根据这一规则，被告人及其辩护人提出排除非法证据申请的，法院应当中止案件的实体审理活动，专门对这一程序争议作出裁决。特别是对被告人供述的合法性问题，法院经过初步审查，确认对侦查行为的合法性存有疑问的，就可以启动正式的听证程序。届时，公诉方需要对侦查行为的合法性承担举证责任，为此可以出示全部讯问笔录、播放录音录像资料以及传召侦查人员等出庭作证。由此，一种以审查侦查行为合法性为目的的司法裁判机制逐步确立起来，我们可以将其称为“程序性裁判”。[1]

这种旨在审查侦查程序合法性的程序性裁判机制，在刑诉法修正案草案中也得到了确立。作为一种可以预期的结果，未来的刑事诉讼法将正式确立这种独立于实体性裁判的裁判形态。在这种“程序性裁判”过程中，被告人属于侦查行为合法性之诉的发动者，具有“程序性原告”的身份，而侦查人员则成为“程序性被告”，这一诉讼所要解决的是侦查行为是否合法以及有关证据应否排除的问题。[2]辩护律师为此所展开的辩护活动，并不是要直接追求法院作出无罪或者罪轻的结果，而是促使法院宣告某一侦查行为无效，否定公诉方某一证据的证据能力。在侦查行为的合法性以及公诉方证据是否具有证据能力问题上，辩护律师往往与公诉方具有不同的诉讼立场，并发生直接的诉讼对抗活动。对于这种新的辩护形态，我们可以称为“程序性辩护”。[3]

在两部刑事证据规则正式颁行之后，另一项重大的刑事司法改革也在全国范围内开始推行。根据最高人民法院参与颁布的量刑改革指导意见，我国法院确立了一种“相对独立的量刑程序”，使得“量刑被纳入法庭审理程序”之中。在中国的刑事审判过程中，无论是在法庭调查还是在法庭辩论环节，都出现了“定罪审理”与“量刑审理”的程序分离。于是，对同一个刑事案件，法院先要对被告人是否构成犯罪的问题进行法庭审理，然后再对被告人的量刑

---

〔1〕 有关非法证据排除规则的讨论，参见陈瑞华：《非法证据排除规则的中国模式》，载《中国法学》2010年第6期。

〔2〕 参见翟建、张培鸿：《证明还是反驳——对辩护人责任的本体论思考》，载《上海交通大学学报（哲学社会科学版）》2004年第2期；李鹏等：《语境与困境中的辩护律师程序请议权》，载《律师与法制》2004年第6期。

〔3〕 关于程序性辩护问题的讨论，参见陈瑞华：《程序性制裁理论》（第2版），中国法制出版社2010年版，第294页以下。

问题启动司法裁判程序。对于这种以解决量刑问题为目的的法庭审理活动，我们可以称为“量刑裁判”。[1]

在这种量刑裁判过程中，公诉方可以提出量刑建议，被害方可以提出量刑意见，辩护律师也可以有针对性地提出本方的量刑意见。为形成量刑辩护的思路，律师可以对公诉方、被害方提出的量刑情节进行审核，也可以通过会见、阅卷、调查等途径发现新的量刑情节，并最终就量刑种类和量刑幅度提出本方的量刑观点。在庭审中，律师还可以通过举证、质证和辩论论证本方的量刑情节，并运用这些量刑情节来论证某一量刑方案。很显然，这种从量刑情节角度所展开的辩护活动，并不是要推翻公诉方的犯罪指控，而是为了说服法院选择较轻的量刑种类和量刑幅度，使被告人尽可能受到宽大的刑事处罚。对于这类辩护活动，我们可以称为“量刑辩护”。[2]

在定罪程序与量刑程序逐步分离的制度下，法院的刑事审判就分出了“定罪审理”和“量刑审理”这两种相对独立的审判程序。在这种“定罪审理”程序中，假如被告人自愿作出有罪供述，并对公诉方指控的罪名不持异议，那么，所谓的“定罪审理”程序就将得到大大简化，律师一般不会对被告人构成犯罪的问题提出挑战，而着重从量刑的角度展开辩护。但是，一旦被告人拒绝作出有罪供认，或者对公诉方指控的罪名提出异议，或者被告人同意由辩护律师挑战公诉方的有罪指控，那么，法院就将举行正式的“定罪审理”活动。这种审理活动所遵循的程序也就是法定的“普通审理程序”。在这种审理程序中，辩护律师为推翻公诉方的有罪指控所进行的辩护活动，通常被称为“无罪辩护”。

从辩护律师所提出的辩护理由来看，无罪辩护可以分为“实体法意义上的无罪辩护”和“证据法意义上的无罪辩护”。前者是律

---

〔1〕 参见李玉萍：《中国法院的量刑程序改革》，载《法学家》2010年第2期。

〔2〕 关于量刑辩护的性质和问题，参见陈瑞华：《量刑程序中的理论问题》，北京大学出版社2011年版，第188页以下。

师依据犯罪构成要件论证被告人不构成某一犯罪的辩护活动。后者则属于律师根据司法证明的基本规则论证案件没有达到法定证明标准的辩护活动。而从辩护的效果来看，无罪辩护又分为“完全的无罪辩护”与“部分的无罪辩护”。前者是指律师对公诉方指控的所有罪名全部予以否定，从而要求法院直接对被告人作出无罪裁判的辩护活动。后者则是律师对公诉方指控的部分犯罪事实予以否定的辩护活动，可以表现为对公诉方指控的部分罪名的否定，或者对公诉方指控的部分犯罪事实的否定，或者对公诉方指控的部分被告人犯罪事实的否定。这类辩护尽管没有对公诉方指控的全部犯罪事实予以否定，却属于旨在推翻部分指控犯罪事实的辩护活动，因此也属于广义上的“无罪辩护”。

这样，与中国刑事司法改革的进程相适应，“程序性辩护”“量刑辩护”逐步从原来较为单一的辩护活动中脱颖而出，形成了相对独立的辩护形态。而在程序性审查优先原则的作用下，辩护方就侦查行为的合法性提出的程序异议，不仅启动了程序性裁判活动，而且中止了定罪审理程序，这就使“程序性辩护”相对于“无罪辩护”而言，具有一定程度的独立性和优先性。〔1〕与此同时，被告方对无罪辩护的自愿放弃，导致定罪审理程序大大简化，刑事审判基本变成一种单纯的量刑裁判程序，辩护律师所要着力展开的是量刑辩护活动。而在被告方选择无罪辩护的情况下，辩护律师需要在普通审判程序中展开无罪辩护活动，然后在量刑裁判程序中进行量刑辩护。与定罪程序与量刑程序的交错进行相对应的是，无罪辩护与量刑辩护这时也具有相互交叉的特征，而难以形成那种纯粹的“先无罪辩护、后量刑辩护”的格局。

三种辩护形态并存的局面，为我们研究刑事辩护问题提出了很多理论课题。例如，在被告人同时选择无罪辩护和量刑辩护的情况下，如何有效地确保无罪辩护的有效性，避免被告人因为在挑战

---

〔1〕　有关程序性辩护的性质和法律意义，可参见［美］艾伦·德肖维茨：《最好的辩护》，唐交东译，法律出版社2014年版，第5页。

指控罪名的同时又提出从轻或减轻量刑的请求，这成为一个亟待解决的问题。与此同时，在被告人坚持无罪辩护意见的情况下，如何避免量刑辩护受到冲击，这也是一个值得关注的课题。又如，在中国法院对无罪判决的选择越来越谨慎的情况下，辩护律师对无罪辩护意见的坚持，有时会产生一个附带的诉讼效果：促使法院选择一种“留有余地”的裁判方式，也就是对本来不应宣告有罪的案件作出有罪判决，但在量刑上作出一定幅度的宽大处理，尤其是尽量不适用死刑。这就使“无罪辩护”与“量刑辩护”的关系存在相互转化的关系。而从律师辩护的实践来看，“程序性辩护”与“量刑辩护”有时也会发生类似的转化关系。再如，对于案件是否选择“无罪辩护”、“程序性辩护”和“量刑辩护”，辩护律师究竟如何形成自己的辩护思路，尤其是在辩护思路的选择上要与被告人进行充分的协商和沟通，遇有被告人与辩护律师在辩护思路上发生冲突的情况，律师究竟如何处理，这都是需要深入研究的理论和实践课题。

四、辩护权的诉权性质

辩护律师不是国家工作人员，不享有国家公权力，他们所行使的所有诉讼权利都不可能像侦查权、公诉权和审判权那样具有国家强制力，因此，律师不可能拥有所谓的“强制会见权”、“强制阅卷权”或者“强制调查权”。假如有关部门或个人尊重辩护律师的权利，不为这种权利的行使设置障碍，那么，律师的这些权利就可以得到自动的实现。但是，律师的诉讼权利一旦遇到阻碍、拖延、困扰的情形，他们就无法依靠自身的力量来促成其诉讼权利的实现，而只能求助于司法机关的帮助。

此外，辩护权也具有“诉权”的性质，也就是诉诸司法机关进行裁判的权利。从这种权利的行使方式来看，辩护权也可以被分为程序申请权、程序选择权、程序参与权和程序救济权。作为一种诉权，辩护权往往需要通过申请司法机关给予协助或保障的方式，才能得到有效的实施。而在遇到阻碍或者无法申请司法保障的时候，辩护方还应当获得有效的司法救济机会。正因如此，律师的诉讼权利几乎都包含着“自行辩护权”和“申请辩护权”两个组成部分。[1]

“会见权”就是一个值得反思的例子。针对侦查机关和看守所任意拒绝律师会见的现象，律师法和刑事诉讼法都确立了一种“律师持三证无障碍会见权”，也就是律师只要携带和出示法定的证件和证明材料，看守所就应当允许律师会见在押嫌疑人。换言之，会见无须征得办案机关的批准，看守所对律师会见更没有审批权。应当说这一制度设计的初衷当然是无可厚非的。但是，经验表明，至少在部分案件的侦查阶段，律师的会见还要经过侦查机关的批准。之所以会发生这种情况，原因就在于，“会见权”并不是律师自行实施的权利，而是一种“申请权”，也就是申请看守所或侦查机关批准会见在押嫌疑人的权利。假如看守所准许律师会见，这一诉讼权利也就得到实现了。而假如看守所动辄拒绝安排律师会见，或者侦查机关拒绝批准会见的话，那么，律师的会见权也就无法得到实现了。[2]

很显然，律师的“会见权”其实应当表述为“申请会见权”。假如嫌疑人、被告人没有丧失人身自由，律师当然享有完全的“会见权”，也就是自行会见嫌疑人、被告人的权利。但是，律师要成功地会见那些在押的嫌疑人、被告人，就只能征得未决羁押机构的批准。要解决律师的“会见难”问题，根本的立法思路应当是消除看守所在审批方面的所有阻碍，而不是完全拒绝看守所的审批机制。同时，要防止办案机关任意限制律师会见的问题，最根本的出路也

---

〔1〕 有关诉权与裁判权的关系，可参见［法］让·文森、塞尔日·金莎尔：《法国民事诉讼法要义》（上册），罗结珍译，中国法制出版社2001年版，第97页以下。

〔2〕 有关律师会见难及其司法救济问题，参见陈瑞华：《刑事诉讼中的问题与主义》，中国人民大学出版社2011年版，第343页以下。

是严格限制办案机关对会见加以审批的案件范围，对审批的程序作出严格规范，对无理拒绝审批的行为确立程序救济机制。

辩护律师的“调查权”是另一个更为典型的例子。

刑事辩护的实践表明，律师的“调查难”问题始终没有得到有效的解决。一方面，律师向有关单位或者个人搜集、调取证据，或者向有关证人进行调查取证，经常遭到拒绝。另一方面，辩护律师向检察机关、法院申请协助调查证据，或者申请法院通知证人出庭作证，也往往得不到有效的支持。不仅如此，“调查难”问题还衍生出律师的职业风险问题。尤其是在向被害人、公诉方的证人等进行单方面调查时，遇有被害人改变陈述、证人改变证言的情形，侦查机关、公诉机关一旦深究下去，向证人、被害人调查改变证言的情况，律师就有可能被认为“唆使”“引诱”证人、被害人改变证言，甚至面临诸如“伪证罪”或者“妨碍作证罪”的刑事指控。有些辩护律师甚至因此受到拘留、逮捕、提起公诉甚至被定罪判刑。于是，由律师调查难问题更进一步地引出辩护律师的执业风险问题。

从理论上说，将律师的“调查权”定位为一种独立的辩护权利，指望律师通过自身力量来进行调查取证，其用意是可以理解的，但却是难以成立的观点。一些地方法院在民事诉讼中探索创立的“调查令”制度，允许律师提出申请司法调查的权利，法院对那些合理正当的调查请求，直接发布专门的“调查令”，从而为律师的调查取证提供了有力的司法保障。这对于解决律师的“调查难”问题开创了一条新的途径。[1]但令人遗憾的是，这类改革试验在刑事诉讼中还尚未出现。

“调查令”制度的推行经验表明，律师的“调查权”不能被仅仅定位为律师“自行调查证据的权利”，而必须辅之以“申请法院强制调查”的权利。两者结合起来，律师向有关单位或个人的调查

---

〔1〕 参见梁建军、马铁夫：《湖南法院发出首批调查令》，载《人民法院报》2005年9月26日。

取证，才能得到有效的实现。辩护律师一旦将自己的调查请求提交司法机关，而司法机关经过审查，认为律师的律师请求是合情合理、有助于查清事实真相的，就应当发布诸如“调查令”“强制证人出庭令”之类的司法命令。对于司法机关发布的这种司法令状，有关单位和个人假如继续予以抵制，就等于拒绝司法机关的强制调查，就要因此遭受不利的法律后果。在不少国家，在法院发布类似司法令状后仍然拒绝接受调查或者拒绝出庭作证的人，轻则会受到强制传唤、拘留，重则可以构成蔑视法庭罪，从而受到直接的刑事处罚。正因如此，美国联邦宪法前十条修正案尽管没有确立诸如“调查权”或者“自行调查权”之类的宪法表述，却将“获得法院以强制手段确保证人出庭的权利”列为一项重要的宪法权利，并把这一权利与“获得与对方证人进行对质盘问的权利”并列为“对质询问权”的两大组成部分。

归根结底，只有将“调查权”定位为“律师自行调查权”与“申请法院强制调查权”的有机结合，要求法院在律师自行调查遇到困难并提出协助调查申请之后，及时发布相关司法令状，强制有关单位或个人提供有关实物证据，承担出庭作证的义务，才能从根本上解决律师“调查难”的问题。

五、辩护权的权利主体

2012年《刑事诉讼法》所确立的律师向在押嫌疑人核实有关证据的权利，引发了有关被告人是否享有阅卷权问题的讨论。在律师界看来，唯有赋予在押嫌疑人、被告人查阅案卷的权利，才能保证其有效地行使辩护权。但很多检察官、法官对这一主张提出了异议。他们认为嫌疑人、被告人尽管是辩护权的享有者，但阅卷权却只能由辩护律师独立行使。无独有偶，在如何保障律师“会见权”问题上，也出现了一种要求确立在押嫌疑人、被告人“申请会见权”的观点，认为会见权并不是辩护律师单方面行使的诉讼权利，在押嫌疑人、被告人也应属于会见权的主体，他们一旦提出正当的会见请求，不仅未决羁押机构应当安排律师会见，而且那些从事辩护活动的律师，也有尽快会见委托人的义务。当然，也有律师提出了担忧：目前就连律师“会见在押嫌疑人的权利”都遇到重重困难，在押嫌疑人获得“会见辩护律师的权利”并不具有太大的可能性。

在被告人是否享有“阅卷权”“会见权”问题的背后，其实存在辩护权的权利主体这一理论问题。具体而言，作为辩护权的享有者，被告人只能通过辩护律师行使其诉讼权利，这是否具有正当性？难道我们在承认被告人拥有“诉讼权利能力”的同时，却要否定其“诉讼行为能力”吗？由此看来，作为辩护权利的享有者，被告人能否独自行使各项诉讼权利，这不仅是一个制度问题，更是一个有待解决的理论问题。

按照传统的诉讼理论，阅卷权尽管源于被告人的辩护权，却是辩护律师所独享的诉讼权利，无论是嫌疑人还是被告人，都没有阅卷权。所谓的“证据展示”或“证据开示”，也是在检察官与辩护律师之间展开的证据交换活动，嫌疑人和被告人都被排斥在这一活动之外。这是因为，设置阅卷权的目的主要在于保证辩护律师进行防御准备，有效地展开庭审质证。而被告人一旦有机会查阅案卷材料，就会了解公诉方所掌握的全部证据信息，轻则容易进行串供、翻供，重则会导致仇视、报复被害人、证人甚至同案被告人的现象出现。更何况，被告人假如获得了查阅、摘抄、复制公诉方案卷笔录的机会，就有可能全面了解案件证据情况，并根据这些证据情况来确定供述和辩解的内容，从而出现故意提供虚假陈述的情况。在这方面，被告人与证人的情况有些相似。法学理论强调证人的特殊性和不可替代性，要求证人在作证之前不得接触其他证据，不得旁听案件审理过程。同样，被告人作为了解案件情况的“特殊证人”，也不能通过接触案卷来产生先入为主的预断。

然而，这种将嫌疑人、被告人排斥在阅卷权主体之外的观点是很难成立的。这是因为，被告人是辩护权的享有者，当然也可以独立行使阅卷权。在中国刑事审判制度中，被告人在行使举证权和质证权方面，与辩护律师享有完全相同的权利，他们既可以向法庭提出本方的证据，也可以对公诉方的证据进行质证，对控方证人也可以进行当庭交叉询问。既然如此，不去阅卷，不了解公诉方掌握的全部证据材料，被告人怎么进行有效的法庭质证呢？此外，有些为被告人所独知的专业问题或者案件事实，只有允许被告人亲自阅卷，才能提出有针对性的质证意见，并最终协助辩护律师做到有效的辩护。尤其是在被告人与辩护律师在辩护思路存在分歧的情况下，让被告人充分地获悉公诉方的证据材料，了解公诉方掌握的指控证据，可能是保证被告人作出理智选择的重要手段，也是督促辩护律师展开有效辩护的必由之路。

中国刑事诉讼制度赋予了被告人“当事人”的诉讼地位，使其享有辩护权，律师属于其辩护权的协助行使者。但与此同时，被告人供述和辩解在证据法上又属于独立的法定证据种类，被告人其实具有“证人”的品格，属于案件事实的信息来源。被告人作为当事人的地位与作为“证据信息之源”的身份，其实经常会发生冲突和矛盾。主流的诉讼理论强调被告人拥有选择诉讼角色的自由，也就是承认所谓的“供述的自愿性”，强调禁止强迫被告人“自证其罪”。但是，对被告人阅卷权的剥夺，对其翻供、串供的严密防范，无疑将被告人置于无法自由选择诉讼角色的“诉讼客体”境地。而唯有赋予被告人独立的阅卷权，使其有机会通过全面阅卷来展开充分的防御准备，才能使被告人的当事人角色得到有效的发挥，而在被告人与辩护律师共同的防御下，被告人的辩护权才能得到真正的实现。

在辩护权的权利来源和权利主体方面，值得反思的还有“会见权”问题。在这方面，中国法学界和律师界主要关注的是“辩护律师如何会见在押嫌疑人”的问题。那么，作为一项辩护权利，“会见权”究竟是律师的权利还是在押嫌疑人的权利？如果这一权利仅仅属于律师所独有的“诉讼权利”，那么，辩护律师就要“争取从外围进入羁押场所”，突破侦查部门和看守所的两道审批“门槛”。但是，会见权与其他辩护权利一样，都源于作为委托人的嫌疑人，也当然应当为嫌疑人所直接享有。假如会见权只是意味着律师主动会见在押嫌疑人的权利，那么，嫌疑人在未决羁押状态下就不能提出“会见辩护律师”的申请，而只能被动地等待律师的会见，消极地接受律师所安排的会面。但嫌疑人在丧失人身自由的情况下，一旦遇到亟待解决的法律问题，尤其是需要及时与辩护律师协商的情形，难道他就不能提出会见律师的请求吗？这种单方面强调“律师会见权”的制度，怎么能保证嫌疑人获得有效帮助呢？

很显然，所谓“会见权”，其实是“律师申请会见在押嫌疑人”与“在押嫌疑人要求会见辩护律师”的有机结合。我们过去一直将“会见权”界定为“律师会见在押嫌疑人、被告人”的权利，这固然是十分必要的，却是非常不完整的。律师作为嫌疑人、被告人的法律帮助者，通过会见在押的委托人，可以了解案情。获悉相关的证据线索，进行充分的防御准备，逐步形成和完善自己的辩护思路，并且说服委托人接受并配合自己的辩护思路，从而达到最佳的保护效果。这些都是律师会见在押委托人所能发挥的诉讼功能。但是，作为身陷囹圄的当事人，嫌疑人、被告人一旦委托律师提供法律帮助，就应当拥有要求会见辩护律师的权利。一方面，对于嫌疑人、被告人是否有会见律师的需要，律师有时候并不十分清楚，单靠律师的主动会见经常难以满足委托人的法律服务需求。另一方面，在押的委托人一旦遇到诸如侦查人员违法取证、管教民警纵容同监所人员虐待或者有关部门威胁、利诱嫌疑人、被告人改变诉讼立场（如将拒绝供述改为当庭认罪）等情形，只有获得及时会见辩护律师的机会，才能与律师进行必要的法律咨询，协调诉讼立场，避免作出不明智的观点改变。而对于这些发生在未决羁押场所的情形，律师在“外面”是很难预料到的，也往往无法通过主动的会见来加以解决。

由此看来，无论是阅卷权还是会见权，其实都是为实现辩护权而存在的。嫌疑人、被告人既是辩护权的享有者，也当然应当属于辩护权的行使者。作为嫌疑人、被告人的法律代理人，辩护律师可以依据嫌疑人、被告人的合法授权，有效地行使各项辩护权利，这是确保被告人辩护权得以有效行使的制度保障。但是，辩护律师所行使的辩护权利既来自被告人的授权，也不能完全替代被告人本人对各项辩护权利的行使。作为辩护权利的享有者，被告人假如对辩护律师失去了信任，完全可以撤销授权委托，也可以否决辩护律师对某一辩护事项的处置。不仅如此，被告人在信任辩护律师的情况下，既可以完全委托辩护律师代行各项诉讼权利，也当然可以与辩护律师一起，各自独立地行使辩护权。事实上，被告人对阅卷权、会见权的有效行使，既可以对辩护律师的阅卷、会见形成必不可少的补充和保障，又可以发挥难以替代的价值和作用。

赋予被告人阅卷权和会见权的理论意义在于，保证被告人在阅卷、会见等方面发挥独特的作用，使被告人与辩护律师获得更为充分的防御准备。应当强调的是，辩护律师参与刑事诉讼活动的主要目的，在于最大限度地维护委托人的合法权益，有效地实现委托人的辩护权。无论是“阅卷”还是“会见”，都不应当成为辩护律师的“独享权利”，甚至成为嫌疑人、被告人所无法“染指”的律师权利。否则，阅卷权、会见权的制度设置，势必将发生功能上的“异化”，这些权利甚至会变成辩护律师所独享的权利。从理论上看，嫌疑人、被告人放弃行使辩护权的唯一正当理由应当是，嫌疑人、被告人相信辩护律师代行这些权利，会取得更好的辩护效果。但前提是嫌疑人、被告人应当拥有独立行使这些权利的机会。而在剥夺嫌疑人、被告人辩护权的前提下，辩护律师完全代为行使这些权利，可能并不符合嫌疑人、被告人的利益。

六、辩护制度发展的理念支撑

在刑事辩护制度发生重大变革的背景下，笔者提出了几个重要的理论命题。传统的诉讼理论较为重视辩护的“抗辩”属性，而忽略了辩护的“说服裁判者”的性质。而通过将辩护区分为“自然意义上的辩护”与“法律意义上的辩护”，我们可以发现辩护的目的不是形式上的抗辩，而是说服裁判者接受其辩护主张，而后者才是辩护活动的真正归宿。传统的诉讼理论主要强调实体性辩护形态，将辩护定位为辩护方依据刑事实体法提出被告人无罪或罪轻意见的活动。但随着非法证据排除规则的确立和量刑程序改革的兴起，程序性裁判和量刑裁判逐步从传统的刑事审判中分离出来，那种以挑战侦查行为合法性为目的的程序性辩护，以及那种以说服法庭作出从轻、减轻处罚为宗旨的量刑辩护，逐渐出现在中国刑事诉讼之中，成为两种新型的辩护形态。与此同时，传统的诉讼理论将辩护权视为“辩护律师主动行使的诉讼权利”，而不强调辩护权的诉权属性。但是，这一权利单靠律师的力量经常是难以实施的。只有将辩护权定位“诉权”，强调其程序申请属性，同时重视司法机关的司法保障义务，才能有效地保障该项权利的实现。不仅如此，按照主流的观念，辩护权尽管是被追诉者所享有的诉讼权利，但人们却普遍强调“辩护律师所享有的权利”，而忽略了辩护权的真正权利主体。而根据辩护律师与被追诉者之间的授权委托关系，律师只是协助被追诉者行使诉讼权利的法律代理人，而不是被追诉者权利的完全替代行使者。只有真正赋予被追诉者以当事人的诉讼地位，确保其诉讼权利能力与诉讼行为能力的有机结合，才能最大限度地保障辩护权的实现。

提出并论证上述理论命题，不仅有助于我们加强对刑事辩护规律的认识，而且对于刑事辩护制度的深入发展也具有指导意义。假如我们接受前面的几个理论命题的话，那么，我们对于刑事辩护制度的改革路径就可以提出一些新的看法。例如，在辩护制度的长远发展方面，立法部门需要认真思考审判前程序中“诉讼形态的重建”问题，尤其是对侦查、强制措施确立司法审查机制，唯此方能确保辩护活动具有“法律意义”。又如，在程序性辩护和量刑辩护的保障方面，立法者似乎应确立不同于无罪辩护的制度安排，确立新型的证据规则和裁判机制，为被追诉者提供一些新的救济方式。再如，既然辩护权具有“诉权”的意味，那么，对于诸如会见权、阅卷权、调查权等辩护权利的设置，就应充分地保护辩护律师的“申请权”，对于律师申请会见、阅卷、调查的，司法机关应当作出附具理由的决定，对此决定，被追诉者和律师都应获得司法救济的机会。还有，既然辩护权的权利主体是被追诉者，那么，未来对会见权的设置就不应仅仅沿着保障辩护律师会见在押嫌疑人这种唯一的思路进行，而应赋予在押嫌疑人、被告人要求会见辩护律师的权利，并以此为契机确立值班律师制度，改造法律援助制度，赋予在押嫌疑人主动联络辩护律师的权利。

很显然，通过对刑事辩护制度运行状况的考察，我们可以将那些带有规律性的理论命题总结出来，从而发展中国刑事诉讼的理论。辩护理论越是发达，相应的制度变革也就越成熟，避免不必要的风险和错误。当下刑事辩护制度所存在的种种问题，一方面可以被归因于司法体制改革的滞后性，另一方面也与刑事辩护理论的不发达、不成熟有密切的关系。对此，法学界是需要认真反思并汲取教训的。

第二章

刑事辩护制度四十年来的回顾与展望

一、刑事辩护制度发展的简要回顾

辩护制度是刑事诉讼制度的组成部分，也是刑事诉讼中人权保障水平的重要体现。[1]尽管辩护权是刑事被告人享有的一项诉讼权利，但由于被告人本身一般没有行使辩护权的能力，而只有在获得律师帮助的前提下才能进行有效的辩护活动，因此，辩护权的本质其实就是获得律师帮助的权利。在一定程度上，辩护权可以被视为“被告人享有辩护权”与“辩护律师行使辩护权”的有机结合，刑事辩护制度则同时包括被告人获得律师帮助、辩护律师行使辩护权以及被告人与辩护律师进行有效合作等三方面的制度安排。

自1979年实施第一部刑事诉讼法以来，我国先后在1996年、2012年和2018年对该法进行了三次规模不等的修订，而每次修订都涉及刑事辩护制度的改革。可以说，在我国“文化大革命”结束后启动的法制重建运动中，刑事辩护制度是随着这四部刑事诉讼法的修订而不断建立、发展和完善起来的。但是，刑事诉讼法

---

〔1〕 参见林钰雄：《刑事诉讼法》（上册），中国人民大学出版社2005年版，第158页以下。

的发展要受制于国家法律制度改革的推进程度，也要受到特定时期政治、经济、社会、文化、教育等多方面因素的影响。其中，宪法的修订、司法制度的改革、律师制度的发展以及法学研究和法律理念的更新，对于刑事辩护制度的影响尤为深刻而重大。

作为新中国成立后颁行的第一部刑事诉讼法，1979年《刑事诉讼法》确立了被告人有权获得辩护的制度。该法确立了被告人自行辩护与辩护人辩护这两种辩护形式，首次允许被告人可以按照自己的意愿委托律师、亲属、监护人、社会团体或单位推荐的人担任辩护人。对于辩护人辩护，该法规定了委托辩护与指定辩护这两种基本类型，为后来法律援助制度的建立埋下了伏笔。当然，该法允许辩护人参与辩护的范围只限于法庭审判阶段。

被告人有权获得辩护的原则后来为1982年《宪法》所确立。这就使刑事辩护制度具有了更为坚实的宪法基础。1980年，我国立法机关颁布了《律师暂行条例》，将律师的业务、资格、工作机构等纳入法律规范的框架之内，这为律师事业的发展提供了法律保障，也确立了被告人获得律师辩护的具体方式。当然，该部律师法将律师定位为“国家法律工作者”，律师工作机构是司法行政机关所属的法律顾问处，这显然留下了鲜明的时代痕迹。

1996年《刑事诉讼法》的实施属于一次重大的刑事司法改革。通过该法的修订，我国废除了曾受到广为诟病的收容审查制度和免予起诉制度，对强制措施制度和公诉制度进行了全面的改革。立法者还借鉴英美刑事诉讼制度，确立了“抗辩式的审判方式”，强化了疑罪从无原则，加强了对被告人、被害人的权利保障。而在辩护制度方面，该法为保障律师有足够的时间，进行充分的辩护准备，将辩护律师参与刑事诉讼的时间提前到审查起诉阶段，同时允许嫌疑人在被侦查机关第一次讯问后或者采取强制措施之日起，可以聘请律师提供法律帮助。当然，律师在侦查阶段不具备辩护人的身份，而只能提供一些有限的法律帮助。

立法机关推进刑事司法改革的同时，还对律师制度进行了大规模的改革。根据1996年颁布的《律师法》，律师被定位为“依法取得律师执业证书，为社会提供法律服务的职业人员”，律师的工作机构是律师事务所，律师的执业条件受到严格限制，律师的业务、权利得到更为明确的规定，律师的职业伦理规范开始建立，律师协会的地位和职能得到确立，法律援助制度得到建立。1996年《律师法》颁行后，立法机关在2001年进行了修订，在律师资格中引入国家司法考试的内容；而在2007年对律师法所进行的修订，则将律师的职业定位调整为“依法取得律师执业证书，接受委托或者指定，为当事人提供法律服务的执业人员”。立法机关在短短十年之间对《律师法》作出如此频繁的修订，显示出律师制度与社会发展和改革开放具有极为密切的联系。而在客观上，律师制度的不断改革也为刑事辩护制度的发展创造了更为有利的条件。

2012年，随着人权保障条款进入宪法条文，立法机关对刑事诉讼法进行了又一次大规模的修订。[1]2012年《刑事诉讼法》对证据制度作出了全面调整，对强制措施制度、审判制度作出了进一步的改革，确立了四种特殊诉讼程序。在辩护制度改革方面，该法允许嫌疑人在侦查阶段即可以委托辩护人，对律师会见、阅卷制度作出了全面的调整，扩大了法律援助的适用范围和适用阶段。同时，为减少辩护律师的执业风险，该法还对律师涉嫌犯罪案件的立案管辖问题作出了调整。

2014年，我国启动了1979年以来规模最大的司法体制改革。这一轮司法体制改革除了推进省级以下司法机关人财物收归省级统管、司法人员员额制度、司法责任制度等制度安排以外，还从两个方面推动了刑事司法体制的改革：一是建立以审判为中心的诉讼制度；二是推动认罪认罚从宽制度的改革。[2]与此同时，国家监察体制改革也在充满争议的情况下得以完成，并最终通过宪法修订和监察法的颁行而被纳入法律框架之中。经过这一轮的司法体

---

〔1〕 关于2012年《刑事诉讼法》修改的主要突破，可参见陈瑞华、黄永、褚福民：《法律程序改革的突破与限度——2012年刑事诉讼法修改述评》，中国法制出版社2012年版。

〔2〕 参见陈瑞华：《司法体制改革导论》，法律出版社2018年版，“序言”及以下。

制改革，我国刑事诉讼制度的基本面貌发生了改变。在这一改革进程中，辩护制度发生的变化主要有两个方面：一是“刑事辩护全覆盖”制度的推进，有望使指定辩护的适用范围得到全方位的扩大；二是“法律援助值班律师”制度的推行，可以使部分嫌疑人、被告人获得值班律师的紧急法律帮助。当然，庭审实质化改革的推进，会使律师辩护的效果受到积极的影响；认罪认罚从宽制度改革的试点，可能会促使律师从事一种有别于传统辩护方式的“协商式辩护”活动。〔1〕

2018年，立法机关对刑事诉讼法作出了再次修订。该法从有效开展控制腐败的角度出发，对监察法与刑事诉讼法的相关制度进行了衔接，确立了缺席审判制度。与此同时，该法还确立了认罪认罚从宽的诉讼原则，确立了认罪认罚从宽的适用程序，并对刑事速裁程序作出了具体规定。与辩护制度密切相关的是，值班律师制度得到刑事诉讼法的正式确立，律师参与认罪认罚从宽程序的方式在法律上建立起来。但作为一个存在极大争议的问题，在涉及多达八十余种罪名的案件被纳入监察委员会立法调查范围之后，律师却无法为被调查人提供法律帮助，无法参与监察委员会的调查程序。而只有在监察委员会将案件移送检察机关审查起诉之后，嫌疑人、被告人才享有委托律师辩护或者被指定辩护的资格。

简要回顾我国刑事辩护制度的发展历程，并不是以记流水账的方式记录这一制度发展的细枝末节，而应总结该制度的发展脉络，对其中所蕴含的深层次问题进行反思，并对这一制度的未来发展作出预测和建议。笔者发现，在我国刑事辩护制度的发展历程中，其实存在五条基本的线索或者脉络：一是在辩护律师的职业定位上，存在从国家法律工作者向法律专业人员的转型，而在职业伦理上则从过去侧重律师公益义务走向了对忠诚义务的强调；二是在辩护律师的参与阶段上，出现了从法庭辩护向审判前辩护的转型，

〔1〕 关于“协商式辩护”的讨论，可参见陈瑞华：《认罪认罚从宽制度的若干争议问题》，载《中国法学》2017年第1期。

进而逐渐出现了刑事诉讼全流程辩护的趋势；三是在辩护主体上，从过去重视被告人有权获得辩护，走向现在的强调辩护律师的专业辩护，而在法律援助的方式上出现了指定辩护与值班律师这两种基本模式；四是从辩护的效果来看，从过去简单地重视辩护律师的参与发展到推行辩护律师的有效辩护；五是从辩护的保障机制上，从过去的注重辩护权的法律宣示走向对辩护权的司法保障和救济。

本章拟根据上述五条线索，对我国刑事辩护制度作出简要的总结、反思和展望。笔者将对我国辩护制度内生性动力机制作出总结，对困扰我国辩护制度发展的外部体制因素进行分析。本章的基本观点是，与国家的刑事司法改革保持同步，辩护制度已经取得了长足的进步，还有望沿着既有的轨道继续向前发展，但对于困扰制度发展的若干制约因素必须予以高度重视，唯有克服这些制度和体制上的困扰，刑事辩护制度的发展才有可能取得实质性的突破。

二、律师定位：从“国家法律工作者”走向“法律代理人”

我国法律曾对律师确立过三种职业定位，这种职业定位对辩护律师的职业伦理产生了重大影响。通过观察这种职业定位上的变化，我们可以发现辩护律师职业伦理已经发生的重大转型，并预测这种变化和转型对于刑事辩护制度的影响。

1980年通过的《律师暂行条例》曾将律师定位为“国家法律工作者”，将其工作机构设定为司法行政机关所属的法律顾问处，并将律师设置为司法行政机关所属的事业编制人员。与此身份定位相适应，律师在为委托人提供法律帮助的同时，承担着一种国家责任，注重“维护法律的正确实施”，“维护国家、集体利益和公民的合法权益”。1996年《律师法》对律师的法律定位作出重大的调整，将其定位为“为社会提供法律服务的执业人员”（以下简称“社会法律工作者”），律师工作机构是通过提供法律服务而获取利益的律师事务所。律师从国家法律工作者向社会法律工作者的转变，绝不仅仅是一种“名称”上的变化，还意味着其国家责任的减弱，其法律服务属性得到前所未有的强调。自此以后，“维护委托人的合法权益”，成为律师首要的执业目标。而自2007年以后，我国《律师法》将律师的职业定位进一步调整为“为当事人提供法律服务的执业人员”。这里所说的“当事人”其实就是“委托人”或者“客户”的代名词，律师因为接受委托或者指定与委托人建立了代理关系。对此律师职业定位，可以简称为“法律服务人员”。律师无论是在合伙律师事务所还是在个人律师事务所执业，所接受的委托也无论来自企业、个人、政府、社会团体还是国家，都要为委托人或被代理人提供法律服务，维护其合法权益。所谓“受人之托，忠人之事”，说的就是这个道理。

从“国家法律工作者”到“社会法律工作者”，再到“法律服务人员”，律师职业定位的变化带来的是国家责任的逐步弱化，而其维护委托人合法权益的责任则得到越来越明显的强化。[1]迄今为止，律师法仍然要求律师“维护法律正确实施”，“维护社会公平和正义”，甚至“以事实为根据，以法律为准绳”。对于律师所承担的这种类似于司法机关的责任，我们通常称其为“公益义务”，也就是维护国家和社会利益的职业伦理。而从1996年以来，我国《律师法》越来越重视律师维护委托人合法权益的义务，强调律师只能“提出犯罪嫌疑人、被告人无罪、罪轻或者减轻、免除其刑事责任的材料和意见”，维护其诉讼权利和其他合法权益。对于这种只从有利于委托人的角度开展法律服务活动的义务，我们通常称其为“忠诚义务”。从偏重对公益义务的履行，到对忠诚义务的高度强调，这显然是与律师的职业定位同步发生的律师职业伦理的变化。

所谓职业伦理，不同于一般的社会道德或者公共伦理，属于某

---

〔1〕 参见陈瑞华：《论辩护律师的忠诚义务》，载《吉林大学社会科学学报》2016年第3期。

一特定职业为其从业人员确立的基本行为准则。违反这些行为准则的从业人员要受到相应的纪律惩戒，直至被免除从业资格。律师的职业伦理体现了律师职业本质属性，贯彻了律师职业特有的价值观念，维护律师职业的声誉。[1]过去，在“国家法律工作者”的职业定位下，律师必然要承担那种以公益义务为核心的职业伦理规范。在律师转变为“社会法律工作者”之后，其职业伦理的国家责任色彩有所削弱，但其“社会责任”特征仍然较为明显。而唯有转变为“法律服务人员”之后，律师才真正承担以忠诚义务为基础的职业伦理。

所谓忠诚义务，其实就是维护委托人合法权益的代名词。[2]它有两层含义：一是从消极的角度来看，律师不得损害委托人的利益；二是从积极的层面来看，律师应当积极地维护委托人的权益，实现委托人利益的最大化。从1996年《律师法》实施以来，律师的忠诚义务主要体现在禁止任意拒绝辩护、保守执业秘密、禁止利益冲突等职业伦理规范上面。只不过，1996年《律师法》对这三项职业伦理的确立带有一定的原则性和模糊性，甚至有些似是而非的特征。而从2007年以来，《律师法》逐渐对这三项职业伦理作出了越来越清晰的界定，所作的例外规定也具有了可操作性。例如，在律师拒绝辩护方面，律师法强调委托人有权随时拒绝辩护，但辩护律师无正当理由的，不得拒绝辩护。但只有在“委托事项违法”、“委托人利用律师提供的法律服务从事违法活动”或者“委托人隐瞒与案件有关的重要事实”的，律师才有权拒绝辩护。又如，在保守职业秘密方面，律师法不仅要保护委托人的商业秘密和个人隐私，而且要将律师“在执业活动中获悉的委托人和其他人不愿泄露的有关情况和信息”纳入律师职业秘密范围，并确立了保守执业秘

---

〔1〕 宋远升：《刑辩律师职业伦理冲突及解决机制》，载《山东社会科学》2015年第4期。

〔2〕 有关辩护律师忠诚义务的含义，可参见［日］佐藤博史：《刑事辩护的技术与伦理》，于秀峰、张凌译，法律出版社2012年版，第22页以下。

密的例外情形，那就是对于“委托人或者其他人准备或者正在实施危害国家安全、公共安全以及严重危害他人人身安全的犯罪事实和信息”，不在律师保守秘密的范围之内。再如，在避免利益冲突方面，律师法越来越明确地要求律师“不得在同一案件中为双方当事人担任代理人，不得代理与本人或者其近亲属有利害冲突的法律事务”。

在律师履行忠诚义务方面，存在一个重大的争议领域，那就是律师“独立行使辩护权”的问题。过去，在“国家法律工作者”的职业定位影响下，律师被赋予了独立辩护的权利，辩护时可以“不受当事人意志左右”。〔1〕这种“独立辩护人”理论一度长期为律师界所接受，并一直持续到2012年以后。尽管那时律师的身份已经变成了“法律服务人员”，但很多人仍然坚持将辩护律师视为“独立辩护人”，并认为辩护律师与诉讼代理人具有本质区别，可以“站在事实和法律的立场上”，发表与委托人不一致的辩护观点，甚至不惜当庭与委托人乃至与其他辩护人发生辩护观点的冲突。

这种“独立辩护人”理论引发了极大的争议。〔2〕但无论人们持有怎样的观点，一个不争的事实是，当辩护律师与委托人发生辩护观点的冲突，或者两位为同一被告人辩护的律师发表相互矛盾的辩护意见时，整个辩护效果存在相互抵消的问题，这显然是不利于维护委托人利益的，明显违背律师的忠诚义务。〔3〕这种独立辩护的立场也严重损害了律师的职业声誉，令人怀疑其维护委托人合法权益的实际效果。正因如此，在2017年前后，全国律协通过对《律师办理刑事案件规范》的修订，确立了两项新的律师职业伦理规范：一是“在法律和事实的基础上尊重当事人意见，按照有利于当事人的原则开展工作，不得违背当事人的意愿提出不利于当事人

〔1〕 参见田文昌、陈瑞华主编：《〈中华人民共和国刑事诉讼法〉再修改律师建议稿与论证》（增补版），法律出版社2012年版，第193页以下。

〔2〕 参见陈瑞华：《独立辩护人理论的反思与重构》，载《政法论坛》2013年第6期。

〔3〕 参见彭勃：《刑事辩护中律师与委托人的关系》，载《北京科技大学学报（社会科学版）》2001年第2期。

的辩护意见”；二是律师与委托人就辩护方案产生严重分歧，不能达成一致的，可以“代表律师事务所与委托人协商解除委托关系”，退出案件的辩护活动。

2017年全国律协对《律师办理刑事案件规范》所作的上述调整，在辩护律师职业伦理规范建设上具有里程碑的意义。一方面，该项规范首次以最明确的语言确立了律师的忠诚义务，至少是消极的忠诚义务；另一方面，该规范强调了律师承担与委托人进行充分协商的义务，以解除委托关系作为解决与委托人观点冲突的最后方案。这是对辩护律师忠诚义务的最明确表达，也是对辩护律师职业伦理的重大调整。

当然，辩护律师的忠诚义务并不是绝对的，而应受到诸多方面的限制。[1]而律师的公益义务则属于忠诚义务的外部边界。当然，这些公益义务并不是对忠诚义务的取代，而是对忠诚义务的有益补充和必要限制。从2007年以后的律师法的相关表述来看，律师的公益义务可以分为四个方面：一是维护司法人员廉洁性的义务，不得对司法人员采取贿赂、单方面接触或其他施加不正当影响的非法行为；二是消极地维护事实真相的义务，也就是不得提供虚假证据、威胁或引诱他人提供虚假证据、妨碍对方当事人合法取得证据；三是尊重法庭秩序的义务，避免对法院、法庭、法官采取各种扰乱秩序、损害尊严或施加压力等方面的非法行为；四是尊重法律秩序的义务，不得采取煽动、教唆当事人的方式破坏国家的法律秩序。

那么，在律师的职业定位和辩护律师的职业伦理方面，我国的制度建设是不是已经尽善尽美了呢？答案是否定的。

首先，律师的“法律服务人员”的定位仍然带有一定的过渡性，其“法律代理人”地位并没有得到全面确立。其实，律师职业的本质在于为委托人提供有效的法律服务。律师无论是接受委托还是被指定担任辩护人，都与犯罪嫌疑人、被告人形成了民法上的

---

〔1〕 参见陈瑞华：《律师独立辩护的限度》，载《南方周末》2010年8月19日。

诉讼代理关系。[1]其中，犯罪嫌疑人、被告人才是真正的“委托人”或者“客户”，其他负责为其出资的人或者提供法律援助的政府部门，都只是代为签订授权协议的人，而在法律上并不具有委托人或客户的地位。唯有经过犯罪嫌疑人、被告人的签字认可，代理协议才能发生法律效力，被委托或被指定的律师才具有辩护人的身份。正因如此，在委托关系或者指定辩护成立之后，作为辩护人的律师实质上就是委托人的“法律代理人”。这种法律代理人地位与民事诉讼中的诉讼代理人乃至非诉讼业务中的代理人，并没有实质性的区别。辩护律师要遵守的其实就是法律代理人的法律义务。这种义务可以有三个层次：一是遵守代理协议的义务，否则就构成违约；二是遵守律师职业伦理的义务，否则就构成违反律师行为规范；三是遵守法律所确立的其他义务，否则就构成违法乃至犯罪行为。

其次，律师的忠诚义务没有在法律上得到清晰的界定，致使律师经常被赋予一些损害委托人利益的义务。律师法和刑事诉讼法尽管要求律师从有利于委托人的角度从事辩护活动，并确立了一些职业伦理规范，但是，所确立的一些例外规则仍然存在很大的不确定性，甚至存在被任意解释的空间，致使律师的忠诚义务受到消极的影响。[2]例如，在拒绝辩护方面，法律并没有解释“委托事项违法”以及“从事违法活动”的含义，致使个别地方的公安机关、司法机关以此为由拒绝特定律师为委托人提供法律帮助。而所谓委托人“隐瞒与案件有关的重要事实”，也为个别律师擅自退出辩护提供了借口。其实，即便委托人隐瞒了一些案件事实，但只要不影响律师辩护的，律师都不应以此为由拒绝辩护。不仅如此，在中途退出辩护方面，法律也没有从保障被告人辩护权的角度确立一些

〔1〕　关于民事代理的一般理论，可参见龙卫球：《民法总论》（第2版），中国法制出版社2002年版，第567页以下。

〔2〕　参见陈瑞华：《论辩护律师的忠诚义务》，载《吉林大学社会科学学报》2016年第3期。

限制性规则，如律师准备退出辩护的，应当事先通知所处诉讼阶段的司法机关，申请中止相应的诉讼活动或者申请休庭，并等待委托人另行委托或者指定辩护人之后，才能完全退出辩护活动。

再次，律师的公益义务存在范围过大的问题，与司法人员的职业定位经常发生模糊和混淆。只要通读一遍律师法和刑事诉讼法的条文，就会发现其中无处不存在一些似是而非的律师义务表述。诸如律师“维护法律正确实施”“维护社会公平和正义”“以事实为根据，以法律为准绳”之类的法律表述，与侦查人员、公诉人乃至法官所承担的实施法律的义务，几乎没有实质性的区别。这不禁令人提出疑问：难道律师要遵守与司法人员完全一致的职业伦理规范吗？难道律师职业与司法人员的职业定位没有实质性区别吗？

其实，律师职业的本质就是为委托人提供尽职尽责的法律服务。辩护律师就是以法律代理人的身份，为维护犯罪嫌疑人、被告人的利益而参与诉讼活动，行使有关的诉讼权利。只要没有违背法定的公益义务，那么，律师从有利于委托人的角度所从事的任何辩护活动都是无可厚非的。比如，律师以指控方的证据存在法律缺陷或者存在程序瑕疵为由，提出排除非法证据的申请，即使最终导致法院削弱了公诉方的证据体系，这也没有“破坏法律的正确实施”。又如，律师即便经过辩护活动，说服司法机关没有对被告人判处极刑，或者说服法院驳回被害人的民事赔偿请求，这也没有“损害社会公平正义”。不仅如此，律师即便对一个貌似“犯罪事实清楚”的案件作出了无罪辩护，并成功地说服检察机关作出不起诉的决定，这也不属于违背“以事实为根据”的原则。辩护律师从有利于委托人的角度进行诉讼活动，而不承担维护国家法律实施、发现案件事实真相、实现社会公平正义的责任。这些似是而非的律师职业要求应当退出法律条文，而代之以更为准确、更符合律师职业规律的表述。

最后，作为辩护律师的第一职业伦理，忠诚义务在法律上还没有得到有效的保障。律师法和刑事诉讼法对辩护律师确立了一些法律责任。但略作分析即不难发现，这些责任都源于律师对公益义务的违反，也都建立在维护国家和社会共利益的基础上。但是，为保障忠诚义务的实现，法律难道不应对那些违反忠诚义务的律师进行责任追究吗？例如，对于诉讼中途擅自退出辩护的律师，对于任意泄露委托人执业秘密的律师，对于明知存在利益冲突却仍然接受委托的律师，对于故意损害委托人利益的律师，难道不应建立起从纪律惩戒、民事责任直到刑事责任的规则体系吗？

三、律师参与空间：从“法庭辩护”走向“全流程辩护”

从理论上说，在任何一个诉讼阶段上，只要被追诉者的利益面临被限制或剥夺的危险，只要负责立案、侦查、批捕、起诉、审判的国家机关即将作出不利于被追诉者的决定，辩护律师都应当参与进来，帮助其行使辩护权。按理说，国家法律对于辩护律师的参与空间没有必要作出限制，而应为其参与诉讼活动创造必要的条件，提供基本的便利。但是，我国立法机关却创造了一种立法传统，那就是按照“无授权则无参与”的原则，辩护律师只有在法律允许的前提下才可以参与刑事诉讼的特定阶段。结果，从1979年《刑事诉讼法》实施以来，律师参与刑事诉讼的阶段逐步从法庭审判阶段往审查起诉阶段前移，然后再延伸到侦查阶段，从而形成了一种以审判为起点向审判前阶段扩展的发展格局。未来，随着律师规模的扩大，律师辩护能力的增强，以及有关专门机关对律师参与的容忍程度的加强，律师辩护的空间还有可能扩展到刑事诉讼的全部流程。

1979年《刑事诉讼法》基于重建法制秩序和保障无罪的人不受错误追究的考量，首次确立了被告人获得辩护的权利，允许律师为被告人提供辩护。但该法将律师辩护的阶段限定在法庭审判阶段，使律师只能在法庭审理中为委托人进行辩护，而无法在侦查、批捕、审查起诉等审判前阶段参与诉讼活动。为有效地保障被告人的辩护权利，切实发挥辩护律师的作用，1996年《刑事诉讼法》将辩护律师参与刑事诉讼的阶段提前到审查起诉阶段，允许在案件侦查终结移送检察机关审查起诉之日起，律师以辩护人的身份参与诉讼活动，了解案情，会见嫌疑人，并收集相关证据材料，为将来的法庭辩护做好必要的辩护准备。当然，在侦查阶段嫌疑人也可以聘请律师提供法律帮助，但律师在这一阶段并不具有辩护人的身份，也只能提供极为有限的法律帮助。2012年，立法机关在“人权保障条款”被写入宪法的背景下，为有效地发挥律师的作用，切实解决实践中存在的“辩护难”问题，将辩护律师参与刑事诉讼的时间正式提前到侦查阶段。根据这部法律，嫌疑人自侦查机关第一次讯问或者采取强制措施之日起，有权委托律师担任辩护人。辩护律师在侦查阶段可以代理申诉和控告，申请变更强制措施，会见在押嫌疑人。在侦查终结之前，辩护律师提出要求的，侦查机关应当听取辩护律师的意见，并接受辩护律师的书面辩护意见，将其载入案卷之中。除了保障辩护律师在侦查阶段提出辩护意见以外，2012年《刑事诉讼法》还扩大了辩护律师在审查批捕和审查起诉阶段的参与范围：一是在审查批捕阶段，辩护律师提出要求的，检察机关应当听取其辩护意见；二是在审查起诉阶段，检察机关应当听取辩护律师的辩护意见，对书面辩护意见应当载入案卷；三是确保案件自进入审查起诉之日起允许辩护律师查阅、摘抄、复制案卷材料。2018年《刑事诉讼法》对于普通案件中辩护律师的参与阶段没有作出调整，基本维持了2012年《刑事诉讼法》所确立的制度框架。但是，辩护律师在监察委员会调查期间无法参与诉讼过程，无法为被调查人提供任何法律帮助。这也造成辩护律师对于监察委员会调查的案件在诉讼参与空间上出现了萎缩。

四十年来，我国辩护律师从最初参与法庭上的辩护到后来从事审判前阶段的辩护，大大延伸了为委托人提供法律帮助的阶段和空间。这种制度发展既可以保障辩护律师在更早的阶段为法庭辩护做好准备工作，确保法庭辩护的有效性，也可以在嫌疑人的利益面临危险之时，确保辩护律师成为一种基本的制衡力量，作为一种

“反对方”，对抗侦查机关、批捕机关和公诉机关的追诉活动，不同程度地防止这些机关滥用追诉权力，并对已经出现的违法行为寻求司法救济。应当说，辩护律师从法庭辩护向审判前辩护的格局变化，符合刑事诉讼的发展规律，也可以发挥维护委托人合法权益的现实效果。但是，这种对辩护律师活动空间的立法扩展仍然是不尽如人意的。辩护律师尽管被允许在审判前阶段参与刑事诉讼活动，但所能从事的辩护活动仍然较为有限，大量由侦查机关和检察机关实施的诉讼活动，仍然排除了辩护律师参与的资格。

首先，尤其是侦查机关所实施的各种强制性侦查活动，如搜查、扣押、勘验、检查、查封、冻结、拍卖、变现、鉴定、辨认、侦查实验等，刑事诉讼法不允许辩护律师参与进来，而这些侦查行为既有可能造成嫌疑人的涉案财产受到直接处分，也可能使大量难以再现搜集过程的证据材料受到固定和保全。〔1〕在法庭审理过程中，刑事法官通常会迁就侦查机关对涉案财产处置的情况，或者迎合侦查机关对案件证据材料的搜集情况，直接对案件作出有罪认定，而不再对案件事实进行实质性的审查。〔2〕在这些强制性侦查过程中，辩护律师只要不参与其中，就无法见证整个搜集证据过程，也没有机会发表辩护意见，更无法在及时发现违法侦查行为的前提下寻求相应的程序救济措施。

其次，在侦查员、检察官讯问嫌疑人过程中，辩护律师不能在场参与，这就有可能出现违法讯问，使被告人被迫作出的有罪供述笔录，轻而易举地通过法庭的证据审查，造成法庭审理流于形式。这是因为，刑事诉讼法为嫌疑人设定了一项有争议的“如实回答义务”，使嫌疑人同时承担“回答提问”和“如实回答”的义务，并面临着因没有“认罪悔罪”而受到严厉惩罚的危险；〔3〕讯问场所那种

〔1〕 参见陈瑞华：《论侦查中心主义》，载《政法论坛》2017年第2期。

〔2〕 参见胡红军、王彪：《刑事案件涉案财物的审理问题研究》，载《人民司法》2014年第1期。

〔3〕 有关对“如实回答义务”的评价，可参见陈瑞华：《刑事诉讼的中国模式》（第3版），法律出版社2018年版，第400页以下。

隐蔽的环境，由侦查员单方面控制讯问进程的局面，以及侦查员自行决定讯问开始时间、持续时间和讯问次数的做法，势必造成几乎所有预审讯问都带有一定的强迫性，使嫌疑人供述的“最低自愿性”无法得到保证。没有辩护律师的参与，侦查员在选择讯问时间、讯问次数和讯问方法方面就有可能变得无所顾忌，侦查员对嫌疑人实施暴力、威胁、引诱、欺骗等非法手段的情况就会有可能出现，如此一来，嫌疑人作出违心供述乃至虚假供述的情况就无法避免，甚至有可能因为受到屈打成招而酿成冤假错案。

最后，除了批准逮捕程序以外，其他强制措施的决定程序排斥了辩护律师的参与，这有可能会造成强制措施的滥用。2012年《刑事诉讼法》授权律师参与检察机关审查批准逮捕的过程。而随着审查逮捕程序诉讼化改革的推进，检察机关未来可能会通过举行听证会的方式来审查批准逮捕。〔1〕这无疑为辩护律师参与审查批捕程序创造了更好条件。但是，无论是侦查机关、检察机关还是法院，在审查决定取保候审、监视居住乃至刑事拘留的过程中，却普遍排除了辩护律师的参与机会，使这些强制措施的审查决定程序成为一种单方面的和行政化的审批过程。在司法实践中，为什么个别公安机关滥用取保候审措施，甚至将嫌疑人缴纳的保证金变成了实际的“罚款”？为什么会有侦查机关任意选择监视居住的时间和场所，造成嫌疑人“被失踪”的情况发生？为什么会有侦查机关随意采取刑事拘留措施，将那些本适用于存在“多次作案”、“流窜作案”或“结伙作案”嫌疑的37天拘留期限，被普遍地适用到所有嫌疑人身上……究其原因，除了有制度设计不合理、权力限制不严格等方面的因素以外，辩护律师不能参与这些强制措施的审查决定程序，也是一个不容忽视的原因。

除了在审判前阶段限制了辩护律师的参与范围以外，刑事诉讼

---

〔1〕　关于审查逮捕听证的相关报道，可参见朱香山、刘适强、张彪：《东莞第二市区：四类不批捕案件要公开听证》，载《检察日报》2014年3月19日，第2版；王靖：《河北保定：批捕案件公开听审提高执法透明度》，载《检察日报》2014年3月18日，第2版。

法也排除了辩护律师参与一些重要审判程序的机会。这主要表现在三个方面：其一，对于当事人提出上诉的案件，二审法院大都采取不开庭的方式进行“法庭审理”，剥夺了辩护律师的参与机会。刑事诉讼法对二审法院开庭审理设置了严格的条件，除了检察机关提出抗诉或者一审法院作出死刑判决的案件以外，对于当事人上诉的案件，只有在控辩双方对一审判决认定事实和证据存在异议，而该项异议“可能影响定罪量刑”的，才会举行开庭审理。这就等于二审法院自行决定“法庭审理”的方式，导致大多数当事人提出上诉的案件以书面的和间接的方式进行审理。而在这种审理方式下，辩护律师无法参与庭审活动，失去了面对面向二审法官发表辩护意见的机会，这显然意味着辩护律师参与空间的缩小。其二，对于死刑复核程序，最高法院通常采取书面审查的审查方式，剥夺了辩护律师当庭辩护的机会。〔1〕迄今为止，最高法院已经允许辩护律师在死刑复核阶段提交书面辩护意见，也可以与承办法官进行会面，当面发表辩护意见。但是，由于最高法院否认死刑复核程序的“审判”属性，也拒绝将其设置为一个独立的审级，死刑复核保持了书面的和间接的审查方式。结果，辩护律师既无法与公诉方（最高人民检察院的代表）进行当庭对抗，也失去了向最高法院法官当庭发表辩护意见的机会。其三，对于检察机关提出追缴、没收涉案财物等诉讼请求的案件，法院不举行专门的法庭调查和法庭辩论，未经法庭审理，即对被告人的“违法犯罪所得及其孳息”以及其他涉案财物作出实体性处置，剥夺了辩护律师发表辩护意见的机会。对于涉案财物的追缴，法院并没有纳入法庭审理的范围，而是根据法庭调查和法庭辩论的情况，直接作出相关的裁判。〔2〕这种只有裁判结论而没有审理过程的做法，实质上剥夺了辩护律师参与涉案财物审查过程的机会，使其辩护空间受到不合理

---

〔1〕 参见陈瑞华：《论彻底的事实审——重构我国刑事第一审程序的一种理论思路》，载《中外法学》2013年第3期。

〔2〕 参见陈瑞华：《刑事对物之诉的初步研究》，载《中国法学》2019年第1期。

的限制。

我国刑事辩护制度的改革经验显示，无论是审判前阶段还是审判阶段，都应允许辩护律师参与诉讼过程，使其获得提出证据、事实和法律意见的机会，与追诉方进行对抗和辩论，向作出决定或裁判的司法人员发表辩护意见。唯有如此，侦查机关、检察机关的刑事追诉权才能受到有效的约束和限制，法院的裁判权也才不至于受到滥用，嫌疑人、被告人也才有可能与追诉机关、裁判机关进行理性的、平等的对话、协商和讨论，相关的决定或裁判才会减少发生错误和违法的概率，嫌疑人、被告人的辩护权才能得到有效的行使，其财产、自由乃至生命也才不至于受到任意剥夺。正因如此，笔者拟提出一种"全流程辩护"的概念，认为从法庭辩护到审判前辩护，再到刑事诉讼的"全流程辩护"，将是辩护律师参与空间的发展方向。

所谓"全流程辩护"，是指在立案之后和生效裁判形成之前的整个刑事诉讼过程中，只要嫌疑人、被告人委托了辩护律师，或者被依法指定了律师担任辩护人，辩护律师就应获得参与所有诉讼活动的权利和机会。具体说来，在这一刑事诉讼过程中，辩护律师的参与空间可以按照两项标准来加以确立：一是侦查员、检察官、法官只要作出不利于嫌疑人、被告人的决定或者裁判的，辩护律师就应参与进来，向有权作出决定或裁判的机构发表辩护意见；二是只要嫌疑人、被告人参与刑事诉讼活动，辩护律师就应如影随形地协助其行使诉讼权利，与其共同参与相关的诉讼活动。

既然要走向"全流程辩护"，那么，律师在监察委员会的调查程序中也应参与进来，为被调查人进行辩护，维护其合法权益。从法律属性和法律效果上看，监察委员会的调查与侦查机关的侦查并没有实质性的区别。[1]监察委员会调查的证据会直接转化为检察机关审查起诉和提起公诉的依据，也只有在通过证明力和证据能力的双重审查的情况下，才能转化为定案的根据。既然辩护律

〔1〕 陈瑞华：《论监察委员会的调查权》，载《中国人民大学学报》2018年第4期。

师可以在侦查阶段为委托人进行辩护，那为什么就不能参与监察委员会的调查程序，为被调查人提供法律帮助呢？笔者预计，只要法律界乃至整个社会进行持之以恒的努力和推动，有关决策部门迟早会转变观念，认识到律师参与既可以防止监察委员会调查人员滥用国家权力，减少冤假错案，也可以为被调查人提供一种基本的抗辩力量，使国家反腐败活动被纳入法治的轨道之内。可以说，辩护律师在监察委员会调查阶段参与诉讼过程，应被视为不可逆转的发展趋势。

四、辩护主体：从“有权辩护”走向“有权获得律师帮助”

迄今为止，我国宪法仍然保留了1982年以来确立的“被告人有权获得辩护”的原则，我国刑事诉讼法也一直对这一原则加以重申和强调。但是，没有辩护律师的参与和帮助，被告人是难以充分行使辩护权的。这是因为，被告人通常身陷囹圄，被剥夺了人身自由，不精通法律，不掌握基本的举证、质证、抗辩、申请的技巧，且经常情绪激动，难以理性行事，因此，他们在行使辩护权方面大都属于“无行为能力人”或“限制行为能力人”。而律师一旦成为其辩护人，则在行使辩护权方面具有独特的优势，一方面精通法律和抗辩技巧，另一方面不陷入诉讼的利益冲突之中，能够从最有利于委托人的角度采取理性的辩护行动。正因如此，“被告人有权获得辩护”只能被视为一种法律宣示，而“获得律师的法律帮助”才是被告人辩护权的基本保障。

我国1979年《刑事诉讼法》在宣示被告人有权获得辩护的同时，还确立了指定辩护制度。这种指定辩护制度大体可分为两种形式：一是任意性的指定辩护；二是强制性的指定辩护。前者适用于公诉人出庭而被告人没有委托辩护人的案件，法院在是否指定辩护律师方面享有自由裁量权，而不承担指定辩护的义务。后者则是指法院对于法定的案件负有指定律师辩护的义务，而假如不履行这项义务，法院的审判将被视为“违反法律规定的诉讼程序”，甚至被宣告无效。从1979年至今，这两种辩护形式大体上得到了保留和延续。而发生变化的主要是强制性指定辩护的适用范围。对于此类强制性的指定辩护，1979年《刑事诉讼法》将其适用于被告人为聋、哑人和未成年人的案件，1996年《刑事诉讼法》则将其适用于被告人为盲、聋、哑人，未成年人以及可能被判处死刑的案件。这是我国刑事诉讼法首次将强制性的指定辩护适用于重罪案件。2012年《刑事诉讼法》在指定辩护方面进行了重大变革，一方面，将强制性指定辩护适用范围进一步扩大到被告人为尚未完全丧失辨认或控制行为能力的精神病人，或者可能被判处无期徒刑、死刑的案件；另一方面，开始在审判前阶段适用强制性指定辩护制度，使那些符合强制性指定辩护条件的嫌疑人、被告人可以在侦查、审查批捕、审查起诉和审判等各个阶段获得法律援助律师的辩护。2018年《刑事诉讼法》在确立缺席审判制度的情况下，将强制性指定辩护的适用范围再次扩大，对于缺席的被告人及其近亲属没有委托辩护人的，法院应当指定法律援助律师担任其辩护人。与此同时，为配合认罪认罚从宽制度的有效实施，2018年《刑事诉讼法》正式确立了值班律师制度，嫌疑人、被告人作出有罪供述并愿意接受刑事处罚的，侦查机关、检察机关和法院都可以通知法律援助值班律师为其提供法律帮助，所提供的帮助主要包括提供法律咨询，代为申请取保候审或者变更强制措施，就选择认罪认罚从宽程序提供建议，向检察机关发表辩护意见，在嫌疑人签署认罪认罚具结书时在场参与；等等。值班律师尽管不具有辩护人的身份，指定值班律师也与指定辩护具有实质的区别，但这种值班律师制度的确立，对于那些选择认罪认罚从宽程序的嫌疑人、被告人而言，可以保证其及时地获得律师帮助。

尽管立法机关通过修订刑事诉讼法，不断地将强制性指定辩护的适用范围加以扩大，但是，这一制度仍然难以满足嫌疑人、被告人获得律师帮助的需要，造成一些刑事被告人只能进行“自行辩护”的问题。而一系列冤假错案的披露，侦查员、检察官和法官滥用权力现象的增加，某些嫌疑人、被告人权利遭受侵害的情况存在，以及我国律师人数逐年增加，一些大城市的律师出现了业务竞争激烈、案源短缺的问题，这些都显示出进一步扩大强制性指定辩护的适用范围，不仅是必要的，也是具有现实可行性的。不仅如此，自2014年由最高层直接推动的司法体制改革，将“建立以审判为中心的诉讼制度”和“推行认罪认罚从宽制度”作为两项基本的刑事司法改革方案，而前一项改革的推行需要辩护律师的充分参与，后一项改革的实施也要以律师介入为前提条件，因此，“刑事辩护律师全覆盖”就被列入司法改革方案之中，成为我国刑事辩护制度改革的一项重要内容。

2017年，为落实中央司法体制改革方案中“刑事辩护律师全覆盖”的要求，最高法院和司法部开始在全国部分地区进行了“刑事辩护律师全覆盖”的改革试点。〔1〕经过一年的试点，在综合评估了这项改革的利弊得失之后，最高法院和司法部开始在全国范围内进一步对这项改革进行试点。〔2〕假如不出意外的话，“刑事辩护律师全覆盖”的制度安排迟早会被写入刑事诉讼法，成为我国刑事辩护制度的基本内容。

所谓“刑事辩护律师全覆盖”，其实是一种与刑事诉讼法的修订并行不悖的司法改革。它包含两项基本内容：其一，对于适用普通审判程序的全部一审案件、二审案件以及按照审判监督程序审理的案件，被告人没有委托辩护人的，法院都应当承担指定法律援助律师为其辩护的义务。这就意味着强制性指定辩护的适用范围将得到前所未有的扩大，几乎所有在一审、二审适用普通程序的案件，以及所有进入再审的案件，法院都要承担指定辩护律师的义务。其二，对于适用简易程序、速裁程序的案件，被告人没有委托

---

〔1〕 参见最高人民法院、司法部《关于开展刑事案件律师辩护全覆盖试点工作的办法》（司发通〔2017〕106号）。

〔2〕 参见最高人民法院、司法部《关于扩大刑事案件律师辩护全覆盖试点范围的通知》（司发通〔2017〕106号）。

也没有被指定辩护人的，法院应当通知法律援助值班律师为其提供法律帮助。尽管2018年《刑事诉讼法》已经确立了值班律师制度，但是，这一次有关“刑事辩护律师全覆盖”的改革试点，则将法律援助值班律师的帮助对象扩大到简易程序案件。

经过2018年《刑事诉讼法》的修订，也经过“刑事辩护律师全覆盖”的改革试点，我国的刑事法律援助制度基本上形成了两种模式：一是强制性指定辩护模式，二是法律援助值班律师模式。在前一种模式下，嫌疑人、被告人被指定律师提供法律帮助的，这些律师具有“辩护人”的身份，可以像那些受委托从事辩护的律师一样，为嫌疑人、被告人提供全面的法律帮助。在后一种模式下，值班律师还不具有“辩护人”的身份，而最多属于为特定刑事案件的嫌疑人、被告人提供临时性、紧急性法律帮助的律师。这些在看守所、检察机关或者法院进行轮流“值班”的律师，一般并不拥有一个相对固定的值班场所，也与所帮助的嫌疑人、被告人没有形成诉讼代理关系，而是像“急诊医生”一样，提供临时性和紧急性的法律服务。在认罪认罚从宽案件中，对于那些没有辩护人的嫌疑人、被告人，这些值班律师参与了检察官与嫌疑人、被告人达成量刑协议的全部过程。

当然，这两种刑事法律援助模式也存在诸多方面的缺憾，随着刑事司法改革的逐步推进，也有必要进行进一步的改革。例如，在强制性指定辩护制度的实施中，一直存在法律援助律师专业水平不高，在辩护方面难以尽职敬业的问题。这一方面是因为进入法律援助名录的律师水平参差不齐，监管部门没有建立有效的激励机制，所投入的经费难以补偿法律援助律师的辩护工作；另一方面也是因为监管部门没有为律师确立基本的法律服务质量控制标准，没有与司法机关建立有效的协调机制，根据律师的辩护水平来建立奖惩机制和准入机制。可以说，在律师业整体被投向市场的背景下，只要监管部门不改变法律援助的监管方式，那么，作为一种带有“社会福利”性质的法律援助机制，注定只能提供质量不高、效果不佳的法律服务产品。

又如，在值班律师制度的推行中，也存在值班律师所提供的法律帮助极为有限，侧重维护检察机关的利益，甚至充当认罪认罚具结书的“见证人”等方面的问题。〔1〕究其原因，其一，我国司法改革决策者没有赋予值班律师“辩护人”的地位，也无法使其享有包括会见权、阅卷权、调查权等在内的一系列辩护权利，难以代表嫌疑人、被告人与检察官就定罪量刑问题展开有效的协商、对话和讨论，造成检察官“一家独大”“占尽资源和信息优势”的局面。〔2〕其二，在值班律师制度的设计中，值班律师并不具有较强的专业水平和业务能力，要么因为资历较浅、入行时间短而难以获得案源，要么因为能力有限而愿意通过担任值班律师而获取微薄的报酬，因此，他们的工作积极性普遍不高，加上他们没有“委托人”或“客户”的概念，缺乏基本的忠诚义务意识，因此，他们难以提供有效的法律帮助，甚至为了与检察机关建立良好的工作关系而不顾及嫌疑人、被告人的真实意愿。在这种情况下，决策者建立值班律师制度的初衷可能就难以实现了。

五、辩护效果：从“获得律师帮助”走向“获得有效辩护”

无论是对指定辩护制度和法律援助制度的改革，还是将“刑事辩护律师全覆盖”在全国范围内加以推广，其主要目的都在于确保嫌疑人、被告人获得律师的帮助。辩护律师和值班律师参与刑事诉讼的意义，也是不言而喻的。但是，嫌疑人、被告人究竟能否获得律师的有效帮助呢？换言之，为嫌疑人、被告人提供法律帮助的律师，能否尽职尽责、恪尽职守，在履行忠诚义务的前提下，有效地维护委托人的合法权益呢？假如嫌疑人、被告人委托或者被指定

〔1〕 参见姚莉：《认罪认罚程序中值班律师的角色与功能》，载《法商研究》2017年第6期。

〔2〕 参见陈瑞华：《刑事诉讼的公力合作模式——量刑协商制度在中国的兴起》，载《法学论坛》2019年第4期。

了一位不称职、不敬业的辩护律师，那么，他们不仅无法得到所预期的辩护效果，而且还失去了获得优秀律师法律帮助的机会。这就恰如患有疾病的人求医问药一样，一个不能有效履职的医生不仅无法提供理想的医疗效果，反而还耽搁了患者的病情，使患者痊愈的机会更加渺茫。

我国刑事辩护制度四十年来的发展，在确保越来越多的嫌疑人、被告人获得律师帮助的同时，还催生出了一种有效辩护的理念。根据这一理念，嫌疑人、被告人应当获得律师的有效法律帮助。有效法律帮助的含义可以有以下四个方面：一是适格而称职的律师；二是充分而有针对性的辩护准备；三是经与委托人协商形成的适当辩护思路和辩护策略；四是富有成效的辩护手段和操作方式。〔1〕简言之，作为一项旨在规范律师辩护活动的法律理念，有效辩护并不等于“有积极效果的辩护”，〔2〕也不意味着律师说服司法机关作出了有利于委托人的裁决结果，而是要求律师为委托人提供尽职尽责的辩护，能够充分地、及时地和全面地展开辩护活动，使委托人的合法权益得到切实有效的维护。

为实现有效辩护的理念，我国法律从两个方面对律师辩护活动进行了规范和保障。一方面，那些对律师辩护活动加以规范的制度安排，促使律师为履行辩护职责而承担了更多的义务。从1996年以来，我国刑事诉讼法赋予律师在审判前阶段提供法律帮助的机会，也在律师行使会见权、阅卷权和调查权等方面扩大了辩护的空间。这既是对律师权利的制度保障，也是促使律师提供更多、更充分、更及时的法律帮助的法律要求。特别是2012年《刑事诉讼法》所确立的律师自审查起诉之日起在会见委托人时“有权核实有关证据”的制度，允许律师与委托人就案件证据进行交流、讨论和协商，这对于激活委托人的辩护能力，督促律师与委托人进行充分

---

〔1〕 陈瑞华：《有效辩护问题的再思考》，载《当代法学》2017年第6期。

〔2〕 关于“有效辩护”与“有效果辩护”的区别，可参见左卫民：《有效辩护还是有效果辩护？》，载《法学评论》2019年第1期。

沟通，促使律师与委托人形成辩护合力，可以产生积极的效果。[1]而2017年全国律协通过的律师办理刑事案件规范，则进一步要求律师从有利于委托人的角度选择辩护思路，不得作不利于委托人的辩护，甚至要求律师与委托人就辩护思路进行协商，尽量消除辩护观点的分歧。这显然对律师辩护提出了更高要求，促使律师站在有利于委托人的立场上提供最充分的法律帮助。不仅如此，在律师管理制度的设计中，诸如建立法律援助律师的准入制度和退出机制，增加法律援助经费的拨付，逐步推行律师协议收费制度，取消对辩护律师收费额度的行政限制，以及完善对委托人投诉律师的处理机制；等等。也都体现了从加强委托人对律师制约机制的角度实现有效辩护的理念。

另一方面，为实现有效辩护的理念，刑事诉讼法还不断要求侦查机关、检察机关和法院承担更多的义务，为律师充分行使辩护权创造基本的制度保障。在一定程度上，嫌疑人、被告人要获得有效的辩护，就需要上述国家专门机关承担保证有效辩护的义务，两者是相辅相成的关系。为确保律师有效地行使辩护权，1996年《刑事诉讼法》确立了“抗辩式审判方式”，减少了法官庭前形成预断的可能性，引入了交叉询问机制，发挥了法庭审理的功能；该法首次确立了法院统一定罪的原则，确立了疑罪从无的准则，赋予检察机关承担证明起诉事实的义务。假如没有这些立法进步，那么律师即使进行再充分的辩护，也难以发挥积极的作用。2012年《刑事诉讼法》解决了“会见难”“阅卷难”问题，赋予律师无障碍会见在押嫌疑人的权利，保证律师自审查起诉阶段全面的阅卷权，确立非法证据排除规则，建立证人、鉴定人出庭作证制度，规范二审开庭审理的适用条件，逐步允许律师在死刑复核阶段向法官提交辩护意见等，这些改革为律师从事辩护活动提供了更大的空间，有利于律师加强其辩护效果。经验表明，我国刑事诉讼制度朝着民主化和科学化方向所发生的每次进步，都为律师的有效辩护创造了制度

---

〔1〕 参见陈瑞华：《论协同性辩护理论》，载《浙江工商大学学报》2018年第3期。

前提。[1]

当然，“有效辩护”作为一种理论概念，本身属于来自美国的舶来品。[2]我国法学界和实务界对于有效辩护问题的关注才刚刚开始，有关的研究和讨论还有待进一步加强。但是，律师不仅要为嫌疑人、被告人提供法律帮助，而且还应提供切实有效的法律帮助，这已经成为法学界和实务界的共识。在一定程度上，有效辩护的理念可以成为我国刑事辩护制度进一步改革和发展的推动力量，也可以成为衡量律师辩护水平的重要标准。

首先，要实现有效辩护，必须推行无效辩护制度，对那些被确认为无效辩护的案件确立程序性制裁机制。有效辩护是一种刑事辩护的原则，而无效辩护则是一种旨在保证有效辩护实现的具体制度。所谓无效辩护，是指律师在辩护过程中违背基本的职业行为准则，为委托人提供的不尽职、不尽责的法律帮助。无效辩护是以委托人受到不利的诉讼结果为前提的，而律师在辩护过程中存在明显的过错和操作失当，并与这种不利结果的产生具有直接的因果关系。[3]例如，律师没有基本辩护经验而被认为不称职的，律师没有作出任何辩护准备的，律师与委托人不作任何有效沟通的，律师与委托人发生辩护观点冲突而仍然继续坚持己见的，律师所选择的辩护思路存在重大失误的，律师所采取的辩护操作方式明显不当的；等等。这都属于无效辩护的常见情形。未来，我国法律应当对无效辩护的情形作出全面、准确的列举，并确立无效辩护的法律后果。在对律师的惩戒机制上，无效辩护一旦得到认定，律师应被认定为违反委托协议，也违反律师职业伦理规范，有关部门可以责令其退出辩护，退回费用，并对其采取纪律惩戒措施。而在程序性法律后果上，上级法院一旦发现无效辩护的情形，应当作出撤

---

〔1〕 参见［日］西原春夫主编：《日本刑事法的形成与特色——日本法学家论日本刑事法》，李海东等译，法律出版社、成文堂1997年版，第49页以下。

〔2〕 参见陈瑞华：《有效辩护问题的再思考》，载《当代法学》2017年第6期。

〔3〕 参见林劲松：《美国无效辩护制度及其借鉴意义》，载《华东政法学院学报》2006年第4期。

销原判、发回重审的裁定，将法院在律师无效辩护情况下所作的裁判予以宣告无效。〔1〕

其次，有效辩护的实现，还取决于辩护律师与委托人关系的继续转型。目前，绝对的“独立辩护人”理念已经退出历史舞台，取而代之的是律师法律代理人地位的确立。但是，在辩护律师与委托人关系的建构中，我国法律仍然没有按照委托代理的关系模式来建立相关制度，而是赋予辩护律师更为强势的地位。〔2〕例如，法律没有强调辩护律师在形成辩护思路和辩护策略方面，承担与委托人进行沟通、协商和说服的义务，也没有为律师与委托人的沟通和协商创造必要的条件。这势必造成律师因为缺乏这种沟通而与委托人发生辩护观点的分歧乃至冲突。又如，在刑事法庭布局上，被告人席位仍然位于审判席对面，辩护席则位于法庭的一侧，律师与被告人无法坐在一起，难以在庭审中进行及时沟通。对于律师以要求与委托人沟通为由提出休庭请求的，法庭也经常予以拒绝。而在法庭审理的休庭间隙，律师提出与委托人进行庭外会面的，也常常难以得到批准。可以说，辩护律师与委托人无论是在法庭审理中还是在庭外都难以进行及时的沟通，这就无法保证律师与委托人形成协调一致的辩护观点，更不用说形成辩护合力了。再如，在律师收费制度的设计上，尽管越来越多的地方推行了“协议收费”制度，允许律师与委托人通过协商来确定辩护费用，但这种制度调整所带来的主要是辩护律师收费标准的提高，而对委托人的利益缺乏必要的关注。因为迄今为止，辩护律师继续采取“先收费后辩护”的收费方式，在签订授权委托书的同时，“一揽子”收取辩护费用，而且要在辩护费用到账的前提下，律师才开始其辩护工作。这种辩护费用的收取方式，使辩护律师处于强势的地位，委

〔1〕　参见［美］伟恩·R.拉费弗、杰罗德·H.伊斯雷尔、南西·J.金：《刑事诉讼法》（上册），卞建林等译，中国政法大学出版社2003年版，第661页。

〔2〕　参见陈瑞华：《刑事诉讼中的有效辩护问题》，载《苏州大学学报（哲学社会科学版）》2014年第5期。

托人对辩护律师的制约力大为减弱。可想而知，一个已经收取辩护费用的律师，还有多大动力投入会见、阅卷、调查、协商、出庭等辩护活动之中？更何况，一个律师在没有弄清辩护工作量的情况下就收取了全部费用，一旦发现案件需要投入超过其承受力的时间和精力，就更缺乏充分辩护的动力了。很显然，现有的收费制度使律师与委托人处于不平等的地位，后者对律师的制衡作用大为降低，也违背“按劳取酬”的理念，无法起到激励律师有效辩护的效果。

再次，有效辩护的实现，取决于法律援助制度的深入改革。我国刑事法律援助制度形成了强制性指定辩护与值班律师这两种基本模式。但正如前面所述，目前法律援助律师的素质有待提高，在准入制度和退出机制上应进行全面的改革，吸引那些真正尽职尽责的律师加入法律援助的行列。与此同时，应当建立刑事法律援助最低服务质量标准，为法律援助律师参与辩护活动提出严格的要求，并对那些作出无效辩护的律师进行及时的惩戒。司法机关还应继续加大法律援助经费的投入，使法律援助律师获得更高标准的报酬，以对其有效辩护发挥激励作用。〔1〕而在值班律师制度的设计方面，可以按照“值班律师的辩护人化”的思路进行全面改革。〔2〕可以将值班律师的法律帮助分为两个环节：一是在紧急情况下向嫌疑人、被告人提供咨询、代为申诉控告以及申请变更强制措施的机会；二是在申请适用认罪认罚从宽程序以及申请排除非法证据的情况下，嫌疑人、被告人应立即告知值班律师，后者有义务协助其申请律师辩护，有关部门也应尽快指定法律援助律师担任其辩护人。这一改革思路的实质是在保留值班律师的前提下，适当改变值班律师的功能定位，使其成为紧急情况下的临时法律帮

〔1〕　据学者考证，我国法律援助经费存在总量较少、人均过低、来源单一等问题，参见樊崇义：《中国法律援助制度的建构与展望》，载《中国法律评论》2017年第6期。

〔2〕　对于此观点的具体论述，可参见陈瑞华：《认罪认罚从宽制度的若干争议问题》，载《中国法学》2017年第1期；闵春雷：《认罪认罚案件中的有效辩护》，载《当代法学》2017年第4期。

助者，同时成为嫌疑人、被告人寻求律师辩护的协助者。至于对量刑协商过程和申请排除非法证据程序的参与，则一律由被指定辩护的律师负责承担。

最后，但并非不重要的是，通过进一步改革刑事司法制度，确保侦查机关、检察机关和法院承担更多的法律义务，为律师有效辩护提供必要的便利和保障。对于侦查机关来说，保证律师有效辩护的关键在于扩大律师的参与空间，允许嫌疑人及时委托辩护律师，及时指定法律援助律师担任其辩护人，并允许辩护律师参与各种侦查活动，在通知辩护律师到场的情况下，听取其辩护意见。而对于检察机关而言，维护律师辩护权的主要方式是允许律师参与审查批捕和审查起诉活动，在这两个程序中听取辩护律师的意见，接受律师的书面辩护意见和材料，在作出是否批准逮捕决定和提起公诉决定时，充分考虑辩护律师的意见。

而对于法院而言，确保律师有效辩护的重要方式，就是节制其自由裁量权的行使，为辩护律师的积极参与创造基本的司法空间。例如，在证人、鉴定人、侦查人员、专家辅助人等出庭作证问题上，法院对律师提出合理异议的，应当批准上述人员出庭作证；在是否召开庭前会议问题上，对于辩护律师提出排除非法证据的申请，或者有正当理由申请召开庭前会议的，法院一律应当召开庭前会议；在二审法院是否举行开庭审理问题上，只要辩护律师对一审认定的事实和证据提出了合理的疑问，并提出开庭审理的申请的，二审法院都应举行开庭审理；在最高法院死刑复核期间，只要辩护律师提出要求和申请的，合议庭成员应当与律师进行会面，听取律师的辩护意见，接受律师的书面辩护意见和材料，并在作出是否核准死刑的裁决中对律师的辩护意见作出必要的回应。

六、辩护权保障：“司法救济”与“法律风险防控”的强化

我国刑事诉讼法为辩护律师确立了大量诉讼权利。这些诉讼

权利大体可分为两类：一是源于委托人授权的“传来权利”；二是辩护律师独立行使的“固有权利”。〔1〕前一种权利本来就是嫌疑人、被告人的诉讼权利，只是为保证这些权利的有效行使，法律才允许在征得嫌疑人、被告人授权或者同意的前提下，由辩护律师行使这些权利。这一类权利可以包括申请回避、申请排除非法证据、申请调取新的证据、申请证人出庭、申请重新鉴定、提出上诉等一系列权利。后一种权利则是为保障律师有效地行使辩护权，法律赋予律师独自行使的诉讼权利。此类权利可以包括会见在押嫌疑人、被告人的权利，向嫌疑人、被告人核实有关证据的权利，查阅、摘抄、复制案卷材料的权利，向有关单位和个人调查取证的权利；等等。随着刑事诉讼法的逐步完善，辩护律师的诉讼权利在范围上得到扩大，在内容上也越来越丰富。但是，律师在行使这些诉讼权利方面，始终面临着两个方面的难题：一是在这些权利受到侵犯时，律师如何获得法律救济？尤其是如何寻求及时有效的司法救济？二是在行使这些诉讼权利时，律师遇有被立案侦查、被采取强制措施乃至被追究刑事责任的情形，如何防控可能的执业风险？

在权利救济机制的构建上，我国刑事诉讼法作出了一些立法努力，确立了以宣告无效为标志的程序性制裁体系。2012年《刑事诉讼法》首次确立了完整的非法证据排除规则，允许嫌疑人、被告人向检察机关和法院申请宣告侦查人员以非法手段获取的证据属于非法证据，并将有关非法证据排除于定案根据之外。与此同时，自1979年以来，我国刑事诉讼法一直确立了二审法院针对一审法院违反法定程序的审判行为，裁定撤销原判、发回重审的制度，这实际上等于允许被告人申请宣告一审判决无效。〔2〕在上述两种程序性制裁机制中，辩护律师都可以针对侦查员和一审法官违反法律

〔1〕 参见林山田：《刑事程序法》，台北，五南图书出版股份有限公司2004年版，第204~205页。

〔2〕 针对我国现有程序性制裁机制的讨论，可参见陈瑞华：《程序性制裁理论》，中国法制出版社2017年版，第190页以下。

程序的行为，申请获得有效的司法救济。上述两种程序性制裁机制所针对的主要是嫌疑人、被告人被侵犯权利的情况，属于法律为嫌疑人、被告人所提供的司法救济途径。但是，假如辩护律师的诉讼权利被侵犯，他们究竟如何寻求司法救济呢？

在司法实践中，律师在申请会见、阅卷、调查的过程中，经常遇到公安机关、检察机关甚至法院限制或者剥夺其诉讼权利的情形。而对此情况，我国刑事诉讼法并没有确立相应的司法救济措施，有关机关的程序性违法行为也无法被纳入程序性制裁机制之中。〔1〕例如，看守所限制或者剥夺律师会见权的行为，无法成为法院排除非法证据的依据，律师只能向公安机关或者检察机关进行申诉或者控告，但无法获得法院举行司法审查的机会。又如，辩护律师查阅、摘抄、复制案卷材料的权利一旦受到检察官的限制或剥夺，也最多只能向检察机关申请救济，而无法向法院提出宣告诉讼程序无效的申请。再如，辩护律师向有关单位或个人进行调查取证，在遭到无理拒绝的情况下，申请检察机关或法院协助调取证据，假如再次遭到这两个司法机关的无理拒绝，也只能向实施侵权行为的机关提出申诉，而无法申请上级法院启动司法审查程序，更难以将此行为作为“违反法定程序，影响公正审判”的行为，并申请法院撤销原判。

辩护律师的诉讼权利在受到侵犯后，无法寻求有效的司法救济途径，这往往造成律师权利的名存实亡，并使律师无法实现有效的辩护。在正常的救济途径行不通的情况下，有些律师被迫走上了在法律程序之外寻求救济的道路，如通过新闻媒体、人大代表、政协委员来反映案情，寻求法律程序外社会力量乃至政治力量的支持。甚至还有极个别律师作出了一些非理性的反应，通过互联网、研讨会、迫使法庭休庭等非正常方式，表达辩护观点，进行激烈抗争。尤其是在实体性辩护难以发挥实质性效果的情况下，一些律师通过在诉讼程序上提出辩护观点，尤其是在回避、管辖、延期审

〔1〕 参见陈瑞华：《程序性制裁制度的法理学分析》，载《中国法学》2005年第6期。

理、证人出庭、非法证据排除等程序争议问题上，反复提出各种诉讼请求，并向司法机关施加压力。这就是所谓“死磕派律师”出现的制度原因。[1]

除了权利难以获得司法救济以外，辩护律师还面临着各种各样的法律风险。这些由辩护律师的执业行为所引发的法律风险，可以分为受到纪律处分的风险、被提起民事诉讼的风险以及被提起刑事诉讼的风险。其中，最大的执业风险是被提起刑事诉讼的法律风险，又被律师界称为“刑事法律风险”。根据我国刑法，以辩护律师为特定犯罪主体的罪名主要是辩护人毁灭证据罪、伪造证据罪和妨害作证罪。这三个罪名都是1997年修订后的《刑法》确立在第306条之中的，所引发的律师执业风险通常被称为“《刑法》第306条问题”。尤其是该条所确立的妨害作证罪，其罪状表述是辩护人、诉讼代理人在刑事诉讼中“威胁、引诱证人违背事实改变证言或者做伪证”。这一条款出台的背景是，1996年《刑事诉讼法》允许律师在审查起诉阶段开展辩护活动，在侦查阶段提供一定的法律帮助，这使检察机关和公安机关“如临大敌”，出现严格追究律师刑事责任的呼声。结果，立法机关在刑事诉讼法修订中扩大了律师的参与空间，却在刑法修订中迫于压力，出台这样一个带有“整肃辩护律师”性质的罪名。由于“妨害作证罪”本身构成要件极为模糊，存在被任意解释的空间，[2]结果，在司法实践中，遇有辩护律师向证人、被害人单方面调查取证，而后者将原来向侦查机关或公诉机关所作的证言或者陈述予以推翻或者改变的，都被认定为“妨害作证行为”，不少律师因此被采取强制措施，甚至被定罪判刑。特别是在2000年前后，以妨害作证罪追究律师刑事责任的案件数量出现了一个小高峰，[3]《刑法》第306条一度被视

---

〔1〕 参见叶竹盛：《死磕派律师》，载《南风窗》2013年第18期。

〔2〕 参见孙万怀：《从李庄案看辩护人伪造证据、妨害作证罪的认定》，载《法学》2010年第4期。

〔3〕 具体数据可参见王超：《律师取证的风险及其防范》，载《律师世界》2002年第9期。

为“悬在辩护律师头上的一把利剑”，成为律师职业风险的主要法律来源。由于律师的刑事风险直接来自调查权的行使，特别是向控方证人和被害人核实证言的活动，因此，很多律师都视调查取证为畏途，导致辩护律师“调查难”问题越来越严重。而对于《刑法》第306条，律师界普遍反应强烈，认为这是鼓励有关部门对辩护律师进行“执业报复”的工具。在每年3月举行的全国人大和全国政协“两会”期间，来自律师界的代表和委员就经常提出有关废除《刑法》第306条的议案和提案。

为缓解律师界的普遍忧虑，解决辩护律师执业风险问题，立法机关2012年修订了《刑事诉讼法》，对于律师涉嫌犯罪的案件改变了立案管辖权，要求此类案件“由办理辩护人所承办案件的侦查机关以外的侦查机关办理”。同时，侦查机关对辩护律师采取立案措施的，应当及时通知所在律师事务所或者所属的律师协会。

在2012年《刑事诉讼法》实施后，各地公安机关、检察机关对追究律师刑事责任的案件也作出了一些内部控制措施，使律师所面临的刑事法律风险有所降低，律师因涉嫌妨害作证罪而被提起刑事诉讼的案件也出现了大幅度减少的趋势。但是，这类案件每年仍然继续发生。尽管为数不多，但每当律师因为行使调查权而被采取强制措施乃至被提起刑事诉讼后，往往会引起律师界的强烈关注和较大争议。

从根本上说，辩护律师刑事法律风险问题的发生，与我国的刑事司法体制具有密切的关系。辩护律师之所以被认定为“妨害作证”，主要是因为其辩护活动可能导致法院对委托人作出无罪判决，或者上级法院将案件发回重审，使一些公安机关和检察机关难以成功地将被告人绳之以法，这显然意味着律师辩护与刑事追诉发生了利益冲突。一旦律师辩护被刑事追诉机关视为“职业障碍”，后者就会动用立案、强制措施和各种侦查手段，对辩护律师采取刑事追诉行动。而按照我国的司法体制，公安机关可以自行决定对案件的立案，所采取的侦查措施也几乎是自我授权、自行实施的，根本不存在由中立司法机关主持的司法审查程序。与此同时，检察机关作为与辩护律师发生直接利益冲突的一方，竟然对作为嫌疑人的辩护律师直接作出批准逮捕的决定，并进一步采取提起公诉的行动，这显然属于“原告直接批捕辩护律师”和“原告直接起诉辩护律师”，其中立性和公正性令人产生合理的疑问。2012年《刑事诉讼法》将此类案件的立案管辖权作出了调整，使原公安机关不再负责对此类案件的侦查，原检察机关也不再享有批捕权和起诉权，这显然是一项重大进步。但是，只要公安机关继续享有对辩护律师自行立案、自行采取强制措施、自行实施强制性侦查措施的权力，只要检察机关继续享有对作为嫌疑人的辩护律师的批捕权，那么，辩护律师受到公安机关、检察机关任意追诉的情况就会继续发生，屡禁不止。

应当说，我国刑事辩护制度四十年来的发展，在诸多方面发生了重大进步，但一直没有从根本上解决辩护律师诉讼权利的有效救济以及刑事法律风险的有效防控问题。解决辩护律师权利救济问题的关键，在于进一步推进司法体制改革，为辩护律师确立有效的救济机制，将那些侵犯辩护律师权利的行为纳入程序性制裁的轨道，使辩护律师可以就相关程序性违法行为启动司法审查程序。至于辩护律师刑事法律风险的防控，在一定程度上取决于司法审查机制的引入，使得强制措施和强制性侦查措施的决定权，被交由法院来统一行使，结束那种公安机关自行立案侦查、检察机关自行批捕和自行起诉的格局。由此，辩护律师的执业安全才能得到保证，那种任意对辩护律师采取刑事追诉行动的问题也才能得到解决。

七、结论

通过回顾四十年来刑事辩护制度的发展历程，笔者深深感觉到，作为人权保障制度组成部分的辩护制度，不仅与国家政治、经济、社会的变革保持同步发展的态势，而且受到司法体制改革进程的深刻影响。可以说，国家每发生一次重大的政治、经济和社会治理机制的改革，刑事司法体制每发生一次重大变化，刑事辩护制度的发展空间也就随之而得到扩展。无论是律师职业定位的调整、辩护律师参与范围的扩展，还是法律援助制度的发展、有效辩护的实现，都是在国家政治、经济和社会变革中得到实现的。而律师权利救济机制的建立，律师执业风险防控机制的完善，也将受到刑事司法改革进程的制约。

刑事辩护制度的发展存在前面所分析的五个基本脉络。在这五个方面，辩护制度都取得了程度不同的进步，但也存在诸多方面的问题，面临着进一步发展和深入改革的问题。与整个法律制度一样，刑事辩护制度也属于一种“生命有机体”，只有在适当的体制、环境和文化背景下才能得到健康的发展。这正如一种植物需要适当的土壤、水分、养料、空气等前提条件下才能生存，也才能得到成长。而在这一制度的成长过程中，外部因素唯有与内部因素结合起来，才能发挥推动制度成长的作用。目前，对刑事辩护制度发挥作用的主要外部因素有三个：一是对外国刑事辩护制度的借鉴和移植；二是国家司法体制改革的整体推进；三是法学界和法律界的积极呼吁和推动。但是，没有一个达到足够数量并具有专业精神的律师队伍，设计再好的制度也难以得到推行；没有一个在整体框架结构上符合司法规律的刑事诉讼程序，辩护制度发生作用的空间就有了固有的限度；没有一个有利于实现司法公正的程序安排，律师辩护的有效性也无法得到实现。我国在观察刑事辩护制度改革的“持续推进”时，应当冷静地思考上述问题，找出阻碍这一制度变革的内部因素，分析其发生阻碍作用的原因。否则，律师辩护空间的拓展，律师参与辩护的案件范围的扩大，以及律师辩护手段的增加，都将无法达到预期的效果，反而因为律师权利得不到有效救济，律师辩护流于形式，从而增加律师与司法机关发生冲突的可能性。

一个国家的刑事辩护制度要发生实质性的变革，主要评价标准应当是律师能够为委托人提供更为及时有效的法律帮助，同时辩护律师的权利也可以得到有效的救济，辩护律师的执业安全也得到妥善的保障。在这方面，我国法律对律师职业定位和律师职业伦理所作的调整，可谓一种"质"的飞跃。但在辩护律师的参与范围、参与空间、参与阶段等方面，我国法律只是作出了"量"的积累，还有待于发生"质"的提升。这可能是我国刑事辩护制度所要解决的深层问题。

第 三 章

独立辩护人理论

一、独立辩护人理论的提出

如何处理辩护律师与委托人的关系，属于建构律师职业伦理规范的一项重要课题，也是律师在辩护活动中不得不面对的现实问题。在这一问题上，我国法学界和律师界一直奉行一种“独立辩护人”的理论。这一理论不仅对相关领域的立法产生了重大影响，而且在很大程度上左右着律师的辩护工作。根据这一理论，律师应当独立自主地从事辩护活动，不受委托人意志的左右。具体而言，律师从事辩护活动尽管主要基于嫌疑人、被告人的委托和授权，但这种委托代理关系一旦成立，律师就不再受到委托人意志的约束，而应当根据自己对案件事实和法律适用问题的理解，独立地形成专业性的辩护意见。律师的辩护思路即便与委托人的意思表示发生分歧，甚至出现直接的对立和冲突，律师也应坚持自己的辩护思路，为委托人从事独立的辩护。

律师在刑事诉讼中提出独立的辩护意见。这在一定程度上是可以成立的。无论是嫌疑人还是被告人，都是与案件有直接利害关系的人，一般都会将某种“胜诉目标”作为自己追求的结果。而律师作为辩护人，则与案件没有利害关系，既不是当事人，也不是当事人的近亲属，而是基于委托代理关系的存在，而临时性地为委托人提供法律帮助。最多，律师通过这种法律服务获得适当的报酬。可以说，这种利益关系的格局决定了律师不可能对嫌疑人、被告人的意见言听计从，而当然有自己的独立的专业判断。这一点是不言而喻的。

不仅如此，我国律师法要求律师在执业过程中负有维护司法正义的使命，禁止其采取诸如贿赂司法人员、与法官单方面接触等不正当的操作方法。我国刑事诉讼法要求律师不得毁灭、伪造证据，威胁、引诱证人做伪证，也不得向法庭提供明知属于虚假的证据和陈述。有些法律甚至要求律师不得帮助嫌疑人、被告人串供，或者帮助其转移赃款赃物。即便委托人提出了明确的要求和建议，甚至施加了一定的压力，律师也要坚守基本的法律底线，不得对委托人唯命是从。对于这一点，律师界同样是没有争议的。

但是，在法庭审判中，辩护律师与委托人在辩护观点上发生分歧和冲突时，究竟应当如何处理呢？在我国律师辩护实践中，被告人当庭作出有罪供述时，辩护律师以“独立辩护”为名，继续做无罪辩护。这种情况经常发生，并被很多律师视为理所当然的事情。而在被告人当庭作出无罪辩解或者当庭翻供时，一些律师则仍然以“独立辩护人”自居，发表罪轻辩护意见。甚至有个别律师在拒绝做无罪辩护的同时，还建议法院对被告人适用更重的罪名。这种律师当庭“倒戈”的情况，受到社会各界的普遍批评，也受到律师界的一致否定。[1]不仅如此，两名律师同时接受同一被告人的委托担任辩护人的，有时也会发生辩护观点的分歧和冲突。在有些庭审中，律师们互不相让，坚持发表各自的“独立辩护意见”。

辩护律师与被告人当庭发生辩护观点的分歧，以及两名辩护律师相互间产生辩护思路的矛盾，不同程度地造成了“辩护方”内部“同室操戈”，难以形成协调一致的辩护意见。这些在“独立辩护

〔1〕 参见陈俊杰：《“倒戈”律师：我没有违背职业道德》，载《新京报》2008年7月4日。

人”理论指引下所出现的问题，不仅会引发被告人及其近亲属的不满，也会造成辩护方辩护观点的相互抵销，对最终的辩护效果造成消极影响。这在法学界和律师界也引发了一定的争议。〔1〕

对于这种影响颇大的“独立辩护人”理论，法学界长期以来一直没有进行过学术上的讨论，也很少有人对此作出过系统的清理和反思。近年来，面对“独立辩护人”理论在刑事诉讼中所带来的诸多问题，一些青年学者展开了一些新的研究，提出了一些值得注意的新观点。例如，有学者认为，在被告人利益的保护方式、各种利益的价值排序发生重大变化的今天，有必要从原来的“独立辩护观”转变为“最低限度的被告中心主义辩护观”。〔2〕也有学者在坚持律师独立辩护观点的同时，倡导从“绝对独立”向“相对独立”的转型，并建议通过“辩护协商”的工作机制来预防和化解辩护冲突。〔3〕

近年来的刑事诉讼制度改革也使这种“独立辩护人”理论开始受到质疑和挑战。2012年通过的《刑事诉讼法》首次允许律师自审查起诉之日起，在会见在押嫌疑人、被告人时向其“核实有关证据”。根据这一规则，律师在会见嫌疑人、被告人时不仅可以向其出示相关证据材料，还可以向其核实有关证据的真实性和合法性。这意味着辩护律师在形成辩护思路之前要与委托人进行沟通、协商，并听取后者的意见。〔4〕据此，律师在形成辩护思路方面就不可能完全独立于委托人，而不得不更多地听取委托人的意见。这显然对律师的“独立辩护”施加了一些限制。

不仅如此，一些地方的律师协会相继通过了旨在规范律师办

---

〔1〕　参见赵蕾:《李庄案辩护：荒诞的各说各话？》，载《南方周末》2010年8月12日。

〔2〕　参见吴纪奎:《从独立辩护观走向最低限度的被告人中心主义辩护观——以辩护律师与被告人之间的辩护意见冲突为中心》，载《法学家》2011年第6期。

〔3〕　参见韩旭:《被告人与律师之间的辩护冲突及其解决机制》，载《法学研究》2010年第6期。

〔4〕　参见郎胜主编:《中华人民共和国刑事诉讼法修改与适用》，新华出版社2012年版，第95页。

理死刑案件的指导规范。其中，在处理律师与委托人辩护观点问题上，这些规范也确立了一些新的规则。例如，山东省律师协会2010年发布的《死刑案件辩护指导意见（试行）》，开庭前律师与被告人达成无罪辩护意见，开庭后被告人认罪的，辩护律师应当申请法庭休庭，并在休庭后与被告人进行协商，以达成一致辩护意见；无法达成一致意见的，律师可以与被告人解除委托关系。〔1〕又如，根据河南省律师协会2011年通过的《死刑案件辩护指引（试行）》，在法庭审理中，同一被告人的两名辩护律师的辩护意见存在重大分歧且无法协商一致的，辩护律师应当申请法庭休庭；休庭后，辩护律师应与被告人协商，由被告人选择辩护意见；对于被告人选择的辩护意见，辩护律师都应服从。〔2〕再如，根据贵州省律师协会2011年通过的《关于死刑案件辩护规范指导意见（试行）》，辩护律师在开庭前会见被告人时，应向其告知最终辩护思路，并听取被告人的意见。〔3〕

这些地方律师协会通过的律师辩护规范，尽管属于行业内部的指导性规范文件，并不具有法律效力，但它们却透露出一个值得注意的信息：律师在处理与委托人辩护观点分歧时，不应仅仅强调所谓的“独立辩护”，而应注重与委托人的沟通、协商，并在辩护思路发生冲突时听取委托人的意见；而在辩护思路难以达成一致时，辩护律师可以考虑解除与被告人的委托关系，退出有关案件的辩护活动。很显然，这是一种与“独立辩护”迥然有别的新思路，意味着律师辩护从单纯地注重“独立自主”开始走向尊重“被告人的

〔1〕　参见山东律师协会官方网站“行业规范”栏目，载http://www.sdlawyer.org.cn/004/004/2012222549679.htm，2013年5月2日最后访问，《山东省律师协会　死刑案件辩护指导意见（试行）》，2010年5月28日发布，第66条、第67条和第68条。

〔2〕　参见河南省律师协会官方网站“刑事业务委员会”栏目，载http://www.hnlawyer.org/index.php/Index-article-cctid-107-id-2103，2013年5月2日最后访问，《河南省律师协会死刑案件辩护指引（试行）》，2010年7月7日发布，第68条、第69条。

〔3〕　参见《贵州省律师协会关于死刑案件辩护规范指导意见（试行）》，载百度文库，http://wenku.baidu.com/view/4a02ee3331126edb6f1a100e.html，2013年5月2日最后访问。另参见《贵州省律协发布死刑案件辩护规范指导意见》，载《中国律师》2010年第10期；文心：《律师规划“地图”　被告人选择“道路”　贵州省律协出台〈贵州省死刑案件辩护规范指导意见（试行）〉》，载《中国律师》2010年第12期。

自由选择”。于是，一种建立在委托代理关系基础上的新型辩护观念，开始为律师界所接受。

本章拟对“独立辩护人”理论进行系统的清理和反思。笔者将在对德国的“独立司法机关”理论作出评介的前提下，分析中国独立辩护人理论的基本内容，对这一理论的利弊得失作出反思性检讨。在此基础上，笔者将结合近年来理论的发展和刑事诉讼制度的改革情况，提出一种有限度的“独立辩护人理论”。本章所提出并论证的理论命题是：一般情况下，律师在从事辩护活动时应当独立于委托人；但在律师与委托人发生观点分歧和对立的情况下，忠诚于委托人的利益和尊重委托人的自由选择，应当成为更为优先的价值选择。

二、德国的“独立司法机关”理论

在讨论律师独立辩护问题时，经常有学者和律师援引西方国家的相关制度和理论，以论证“独立辩护人”理论的普适性。为了对有关问题作出必要的澄清，我们有必要从比较法的视角，对西方国家的律师独立辩护问题作出分析和评价。当然，有些学者将大陆法系国家的律师地位视为“律师独立辩护模式”，而把英美法国家的律师地位概括为“当事人主导辩护模式”。〔1〕这种概括尽管有一定的道理，却也容易引起误解。其实，比较法的常识告诉我们，即便是在英美法国家，律师辩护也具有最低限度的独立性。英美律师不可能对作为委托人的被告人言听计从，而仍然有自己独立的专业判断。〔2〕尤其是在英国，那些头戴假发、身着法袍的“出庭律师”(barrister)，相对于那些主要从事庭外准备活动的“事务律师”

〔1〕 参见韩旭：《被告人与律师之间的辩护冲突及其解决机制》，载《法学研究》2010年第6期。

〔2〕 参见宋冰编：《读本：美国与德国的司法制度及司法程序》，中国政法大学出版社1998年版，第200页以下。

（solicitor）而言，要具有更为明显的独立性。这些出庭律师接受事务律师的委托而出庭辩护，不从委托人手中直接获取报酬，在辩护中显然不受委托人的“主导”。[1]

在一定意义上，几乎所有西方国家都将辩护律师塑造成为独立于委托人的辩护人。但是，只有德国法学理论将律师的“独立地位”强调到了极致，并提出了自成体系的“独立司法机关”理论。在以下的讨论中，笔者拟以英美相关理论为参照，对德国的“独立司法机关”理论作出简要的分析和评价。

按照德国主流的法学理论，辩护律师尽管负有维护被告人利益的责任，但并不是单纯的被告人利益的代理人，而在整个刑事司法体系中具有“独立司法机关”的地位。[2]换言之，律师既不是处于裁判地位的司法官员，也不是被告人的单纯代理人，而属于忠实于被告人利益的“独立司法机关”。[3]

在从事辩护活动时，律师并不仅仅以维护被告人利益为目的，而负有维护公共利益的使命。相对于被告人而言，律师的辩护活动必须符合更高标准的行事准则，这种准则主要是实现实体真实，维护司法正义。例如，与被告人不同，辩护人负有维护真实的义务，不得向法庭陈述不实之词，不能误导法庭，不能怂恿证人、被告人作出虚假的陈述，也不得帮助被告人逃跑或者毁灭证据。律师的这种真实义务带有“消极真实义务”的意味，因为律师的真实义务以不损害被告人利益为前提，他既不能提交有罪的证据，也要对所了解到的不利于被告人的事实负有保密义务。这显然说明，律师所承担的维护公共利益的责任，仍然与法院、检察机关追求真实和维护正义的使命有本质的区别。准确地说，律师是站在被告人

---

〔1〕 参见［英］麦高伟、杰弗里·威尔逊主编：《英国刑事司法程序》，姚永吉等译，法律出版社2003年版，第283页以下。

〔2〕 参见［德］克劳思·罗科信：《刑事诉讼法》（第24版），吴丽琪译，法律出版社2003年版，第148页以下。

〔3〕 参见［德］托马斯·魏根特：《德国刑事诉讼程序》，岳礼玲、温小洁译，中国政法大学出版社2004年版，第60页以下。

的立场上，通过维护被告人的利益，来对国家与被告人个人的对抗实力加以调节，一方面促成案件实质真实的发现，另一方面则维护法治原则的贯彻。〔1〕

为履行“独立司法机关”的职能，律师的辩护活动可以独立于被告人意思之外，而不必像代理人那样，处处受到被告人意愿的控制。辩护律师发现被告人利益与被告人意思表示明显发生矛盾时，可以为维护被告人的利益，而作出违背被告人意思的辩护活动。例如，律师可以违背被告人意愿，自行申请传召证人出庭作证，也可以申请对被告人进行心理检查。即便被告人已经承认有罪，辩护律师仍然可以做无罪辩护。当然，如果放弃某一辩护的机会，律师仍然要事先征得被告人的同意。〔2〕

为什么要如此强调辩护律师的独立地位呢？首先，从诉讼价值的角度来看，德国法律理论注重实体正义的实现，强调无论是法官、检察官还是辩护律师，都负有发现真实、维护司法正义的使命。其中，法官不是消极的裁判者，可依据职权主动调查核实证据，以图发现事实真相；检察官不是单纯的控诉方，而负有“客观义务”，要对有利和不利于被告人的事实一律重视，甚至可以提起那种有利于被告人的上诉。与此相对应，辩护律师也不仅仅属于被告人利益的维护者，而要追求更高层次的价值目标。辩护律师尽管不能实施有损被告人利益的行为，但也不能积极地实施各种阻碍司法正义实现的行为。

其次，德国实行职权主义的诉讼构造，控辩双方对诉讼过程的控制力较弱，不存在激烈的控辩对抗，法官被塑造成积极的司法调查官，始终主导着证据的调查和事实的认定活动。相对于英美对抗式诉讼制度而言，德国的职权主义构造对辩护律师参与诉讼的

---

〔1〕 参见林钰雄：《刑事诉讼法》（上册），台北，台湾元照出版有限公司2004年版，第203页。

〔2〕 参见［德］克劳思·罗科信：《刑事诉讼法》（第24版），吴丽琪译，法律出版社2003年版，第148页以下。

需求并不明显，法官被视为实体真实和司法正义的维护者，律师最多被视为协助法官达成这一目标的一方，发挥着弥补法官疏漏和不足的作用。在这种诉讼构造中，辩护律师没有必要完全站在被告人的立场上，对公诉方展开抗辩，因为法官已经关注到被告人的利益，公诉方也会注意到有利于被告人的事实和法律问题。

最后，德国法律理论还认为，即便站在维护被告人利益的角度来看，律师独立辩护也是非常有必要的。按照一位德国学者的说法，之所以强调辩护人的独立地位，是为了防止其听命于委托人的不合理要求；辩护人具有独立地位，才可以与法官、检察官在平等的层面上进行对话和辩论。〔1〕因为被告人有时并不了解如何维护自己的利益，他的观点和主张也会阻碍其利益的实现。在很多情况下，为了维护被告人的利益，为了达到最好的辩护效果，辩护律师反而需要作出违背被告人意思的辩护活动。在德国刑事诉讼中，不仅辩护律师可以从事与被告人意思不符的辩护，就连法官都可以违背被告人的意志，为其指定特定的辩护人。根据德国特有的“强制辩护”制度，在被告人指控犯有重罪的案件，或者由州高等法院、州法院审理的第一审案件中，被告人没有委托律师辩护的，法院应当指定律师进行辩护。即便被告人拒绝律师辩护，法院也可以强行为其指定律师辩护。“强制辩护”制度的推行，实际等于剥夺了被告人在这些案件中拒绝律师辩护的权利。因为法院坚信，律师参与这些案件的辩护，尽管不符合被告人的意思，却可以维护被告人的利益，并有助于司法正义的实现。〔2〕

当然，德国的“独立司法机关”理论也引发了一定的争议。受英美法律理论的影响，一些德国学者对律师的独立地位提出了质疑，认为辩护人就是被告人利益的代理人，其行事的最高准则就是

---

〔1〕 参见［德］托马斯·魏根特：《德国刑事诉讼程序》，岳小玲、温小洁译，中国政法大学出版社2004年版，第60页以下。

〔2〕 参见［德］托马斯·魏根特：《德国刑事诉讼程序》，岳小玲、温小洁译，中国政法大学出版社2004年版，第58页以下。

最大限度地维护被告人的利益。而发现实体真实，维护司法正义的使命，应当由法官去追求，而不应被强加给辩护律师。也有学者主张，将辩护律师定位为“司法机关”，这在法律上是令人无法理解的。辩护人其实就是接受被告人指示的法律代理人，他们犹如“社会上的反对势力”，协助被告人来行使各项诉讼权利。还有些学者提出了一种“契约理论”，认为辩护不是公法所能调整的对象，律师与被告人的关系仅仅属于私法领域的契约关系。只要民法不作禁止性规定，辩护律师就可以根据被告人的意思和指示来从事辩护活动。当然，这种观点也认为，民法也为律师的代理活动设置了外部界限，如禁止辩护人进行诈欺、伪证、伪造文书、诽谤、侮辱等各种不当行为。〔1〕

三、中国的独立辩护人理论

在中国刑事诉讼中，律师可以独立自主地进行辩护活动，而不受行政机关、侦查机关、公诉机关和法院的干涉和控制。早在1998年，全国律协的一项办案规范就规定，律师应“依法独立进行诉讼活动”，“不受当事人的意志限制”。〔2〕2017年，全国律协对这一规范作出了修订，规定“律师担任辩护人，应当依法独立履行辩护职责。”同时，修订后的规范还要求，律师应“在法律和事实的基础上尊重当事人意见，按照有利于当事人的原则开展工作，不得违背当事人的意愿提出不利于当事人的辩护意见。”尽管如此，很多律师仍然坚持“独立辩护人”的观点，对这一观点，有继续加以反思的必要。

〔1〕 参见［德］克劳思·罗科信：《刑事诉讼法》（第24版），吴丽琪译，法律出版社2003年版，第149页。

〔2〕 参见中华全国律师协会1998年颁布的《律师办理刑事案件规范》第5条。

（一）独立辩护的含义

迄今为止，中国的“独立辩护人”理论并没有得到较为系统的总结和概括。不过，根据一些学者和律师的论述和分析，独立辩护大体上有以下几个方面的含义：

一是律师的辩护不受委托人意志的控制。律师从事刑事辩护活动尽管是基于委托人的授权，也要维护委托人的利益，但是，律师并不是委托人的单纯“代理人”，不能对委托人言听计从，而应当有自己独立的辩护思路和辩护方法。对于委托人提出的不合理、不合法的要求，辩护律师可以予以拒绝。在法庭审理中，为了维护委托人的利益，律师可以提出与委托人不一致甚至相矛盾的辩护观点。比如，在被告人当庭认罪时，律师如果认为被告人没有实施犯罪活动，或者所实施的行为不构成犯罪的，当然可以做无罪辩护。〔1〕这种与被告人认罪不一致的无罪辩护，是律师依法独立行使辩护权的典型标志。

二是律师应当根据事实和法律来从事辩护活动。无论是律师法还是刑事诉讼法，都要求律师“根据事实和法律”来提出辩护意见。律师法甚至明确要求律师在辩护中要“以事实为根据，以法律为准绳”，对于委托人利用律师提供的服务从事违法活动或者故意隐瞒案件主要事实的，律师可以拒绝辩护。这些都显示出律师只能根据事实和法律来形成自己的辩护思路，而嫌疑人、被告人的观点和认识，最多只是律师辩护的参考，但不能是律师辩护的唯一依据。为了尊重事实和维护法律，律师当然可以提出与委托人意思相悖的辩护观点。当然，律师的独立辩护有时也会面临一些争议。特别是在委托人拒不认罪，或者当庭翻供的情况下，律师如果认为被告人已经构成犯罪的，究竟还能否继续做有罪辩护的问题，更是众说纷纭，莫衷一是。一部分学者和律师坚持绝对的独立辩护人观点，认为律师此时仍然可以选择有罪辩护，因为在无罪辩护没有

---

〔1〕 参见吕淮波：《论律师独立于当事人》，载《安徽大学学报》2001年第2期。

任何空间的情况下，从事罪轻辩护和量刑辩护仍然可以维护委托人的利益。但也有人提出异议，认为对于被告人不认罪的案件，律师一旦选择有罪辩护，就等于充当事实上的“第二公诉人”，背离了辩护律师的职业伦理。因此，律师根据事实和法律进行辩护的思路，也要受到一定的限制。

三是律师有自己独立的人格，不是嫌疑人、被告人的附庸，更不是后者的“喉舌”或“代言人”。律师在辩护时不能完全听从嫌疑人、被告人的意见和指令。对于嫌疑人、被告人的意见，辩护律师认为正确和合理的，可以予以采纳；认为不合理、不正确的，则可以拒绝。无论被告人委托了几位辩护律师，这些律师都可以提出独立于委托人的辩护意见。例如，两位辩护律师接受委托后，既可以提出完全一致的辩护意见，也可以提出不一致的辩护观点，如一个律师认为被告人构成犯罪，就可以作出罪轻辩护或者量刑辩护，而另一个律师则可以继续做无罪辩护。这都是独立辩护的内在应有之义。

（二）律师独立辩护的理由

早在20世纪80年代，中国法律曾将律师定位为“国家法律工作者”，其工作单位是在司法行政机关下设的“法律顾问处”，律师实际是从事法律服务的特殊“公务员”。在这种律师定位的制度背景下，律师维护委托人利益被置于次要的地位，律师更重要的职责是维护国家利益和社会公共利益。可以说，作为“国家法律工作者”，律师从事辩护活动，当然不受委托人意志的限制。可以说，这是中国近三十年来独立辩护人理论赖以形成的一个制度源头。〔1〕

到目前为止，律师法已经历了两次重大的修改，律师的职业定位先是被变更为“社会法律工作者”，最终又被定位为“为当事人提供法律服务的执业人员”。律师工作的单位早已从法律顾问处

〔1〕　参见田文昌、陈瑞华主编：《〈中华人民共和国刑事诉讼法〉再修改律师建议稿与论证》（增补版），法律出版社2012年版，第193页以下。

变为自负盈亏、自主经营的律师事务所。律师与委托人的关系也早已变成那种受民事契约约束的委托代理关系。在律师制度改革的背景下，独立辩护人理论也发生了一些微妙的调整。一般说来，律师坚持独立辩护的理由已经不再是单纯地维护国家利益和社会公共利益了，而有了一些新的解释。

那么，为什么要继续坚持独立辩护人理论呢？与德国法律理论不同，中国学者和律师并不认为律师是什么"独立的司法机关"，而是认为律师只是维护委托人利益的独立辩护人。之所以强调律师不受委托人意志的限制，主要是出于以下几个方面的考虑：一是律师在维护委托人利益之外，负有更高的职责和使命；二是律师不是委托人的民事代理人，而是独立辩护人；三是律师是法律专业人员，应当作出独立的专业判断。下面对这些观点给出简要的分析。

1.设置律师辩护制度的目的

律师在维护委托人合法利益之外，负有更高的职责和使命。律师法要求律师"维护法律正确实施，维护社会公平和正义"。之所以要设置律师制度，从根本上是要在国家与个人之间确立一种独立的社会力量，律师通过为委托人提供法律服务，既可以有效制约国家机关的权力，防止这些权力的滥用，又可以为那些遭受公共侵权的个人提供有效的救济。而在刑事诉讼中设置辩护制度，也不仅仅是维护个别被告人的权益，更主要的是维护程序的正义，最大限度地防止冤假错案。在法庭审判中，律师以辩护人的身份，与公诉机关、裁判机关进行程序上的交涉、抗辩和对话，成为被告人人权的最大维护者，这是实现司法正义的制度保证。

正是因为律师负有如此崇高的职责和使命，他们才独立于那些仅仅追求"个案胜诉"的嫌疑人、被告人，不应为达到维护后者利益的目的而不择手段。律师之所以要依据事实和法律从事辩护活动，之所以要提出与被告人意思相悖的辩护意见，都是因为律师不仅仅是委托人利益的维护者，而更主要的是司法正义的追求者和人权的保障者。

2.刑事辩护与民事代理的区别

很多律师都认为，律师行使辩护权的前提是取得委托人的授权，而取得这种授权的方式则是律师事务所与委托人签署的授权委托协议，但这与民事代理却有本质的区别。在民事代理关系中，委托人与代理人可以单方解除代理合同，只要两者的信任关系不复存在，那么任何一方都可以中止这种委托关系。而在辩护律师与委托人的委托协议中，这种单方解除合同的做法是被禁止的，至少，律师无正当理由，不得拒绝辩护，而且这种拒绝辩护即便符合法定的事由，也要征得法庭的同意。此外，在民事代理关系中，代理人不仅要忠实于委托人的利益，还要服从委托人的意志和指示，甚至听从委托人的指令。代理人假如违背了委托人的真实意思，就被视为一种代理违约行为。但在辩护律师与委托人之间的委托协议中，律师并不忠实于委托人的意志，而要忠实于事实和法律。

正是因为刑事辩护与民事代理具有本质的区别，所以辩护律师既不受委托人意志的控制，也不能对委托人言听计从。律师即便要维护委托人的利益，也要依据事实和法律，维护委托人的合法和正当利益，并可以具有独立的辩护思路和辩护方法。

3.律师的专业优势

很多律师都强调律师辩护的专业优势，认为嫌疑人、被告人不懂法律，难以提出具有专业水准的辩护观点，即便有维护自己权益的愿望，却没有达到辩护目的的合理方法。更何况，很多嫌疑人、被告人限于专业知识的不足和信息的不对称，经常作出不当的甚至错误的判断。相反，律师是专业的法律工作者，受到过专业的法律教育，具有基本的辩护技巧和方法，他们可以发现对委托人有利的各种证据、事实和法律观点，选择最理想的辩护角度。因此，作为法律专业工作者的律师，假如对作为法律外行的嫌疑人、被告人唯命是从，反而难以达到维护后者权益的目的。

不仅如此，嫌疑人、被告人作为与案件有直接利害关系的当事人，为避免最不利的诉讼结果，经常会发生改变或者推翻供述的情况，其诉讼立场有时是不稳定的，甚至是善变多变的。与此同时，在办案人员的引诱、压力、逼迫下，一些嫌疑人、被告人有时还会作出违心的有罪供述。在此情况下，假如作为专业法律工作者的律师，在辩护中一味地听从嫌疑人、被告人的意见，那就很难提供令法官信服的辩护意见，甚至有时会促成冤假错案的发生。

其实，坚持这一观点的律师，还可以举医生治病的例子，这似乎更有说服力。医生作为医疗方面的专家，面对不懂医学的病患者，肯定具有专业上的明显优势。假如医生动辄根据病患者的意见制定手术方案，或者开出治疗药方，那么，这种治疗肯定无法达成积极的效果。既然作为专业人员的医生不能动辄听从患者的指令，那么，同样作为专业人士的律师，也不能无条件地顺从委托人的意志。

四、对独立辩护人理论的反思

任何一种律师制度要得到正常的发展，都必须构建一些最基本的律师职业伦理规范。其中，忠诚于委托人的利益，应当是律师执业的首要准则。违背了这一准则，律师就无法为委托人提供有效的法律帮助，甚至会有意无意之中损害了委托人的利益。对于律师损害委托人利益的行为，法律应对其作出否定的评价，并施以消极的法律后果。但与此同时，律师又不能在维护委托人利益方面不择手段，而必须承担维护法律实施、尊重事实真相的责任。律师假如动辄采取伪造证据、贿买证人或者故意说谎等行为，也会被视为违背职业伦理，甚至因此承担法律责任。可以说，对委托人的忠诚义务与尊重法律和事实的义务，构成了律师职业伦理不可分割的两个侧面。

表面看来，独立辩护人理论兼顾了律师职业理论的两个方面，要求律师在维护委托人利益的时候，不得违背法律和事实，追求更高层次的公共利益，但实际上，这一理论存在难以克服的缺陷。从逻辑角度看，这一理论使律师不得不承担与法官、检察官相似的法律义务，无视被告人的弱者地位，扭曲了律师与委托人之间的法律关系。而从经验层面上看，这一理论使律师不得不承担“国家法律工作者”的义务，不仅无法有效地提供法律服务，甚至有时会鼓励律师积极从事有损于委托人利益的行为。近年来，中国司法实践中所发生的律师与委托人之间的冲突，就与这种独立辩护人理论存在一定的联系。

（一）逻辑上的缺陷

德国传统的“独立司法机关”理论，将辩护律师的独立地位强调到了极致。这种允许律师罔顾委托人意志而“独立辩护”的理论，从根本上混淆了辩护律师与法官、检察官的职业伦理。这是因为，作为“坐着的司法官”，法官当然要维护国家法律的有效实施，实现司法正义；作为“站着的司法官”，检察官也要承担“客观义务”，对不利于被告人和有利于被告人的事实给予同等的关注，甚至可以为被告人利益而提出上诉。但是，律师与法官不同，并不承担司法裁判的使命；律师与检察官也不同，并不承担刑事追诉的责任。律师之所以参与刑事诉讼活动，其出发点就在于接受委托人的授权和委托，追求委托人利益的最大化。假如辩护律师以“独立司法机关”自居的话，那么，他还能站在被告人的立场上，与检察官进行对抗，并对法官进行说服工作吗？他很可能以“委托人事项违法”、“委托人没有如实陈述”或者“委托人提出违法要求”为由，拒绝为委托人进行全心全意的辩护，以至于损害了委托人的利益。

与德国理论相似的是，中国的独立辩护人理论也过分强调律师维护法律实施和发现事实真相的使命，使作为法律代理人的辩护律师，事实上承担了“司法裁判者”的职业伦理。这一理论单方面强调辩护律师依据事实和法律进行辩护活动，而不受委托人意志的限制。这就意味着，在维护委托人利益与维护事实和法律之间，律师要优先选择后者；对于那些不符合事实或有违法律的委托人利益，律师可以拒绝加以保护。但是，在维护委托人利益与维护法律和事实发生冲突的时候，法律要求律师放弃前者而优先选择后者，这不就将辩护律师置于与法官极为相似的处境了吗？我国律师法要求律师“以事实为依据，以法律为准绳”；对于“委托事项违法、委托人利用律师提供的服务从事违法活动或者故意隐瞒与案件有关的主要事实的”，律师有权拒绝辩护。同时，律师法和刑诉法都要求律师只能维护嫌疑人、被告人的“合法利益”。这些规则都显示出律师在辩护活动中要承担一种“裁判者”的角色，对于委托事项是否“合法”、委托人是否“隐瞒真相”等问题作出判断。但在很多情况下，案件的事实尚未查清，法律适用问题也处于相互争议之中，律师如何做到“以事实为依据，以法律为准绳”呢？在被告人为维护自己利益而求救于辩护律师的时候，律师如何判断其委托事项是否合法呢？在被告人行使无罪辩护权的情况下，律师又怎么证明被告人“隐瞒真相”呢？这种要求辩护律师负有裁判职责的职业伦理，岂不与律师忠诚于委托人利益的职业伦理发生矛盾了吗？

“独立辩护人”理论不仅混淆了律师与法官的职业伦理，而且严重忽略了对被告人进行特殊保护的问题。本来，面对国家机关的刑事追诉活动，嫌疑人、被告人天然地处于被动防御、消极应对的弱者地位。面对控辩双方无法保持势均力敌的诉讼状态，就连法官都要遵循“天平倒向弱者”的原则，赋予被告人一系列特殊的程序保障。至于那些专职刑事辩护的律师，就更应站在委托人的立场上，尽职尽责地从事辩护活动。而要有效维护委托人的利益，辩护律师就需要通过适当的会见、阅卷、调查等活动，来形成较为成熟的辩护思路，并在法庭审理中尽到说服裁判者的职责。遇有与委托人发生观点分歧的场合，辩护律师也应尽力通过沟通、协商、说服等活动与委托人协调辩护思路，制定双方都可以接受的辩护方案。

但是，那种强调律师独立辩护，“不受委托人意志限制”的独立辩护人理论，鼓励律师放弃与委托人进行协商、沟通、告诫的责任，怂恿其进行天马行空的辩护活动。那些受到未决羁押的嫌疑人、被告人，本来就缺少与外部的沟通，经常作出不当的判断，或者因为受到某种压力、诱惑或欺骗，而有意无意地选择了错误的诉讼立场。坚持独立辩护人理论的律师，无视自己与委托人信息不对称的基本现实，既不对委托人尽到说服、告诫之职责，也不去了解委托人改变诉讼立场的缘由，而是动辄固执己见，坚持独立辩护，这其实是造成辩护律师与委托人发生辩护观点分歧的根本原因。这种局面一旦形成，那么，不仅律师的"独立辩护"观点无法发挥作用，而且那些与辩护律师发生观点冲突的嫌疑人、被告人，将处于更为危险的境地，其诉讼权利也更加难以得到维护。

不仅如此，"独立辩护人"理论无视辩护律师的权利来源，违背了律师作为法律代理人的职业伦理。〔1〕事实上，辩护权是嫌疑人、被告人依法享有的权利，嫌疑人、被告人也可以亲自行使这些辩护权利。辩护律师之所以要参与刑事诉讼活动，主要是因为嫌疑人、被告人没有能力行使辩护权利，因而需要律师的专业协助。律师作为辩护人参与刑事诉讼活动，不是取代嫌疑人、被告人的辩护方地位，而只是加强了后者的辩护能力而已。律师从事辩护活动的根本目的，还是最大限度地维护委托人的权益。此外，律师一旦接受了嫌疑人、被告人的委托，从事刑事辩护活动，就与委托人之间形成了民法上的委托代理关系。无论这种代理关系具有怎样的特殊性，辩护律师作为"法律代理人"的身份是毋庸置疑的。从法律代理人的基本职业伦理来看，辩护律师不仅应当忠诚于委托人的利益，而且要与委托人保持最起码的相互信任关系。而没有辩护律师与委托人之间的积极沟通、协商和交流，这种相互信任关系是根本无法建立起来的。

中国的"独立辩护人"理论，否认辩护律师的代理人身份，这是与刑事辩护制度的性质格格不入的。按照这一理论，律师不是民法意义上的法律代理人，也当然不必遵守法律代理人的职业伦

---

〔1〕 参见田文昌、陈瑞华：《刑事辩护的中国经验》，北京大学出版社2012年版，"序言"。

理。既然如此，律师与委托人之间签订的委托协议究竟是什么协议呢？难道在与委托人签订协议并收取律师费用之后，律师就不需要将维护委托人利益作为辩护目标了吗？难道律师一旦收取了辩护费用，就可以不顾委托人的感受，从事某种与委托人意志相悖的辩护活动了吗？从刑事辩护的实践来看，包括上诉权、申请回避权、申请排除非法证据、申请调取新证据等项诉讼权利，都属于当事人才能行使的诉讼权利，未经嫌疑人、被告人的授权或同意，辩护律师是无权自行决定行使这些权利的。即便是在选择无罪辩护、罪轻辩护或者量刑辩护的问题上，辩护律师也有义务将其辩护思路庭前告知委托人，并说服其接受这一辩护思路。这显然说明，律师所从事的辩护活动，既要围绕委托人利益而展开，又要使委托人承受最终的法律后果；律师既不是为自己的利益来进行辩护，更不应为发表自己的政治主张或学术观点而利用辩护人的身份。〔1〕既然如此，律师强调自己“独立辩护”，“不受委托人意志的限制”，岂不明显属于荒唐的论调吗？

（二）实践中的消极后果

“法律的生命在于经验，而不在于逻辑。”霍姆斯大法官的这句名言告诫我们，评价一项制度和理论的优劣得失，不仅要从逻辑层面上进行考察，更要从该制度和理论的实施效果上作出判断。

按照“独立辩护人”理论的假定，律师不需要委托人的协助就可以提供较为理想的辩护，律师离开委托人的支持就可以形成最佳的辩护思路，律师不与委托人协商和沟通就可以有效地维护委托人的利益。但是，这种“理想境界”真的能实现吗？实践的情况表明，在这一理论指导下从事辩护活动的律师，经常遭遇与委托人发生立场冲突的尴尬，甚至还会因此遭遇委托人的不满乃至投

---

〔1〕 有关这一问题，实务界难得的阐述可参见陈曦：《辩护人与被告人的关系》，载江苏法院网，http://www.jsfy.gov.cn/llyj/xslw/2010/09/28164622204.html，2013年5月2日最后。

诉。律师与委托人、多名律师相互间辩护观点的冲突有时甚至还带来了辩护观点的相互抵销。而有些极端强调“独立辩护”的律师，有时甚至人为地“将法律问题政治化”，采取各种民粹化的操作方式，除了与法院和法官进行公开对抗之外，根本谈不上维护委托人的利益。以下对“独立辩护人”理论的实践效果作出简要分析。

1.律师辩护的不尽责

坚持“独立辩护”的律师，通常都不去充分地进行会见、阅卷、调查以及其他防御准备活动。在某种程度上，“独立辩护”不过属于一些律师“不尽职辩护”的托词而已。按照现行的律师收费方式，律师与委托人签订委托协议后，就要按照诉讼阶段一次性地收取诉讼费用。而事先收取诉讼费用的律师，在处理与委托人的关系上就处于优势地位。通常情况下，律师在形成辩护思路之后，就起草出一份书面的“辩护词”，并在法庭辩论阶段当庭宣读这份辩护词。相对于那种尽职尽责的辩护方式而言，这种不受委托人控制的“独立辩护”当然既简便又快捷了。因为律师不必顾及委托人的想法，不必与委托人进行辩护方案的告知、沟通和协商，也不必听取委托人的意见，更不用对委托人进行说服工作。从事“独立辩护”的律师其实就像一位不愿与病患进行沟通的医生一样，完全按照自己的“专业判断”进行生硬的治疗工作。

有些律师经常强调自己的“专业判断”优势，但事实上，辩护律师面对作为弱者的委托人，还具有后者所无法驾驭的“专业强势地位”。律师相对于委托人的这种强势地位，就如同医生对于患者、产品制造商相对于消费者、教师相对于学生一样，令后者处于消极被动的境地。假如过分强调强势者的“独立地位”，就会造成强势者惰于承担责任、弱势者无法制衡强势者的后果。从中国刑事辩护的实践来看，当下最为迫切的并不是强化辩护律师的独立地位，而是加强辩护律师忠诚于委托人利益的职业伦理。正因如此，“独立辩护人”理论对于充分调动律师辩护的积极性而言，实属一种不合时宜的理论。

2.律师与委托人辩护立场的冲突

坚持“独立辩护”的律师，经常会遇到与被告人发生辩护观点冲突的问题。尤其是在无罪辩护和有罪辩护的选择上，辩护律师与被告人持有不同辩护立场的情形更是经常发生。例如，辩护律师在庭前形成了无罪辩护思路，并当庭提出了无罪辩护意见，但被告人却当庭认罪。又如，辩护律师认为案件没有无罪辩护的空间，当庭做罪轻辩护或者量刑辩护，但被告人却坚持己见，拒不认罪。按照“独立辩护”的逻辑，律师有权提出独立的辩护意见，而不受委托人意志的限制。既然如此，被告人无论是当庭认罪还是不认罪，对辩护律师的辩护都不具有约束力。可以说，律师当庭与被告人发生辩护观点的冲突，这几乎是“独立辩护”的必然结果。

但是，律师当庭与委托人就辩护观点发生冲突，十有八九都是律师庭前与委托人沟通不力的结果。其实，律师假如不注重与委托人的庭前沟通和协商，不将辩护思路告知被告人，听取被告人的意见，并说服被告人接受自己的辩护观点，那么，律师与被告人在辩护立场上发生冲突几乎是必然发生的。当然，实践中也确实存在律师经过多次沟通和协商，都没有说服被告人接受本方辩护观点的情况。但无论如何，律师与委托人当庭发生辩护观点的对立，意味着律师与被告人作为“辩护方”，发生了“同室操戈”、相互对抗的情况。表面看来，律师作为法律专业人员，当然有权作出自己独立的专业判断。但实际上，律师辩护的目的并不只是发表专业意见，更主要的是对公诉方的指控进行推翻或者削弱，并最终说服法官接受本方的辩护观点。而从说服裁判者的角度来看，律师与委托人提出相互冲突的辩护意见，恰恰等于为法官提供了两种不一致的辩护思路，且这两种思路是不可能同时成立的。这就注定导致被告人与律师辩护观点的相互抵销。经验表明，在被告人当庭认罪或者律师当庭发表有罪辩护意见的情况下，法庭几乎是不可能作出无罪判决的。在律师与被告人发生辩护观点分歧的情况下，法庭倾向于接纳其中一种不利于被告人的辩护意见。这是一种不争的事实。既然如此，律师与委托人所发生的辩护观点之争，几乎都难以达到预期的辩护效果，并程度不同地损害委托人的利益。

3.辩护律师的“公诉人化”

按照“独立辩护”的逻辑，被告人当庭不认罪或者做无罪辩护的，律师可以不受其辩护思路的左右，“依据事实和法律”作出罪轻辩护或者量刑辩护。例如，律师可以指出公诉方指控的罪名不能成立，但构成另一个罪名；律师可以对公诉方指控的犯罪事实和罪名都不持异议，但请求法庭注意特定的量刑情节，并作出从轻或减轻处罚。这类情况的出现，使“独立辩护”理论受到一系列质疑。而假如个别律师依据“独立辩护”的理念，当庭发表了被告人构成一个更重罪名的辩护意见，那么，这种“独立辩护”的思维就将遭遇更为严重的危机了。实践中“倒戈律师”所面对的普遍非议就说明了这一点。

为什么律师不顾被告人的反对，当庭选择有罪辩护的思路，会引起普遍的争议呢？难道这不是律师坚持“独立辩护”的必然结果吗？其实，毋庸置疑的是，律师在不征求被告人意见的情况下，当庭同意公诉方的指控罪名，或者提出一个新的罪名，这都意味着律师走向了“公诉人化”，客观上发挥了支持公诉的作用。当然，检察官根据“客观义务”，当庭提出有利于被告人的公诉意见，这本身也是经常发生的，并被视为公诉方维护事实和法律的标志。但是，律师与公诉人不同，并不承担追诉犯罪的使命，而要忠诚于委托人的利益。律师假如以“尊重事实和法律”为名，在不尊重被告人意见的前提下，认同了公诉方的指控罪名，或者建议对被告人判处另一个新的罪名，这无论如何都属于背叛委托人利益的行为。试想一下，在律师单方面认同公诉方指控意见的情况下，律师与公诉人事实上组成一个“公诉联盟”，而被告人将不得不“单枪匹马”地对抗公诉方和辩护人，其诉讼处境将变得更为危险。被告人要说服法官接受自己的无罪辩护意见，而拒绝接受公诉方和律师联合提交的有罪意见，这几乎是不可能的。

4.两名辩护人辩护效果的相互抵销

在部分刑事案件中，被告人有可能委托了两名律师充当辩护人。同样按照“独立辩护”的思路，两名辩护律师完全有可能选择相互矛盾的辩护思路。比如，一名辩护人当庭发表无罪辩护意见，另一名律师则认为公诉方的指控罪名是成立的，而发表罪轻辩护或者量刑辩护意见。经验表明，在被告人的两名近亲属为其分别委托了律师，而两名律师不进行沟通、协商和讨论的情况下，这种两名辩护律师“同室操戈”的情形就容易发生。

与被告人与律师发生冲突的情况相比，两名辩护律师发生辩护观点冲突的情况可能会造成更为严重的负面后果。毕竟，被告人是当事人，他基于趋利避害的考虑，经常会发表一些非理性的观点。在被告人与律师观点不一致的情况下，法官可能更为看重辩护人的观点。但是，在两名法律专业人士发表不同辩护观点的情况下，法官所面对的是两种相互对立的“专业判断意见”。根据逻辑上的排中律，两名律师发表的相互对立的辩护观点是不可能同时成立的，其中一种辩护意见肯定是无效的，对法官不具有说服力的。

当然，有人可能会说，两名律师发表不一致的辩护观点，可有助于法官“兼听则明”。但是，在公诉方已经发表不利于被告人的指控意见的情况下，两名辩护律师“同室操戈”，就注定意味着其中一名律师站到了公诉方的立场上，而与另一名律师发生辩护立场的冲突。在此情况下，后一名律师所要面对的将是公诉人与前一名律师一起构成的“公诉联盟”，他要说服法官接受自己的辩护观点，将变得更为困难。这与被告人面临“当庭倒戈”律师的情形不是非常相似吗?

5.民粹化的辩护操作方式

刑事辩护的艺术其实就是一种说服法官的艺术。无论是谁来辩护，辩护方无论提出怎样的辩护观点，其终极目的都是说服裁判者接受自己的辩护意见，作出有利于被告人的裁判。但是，坚持“独立辩护”观点的律师，却不受委托人意志的限制，其辩护方式犹如“脱缰的野马”，利用法庭辩护这一时空场合，发表一些与案件无关的政治性言论。更有甚者，律师不尊重法院和法官，而是动辄与法院发生冲突，利用媒体、互联网，提前公布案情，单方面发表本方的辩护观点，甚至对案件发表倾向性的评论，对法官作出公开的批评，导致辩护律师与法院矛盾的激化。这种“民粹化”的操作方式，在任何一个法治社会里，都是难以得到容许的，甚至可以成为法院惩戒律师的直接依据。不仅如此，在“独立辩护人”理论的指引下，一些律师罔顾委托人的意愿和感受，将法庭变成宣讲政治理想的讲台，将辩护变成逼迫法官接受本方观点的机会，甚至认为自己掌握了真理，把自己装扮成“终局裁判者”，甚至“救世主”。其结果，除了在极个别案件中成功地操纵了公共舆论，并逼迫法院就范以外，在多数情况下，这种辩护根本无法达到说服法官的效果，其委托人的利益最终受到了损害。

五、律师独立辩护的限度

笔者对“独立辩护人”理论所提出的反思性评论，并不意味着对律师独立辩护予以彻底否定。其实，即便在处理与委托人关系问题上，律师辩护也应具有最低限度的独立性。例如，律师不能实施法律和律师职业伦理所禁止的行为，如毁灭、伪造、变造证据，引诱、威胁、贿买证人作伪证，帮助被告人转移赃款赃物；等等。又如，律师不能向法庭作出明知是虚假的陈述，也不得向法庭提供明知是不可靠的证据。这可以被视为律师要承担忠实于法律和事实的义务。当然，这种对事实真相的尊重最多属于一种“消极的发现真实义务”，也就是禁止律师以积极的作为来引导司法机关作出错误的事实认定。〔1〕

〔1〕 关于律师的消极发现真实义务，可以参见［日］佐藤博史：《刑事辩护的技术与伦理》，于秀峰、张凌译，法律出版社2012年版，第37页。

但是，律师的独立辩护并不是绝对的。尤其是在处理与委托人关系问题上，律师不可能极端地坚持“独立辩护”，而完全不受委托人意志的限制和左右。作为接受嫌疑人、被告人委托而担任辩护人的诉讼参与者，辩护律师应将忠诚于委托人利益作为首要的执业目标，并为此遵循一系列独特的职业伦理规范。[1]例如，作为委托人的法律代理人，律师要履行代理人的义务，与委托人建立起基本的信任关系；作为委托人的法律帮助者，律师应向委托人尽到告知、提醒、协商义务，以便形成与委托人协调一致的辩护思路；作为一种专业的辩护人，律师应将说服法官接受本方诉讼主张作为保护的目的和归宿；等等。这样，在律师与委托人发生辩护观点的分歧或冲突之时，律师的“独立辩护”就受到某种外部的限制。这种限制主要来自律师以忠诚于委托人利益为中心的职业伦理规范。[2]对于律师来说，这些职业伦理具有更高的地位，相对于律师辩护而言，它们甚至具有选择上的优先性。在独立辩护与忠诚于委托人利益发生矛盾的时候，律师有必要将实现后者作为优先的选择。以下对律师的忠诚义务以及围绕这一义务所应遵循的职业伦理做一分析。

（一）忠诚义务

本来，嫌疑人、被告人既是辩护权的享有者，又是这一权利的行使者。法律之所以要建立辩护制度，嫌疑人、被告人之所以要委托人律师从事辩护活动，就是因为自己作为法律外行和当事人，没有辩护的能力和经验，单靠自行辩护根本无法达到预期的辩护效果。嫌疑人、被告人出于信任，委托律师从事辩护活动，意在获得律师的有效帮助。假如律师无力提供这种法律帮助，或者有意无意地损害委托人的利益，这既辜负了嫌疑人、被告人的委

---

〔1〕 参见彭勃：《刑事辩护中律师与委托人的关系》，载《北京科技大学学报（社会科学版）》2001年第2期。

〔2〕 参见陈瑞华：《律师独立辩护的限度》，载《南方周末》2010年8月19日。

托和信任，也背离了律师辩护的本来意义。不仅如此，那些接受嫌疑人、被告人委托的律师，一旦“反戈一击”，在诉讼中实施了有损委托人利益的言行，还会给委托人造成更为严重的伤害后果。正因如此，忠诚于委托人的利益，应当成为律师辩护的第一职业伦理。

根据忠诚于委托人利益的职业伦理，律师在进行辩护活动时不应损害委托人的利益。这应当构成律师独立辩护的第一限制。前面提到的律师“临阵倒戈”，在委托人拒不认罪的情况下，当庭发表被告人构成犯罪的观点，甚至提出被告人构成另一更重犯罪的观点，或者两名辩护律师当庭发表相互对立的主张，这都造成辩护方观点的相互矛盾，律师在一定程度上充当了“公诉人”的角色，这就程度不同地损害了委托人的利益。不仅如此，一些律师采取不正当的操作方式，动辄当庭发表政治性言论，或者动用大众媒体对法官施加压力，逼迫法官接受自己的辩护思路，这都会损害律师与法官的正常关系，最终牺牲了委托人的利益。

嫌疑人、被告人一般属于不熟悉法律的普通人，他们对于律师是否维护自己的权益，或者律师的某种言行是否损害了自己的利益，经常无法作出准确的判断。正因如此，律师更需要做到严格自律，将维护委托人利益作为自己辩护活动的最高准则。而律师法和刑诉法为有效规范律师的辩护活动，则应为律师辩护确立若干职业伦理规范。例如，在被告人拒不认罪的情况下，律师无论如何不得当庭发表“被告人构成犯罪”的言论。又如，在被告人当庭认罪的情况下，律师一旦发现自己准备的无罪辩护意见是不合时宜的，就应当申请法庭休庭，与被告人进行有效的沟通，及时调整自己的辩护意见，或者在征得被告人同意的前提下，继续提出无罪辩护的意见。再如，对于两名律师的辩护观点发生分歧的情况，法律应确立一项基本准则：有关律师应当进行协商，在征求被告人意见后，确定一位“主辩护人”，另一律师则服从前者的辩护思路，否则，就应申请法庭退出案件的辩护工作。

（二）诚信义务

从民法上看，律师在同意接受嫌疑人、被告人的委托充当辩护人之后，与后者签订的是一种委托代理协议，双方形成的是一种委托代理关系。在一定程度上，接受嫌疑人、被告人委托而从事辩护的律师，就是一种法律代理人。当然，作为辩护人的律师与作为民事代理人的律师，在处理与委托人的关系问题上，也承担一些特殊的义务。尽管如此，这并不意味着律师作为刑事辩护人与作为民事代理人就具有实质上的区别。或许，辩护律师在维护委托人利益方面，要比民事代理人承担更多的特殊义务。

既然辩护律师与委托人之间建立了委托代理关系，那么，律师就应当承担法律代理人的职业伦理。其中，取得委托人的信任，这是律师与委托人代理关系赖以存续的基本前提。律师假如实施了为委托人所无法容忍的行为，以至于失去了委托人的信任，那么，这种委托代理关系就会面临危机，委托人也有权随时解除这种委托代理关系。我国律师法允许委托人单方面拒绝律师继续辩护，就是一个富有说服力的证据。

为保持与委托人的信任关系，律师在行使那些只有当事人才能行使的辩护权利时，都需要与委托人进行沟通，并取得后者的授权或同意。例如，律师要申请法官回避，必须征得被告人的同意；律师要提出上诉，也需要取得被告人的授权；律师要提出排除非法证据的申请，也要实现征询被告人的意见；律师要申请证人出庭，申请调取新的证据，申请重新鉴定或者勘验等，也要取得被告人的同意……此外，在辩护思路的形成问题上，尽管律师作为法律专业人员，可以作出独立于委托人的专业判断，但是，律师在开庭前也需要将辩护思路告知被告人，征求被告人的意见，遇有与被告人观点发生分歧的场合，律师也有义务尽到解释和说服的义务。

当然，律师在法庭上提出与委托人不一致的辩护观点，并不是绝对不可接受的。但前提必须是委托人对辩护律师保持信任，并同意律师提出这样的辩护观点。同样，假如委托人对辩护律师失去了信任，那么，无论律师提出什么样的辩护观点，委托人都有权随时解除与律师的委托代理关系。至于律师提出解除与被告人的委托代理关系的，则要受到一些因素的制约。例如，未经法庭批准，律师不得擅自解除委托代理关系；辩护律师提出解除代理关系的，还要给予被告人重新委托新的辩护律师的机会，并在新的律师介入后方可退出对本案的辩护。

（三）沟通义务

律师作为法律工作者，当然不能在辩护观点上完全顺从委托人的意志，而可以提供独立的专业辩护意见。但是，律师有义务将自己的辩护思路告知嫌疑人、被告人，使其享有知情权，以便于选择最有利的辩护思路。与此同时，遇有观点不一致的情形，律师有义务将辩护思路作出解释，负有说服委托人的义务，促使其接受本方的辩护思路。可以说，多次会见、充分沟通，是确保法庭上律师与委托人良好配合的保障。

一些极端强调“独立辩护”的律师，之所以提出一些不受委托人意志限制的辩护意见，就是因为没有履行这种沟通义务，没有在开庭前将辩护思路告知被告人，也没有对被告人可能采取的辩护立场进行充分了解。而在开庭过程中遇有与委托人辩护观点出现不一致的场合，律师不是通过申请休庭，来与被告人进行沟通，而是武断地归结为被告人“受到外部的压力或诱导”，甚至当庭警告被告人。明明是因为自己不履行沟通义务而导致了与委托人观点的冲突，一些律师却去责备被告人，这实质上将自己塑造成“裁判者”，背离了律师本应遵循的忠诚于委托人利益的职业伦理，也违背了律师的诚信义务。

（四）有效辩护的义务

律师辩护是一种说服法官的艺术，辩护的目的就是说服法官接受本方的辩护观点。这是律师从事一切辩护活动的出发点和归宿。假如律师可以不考虑辩护的效果，不将说服法官作为辩护的目标，那他当然可以天马行空、随心所欲地展开自己的辩护活动。离开了维护委托人利益这一目标，律师的任何辩护活动都将是没有意义的，甚至对维护委托人利益是有害的。[1]

我们之所以不赞同律师未经沟通就发表与委托人观点不一致的辩护意见，就是因为这种冲突会使法官产生“辩护方自相矛盾”的印象，以至于造成辩护观点的相互抵销。我们之所以反对两名律师不进行沟通就发表相互矛盾的辩护观点，尤其是一名律师做无罪辩护而另一名律师则提出有罪辩护的观点，就是因为两名律师的观点分歧注定无法达到说服法官接受本方主张的效果。我国之所以不同意个别律师动辄激怒法官，动用大众媒体公布案情和辩护观点，利用互联网来向法官施加压力的操作方式，也是因为这种操作方式容易造成法官与律师的职业对立，根本无法达到说服法官接受本方辩护观点的效果。

而要从事有效的辩护，并有效地说服法官接受自己的辩护观点，律师就应当对法官保持最基本的尊重，利用法律人的思维表达自己的辩护观点；律师也应运用法官能够接受的表述方式和法律理论来进行推理和论证，如援引先前的权威判决，援引上级法院法官的裁判理由，援引最高法院法官的理论观点等，来支撑自己的诉讼请求。不仅如此，遇有法官不接受本方辩护观点的情况，律师也不应动辄意气用事，挑战法官的权威，而应诉诸审级制度和上诉程序，理智地表达自己对下级法院判决的异议。

六、以委托人授权和信任为基础的独立辩护

行文至此，笔者在对“独立辩护人”理论进行反思的基础上，提出了一种建立在委托人授权和信任基础上的独立辩护理论。根据本文的分析，德国的“独立司法机关”理论，过分强调律师在维

---

〔1〕 参见陈瑞华：《刑事辩护的几个理论问题》，载《当代法学》2012年第1期。

护法律有效实施方面的责任，忽略了律师的法律代理人地位。这种无视刑事辩护常识的观点，受到了越来越多的德国学者的批评。而中国的“独立辩护人”理论，从其形成之日起就与律师曾经的“国家法律工作者”的职业定位有着密切的联系。这种理论扭曲了辩护律师与委托人关系的实质，既带来了逻辑上的混乱，也造成了律师损害委托人利益现象的大量发生。中国刑事司法改革的经验已经表明，律师无论是接受委托还是接受指定来从事辩护活动，律师无论具有怎样的辩护风格，律师也无论形成怎样的辩护思路，都应当将忠诚于委托人的利益作为自己辩护的最高目标。离开了忠诚于委托人利益这一出发点，律师的辩护就不仅毫无意义，甚至还会造成对被告人有害的后果。

笔者并不是要彻底抛弃“独立辩护人”理论，而是要对这一理论进行适度的改造。律师辩护当然要在法律所设定的范围内展开，律师在辩护中也不能故意歪曲事实，提供不真实的陈述和证据。这都是毫无争议的。在处理与委托人关系问题上，律师应保持专业判断上的独立性，不完全顺从委托人的意志，这对于有效维护委托人的利益而言，也是不可或缺的。但是，律师在辩护活动中应当严守一条职业的底线，那就是永远不得实施有损于委托人利益的言行。这种忠诚义务应当成为律师辩护的基本准则。而在这种忠诚义务之下，律师需要遵循一些特殊的职业伦理规范。这种职业伦理源于律师作为法律代理人的地位，将有效地说服法官接受本方辩护观点作为一切辩护活动的目标和归宿。为达成这一目标，律师在通过会见、阅卷、调查以及其他庭前防御准备活动形成辩护思路的同时，应当尽到向委托人进行告知、协商、讨论和说服的义务，并与委托人建立最基本的相互信任关系。而在与委托人的信任关系不复存在时，律师也应善意地告知委托人另行委托辩护人，并向法庭提出退出辩护的申请，一直服务到委托人获得另一辩护人帮助之时为止。

这样，律师的独立辩护就不再是绝对的，而应受到一系列律师职业伦理的限制。这些律师职业伦理的核心就是忠诚于委托人的利益，尊重委托人的自愿选择，在委托人授权范围内展开辩护活动，并与委托人保持基本的相互信任关系。之所以要建立这些职业伦理规范，主要是因为律师的辩护不能是天马行空、随心所欲的观点表达，也不能是不顾及委托人感受的法律观点之宣讲，更不能将法庭当作发表自己政治理想的舞台，而应当将说服法官作为辩护的目标和归宿。律师的辩护应当是有效的，为法官所能接受的，而不应将旁听公众当作演讲的对象；律师的辩护应当是理性的，而不应变成一种情绪的发泄；律师应将委托人作为辩护的助手，而不应无视委托人的存在，或者仅仅将委托人视为"治疗的对象"。

可以说，这是一种建立在委托人授权和信任基础上的独立辩护理论。根据这一理论，律师从事刑事辩护的基础是嫌疑人、被告人的委托和授权；律师从事各项刑事辩护活动，都需要取得委托人的授权或者同意；律师不能将自己的理论和观点强加给委托人，而应根据案件的具体情况以及委托人的意愿来形成辩护思路；律师要随时保持与委托人的沟通、协商和联络，尽量形成协调一致的辩护思路；律师在与委托人发生辩护观点分歧时，尽管不应轻言放弃辩护，但要征求委托人的意见，在委托人不反对的情况下继续展开自己的独立辩护。对于律师来说，独立辩护不是追求的终极目标，而只是一种手段，是一种最大限度地维护委托人利益的手段，也是一种在尊重委托人意愿的前提下所使用的手段。

第四章

有效辩护理论

一、有效辩护问题的提出

随着我国刑事辩护制度的不断发展，有效辩护的问题逐渐引起了法学界的关注。我国法律就律师的从业资格、律师的职业伦理、律师接受委托从事刑事辩护、法律援助等问题确立了一系列规则，使律师辩护制度逐步得到了完善。然而，迄今为止，我国仍然有70%左右的刑事被告人无法获得律师的帮助，这些被告人只能依靠自行辩护的方式来行使法定诉讼权利。而在那些有律师辩护的案件中，律师的辩护水平也是参差不齐的。由于律师的职业准入门槛依然不是很高，律师的法律素养无法得到普遍的保障，加上律师界普遍采取签订委托协议后收取全部费用的做法，因此，委托人对于辩护律师的制约力不强，辩护律师不尽职、不尽责的情况屡有发生。尤其是那些提供法律援助的辩护律师，由于所能获得的律师费用很少，加上法律援助机构缺少有效的监管措施，更是难以为被告人提供高质量的法律服务。

对于律师在辩护中不尽职、不尽责的情况，法学界通常将其视为“无效的辩护”。作为一种制度，无效辩护制度是美国所独有的一种诉讼制度。根据这一制度，对于律师不尽职、不尽责并造成一定消极后果的辩护活动，上级法院可以将其宣告为“无效辩护”，并可以据此作出撤销原判、发回重审的裁决。这样，律师的无效辩护就与下级法院的程序错误一起，成为上级法院宣告下级法院的裁判无效的依据。不仅如此，根据美国宪法所确立的被告人“获得律师帮助”的宪法权利，美国联邦最高法院认为这一权利包含了被告人“获得有效辩护”的内容。既然获得有效辩护属于一项宪法权利，那么，律师作出无效辩护的行为就属于一种侵害被告人宪法权利的行为，上级法院就更应宣告程序意义上的制裁了。

考虑中国刑事辩护中存在一些不尽如人意的制度和实践，而美国又建立了成体系的有效辩护制度，因此，我国法学界出现了引入有效辩护制度的观点。一些学者在对美国有效辩护制度作出简要介绍的基础上，对这一制度的“普适价值”作出了论证，并提出了在我国确立有效辩护制度的改革建议。这种对策性研究的积极意义当然是不言而喻的。不过，过于强调“拿来主义”的研究思路终究存在主观性太强的问题，并且缺乏中国法制经验的支持。作为一种为美国所独有的诉讼制度，有效辩护制度是一种舶来品，并且在美国也存在不同的认识，甚至还面临合法性和有效性的激烈批评。对于这样一种有争议的诉讼制度，研究者假如不假思索地强调移植的重要性，那么，这未必是一种科学和审慎的研究态度。

鉴于此，笔者拟对有效辩护制度作一次带有实证性的考察和评价。本章将分析美国有效辩护制度的来龙去脉，对无效辩护的双重标准及其所面临的挑战作出介绍，并对这一制度所蕴含的理论创新价值进行评价。在此基础上，笔者将考察中国引入有效辩护制度的必要性和可行性，并对无效辩护制度在中国确立的可能性作出反思性评估。本章的结论是，在中国全面地引入无效辩护制度确实不具有现实的可能性，但有效辩护的理念却对中国刑事辩护制度的发展具有较大的启发意义。至少，提高律师辩护质量、保障被告人获得律师实质性的法律帮助，已经成为我国法律所追求的目标，也可以成为未来评价我国刑事辩护优劣得失的价值标准。

二、美国的无效辩护制度

（一）被告人获得有效辩护的宪法权利

美国联邦宪法第六修正案规定，在任何刑事诉讼中，被告人都享有获得律师帮助的权利。根据联邦最高法院的解释，这一宪法权利既包括了被告人自行委托律师辩护的权利，也意味着那些无力委托律师帮助的被告人，有权获得指定律师辩护的机会。从1932年到1963年，联邦最高法院通过一系列案件的判决，逐步为那些因为贫穷而无力聘请律师的被告人，确立了获得政府所指定的律师辩护的权利。但是，被告人仅仅获得律师帮助的权利还是不够的，法院有必要保障被告人获得有效辩护的权利。

在1932年的鲍威尔诉亚拉巴马州一案的判决中，联邦最高法院第一次承认被告人享有"获得律师有效帮助"的宪法权利。根据这一判决，最高法院认定，"如果提供的时间或其他情况使律师不能为案件的准备和审理提供有效帮助的话，则州政府的这一责任并不能认为已经完成"。〔1〕在十年后对另一案件的判决中，最高法院再次指出，假如某一司法行为否认被告人获得律师有效帮助，那么该行为就背离了宪法第六修正案的规定。在1970年的一个判决中，最高法院认为，宪法第六修正案如果要实现它的目的，就不能将被告人留给一个不称职的律师。〔2〕1985年，最高法院再次重申，律师无论是被委托的还是被指定的，在初审或上诉程序中都应为

---

〔1〕　参见[美]伟恩·R.拉费弗、杰罗德·H.伊斯雷尔、南西·J.金:《刑事诉讼法》(上册)，卞建林等译，中国政法大学出版社2003年版，第660页以下。

〔2〕　参见[美]约书亚·德雷斯勒、艾伦·C.迈克尔斯:《美国刑事诉讼法精解》(第1卷)，吴宏耀译，北京大学出版社2009年版，第627页以下。

其委托人提供有效的帮助。“对于一个无法获得律师有效帮助的被告人来说，其境况与根本没有律师帮助的当事人一样糟糕。”〔1〕

美国联邦最高法院尽管根据宪法第六修正案确立了“获得律师有效帮助”的宪法权利，却一直没有对何为“有效律师帮助”作出解释。为保障被告人获得有效的律师帮助，一些联邦和州法院在判例中逐渐提出了“无效辩护”的概念，并将律师的无效辩护作为推翻原审判决的重要理由。但是，对于“无效辩护”的标准，这些法院却有着各不相同的理解。直到1984年，联邦最高法院在斯特里克兰诉华盛顿州案件（Strickland v.Washington）中，才对无效辩护的标准作出了权威的解释。〔2〕

（二）无效辩护的双重标准

根据斯特里克兰案件的判决，联邦最高法院认为，“判断任何有效性主张的基本点必须是，律师的行为是否损害了对抗式诉讼的基本功能，以至于难以依赖审判得到一个公正的结果”。根据这一理念，被告人要申请法院宣告律师作出了无效辩护，就必须同时证明以下两项事实：一是律师辩护工作存在缺陷，也就是律师不是一个“合理称职的律师”；二是律师的工作缺陷对辩护造成了不利的影响，也就是存在一种合理的可能性，若不是律师的行为错误，案件的诉讼结果将是不同的。〔3〕

前述第一项有关辩护缺陷的标准又被称为“客观标准”或“行为标准”，也就是律师的辩护行为存在错误，而这种错误已经严重到“该律师并没有发挥第六修正案所保障的‘律师’的作用”，其具体衡量尺度是“该律师的辩护是否低于合理性的客观标准”。对于

---

〔1〕 参见［美］伟恩·R.拉费弗、杰罗德·H.伊斯雷尔、南西·J.金：《刑事诉讼法》（上册），卞建林等译，中国政法大学出版社2003年版，第661页。

〔2〕 参见［美］约书亚·德雷斯勒、艾伦·C.迈克尔斯：《美国刑事诉讼法精解》（第1卷），吴宏耀译，北京大学出版社2009年版，第627页。

〔3〕 参见［美］罗纳尔多·V.戴尔卡门：《美国刑事诉讼——法律和实践》，张鸿巍等译，武汉大学出版社2006年版，第516页以下。

这一标准，联邦最高法院并没有作出明确的列举。在后来的判例中，联邦最高法院经常以律师的“策略性选择”为由，认为律师的行为“完全属于合理的职业判断范围”，从而驳回被告人所提出的律师存在辩护缺陷的主张。尽管被告人要证明律师存在宪法上的辩护缺陷存在不少困难，但在一些死刑案件的判决中，最高法院还是确立了一些“辩护缺陷”的标准。〔1〕

例如，律师在被告人的死刑听证程序中没有发现可以证明减轻情节存在的证据，这就被视为律师没有对被告人的背景进行彻底调查，因而没有达到合理性的客观标准。又如，律师在为死刑案件的量刑听证进行准备时，仅仅局限于从侦查报告和有关社会服务部的记录中发现证据，而没有进行更为深入的调查。再如，律师在准备死刑案件的量刑听证时，没有审查一个公众可以查阅的关于被告人先前定罪的法院档案。还有，律师因为错误地相信检察官会主动将所有有罪证据移交给自己，因而没有主动申请证据开示，结果造成他不了解警察在进行搜查和扣押方面存在法律上的错误，因而没有及时地提出排除非法证据的动议。这被认为违反了普遍的职业准则。〔2〕

除了要证明律师存在辩护行为的缺陷以外，被告人还需要证明这种缺陷对辩护产生了不利的影响。相对于律师的辩护缺陷而言，这属于无效辩护的“结果标准”。为满足这一标准，被告人必须证明，“要不是律师存在辩护缺陷，那么案件产生不同的诉讼结果将是合理可能的”。那么，被告人如何才能证明律师辩护缺陷影响案件诉讼结果的“合理可能性”呢？

在斯特里克兰案判决之后，美国联邦最高法院通过对几个案件的判决，初步解释了辩护缺陷影响判决结果的“合理可能性”问

〔1〕　参见江礼华、杨诚主编：《美国刑事诉讼中的辩护》，法律出版社2001年版，第180页以下。

〔2〕　参见[美]卡罗尔·S.斯泰克编：《刑事程序故事》，吴宏耀等译，中国人民大学出版社2012年版，第115页以下。

题。在这些案件中，最高法院都明确指出，假如律师提供了更为充分的辩护，就有可能在死刑案件的量刑听证中引入更多的证据，从而创造出被告人不被判处死刑的合理可能性。例如，在罗比拉案件中，辩护律师明知控方准备在量刑听证中提出被告人先前被定罪的事实和一些审判笔录，却没有对现有的法院案卷进行审查，以致忽略了一些通过其他途径难以发现的减轻情节。按照最高法院的说法，律师假如发现了这些证据，就有可能展开进一步的调查；而这种调查本来可以帮助律师“发现一些减轻罪行的证据”，从而有可能说服法官作出不同的量刑裁决。

（三）无效辩护的推定

当然，根据斯特里克兰案件的判决，在一些特定情形下，被告人只要证明律师存在较为严重的失职行为，法院就可以直接推定辩护缺陷对诉讼结果造成了不利影响。换言之，被告人在这些情形下就无须证明辩护缺陷对诉讼结果的不利影响。例如，被告人假如“事实上或者相当于事实上”被否定了律师的帮助，那么，法院就可以推定这种不利影响的存在。典型的例子是辩护律师在法庭上陷入漫不经心的状态，或者当庭昏睡。这就等于被告人实际无法获得律师的帮助。

又如，假如被告人获得律师帮助的权利受到法院或者控方阻碍的话，那么，这也可以被直接推定为无效辩护。在考虑各州的干涉行为是否构成违宪时，法院应审查这种干涉是否“剥夺了律师完整、公正地参与对抗式事实调查程序的机会”。假如这种干涉确实达到这样的程度，就可以直接成为法院认定无效辩护的依据。典型的例子是初审法院在被告人接受交叉询问的一整夜间歇期内，不允许律师与被告人会面，这被视为对被告人有效帮助权的剥夺。当然，假如干预被告人律师帮助权的是检察官，那么，法院就可以将此作为认定无效辩护的直接依据。

再如，假如同一律师或同一律师事务所的律师同时为多个被告人提供帮助，特别是为多个同案被告人进行辩护的，这种多重代理的情况就会使不同被告人之间产生利益冲突。这种直接导致利益冲突的辩护活动，会导致两名以上被告人的利益不可能同时得到维护，法院会以此为由作出无效辩护的宣告。在1978年的一项判决中，联邦最高法院认为，代理共同被告人的律师及时提出了审前动议，以存在利益冲突为由要求另行指定律师，但法院仍然要求律师代理共同被告人的，那么，上级法院可以此为由直接宣告无效辩护。〔1〕

（四）无效辩护制度的局限性

美国联邦最高法院在斯特里克兰案的判决中，同时确立了行为标准和结果标准，这使被告人在提出无效辩护的诉讼请求时，要承担双重证明责任：一是证明律师辩护行为是存在缺陷的；二是证明律师的不当辩护行为造成了不利于被告人的诉讼结果。但经验表明，这种证明往往是极为困难的，大多数被告人在受到法院有罪判决之后，还要委托另一名律师启动一场无效辩护之诉，而这种诉讼仅靠事后的举证，很难说服上级法院认定原来的律师不仅辩护行为失职，而且造成了不利的裁判结果。〔2〕

经验表明，在绝大多数涉及无效辩护的案件中，被告人所提出的诉讼请求都没有成功。例如，从1989年1月1日至1996年4月21日，加利福尼亚州最高法院共收到103件无效辩护申请，最终以无效辩护为由撤销原判的只有6件。而在同一时间内，联邦第五巡回上诉法院共收到无效辩护的申请158件，其中也只有6件获得了支持。这显然说明，无论是州法院还是联邦法院，都倾向于认为绝大多数律师的辩护都是有效的，只有极少数服务质量极端低劣的案

〔1〕　参见[美]约书亚·德雷斯勒、艾伦·C.迈克尔斯:《美国刑事诉讼法精解》(第1卷)，吴宏耀译，北京大学出版社2009年版，第638页以下。

〔2〕　参见[美]伟恩·R.拉费弗、杰罗德·H.伊斯雷尔、南西·J.金:《刑事诉讼法》(上册)，卞建林等译，中国政法大学出版社2003年版，第660页以下。

件才会因为无效辩护而被撤销原判。〔1〕

斯特里克兰案的判决受到美国法学界的批评。有学者认为，这种双重标准的设立是不公正的，甚至是有违宪法准则的。按照美国联邦最高法院以往的判例，对于一个违宪性错误，检察机关若主张该错误属于“无害错误”，就需要承担证明责任，并且要证明到排除合理怀疑的程度。但在被告人以无效辩护为由，要求上级法院宣告下级法院违反有效辩护的原则时，却被要求承担证明辩护行为属于有害错误的责任。这显然是错误的。因为判断律师是否有效辩护的主要原则应当是，他是否热诚、忠实地履行了辩护人的义务，而不是他的辩护行为是否产生了法院所认为的公正的结果。〔2〕

也有学者认为，联邦最高法院的判决过分考虑了诉讼效率问题，通过设立严格的标准来阻止被告人过多地提出无效辩护的诉求，以防止“无效辩护异议的激增”，避免律师动辄受到无效辩护之诉的困扰。但是，律师的有效辩护对于对抗制功能的发挥具有关键的意义。斯特里克兰案判决使被告人申请无效辩护的成功机会变得很小，对于改善抗辩双方诉讼地位不平衡问题几乎无所作为。同时，这一判决也显示出联邦最高法院在建立律师服务质量标准方面持一种消极的态度，也对辩护律师的不称职问题漠不关心。在美国，无效辩护属于一种带有结构性、制度性的问题，最高法院的判决对于解决这一问题并没有发挥实质性的积极作用。〔3〕

---

〔1〕 参见［美］卡罗尔·S.斯泰克编:《刑事程序故事》，吴宏耀等译，中国人民大学出版社2012年版，第107页。

〔2〕 See Richard Klein, *The Constitutionalization of Ineffective Assistance of Counsel*, 58 Md.L.Review1433（1999）.转引自［美］约书亚·德雷斯勒、艾伦·C.迈克尔斯:《美国刑事诉讼法精解》(第1卷)，吴宏耀译，北京大学出版社2009年版，第628页。

〔3〕 参见江礼华、杨诚主编:《美国刑事诉讼中的辩护》，法律出版社2001年版，第180页以下。

三、美国无效辩护制度的理论贡献

美国联邦最高法院在斯特里克兰案件的判决中确立了无效辩护的双重标准。这引起了普遍的争议，也招致多方面的批评。在这一判决出现后的十多年时间里，联邦最高法院再没有作出过一起有关无效辩护问题的判例。但自2000年起，联邦最高法院却在数起死刑案件的判决中宣告了无效辩护诉求的成立。更为重要的是，在这些案件的判决中，联邦最高法院都援引或者参考了美国律师协会所指定的刑事辩护指南。这些刑事辩护指南尽管并不具有法律约束力，却为法院判断律师是否尽职尽责提供了一套相对明确客观的判断标准。[1]

当然，相对于无效辩护制度本身的发展而言，我们更加看重这一制度所蕴含的理论价值。可以说，美国的无效辩护制度对于刑事辩护理论的发展带来了重要的影响。尤其是对发展中的中国刑事辩护制度而言，美国的无效辩护制度更是具有较大的理论启发意义。

（一）有效辩护的理念

迄今为止，美国联邦最高法院并没有对“有效辩护”或“律师的有效帮助”作出过明确的定义。但根据该法院对无效辩护所作的判例，“有效辩护”与“无效辩护”并不是一对相互对应的概念。原则上，有效辩护属于被告人享有的宪法权利，它与诸如“获知指控罪名和理由”“获得陪审团审判”“获得正当法律程序”“要求法院以强制手段调取证据”“对对方证人进行质证”等一样，都属于刑事被告人所享有的基本权利。只不过，这一权利并不是联邦宪法所明文确立的权利，而是联邦最高法院根据宪法第六修正案有关“获得律师帮助的权利”所发展出来的宪法权利。可以说，在美

〔1〕 参见［美］卡罗尔·S.斯泰克编：《刑事程序故事》，吴宏耀等译，中国人民大学出版社2012年版，第115页。

国宪法中，“获得律师帮助的权利”就等于“获得律师有效辩护的权利”。

按照一般的职业标准，有效辩护是指律师为被告人提供了富有意义的法律帮助。假如律师无力为被告人提供任何法律帮助，或者所提供的法律帮助是流于形式或者缺乏实质价值的，那么，这种辩护就不是有效的辩护。大体上，有效辩护可以有以下几个方面的要求：一是律师要具备为刑事辩护所必需的法律知识、技能和经验；二是律师应当忠实于委托人的利益，作出最为恰当的职业判断；三是律师应当做好充分的辩护准备工作；四是律师应当尽早会见委托人，保证委托人的知情权，并在重要决策问题上与委托人进行充分协商；五是律师应当展开充分的调查，收集一切与定罪量刑有关且有利于被告人的证据……

有效辩护是一种具有开放性的律师职业标准。从根本上说，律师法和律师执业规范所确立的各种律师制度，都具有实现有效辩护的意义。例如，律师法对律师从业资格的要求，就可以保证那些进入律师职业之中的律师，具备基本的知识和素养；律师法有关禁止律师泄露职业秘密的规则，就有着督促律师忠诚于客户利益的考虑；律师法有关禁止同一律师或同一律师事务所的律师为共同被告人提供法律帮助的规则，也有着避免利益冲突的意义；律师法对法律援助制度的规定，也有着建立最低限度的法律服务标准的价值……甚至就连律师职业伦理规范以及律师惩戒规则的确立，也都可以发挥督促律师提供有效辩护的作用。

此外，有效辩护也是刑事辩护制度改革的重要目标。刑事诉讼法对辩护制度所作的任何改革，多多少少都有着维护有效辩护的意味。例如，刑事诉讼法对律师介入时间和介入方式的规定，就有着保证嫌疑人尽早获得律师帮助的意义；刑事诉讼法对律师会见、阅卷、调查等所确立的程序保障，就有着确保律师做好必要防御准备的考虑；刑事诉讼法有关律师保障委托人知情权以及律师与委托人充分沟通的规定，也有着维护有效辩护的价值……

有效辩护是律师辩护所要达到的理想目标。如同“正义”“自由”“平等”等法律价值一样，有效辩护虽有较为明确的含义，却并不具备十分明确的标准。甚至随着时代的变化，有效辩护的含义和标准还处于持续不断的发展之中。有效辩护理念的出现，为律师职业标准的完善确立了重要目标。有效辩护理念的发展，也为刑事辩护制度的改革提供了理论动力。可以说，从“被告人有权获得辩护”，到“被告人有权获得律师帮助”，再到“被告人有权获得律师的有效帮助”，这代表了刑事辩护制度发展的三个重要阶段。从根本上说，刑事辩护制度的改革和律师职业规范的完善，都不过是实现律师有效辩护的制度保障而已。

（二）无效辩护的理念

律师没有做到有效辩护，并不必然构成无效辩护。无效辩护是指律师的辩护存在严重的缺陷，以至于对辩护的效果带来了不利的影响。律师在辩护中没有尽职尽责，或者在提供有效辩护方面存在缺陷和不足，并不必然意味着形成了无效辩护。要构成无效辩护，律师除了存在辩护方面的缺陷以外，还要对辩护造成较为严重的消极后果。

无效辩护一旦成立，会带来撤销原判、发回重审的后果。这种程序性后果属于法院对无效辩护所作的程序性制裁。从程序意义上看，律师在原审程序中的无效辩护与原审法院的程序错误都会带来程序无效的后果。具体而言，法院一旦认定律师的辩护属于无效辩护，就可以撤销原审判决，也就是宣告原审判决无效。同时，还要发回原审法院重新审判，也就是将案件的诉讼程序恢复到无效辩护发生前的阶段，并给予原审法院重新启动审判程序的机会。

尽管如此，无效辩护与原审法院的程序错误在性质上并不相同。无效辩护主要是律师在原审程序中存在严重的辩护缺陷，而这种辩护缺陷足以达到影响辩护结果的程度。但是，这种辩护缺陷本身并不都等于原审法院存在审判程序上的错误。即便原审法院并没有违反法律程序，也不存在明显的程序错误，但只要律师的辩护没有尽职尽责，上级法院仍然可以无效辩护为由，作出撤销原判的裁决。在美国刑事诉讼中，法院要审查宪法第六修正案有关律师帮助权是否受到侵犯，就需要确定律师的表现是否达到了无效辩护的程度，但要审查下级法院是否违反宪法第五修正案的规定，剥夺了被告人获得公正审判的权利，则要对整个审判活动的正当性作出评价。

当然，无效辩护也并不都是由律师辩护存在缺陷所造成的。根据美国联邦最高法院的判例，“各州”假如通过积极的作为或者消极的不作为，剥夺了被告人的有效辩护权，这也构成一种无效辩护。这里所说的“各州”，既是指州法院，也可以包括州检察机关。无论是州法院还是州检察机关，只要阻挠了被告人获得律师帮助的机会，如拒绝律师与被告人进行正常的沟通和协商，推迟了被告人获得律师帮助的时间，就可以构成自动的无效辩护。被告人甚至都不需要提供证据证明律师的辩护缺陷带来了不利的影响。

这种法院或检察机关阻挠被告人获得律师帮助的行为，实际上既带来了无效辩护的后果，也属于一种严重的程序错误。只不过，美国联邦最高法院将这种阻挠被告人律师帮助权的行为，仅仅视为无效辩护，而不再视为剥夺公正审判权的程序错误。

（三）无效辩护的证明与推定

美国联邦最高法院确立了无效辩护的双重判断标准。根据这种标准，法院要认定律师作出了无效辩护，就需要确定律师在辩护方面存在不尽职的行为，同时还要确定这种辩护缺陷对诉讼结果产生了不利影响。由于对律师辩护存在合乎职业水平的一般推定，联邦最高法院认定那些提出无效辩护主张的被告人，要承担双重证明责任：一方面，被告人需要提出证据证明律师的辩护存在缺陷；另一方面，被告人还要证明律师的辩护缺陷对辩护带来了不利影响，以至于假如没有这种辩护缺陷，案件的诉讼结果可能会有所不同。

这种由被告人承担双重证明责任的制度引起了很大的理论争

议。因为通常情况下，被告人要挑战下级法院判决的合宪性，除了可以提出无效辩护的申请以外，还可以联邦宪法第五修正案为依据，申请法院认定下级法院的审判存在重大的程序错误。一般情况下，被告人要申请法院以下级法院违反宪法第五修正案为由，对原审判决加以撤销，就只需要证明下级法院存在程序错误就可以了，而不需要提供证据证明这种程序错误对诉讼结果造成了不利影响。而在被告人证明存在程序错误的情况下，公诉方假如认为这只是一种“无害错误”，也就是对审判的公正性没有不利影响的错误，倒是需要承担证明责任。换言之，被告人所承担的是证明程序错误存在的责任，而公诉方则可能承担证明这种错误已经产生不利影响的责任。〔1〕

与程序错误的证明不同，无效辩护的证明则具有不同的结构。被告人不仅要证明律师在原审程序中具有不称职的表现，而且还要证明这种辩护缺陷对辩护产生了不利的影响。要证明律师的辩护是无效的，被告人显然要承担双重证明责任。与程序错误的诉求相比，无效辩护的诉讼主张要取得法院的支持，显然要遇到更大的困难。

当然，律师假如存在极为明显的辩护失误，法院也可以不考虑这种失误是否会造成不利的诉讼结果，而直接推定为无效辩护。迄今为止，美国联邦最高法院将这种无效辩护的推定限定在极为有限的几种情形之下。假如被告人获得律师帮助的权利遭到剥夺，法官或检察官剥夺了被告人获得律师帮助的机会，或者律师存在利益冲突的情形，那么，法院就可以此为依据，推定无效辩护的成立。这就等于被告方只需要证明上述辩护缺陷的存在，而无须证明这些辩护缺陷会对诉讼结果造成不利的影响。

（四）无效辩护的程序性后果

在无效辩护制度产生以前，律师是否尽职尽责的问题主要属于

---

〔1〕 参见陈瑞华:《比较刑事诉讼法》，中国人民大学出版社2010年版，第439页以下。

委托代理协议的履行问题。在律师与被告人之间所形成的委托代理关系中，被告人是委托方，律师则属于代理人，双方根据委托代理协议来确立权利、义务和法律责任。假如律师在辩护过程中存在明显的失职行为，或者没有达到刑事辩护律师所要达到的最低辩护水平，那么，被告人可以单方面决定解除委托代理协议，或者要求律师给予必要的赔偿。假如律师在辩护方面不仅存在严重的缺陷，而且还实施了损害委托人利益的行为，那么，被告人还可以向律师协会提出投诉，要求后者启动纪律惩戒程序。

无效辩护制度的出现，使原先仅仅依靠民事违约之诉或纪律惩戒程序来处罚律师的做法发生了显著变化。根据这种制度，律师假如在辩护中表现不佳并造成不利后果的话，被告人可以发动一场宪法性诉讼，也就是以自己“获得有效辩护”的宪法权利遭受侵犯为依据，要求法院撤销原审法院的判决。这一制度的实质在于，律师的无效辩护一旦得到认定，即意味着原审法院的审判程序被宣告违反了宪法，侵犯了被告人的宪法权利，原审法院的判决即告被推翻，案件将被发回原审法院重新审理。与传统的处罚失职律师的做法不同，这种旨在宣告原审程序违宪、原审判决无效的制裁方式，并没有直接惩罚那些作出无效辩护的律师，而带有制裁原审法院的意味。

为什么上级法院可以无效辩护为由制裁下级法院呢？原因其实很简单。假如无效辩护确是由律师的失职行为所造成的，那么，原审法院没有对律师的失职行为加以制止，这本身就属于一种程序上的不作为，对于被告人无法获得有效辩护是有责任、有过错的。又假如无效辩护是因为原审法院或检察机关阻挠律师辩护的行为而造成的，那么，原审法院或检察机关本身就剥夺了被告人获得有效辩护的宪法权利，其行为就属于一种直接的违宪行为。

当然，这种以无效辩护为根据撤销原审判决的制度，除了对原审法院具有制裁效果以外，更主要的是发挥了对被告人实施宪法救济的功能。美国联邦最高法院根据联邦宪法第六修正案，将被告人获得律师帮助的权利解释为“获得律师有效帮助的权利”。既然如此，这一宪法权利一旦无法实现，那么，作为宪法性侵权行为受害者的被告人，究竟应获得怎样的救济呢？在这一问题上，联邦最高法院通过判例法建立了无效辩护制度，为被告人提供了一种新的救济机制，那就是将那种无法维护有效辩护的预审判决予以撤销，使其不具有法律效力。

四、中国的有效辩护制度

近年来，随着刑事辩护制度的逐步发展，越来越多的中国学者开始关注有效辩护问题。一些介绍、分析和评价有效辩护制度的论著开始出现。〔1〕总体上，法学界对有效辩护制度大多作出了肯定评价，并提出了在中国刑事诉讼中引入这一制度的构想。但是，美国联邦最高法院将获得有效辩护视为被告人的基本宪法权利，并通过判例法将宪法第六修正案视为这一权利的宪法渊源。这显然与中国法律制度的情况有所不同。不仅如此，该法院还确立了无效辩护的具体标准，并将无效辩护与程序错误视为撤销下级法院判决的两种独立依据。这也属于美国法的特殊制度安排。因此，动辄强调引入有效辩护制度的必要性，或者提出建构中国有效辩护的理论设想，这其实都是带有一厢情愿的研究态度。其实，在我国尚未建立有效辩护制度的情况下，研究者更应该做一个制度的观察者和现实的思考者，在中国的制度变迁中发现引入有效辩护制度的可能性。在以下的论述中，笔者将结合中国近年来法律制度的变化，发现有效辩护制度在中国发育的迹象，并对这种制度的发展趋势作出预测。

---

〔1〕 参见彭勃：《刑事辩护人过失行为研究》，载《深圳大学学报（人文社会科学版）》2001年第4期。另参见林劲松：《美国无效辩护制度及其借鉴意义》，载《华东政法学院学报》2006年第4期。

（一）律师法的发展与反思

在20世纪80年代，律师曾经被中国法律定位为“国家法律工作者”。1996年《律师法》将律师身份改为“社会法律工作者”，而2007年《律师法》和2017年修订的《律师法》都将律师界定为“依法取得律师执业证书，接受委托或者指定，为当事人提供法律服务的执业人员”。这种对律师职业的法律定位，明确了律师的法律服务人员的职业属性，使律师在辩护活动中可以独立于行政机关、司法机关，而将忠实于委托人的利益作为最高职业目标。与此同时，2017年《律师法》还要求，申请律师执业，应当通过国家统一法律职业资格考试，并在律师事务所实习满一年。作为中国建立的一种通过率最低的国家考试，统一法律职业资格考试为律师执业提出了较为严格的专业条件。不仅如此，律师法还对律师忠实于委托人利益问题提出了一些特殊的要求。例如，律师接受委托后，无正当理由的，不得拒绝辩护。又如，律师对在职业活动中知悉的委托人和其他人不愿泄露的情况和信息，应当予以保密。再如，律师不得在同一案件中为双方当事人担任代理人，不得代理与本人或其近亲属有利益冲突的法律事务。

律师法对律师执业所确立的上述规则，无疑为律师从事高质量的辩护工作，奠定了法律基础。但是，从律师辩护的现状来看，律师法所确立的律师执业规范，以及旨在调整律师与委托人关系的规范，还存在一系列问题。这些问题假如得不到解决的话，律师辩护的质量将很难得到提高，所谓的“有效辩护”也将是一句空话。

影响律师辩护质量的第一个因素是律师的执业条件。在2018年司法考试调整为国家统一法律职业资格考试之前，任何人只要取得了本科学历，就可以报考国家统一司法考试。这就意味着，大量没有受到系统法律专业训练的人士，通过短期的法律集中培训，通过了司法考试，就可以取得律师资格。不仅如此，取得律师资格的人只需要经过一年的律师事务所实习，就可以取得执业证书，并进而接受委托担任辩护人。相对于英美律师同行而言，中国律师不需要经过学徒式的实务研习，没有取得太多执业经验，就可以从事包括辩护在内的律师业务了。而与大陆法国家的律师同行相比，中国律师也没有在司法研修机构学习法律实务的经历，没有法官、检察官、律师的实务指导，更无法经受带有实务能力检测性质的第二次司法考试。这种在法律专业训练和实务研习两个方面的不足，最终对律师辩护水平造成消极的影响。可以说，很多律师在接受委托后确实具有敬业精神，但是专业训练方面的先天不足，以及对辩护实务的生疏，导致他们很难提出有理有据的辩护意见，更谈不上说服法官接受其辩护观点了。

影响律师辩护质量的第二个因素是律师与委托人的关系。律师法尽管也要求律师忠实于委托人的利益，但是，该法对律师提出了与法官、检察官较为相似的执业要求。例如，律师法要求律师维护当事人的“合法权益”，维护法律实施，维护“社会公平和正义”，律师执业要“以事实为根据，以法律为准绳”。这些执业规范使律师要承担一些混同于法官、检察官的职业伦理规范。又如，律师从事刑事辩护活动，只服从事实和法律，独立提出辩护意见，“不受当事人意志的限制”。这就等于鼓励辩护律师发表与被告人不一致的辩护意见，甚至允许律师在被告人不认罪的情况下，当庭发表同意法院定罪但建议量刑从轻的辩护意见。这种所谓的“独立辩护人”理念，经常造成律师与委托人辩护观点的冲突，甚至导致律师在法庭上发表不利于甚至有悖于委托人意思、损害委托人利益的“辩护意见”，以至于变成了事实上的“第二公诉人”。而律师在不与委托人沟通的情况下，擅自发表与委托人不一致甚至相互矛盾的辩护意见，这势必违背了律师作为法律代理人的职业伦理，无法忠实于委托人的利益，造成当庭辩护效果的相互抵销。用美国法的语言形容，这构成典型的“无效辩护”。

影响律师辩护质量的第三个因素是律师惩戒制度。律师法对律师私自收费，存在利益冲突，损害委托人利益，与法官、检察官进行不正当接触，提供虚假证据，扰乱法庭秩序等行为，确立了惩罚性的法律后果。但是，对于律师在辩护过程中不尽职、不尽责、不尽力的行为，却没有建立专门的惩戒规则。结果，很多律师在接受委托或者指定担任辩护人之后，不去会见，不去调查核实证据，不做阅卷摘要，也不进行其他方面的庭前辩护准备工作，而是提交一份十分简单、粗糙的辩护意见，在法庭辩论阶段宣读一遍即告结束。这种普遍存在的轻率辩护，不仅对法庭难以产生任何实质性的影响，也白白浪费了一次宝贵的辩护机会。而对于这种不尽职尽责辩护的常态，律师法竟然没有确立任何有针对性的法律后果。

（二）刑事辩护制度的改革与反思

从1979年我国颁布第一部《刑事诉讼法》，经过1996年《刑事诉讼法》的修改，再到2012年《刑事诉讼法》的再修改，我国已经颁行过三部刑事诉讼法。可以说，每一次刑事诉讼法的修改，都带来了刑事辩护制度的改革。在2012年《刑事诉讼法》实施之后，律师的辩护范围和诉讼权利得到了空前的扩大。首先，律师可以在侦查阶段、审查批捕环节、审查起诉环节介入诉讼程序，当面向侦查员、负责批捕的检察官以及负责审查起诉的检察官发表辩护意见，而且还可以将书面辩护意见提交给这些官员，要求后者将辩护意见载入案卷。其次，律师可以参加法院组织的庭前会议程序，就回避、证人出庭、排除非法证据等程序争议问题发表意见，说服法官作出有利于被告人的决定。再次，律师自侦查阶段开始，获得了无障碍会见权，除法定案件之外，不经办案机关的批准，即可会见在押嫌疑人；侦查人员在律师会见时不得在场，也不得监听，律师与委托人会谈的时间和内容不受无理限制；自审查起诉之日起，律师会见在押嫌疑人、被告人时，可以向他“核实有关证据”，这意味着律师会见时可以携带相关证据材料，并让嫌疑人、被告人查阅。复次，案件进入审查起诉阶段，律师可以到检察机关全面查阅、摘抄、复制案卷证据材料，而在开庭前，律师还可以到法院查阅、摘抄、复制全部案卷材料。最高法院和最高检察院的司法解释还允许律师采用拍照、扫描等电子复制方法。最后，刑事诉讼中法律援助的范围得到了扩大，除了被告人为聋哑盲人、未成年人、精神病人的案件以外，被告人可能被判处无期徒刑以上刑罚的案件，也被纳入法律援助的范围。办案机关指定律师辩护的阶段也由原来的审判阶段延伸到侦查和审查起诉阶段。不仅如此，证人、鉴定人、专家辅助人出庭作证制度的确立，二审法院开庭审理的案件范围的扩大，最高法院死刑复核程序的改革，也使律师获得了更多的发表辩护意见的机会。〔1〕

2012年《刑事诉讼法》在刑事辩护制度方面发生的变化，对于律师发挥更大的作用提供了法律依据。但是，这些改革措施只是为律师有效辩护提供了一种制度上的可能性，使律师在辩护方面获得更大的程序空间。至于律师能否利用好刑事诉讼法提供的诉讼权利和程序保障，为委托人提供有效的法律帮助，则更多地取决于辩护律师的专业素质、辩护经验和职业操守。遗憾的是，迄今为止，立法机关所关注的主要是律师诉讼权利的扩大，而没有将规范律师与委托人之间的法律关系、督促律师尽职尽责地从事辩护活动，作为刑事辩护制度改革的重要课题。

在辩护律师与委托人的沟通和协商方面，刑事诉讼法既没有对律师提出一些强制性的要求，也没有为这种沟通和协商提供程序上的保障。没有律师与委托人之间的充分沟通，律师既无法全面获知案件的信息，也无法就辩护思路与委托人进行协商，遇有辩护观点发生分歧的时候，双方也无法协调立场，消除误会，形成协调一致的辩护思路。但遗憾的是，实践中经常出现律师很少在庭前会见在押嫌疑人、被告人，法庭上则发表与被告人不一致的辩护意见。而在律师与委托人当庭发生辩护观点的分歧时，法庭也不同意做短暂的休庭，也不给予律师与委托人私下沟通的机会。这种辩护律师与委托人沟通不充分的情况，造成了两者当庭“自说自话”的问题，使两者的辩护观点相互抵销，很难对法官产生较强的

〔1〕 有关2012年《刑事诉讼法》对辩护制度的改革情况，可参见陈瑞华、黄永、褚福民:《法律程序改革的突破与限度》，中国法制出版社2012年版，第2页以下。

说服力。

而在法庭座次的布局来看，我国刑事法庭将被告人的座位置于审判席的正对面，而远离辩护律师的坐席。可想而知，那位身处围栏之中、背后有法警监视的被告人，无论如何也无法与辩护律师当庭进行沟通和协商。这与民事法庭上当事人与诉讼代理人相邻而坐的情形形成了鲜明对比。其实，既然法庭审判的对象是刑事案件，既然被告人是享有辩护权的诉讼主体，而不是被动接受法院惩罚、消极等待法院定罪的诉讼客体，那么，被告人就应拥有与辩护律师进行当庭协商的客观条件。刑事诉讼法对被告人与辩护律师的当庭沟通和协商不提供任何实质上的保障，而是单纯地扩大辩护律师的诉讼权利，这种诉讼权利的扩大又能在多大程度上发挥作用呢？

在律师辩护不尽职尽责的情况下，二审法院能否给予下级法院宣告无效的制裁呢？这涉及程序性制裁能否适用于无效辩护的问题。对于这一问题，本章后面还要进行专门的讨论。不过，笔者在这里可以作出初步的评论。对于律师在保护方面存在重大缺陷的情况，我国刑事诉讼法并没有确立任何程序上的法律后果。法院既不会责令该律师退出案件的辩护工作，也不会承受判决被撤销的法律后果。迄今为止，律师辩护严重不力的情况，还没有被纳入一审法院违反法律程序、影响公正审判的情形之中；二审法院也不会以辩护律师在原审程序中存在重大辩护缺陷为由，作出撤销原判、发回重审的裁决。这显然说明，律师没有忠实于委托人的利益，或者没有尽职尽责地从事辩护活动，并不会因此承受程序上的法律后果。

（三）律师协会在规范律师辩护方面的积极努力

近年来，一些地方律师协会开始尝试制定旨在规范律师辩护的规范指导意见。最典型的例子是山东、河南和贵州三个省的律师协会，就死刑案件的辩护问题相继颁布了指导意见。值得注意的是，这三份死刑案件辩护指导意见都对律师在无罪辩护、量刑辩护、程序辩护中的辩护思路，律师会见嫌疑人、被告人，查阅、摘抄、复制案卷材料，第一审和第二审程序中的辩护等，确立了基本的辩护流程和标准。

这些地方律师协会所通过的辩护指导意见，尽管并不具有法律效力，也很难成为对律师进行纪律惩戒的依据，却对律师的辩护活动起到了指导和规范的作用。正如美国有效辩护制度所显示的那样，相对于法院主要致力于制裁无效辩护的情况而言，律师协会则可以为制定有效辩护的标准发挥更大的作用。作为律师辩护的一种理想目标，有效辩护为律师协会规范律师的辩护活动提出了更高的要求。如果说律师法对律师的执业资格、职业伦理、纪律惩戒等提出了要求，刑事诉讼法为律师履行辩护职责确立了程序保障的话，那么，律师协会的刑事辩护规范则可以对律师的辩护提出具体的质量标准。

（四）法律援助制度中的有效辩护

法律援助制度的建立，使嫌疑人、被告人获得了律师帮助的机会，但并不必然意味着他们实际享有律师有效辩护的权利。在有效辩护方面，法律援助律师通常存在的问题有：不会见在押被告人，不与被告人进行基本的沟通和协商；不认真查阅、摘抄、复制案卷材料，对公诉方的证据情况不熟悉；几乎从不进行调查核实证据的工作，对无罪证据和有利于被告人的量刑证据极少进行搜集；在法庭调查阶段很少对公诉方的有罪证据和量刑证据提出质证意见；在法庭辩论阶段极少做无罪辩护和程序性辩护，大多做量刑辩护；而在量刑辩护方面，律师极少提出新的量刑情节，而主要通过查阅案卷或者当庭听取公诉方提交的证据，来发表简单的量刑意见。

针对法律援助制度在实践中存在的问题，一些地方的法律援助机构开始进行一些改革探索。例如，一些地方从财政部门获取了专项财政经费，提高了法律援助律师在个案辩护中的报酬；一些地方建立了法律援助律师的名册登录制度，给被告人提供了选择律师辩护的机会；一些基层法院与若干律师事务所签订协议，将大批量的刑事案件交由这些律师事务所的律师进行辩护，使律师事务所获得了可观的收益，激发了律师事务所提供法律援助服务的积极性等。

但是，从法律援助制度的整体发展情况来看，经费的投入幅度与急需法律援助的被告人数量是不相适应的。为迁就法律援助经费不足的现状，2012年《刑事诉讼法》所确定的强制指定辩护的案件范围仍然不是很宽。我国刑事诉讼中实际获得律师帮助的被告人比例一直徘徊在20%~30%。这与法律援助适用范围的过小有着直接的关系。可想而知，在高达70%以上的刑事案件中，被告人都无法获得律师的帮助，就更谈不上获得什么“有效辩护”了。而嫌疑人、被告人即便被指定了法律援助律师进行辩护，也无法获得真正的有效辩护。因为目前的法律援助还停留在“政府强制律师做慈善”的状态。真正愿意提供法律援助的律师少之又少，他们的执业水平不是很高，敬业精神不足，更缺乏为社会弱者提供法律服务的热情。法律援助机构假如对这些律师提出更高的辩护质量要求，或者对那些不尽职的法律援助律师施加较为严厉的惩罚措施，那么，这势必会“吓退”那些原本还想从事法律援助的律师。

五、我国引入无效辩护制度的可能性

在我国的刑事诉讼制度中，有效辩护制度的引入看起来并不存在较大的理论障碍。我国律师法和刑事诉讼法也都为保障被告人获得高质量的辩护作出了诸多方面的努力，而这些努力也是符合有效辩护的理念的。我国宪法所确立的“被告人有权获得辩护”的原则，其实也可以被扩大解释成为“被告人有权获得有效辩护”的原则。但是，假如律师在辩护活动中存在不尽职、不尽责的行为，我国刑事诉讼法能否将其视为无效辩护，并确立一种程序上的法律后果呢？

事实上，针对一审法院违反法律程序、影响公正审判的行为，我国刑事诉讼法确立了撤销原判、发回重审的程序性后果。一审法院只要实施了这类程序违法行为，那么，无论这些行为是否造成了影响裁判结论的后果，就都足以成为二审法院撤销原判的依据。所谓“违反法律程序”，是指一审法院违反了刑事诉讼法所规定的审判程序，在审判组织、回避、公开审判或保障当事人诉讼权利等方面存在违法现象的行为。其中，与律师辩护有关的主要是剥夺或限制当事人的法定诉讼权利的行为。

在司法实践中，一审法院“剥夺或者限制当事人的法定诉讼权利”的行为，有时会包括剥夺被告人获得律师帮助权利或者限制被告人辩护权的行为。例如，在被告人为未成年人或者可能被判处死刑的案件中，一审法院没有为其指定律师；一审法院在未经被告人、辩护律师质证的情况下，就将某一证据采纳为定罪的根据；一审法院在没有给予辩护律师阅卷机会的情况下，就决定开庭审理等。

很明显，这些违反法律程序的行为基本属于一审法院剥夺或限制被告人辩护权的行为。这些行为与那种由于法院的阻挠而导致无效辩护的情形确实存在重合的情形。但是，我国刑事诉讼法所要制裁的主要是一审法院剥夺或限制被告人诉讼权利的行为。至于被告人获得律师有效帮助的问题，则并不属于立法者所关注的问题。在司法实践中，即便律师与被告人的会见受到了阻挠，即便法院拒绝律师与被告人进行沟通和交流，即便检察机关拒绝将某一无罪证据出示给辩护律师，二审法院也都不会将这种行为认定为“违反法律程序，影响公正审判”的行为。

至于律师在第一审程序中没有尽职尽责，或者存在重大辩护缺陷的行为，我国刑事诉讼法则并没有将其列为一审法院违反法律程序的行为。在我国司法实践中，律师即便不会见在押被告人，不做任何阅卷摘要，也不进行任何形式的调查核实证据工作，二审法院照样会认定一审法院的审判合乎法律程序。不仅如此，即便律师在法庭调查阶段不对任何证据发表质证意见，即便律师在法庭辩论中发表了数分钟“不着边际”的辩护意见，即便律师与被告人发表了相互矛盾的辩护意见，以至于造成了两者辩护观点相互抵销的效果，二审法院也不会将其视为撤销原审判决的依据。原因其实很简单，律师本身没有尽到辩护人的职责，或者律师的辩护糟糕到毫无意义的地步，这最多被视为律师的违约或背信行为，而跟一审法院没有任何关系，更不可能构成二审法院撤销原审判决的依据。

我国法院只关注一审法院“违反法律程序”的行为，而对律师严重不尽职行为视若无睹，这显然是与无效辩护的理念背道而驰的。在刑事法官们看来，律师辩护的最大价值不过是为法官提供一些可供参考的证据、事实和法律意见。而要维护被告人的诉讼权利，要避免冤假错案，要保证司法公正，最关键的因素还是法官的尽职和敬业。即便没有律师的帮助，或者律师的帮助是毫无价值的，只要法官全面查阅案卷，“吃透案情”，发现争议焦点，在当庭庭审的前提下，必要时展开庭外调查核实证据的工作，那么，无论是发现事实真相还是正确适用法律，都不是一件困难的事情。可以说，这种对律师辩护价值的普遍认识，决定了法院对于所谓的“无效辩护”，并不将其视为一种需要解决的问题。

除了对律师辩护工作不予重视以外，法院的“重实体，轻程序”观念也成为阻碍无效辩护制度引入我国的一个障碍。只要裁判结果是正确无误的，那么，法院审判遵循怎样的诉讼程序并不重要。这种观念造成了上级法院只关注下级法院的判决结果，重视案件是否存在刑事误判的可能性，而大大忽视了下级法院是否维护了当事人的诉讼权利。遇有辩护律师不尽职、不尽责，甚至没有提出任何有价值辩护意见的情况，上级法院往往更在意案件是否存在事实不清、证据不足的情况。如果由于律师辩护不力的原因造成了定罪事实不清，那么，上级法院会撤销原判、发回重审。而假如由于律师辩护不力的原因造成了重要量刑情节的不清楚，那么，上级法院还有可能亲自对量刑事实进行庭外调查核实工作。

从我国刑事审判的实际情况来看，二审法院遇有一审法院违反法律程序的法定情形的，确实有可能作出撤销原判、发回重审的裁定。但是，要指望刑事诉讼法在一审法院违反法律程序之外，仅仅根据律师辩护不力的情况，来确立另一类型的撤销原判制度，这显然是不切实际的。从美国刑事司法的经验来看，无效辩护制度的出现和发育，既取决于法院对律师辩护作用的高度重视，也取决于法院对公正审判原则的深度理解。

六、有效辩护视野下的辩护制度

将有效辩护奉为被告人的宪法权利，并将无效辩护与程序错误并列为上级法院撤销原判、发回重审的依据，这是美国刑事诉讼制度的特殊经验。根据这一法制经验，我们可以提炼出包括有效辩护、无效辩护在内的一些新概念，总结出一套有关有效辩护的理论。应当说，作为一种法律制度，有效辩护和无效辩护制度都深深地被打上美国法的烙印，但作为一种法律理论，有效辩护理论和无效辩护的理念则具有一种普适的价值，代表了刑事辩护制度的发展方向。

通过对美国有效辩护制度进行深入细致的实证分析，也通过对中国引入有效辩护制度的可行性进行考察和论证，我们可以看到，那种将无效辩护与程序错误并列为上级法院撤销原判之根据的制度，在中国刑事诉讼中还没有发育出来。中国法院更为关注下级法院是否存在违反法律程序、影响公正审判的问题，而对于律师在辩护中不尽职、不尽责甚至出现重大辩护失误的行为，则更多地将其限定为律师失信背义的问题，更愿意将此纳入委托代理争端的范畴，而不会对其施加消极性程序后果。当然，假如下级法院实施了阻挠律师辩护之行为的，中国法院也不会将其视为无效辩护，而更可能将其归结为下级法院违反法律程序、影响公正审判的问题。

在可预见的未来，我国引入无效辩护制度的可能性是很小的。但是，有效辩护的理念和制度在中国法律中的发育和培养似乎并不存在多大的障碍。其中，最为显著的标志是为律师确立最基本的辩护质量标准，并进而建立一种律师辩护质量的控制体系。过去，我国律师法和刑事诉讼法在这一方面作出了一些积极的努力。一些地方律师协会也为规范律师的辩护活动作出了建立最低标准的努力。这显然说明，中国法律并不仅满足于保障被告人获得律师的帮助，而且还要促使律师提供一种高质量的辩护，从而使委托人可以获得较好的法律帮助。这一努力其实与追求有效辩护的目标极为相似。

假如我们有选择地接受有效辩护的理念，那么，我们将为评估律师辩护的效果确立一种新的评价标准，并为改善律师辩护的水平确立一种新的价值目标。一旦接受这一有效辩护理念，我们将会对律师与委托人的关系进行重新定位，我们会重新评价所谓的“独立辩护人”理论，我们也会对现行的法律援助制度进行深刻的反思。因为道理很简单，在大多数被告人无法获得律师帮助的情况下，被告人的自行辩护将是毫无意义的；在律师与委托人的会见、沟通和协商还受到诸多阻碍的情况下，律师将难以为委托人提供高质量的法律帮助；在律师不与委托人进行深入的沟通和协商，就作出所谓的“独立辩护”，甚至提出与委托人不一致的辩护意见的情况下，所谓“忠诚于委托人的利益”，将是一句空话。

由此可见，确立有效辩护的理念，并建立一套旨在规范律师辩护的质量控制体系，这是我国未来刑事辩护制度发展的必由之路。或许，作为一种制度，无论是无效辩护制度还是有效辩护制度，都不一定完全适合于我国的刑事法制，但是，作为一种理念，有效辩护所蕴含的确保被告人获得高质量的法律帮助的原则，却是我国未来刑事司法改革的一项重要目标。

第五章

有效辩护的中国化问题

一、案例的引入

关于“有效辩护”和“无效辩护”的话题，已经在我国律师界引起了广泛的兴趣，但也引发了法学界和律师界的一些争论。〔1〕考虑这两个概念都是来自美国的舶来品，而就连美国联邦最高法院的判例以及美国律师协会通过的律师行为准则，也都没有对它们作出准确的定义，因此，不少人对在我国刑事辩护制度中引入这些概念的必要性提出了质疑。2017年4月，全国律师协会曾组织召开有关修订《律师办理刑事案件规范》的座谈会，会上有学者提出了将“有效辩护”确立为刑事辩护基本原则的建议，却没有引起与会律师们的积极回应。可以说，对于有效辩护的概念、内容、要素、实现路径等问题，对于有效辩护能否成为刑事辩护的基本理念，对于无效辩护应否确立一些消极的法律后果，律师界还普遍心存疑虑，没有达成最起码的共识。〔2〕

〔1〕 参见陈瑞华：《刑事辩护的理念》，北京大学出版社2017年版，第91页以下。

〔2〕 参见韩嘉毅：《修改〈律师办理刑事案件规范〉的几点说明》，载中国律师网，http：//www.acla.org.cn/article/page/detailByld/20942，2017年8月31日最后访问。

但是，形势比人强。司法实践的发展有时会走在法学理论的前面，甚至直接挑战人们的观念。2013年，北京市就发生了由于律师辩护工作存在缺陷和过错，而导致一审判决被上级法院作为“无效辩护案件”发回重审的案例。法院向司法行政机关、法律援助协会、律师协会以及有关律师事务所发出了司法建议书，建议加强“对律师刑事辩护职业行为的监督规范”。法律援助中心经过调查核实，确认了律师辩护“工作不尽职”、律师事务所“疏于管理”的事实，并责令涉案律师退回或者放弃办案补贴，责令有关律师退出“志愿律师”队伍。这是我们迄今为止出现的首个因律师无效辩护而导致上级法院发回重新审判的案件，也是较为罕见的法院以律师无效辩护为由提出司法建议的情形。

2012年4月5日，北京某中级法院受理了检察机关提起公诉的被告人谢某强奸、抢劫案以及被告人李某故意伤害案，对于这两起可能判处死刑的案件，当地法律援助中心指派某律师事务所周姓律师担任谢某案件的指定辩护人，指派该周姓律师与其助理陈律师担任李某案件的指定辩护人。在谢某案件的开庭审理中，周律师的辩护意见是，被告人系主动投案且认罪态度较好，此次犯罪系初犯、偶犯，请求法院对其从轻处罚。而在李某案件的庭审中，辩护人的辩护意见是，被告人系初犯、偶犯，建议法院从轻处罚。一审法院分别对两起案件作出判决，判处被告人谢某死刑，判处被告人李某死刑，缓期两年执行。第一份判决书认为被告人谢某“这种随即选择作案目标并施以暴力侵害的行为，足以证明谢某的人身危险性和主观恶性极大”，“社会影响极为恶劣”，“对被害人身体的暴力行为极其残忍”，因此“对于辩护人提出的请求对谢某从轻处罚的辩护意见，本院不予采纳”。而在第二份判决书中，一审法院“对于辩护人所提主要辩护意见，本院酌予采纳”。

两被告人上诉后，二审法院经过不开庭审理，均认为

“本案在原审人民法院的审判过程中存在违反法律规定的诉讼程序的情形，可能影响到公正审判”，因此作出撤销原判、发回重审的裁定。

一审法院经过核实，认为上述两起案件被发回重审的直接原因都是辩护律师在开庭前没有按照规定会见被告人，而在李某案件的辩护中，出席庭审的陈姓律师庭后提交的辩护意见不是其当庭发表的辩护意见，而是由未出庭的周律师早先写好的书面辩护意见。一审法院认为，由于两位律师在上述两起案件的审理过程中，没有按照规定在开庭前会见被告人，“一方面致使该两起可能判处死刑案件被告人的合法权益，特别是辩护权，没有得到充分保障，导致律师的辩护工作流于形式，可能影响案件的公正审判”；另一方面，“律师接受法律援助中心指派后，未在开庭前征得被告人同意认可其担任指定辩护人，致使律师此后进行的一切辩护工作及其参与的审判工作，均归于无效，严重地浪费了司法资源”。

据此，北京某中级法院提出司法建议书，建议相关部门采取措施，进一步加强对律师刑事辩护执业行为的监督规范。司法建议书提出的有关措施包括：一是涉案律师所在的律师事务所应“反思你所对所属律师在管理培训工作方面的不足”，建立健全规章制度，避免类似情况再次发生；二是建议法律援助中心对指定辩护律师加大监督力度，探索创新管理考核机制，对于严重不负责任造成严重后果的律师，“应逐步建立淘汰退出机制”；三是建议律师协会加大对于律师在职业道德、执业纪律以及专业知识方面教育培训力度，使律师自觉规范自身执业行为，同时建立与司法机关的信息沟通机制，“推广优秀刑辩律师成功经验”，“总结律师辩护工作的不足及失误”，形成律师行业的激励与惩戒机制；四是建议司法行政机关强化监督管理力度，指导制定完善规章制度，落实对于律师的依法管理。

> 当地法律援助中心经过调查核实，确认了法院司法建议书提出的基本事实，认定周姓律师在未会见被告人谢某的情况下，直接于2012年4月24日和2012年5月18日出庭辩护，“仅在开庭前与受援人进行了简单的交流”，在案件宣判后，该律师“在案卷中编写了一份会见笔录，隐瞒了未会见被告人的事实”。而在办理李某案件过程中，律师事务所在接到法律援助中心分配的指定辩护任务后，安排周律师主办该案件，陈律师协助办理。在办理过程中，周律师不仅没有会见被告人，还在开庭时以生病为由将案件交予陈律师单独出庭。据此，法律援助中心作出了对司法建议书的复函，并采取了以下措施：一是鉴于周律师积极检讨，承认错误，主动退回谢某案的补贴，放弃李某案的补贴，中心决定不再发放上述案件的补贴，责令周律师退出中心志愿律师队伍，不再向其指派法律援助案件；二是中心将进一步加大和规范对志愿律师和律所的管理力度；三是建议司法局与高级法院建立法律援助工作协商机制，并希望与北京某中级法院率先建立和恢复合作机制。

应当说，这一案件开创了两个先例：一是二审法院将律师无效辩护视为一审活动“违反法定诉讼程序、影响公正审判”的重要情形，并将案件撤销原判、发回重新审判；二是一审法院以律师辩护存在重大瑕疵为由，向司法行政机关和法律援助中心发出司法建议书，要求调查处理律师怠于履行辩护职责的情况，并加强对法律援助律师的管理工作。前者意味着无效辩护开始成为我国法院撤销下级法院裁判的理由，后者则标志着法院开始将有效辩护的理念作为加强律师管理的依据，并将无效辩护作为惩戒违规律师的重要事由。

当然，这一案例仍然会产生一些分歧甚至争论。[1]有人会认为

---

〔1〕 参见熊秋红：《有效辩护、无效辩护的国际标准和本土化思考》，载《中国刑事法杂志》2014年第6期。

这只是一个偶然的个案而已，无法证明我国法院已经普遍接受了有效辩护的理念，更无法说明法院将无效辩护作为宣告一审判决无效的依据。至于司法行政机关在这一案例中惩戒涉案律师的行为，也无法说明那种针对无效辩护的律师奖惩措施已经在我国的律师管理机制中建立起来。更为严重的质疑可能是，究竟什么是"有效辩护"？"有效辩护"究竟有没有客观标准？与此同时，究竟什么是"无效辩护"？对于"无效辩护"的治理，究竟应由法院通过程序性制裁机制加以惩罚，还是应由司法行政机关乃至律师协会通过纪律惩戒机制来加以治理呢？

看来，无论是"有效辩护"，还是"无效辩护"，都属于源自西方法学的理论"舶来品"。过去的比较研究对这些概念已经作出过基本的介绍、分析和评论。〔1〕但是，要将这些概念真正引入我国法律理论之中，并以此为依据来重构我国的刑事辩护制度，那么，我们还需要进一步完成"有效辩护理论本土化"的工作，使所提出的概念和理论契合我国刑事司法制度的实际情况，既具有理论上的解释力，也具有实践中的制度推广价值。本章不揣冒昧，拟在这一方面作出一些简要的考察和论证，提出一些初步的思路。

二、什么是有效辩护

从语义学上看，"有效辩护"是一个从美国法学中引入的概念，其英文原意是"effective representation"或"effective assistance of counsel"。美国联邦最高法院在一系列判例中确立了一项原则，那就是被告人享有"获得有效辩护的宪法权利"。〔2〕但是，对于何为"有效辩护"，该法院并没有给出明确的解释。

---

〔1〕 参见陈瑞华：《刑事诉讼中的有效辩护问题》，载《苏州大学学报（哲学社会科学版）》2014年第5期。

〔2〕 参见［美］卡罗尔·S.斯泰克编：《刑事程序故事》，吴宏耀等译，中国人民大学出版社2012年版，第115页以下。

而在汉语中，“有效辩护”是一个容易引起歧义的概念。这里涉及刑事辩护“有效性”的定义问题。说一项活动是“有效”的，通常是指该项活动产生了“好的”或者“积极的”效果。于是，有律师指出“有效辩护”就是达到“积极效果的辩护”，这里所说的“积极效果”可以是指说服法官接受了律师的辩护意见，要么作出了无罪判决，要么在量刑上作出了宽大的处理，要么将某一非法证据排除于法庭之外。当然，也有律师认为，“积极辩护效果”还可以是指刑事辩护达到了“令委托人满意”的效果。无论法院是否接受了律师的辩护意见，只要委托人对律师的表现给予积极正面的评价，那么，这种辩护就是“有效的”，也就是“具有积极效果”的。

这种从辩护效果角度所作的界定显然存在严重的问题。司法实践中经常发生的情况是，一个律师即便完全尽职尽责，进行了充分的辩护准备，形成了非常恰当的辩护思路，并运用适当的辩护策略和技巧，提出了十分中肯的辩护意见，但是，由于法官不享有独立审判权，有权决定案件裁判结局的是法院内部的审判委员会，因此法院的判决最终没有采纳律师的辩护意见。对于这种辩护，我们假如将其界定为“无效辩护”，并对律师加以谴责甚至惩戒，这显然是不公平的。不仅如此，一名律师假如完全忠实地履行职责，最终也说服法官接受了部分辩护意见，使被告人受到了较为宽大的量刑处罚，但是，一心追求无罪判决结果的被告人，就是对律师的辩护不满意，认为律师根本没有达到其所预期的辩护效果。那么，我们究竟要不要根据被告人的评价来确定辩护的有效性呢？

人们通常将律师辩护与医生治病救人相提并论。但假如将两者作一对比的话，那么，几乎没有人将达到某种治疗效果作为评价医生医术高明的唯一标准，更不会仅仅根据患者的满意度来对治疗是否有效作出评判。道理很简单，决定治疗是否产生积极效果的因素有很多，如病症是否属于疑难杂症、就医是否及时、患者是否按时吃药、患者是否积极配合治疗等，这些都可能影响最终的治疗效果。假如将患者是否康复、患者是否满意作为评价医生治疗有效性的主要标准，这在大多数情况下是非常荒唐的。同样的道理，决定一个刑事案件裁判结果的因素也有很多很多，如法庭是否具有独立裁判权、法官是否具有预断或偏见、案件事实是否有足够的证据加以支持、侦查机关是否依法收集证据、公诉机关是否依法履行职责等，这些因素都会对法院的裁判产生影响。假如仅仅根据法院是否采纳辩护意见或者委托人是否满意来对辩护有效性作出评判，那么，律师无论作出怎样的辩护努力，可能都难以达成“有效的辩护”。

由此看来，我们不能仅仅根据某种诉讼结果或诉讼效果来评判一项辩护活动的有效性。与“辩护”所具有的“说服法官的过程”这一定义相关，对“有效辩护”也应当从辩护过程的有效性的角度来加以认识。在笔者看来，有效辩护是指律师接受委托或者指定担任辩护人以后，忠实于委托人的合法权益，尽职尽责地行使各项诉讼权利，及时精准地提出各种有利于委托人的辩护意见，与有权作出裁决结论的专门机关进行了富有意义的协商、抗辩、说服等活动。简言之，“有效辩护”就是尽职尽责的辩护，也就是在刑事辩护过程中忠诚地履行了辩护职责，完成了“授权委托协议”所约定的辩护义务。

作为一种着眼于评价律师辩护过程的概念，“有效辩护”既是一项法律准则，也是一项法律理念。如同“正义”“自由”“平等”等价值一样，“有效辩护”也是一项带有理想色彩的价值目标，是立法者通过不断修改完善法律所要追求的理想结果，也是在完善刑事辩护制度时所要贯彻的一项法律准则。在一定程度上，作为一项法律理念，“有效辩护”作为评价标准的价值更大于其作为法律规范的价值。例如，1996年《刑事诉讼法》将辩护律师介入刑事诉讼的时间提前到审查起诉阶段，2012年《刑事诉讼法》确立了辩护律师在审查起诉和法庭审理阶段的“双重阅卷权”，还有2016年以后最高法院允许辩护律师在死刑复核阶段进行阅卷、会见以及向主审法官当面发表辩护意见，从贯彻有效辩护理念的角度来看，这些立法变化都是值得肯定的进步。

有效辩护理念的提出，从私法意义上说，是辩护律师履行忠诚义务的法律保证；而从公法意义上说，也是维护程序正义的必要制度安排。按照委托人与辩护人的委托代理关系理论，辩护律师无论是接受委托人的委托，还是接受法院的指定，只要担任辩护人，就与作为委托人的嫌疑人、被告人具有了委托代理关系。委托人作为辩护权的享有者，经过委托，将各项辩护权利授权给辩护人行使。辩护人作为委托人诉讼权利的代为行使者，在享有各项法律权利（如收受辩护费用，收受法律援助费用等）的同时，还应承担全力维护委托人合法权益的义务。可以说，正是辩护律师与委托人之间的委托代理关系，才形成了辩护律师履行合约的基本义务，并创造了律师所要遵守的职业伦理规范。〔1〕其中，忠实于委托人的利益，最大限度地维护委托人的合法权益，就属于律师所要遵守的首要执业行为准则。既然要遵守忠诚义务，维护委托人的合法权益，律师在接受委托或者指定后，就应尽职尽责，履行委托协议书所确定的各项义务。从一定程度上讲，所有"有效辩护"，其实就是辩护律师履行合约义务的基本体现。

与此同时，对辩护律师提出"有效辩护"的要求，还可以促使其积极履行辩护职责，充分进行会见、阅卷、调查、形成辩护思路等防御准备工作，与委托人展开充分的协商和沟通，形成辩护合力，充分展开辩护活动，尽力说服裁判者接受本方的辩护观点，可以说，有效辩护可以保证被告人、辩护人充分有效地参与到裁判制作过程中来，对裁判者的结论产生有效的影响，确保被告人成为积极的协商者、对话者和说服者，从而能够掌控自己命运的诉讼主体。这种对被告人积极参与的保障无疑是程序正义实现的前提条件之一。因此，从公法角度来看，律师在辩护中越是尽职尽责，越是勇于为权利而斗争，就越有可能构成强大的辩护方，从而形成一种足以与强大的公诉方进行抗衡的力量，从而促使裁判者在保持中立地位的前提下，兼听则明，居中裁判，并维护基本的公平正义。

那么，有效辩护究竟有没有较为具体的标准和内容呢？也正如"正义""自由""平等"一样，"有效辩护"也有一张"普罗米修斯

---

〔1〕　参见陈瑞华：《论辩护律师的忠诚义务》，载《吉林大学社会科学学报》2016年第3期。

的脸”，其具体标准很难得到准确的界定。从刑事辩护的发展史来看，法律对被告人辩护权的保障经历了三个阶段：一是“获得辩护的机会”；二是“获得律师辩护的机会”；三是“获得律师有效辩护的机会”。其中，在第一个阶段，被告人只要有机会发表辩护意见，对公诉机关的起诉作出质证和反驳，就意味着辩护权实现了。在第二个阶段，辩护人需要得到至少一名律师的帮助，才意味着他的辩护权得到实现。而到了第三个阶段，被告人仅仅有机会发表辩护意见，并且获得律师的帮助，这都是不够的，他还需要得到律师的有效帮助，否则，其辩护权也就意味着无法得到实现。至于什么是“律师的有效帮助”，法律则通常会对作为辩护人的律师及其辩护活动提出一系列的要求。

通常来说，有效辩护的理念可以在以下四个方面得到贯彻和体现：一是合格称职的辩护律师；二是为辩护所必需的防御准备；三是与委托人进行的有效沟通和交流；四是有理、有据、精准、及时的辩护活动。

所谓“合格称职的辩护律师”，是有效辩护的前提条件。这主要是指接受委托或指定从事辩护活动的辩护人，不仅必须是一名律师，而且还要是一名熟悉刑事辩护业务的律师。截至2012年，刑事诉讼法尽管允许那些不具有律师身份的特定人士可以接受委托担任辩护人，但从确保辩护质量的角度来说，非律师担任辩护人显然是不符合有效辩护理念的。迟早有一天，法律会将担任辩护人的条件限定为具有律师资格的执业人员。不仅如此，一名从来没有从事过刑事辩护业务的律师，被委托来担任辩护人，其辩护活动很难称得上“有效的辩护”。

所谓“为辩护所必需的防御准备”，是指辩护人需要在开庭审理之前进行会见、阅卷、形成辩护思路、协商辩护意见、申请召开庭前会议、申请二审法院开庭审理等，以便为法庭上的辩护进行基本的防御准备。遇有发现新的事实和证据的案件，律师还应进行必要的调查取证工作。假如辩护人不从事这些为辩护所需要的防御准备工作，那么，其辩护就很难说得上是有效的辩护。

所谓“与委托人进行的有效沟通和交流”，是指辩护人通过充分的会见、通信等方式，与嫌疑人、被告人充分交流案情，将有关证据材料向其核实，将辩护思路向其告知，并向其征求意见，以取得其对辩护思路和辩护意见的认可和配合，从而在法庭上的辩护过程中形成辩护合力。那种将委托人弃置不顾，不与委托人进行沟通、协商，不了解委托人的诉讼立场，甚至与委托人发生辩护观点之冲突的辩护，显然不符合有效辩护的基本要求。

所谓“有理、有据、精准、及时的辩护活动”，是指辩护人的辩护观点必须在法理上能够成立，必须有足够的证据加以支持，必须契合本案的具体情况，还不得存在明显的迟延。而假如辩护人强词夺理，立论既没有证据支持，也没有法律依据，辩护观点脱离本案的实际情况，或者所作的辩护努力过于拖延，错过了最佳时机，那么，这些辩护活动就不符合有效辩护的基本准则。

三、无效辩护的要素和后果

相对于作为法律理念的有效辩护而言，无效辩护是一种较为具体的法律制度，它是指法律为那些被认定为“无效辩护”的律师辩护活动所设定的消极法律后果。在美国法律制度中，这种消极法律后果既可以是上级法院撤销原判、发回重新审判的后果，也可以是律师协会对律师的惩戒后果。[1]我国法律没有确立这方面的法律后果。但从前述案例的情况来看，我国法院已经开始将律师无效辩护行为列为一审法院“违反法定诉讼程序”的行为，并对此作出了撤销原判、发回重新审判的裁定，也就是将其纳入程序性制裁的体系之中。与此同时，对于律师的无效辩护行为，法院还可以向司法行政机关发出司法建议书，建议司法行政机关、律师协会、法

---

〔1〕 参见［美］伟恩·R.拉费弗、杰罗德·H.伊斯雷尔、南西·J.金：《刑事诉讼法》（上册），卞建林等译，中国政法大学出版社2003年版，第661页。

律援助机构对律师的无效辩护行为进行调查，后者可以此为根据，对涉案律师进行相应的纪律惩戒。这显然说明，我国司法实践中已经产生了一种特有的无效辩护制度。下面依次对无效辩护的要素和认定标准作出简要分析。

（一）无效辩护的构成要素

什么是无效辩护呢？从表面上看，只要律师辩护没有达到有效辩护的标准，就构成了无效辩护。这其实是一种不正确的认识。由于有效辩护主要是一种法律理念，其本身就不存在完全明确的标准，因此，对于“违反有效辩护标准”的行为就无法进行准确的界定。可以说，无效辩护并不是违反有效辩护标准的必然结果，没有达到有效辩护的标准，并不必然导致无效辩护。

一般而言，完整意义上的“无效辩护”同时由三个要素构成：一是律师没有进行尽职尽责的辩护，或者在辩护过程中存在重大的过错或者瑕疵；二是司法机关没有采纳律师的辩护意见，或者对委托人作出了不利的裁决；三是律师辩护的过错或瑕疵与委托人受到的不利裁判之间存在因果关系。〔1〕

在前面的案例中，律师在辩护中存在明显的过错，要么在法庭审理之前没有会见在押的被告人，要么在接受法律援助任务后未经允许将案件转交一名律师助理，没有尽到出庭辩护的义务，这显然是不尽职、不尽责的行为，违反了法律援助律师所应履行的基本义务。但是，仅仅有不忠实履行辩护职责的行为本身，并不必然构成一种无效辩护。假如律师存在这样的行为，但一审法院仍然作出了无罪判决或者其他有利于被告人的裁判，那么，二审法院一般就不会将律师的辩护认定为无效辩护。相反，正如前述案例所显示的那样，律师不仅怠于履行职责，而且还导致委托人受到被定罪判刑的不利结果，这才构成一种真正的无效辩护。换言之，无效辩

---

〔1〕　参见［美］约书亚·德雷斯勒、艾伦·C.迈克尔斯：《美国刑事诉讼法精解》（第1卷），吴宏耀译，北京大学出版社2009年版，第627页。

护的成立通常要以案件发生了不利于委托人的裁判结果作为前提条件，仅仅存在律师辩护的过错或者瑕疵，而没有发生不利于委托人的诉讼结果，通常不构成无效辩护。

一般而言，无效辩护是由被告方提出的抗辩事由，也理应由被告方对无效辩护的成立承担证明责任。[1]但是，在我国的刑事诉讼制度中，被告人能够获得律师辩护的案件尚且只占较小的比例，再为被告人施加证明案件系属无效辩护的责任，就显然会使其承担更为沉重的负担。因此，被告方即便要承担证明案件系属无效辩护的责任，也不需要达到最高的证明标准，而只要达到优势证据的程度就足够了。具体来说，被告方需要提供证据证明的是无效辩护成立的三项条件：一是律师辩护存在缺陷或者瑕疵；二是案件招致对委托人不利的诉讼后果；三是律师怠于履行职责与委托人受到不利裁决结果之间存在因果关系。其中，对第二个条件的证明相对比较容易一些，被告方需要着力证明的是第一个和第三个成立条件。

为减轻被告方的证明责任，也为了对律师的辩护活动作出实质性的严格规范，有必要对律师辩护存在特别严重缺陷的情形作出概括性列举。只要律师辩护出现了这些具体情形之一，而下级法院又作出了不利于委托人的裁决，那么，法院和司法行政机关就应自动认定为律师辩护存在缺陷或者过错，也可以直接认定该项过错与不利裁决结果之间存在因果关系，从而免除被告方对第一项和第三项条件的证明责任。

例如，律师辩护存在以下缺陷或者过错之一的，就可以直接认定为无效辩护：一是接受委托或者指定担任辩护人的律师，以前从来没有从事过刑事辩护业务的；二是律师法庭审理之前没有会见过在押嫌疑人、被告人的；三是律师在开庭前没有进行过查阅、摘抄、复制案卷材料的；四是案件出现了法定的无罪辩护事由，律师没有进行过调查取证的；五是律师没有与委托人进行沟通和协商，

---

〔1〕 参见［美］罗纳尔多·V.戴尔卡门：《美国刑事诉讼——法律与实践》，张鸿巍译，武汉大学出版社2006年版，第516页以下。

当庭与委托人发生辩护观点冲突的；六是两名律师同时担任同一委托人的辩护人，没有与委托人进行协商和沟通，当庭提出不一致的辩护意见的；七是接受委托或者指定担任辩护人的律师，没有亲自出庭辩护，未经委托人同意或者法律援助部门许可，委派另一名律师出庭辩护的；八是律师没有完整参加法庭审理过程，中途退出法庭的，等等。

（二）无效辩护的后果

在美国刑事诉讼中，上级法院发现律师在初审程序中存在无效辩护情形的，可以作出撤销原判、发回重新审判的裁定。表面看来，律师在刑事辩护中没有尽职尽责，并导致被委托人受到不利裁判结果的，对于这些存在过错的律师，应当实施制裁。这是美国早期的一种治理律师失职行为的基本思路。但是，自从美国联邦最高法院将“获得律师有效辩护的权利”确立为一项宪法权利之后，上级法院一旦发现在下级法院的审判过程中存在律师无效辩护情形的，就将其视为剥夺被告人有效辩护的权利，也就是将这种审判活动归入“违宪行为”的范围，并通过撤销原判、发回重审的方式为被告人提供权利救济。此外，下级法院的审判没有切实保证被告人获得有效辩护的机会，这本身就说明这种审判存在程序上的过错或者瑕疵，上级法院通过撤销原判、发回重审，在一定程度上也是对下级法院审判行为的程序性制裁。〔1〕

我国刑事诉讼法没有确立有效辩护的原则，更没有将被告人获得有效辩护奉为一项宪法权利。在一定程度上，律师在刑事辩护过程中没有恪尽职守，或者存在重大缺陷或者过错的情况，通常被归入律师违约或者违反职业伦理的情形。这一点与美国无效辩护制度产生前的情形颇为相似。按照这种逻辑，对于构成无效辩护的律师，要么追求律师的违约责任，要么对其进行纪律惩戒。在我

〔1〕 参见江礼华、杨诚主编：《美国刑事诉讼中的辩护》，法律出版社2001年版，第180页以下。

国的司法实践中，委托人针对律师的重大违约或不当行为向律师协会提出投诉的，律师协会通过召开听证会等方式，启动对律师的纪律惩戒程序，对涉案律师作出程度不等的纪律处分。在本章前面所分析的案例中，在法院发出司法建议书之后，司法行政机关及其下属的法律援助中心就启动了这种纪律惩戒程序，除了收回涉案律师的法律援助费用以外，还将其从法律援助律师的名录中予以除名。与此同时，司法行政机关还接受法院的建议，在法律援助工作的管理以及法律援助律师的奖惩等方面强化了制度建设。

值得注意的是，在启动针对律师的纪律惩戒程序之前，上级法院还将律师无效辩护的行为归入“一审法院违反法定诉讼程序，影响公正审判”的情形，并据此作出了撤销原判、发回重审的裁定。应当说，根据我国的程序性制裁理论，二审法院因为一审法院违反法定诉讼程序而作出撤销原判、发回重审的裁定，这属于一种程序性制裁，也就是针对一审法院违反法律程序的行为所作的宣告无效的决定。而刑事诉讼法所确立的一审法院违反法定诉讼程序的行为，通常都是指一审法院违反回避制度、违反公开审判制度、违反审判组织制度或者剥夺或限制当事人诉讼权利的程序性违法行为。换言之，程序性制裁所针对的几乎都是一审法院违反法定程序或者侵犯当事人诉讼权利的行为。而律师本身因为不履行辩护职责所导致的无效辩护行为，其过错责任似乎应由涉案律师来承担，一审法院本身既没有违反法定程序，也没有侵犯被告人的辩护权，更没有干预律师的辩护活动。那么，对于上级法院将无效辩护纳入一审法院违反法定诉讼程序的行为，究竟应当如何进行理解呢？

在笔者看来，上级法院将律师无效辩护列为一审法院违反法定诉讼程序的行为，这其实是为一审法院确立了一种无过错责任或者严格责任。换言之，传统的程序性制裁理论着眼于一审法院的过错责任，对一审法院违反法定诉讼程序的行为采取宣告无效的制裁方式。而无效辩护理论则着眼于一审法院的无过错责任，也就是只要在一审程序中，律师没有恪尽职守，导致委托人遭受不利的诉讼结果，从而构成无效辩护的话，那么，上级法院就可以推定一审法院违反了法定的诉讼程序，并对其实施宣告无效的制裁后果。

之所以要为无效辩护确立一审法院的无过错责任，可以从以下几个角度作出正当性解释：一是在刑事诉讼中，被告人相对强大的公诉机关而言，明显属于弱势一方，只有为其确立一定的“诉讼特权”，才能维护控辩双方的平等对抗。律师无效辩护被推定为法院违反法定程序，就属于赋予被告人诉讼特权的一种形式。二是无论一审法院作出怎样的解释，面对律师不履行辩护职责的行为，法官竟然不闻不问，不作任何形式的纠正和督促行为，这本身就可能构成一种失职。对于这种失职，完全可以从律师无效辩护本身作出推定，而不需要被告方承担证明责任。三是无论是一审法院通过作为或者不作为剥夺了被告人的辩护权，还是律师因为不履行辩护职责而导致无效辩护，这都意味着一审法院在没有保证被告人有效行使辩护权的情况下，对其作出了定罪量刑。上级法院要切实保证被告人的辩护权，纠正那些侵犯被告人辩护权的行为，唯有将原审判决予以撤销，为被告人提供重新审判的机会，也就是一种程序补救的机会，才能确保被告人在有效行使辩护权的情况下，接受法庭审理，并接受有罪裁决。这是程序正义的最低要求。

（三）因法院、检察院的干预而导致的无效辩护

在美国的无效辩护制度中，律师因为怠于履行辩护职责而被认定为无效辩护的情形，被视为无效辩护的主要形态。除此之外，假如被告人获得律师帮助的权利受到了法院或者公诉机关的阻碍的话，那么，这也可以被直接推定为无效辩护。例如，在持续多日的法庭审理过程中，律师假如被剥夺了与在押被告人之间的会见和交流机会的，就可能构成无效辩护。〔1〕由此看来，美国的无效辩护其实可以分为两种类型：一是因律师怠于履行职责而导致的无效

〔1〕　参见陈瑞华：《刑事辩护的理念》，北京大学出版社2017年版，第96页。

辩护；二是因法院、检察机关的介入而导致的无效辩护。对于这两种类型的无效辩护，上级法院都可以作出撤销原判、发回重新审判的裁定。

那么，这种因法院、检察机关的干预而导致的“无效辩护”，可否确立在我国刑事辩护制度之中呢？

答案是否定的。通常所说的“无效辩护”，是律师因为存在重大辩护缺陷或者执业过错而带来的一种消极法律后果。这种无效辩护的实质在于律师没有合格地履行辩护职责，并因此导致委托人受到不利的裁判结果。而假如法院、检察院因为某种作为或者不作为而导致被告人无法行使辩护权，那么，这种作为或者不作为就构成一种程序性违法行为，而不需要再通过无效辩护制度加以制裁或者补救了。

在刑事司法实践中，法院、检察院对律师辩护活动进行不当干预的情形是经常发生的。在律师提出相关诉讼请求的情况下，法院动辄无理拒绝召开庭前会议，无理拒绝传召证人、鉴定人、专家辅助人、侦查人员出庭作证，无理拒绝二审开庭审理，无理拒绝协助调取某一关键证据材料，无理拒绝律师延期审理的请求，等等。而检察机关则经常利用其公诉资源，动辄拒绝提交其掌握的有利于被告人的证据材料。法院、检察院的上述行为显然会阻碍被告人辩护权的有效行使，通常可以被列入“剥夺当事人诉讼权利”的情形之列。对于法院、检察院所实施的阻碍律师行使辩护权的行为，我国刑事诉讼法通常将其视为典型的一审法院违反法定诉讼程序的情形，并对其追究过错责任，使其承受撤销原判、发回重审的诉讼结局。

由此看来，法院、检察院通过作为或者不作为的方式阻挠被告人行使辩护权的行为，可以被归入程序性违法行为之中，也就是被纳入程序性制裁的体系之中，而没有必要被纳入无效辩护制度之中。我国的无效辩护制度仅仅是指律师因为辩护存在缺陷或过错而导致被告人受到不利裁判的情形。对于这种无效辩护，不仅可以追究律师的违约责任和纪律责任，还可以无过错责任为依据，作出撤销原判、发回重审的裁定，从而为那些被剥夺有效辩护机会的被告人，提供一种程序补救的机会。

四、有效辩护的实现

无论是从律师履行忠诚义务的角度来说，还是从维护程序正义的视角来看，有效辩护都是刑事辩护的一项基本准则。相比之下，无效辩护只是一项用来确保有效辩护实现的诉讼制度。通过确立无效辩护的法律后果，我们可以对那些未达到有效辩护最低标准的律师追究违约责任和纪律责任，也可以对那些构成无法保证有效辩护原则实现的审判活动，作出宣告无效之制裁。本章前述案例足以显示，对于律师的无效辩护，我国法院已经开始意识到对其加以治理的必要性，并将其纳入程序性违法行为的范围，并督促司法行政机关启动对涉案律师的纪律惩戒程序。我们有理由对这种司法实践给予进一步的期待：一方面期待着越来越多的法院加大对无效辩护的治理力度，另一方面也期待着这种对无效辩护的治理被上升到法律规范的层面。

但是，在有效辩护的实现方面，无效辩护制度只是一种最后的制度安排。要在刑事辩护制度的设计中贯彻有效辩护的理念，我们不能仅仅关注针对无效辩护的惩罚和救济，还应建立一种旨在督促律师积极履行辩护职责的机制。应当说，随着我国律师制度和刑事辩护制度的逐步发展，律师辩护的水平和质量处于不断提高的发展趋势之中。这是一个不争的事实。但是，相对于嫌疑人、被告人对律师辩护质量的“市场需求”而言，我国律师所能提供的刑事法律服务还是十分有限的，也暴露出一系列缺憾和局限。要确保律师提供高水平的法律服务，就需要从有效辩护的角度，全面反思我国刑事辩护制度的各个方面，并进行相应的制度变革。

第一，需要反思的是辩护律师的从业资格。

截至2017年，在我国律师已经有接近30万之众的情况下，律师法竟仍然允许当事人委托那些不具有律师资格的人士担任辩护人。经验表明，不具有律师资格的人士通常没有受过系统的法律专业训练，不熟悉法律知识，更不精通辩护技能，他们充当辩护人，既无法与“武装到牙齿”的公诉人进行抗衡，也难以在证据采纳、事实认定和法律适用等方面对裁判者施加积极有效的影响。换言之，非律师人士很难从事有效的辩护。不仅如此，由于对辩护律师的专业化没有提出特别的要求，很多案件的当事人所委托的辩护人，竟然是不熟悉、不擅长甚至从来没有从事过刑事辩护业务的律师。这些律师无论是熟悉民商事诉讼代理，还是擅长非诉讼业务，刑事辩护都不是他们的长项，他们在越来越专业化的辩护过程中很难有效维护委托人的合法权益。

鉴于此，要实现有效的辩护，律师制度改革决策者需要转变观念，将刑事辩护确立为一项高精尖的专业律师业务，应像“证券法律业务”那样，为刑事辩护业务设立特殊的资格要求。从事刑事辩护的人士除了要具有律师资格以外，还应具有专门的“刑事辩护律师”的从业资格。没有这种从业资格，那么，律师无论在法律服务领域具有怎样的资历，都不能担任辩护人。

第二，需要反思的是辩护律师与委托人的代理协议。

迄今为止，辩护律师与委托人所签订的授权委托协议书，都是一种极为粗糙的格式合同文本。从中既无法看到律师应当为委托人提供的具体法律服务的细目，也无从发现律师从事法律服务的具体手段、方式、路径和工作内容。有必要根据一些有志之士所作的探索和开拓，确立一种精细化的辩护律师服务内容。比如，可以将律师所能提供的辩护服务进行单元化、板块化的分类，列出细目，为委托人提供可以供选择的“服务菜单”。辩护律师所提供的服务可以根据诉讼阶段，分为“立案前的辩护”“侦查阶段的辩护”“审查批捕环节的辩护”“审查起诉阶段的辩护”“庭前会议阶段的辩护”“一审程序的辩护”“二审程序的辩护”“死刑复核程序的辩护”等。律师辩护也可以根据服务内容，分为“会见”“阅卷”“调查取证”“刑事和解协议的促成”“非法证据排除的辩护”“无罪辩护”“罪轻辩护”“量刑辩护”“违法所得追缴方面的辩护”“社会调查报告的完成”等。

第三，需要对辩护律师收费制度进行深刻反思。

目前，辩护律师所采取的“一揽子收费”制度已经暴露出很多弊端。由于在签订委托协议之初，律师通常要收取全部的辩护费用，这一方面使律师在辩护过程中占据了绝对主动的地位，委托人对律师的制约力度大大减弱；另一方面也使律师缺乏履行辩护职责的外在压力和激励机制。在一定程度上，这种极不合理的收费方式既造成了律师不尽职、不尽责的现象，也严重制约了辩护律师收费水平的提高。

有必要吸收部分辩护律师正在探索的收费经验，实行“基础性收费”与“拓展性收费”相结合的收费方式，必要时像民事诉讼代理收费那样，适当地引入“胜诉酬金制度”。所谓“基础性收费”，又可以称为“合同收费”，是一名辩护律师在与委托人签订授权委托协议书之后，所收取的为刑事辩护所必需的最低服务费用。这些费用所支付的是律师为履行刑事辩护职责所进行的必要辩护工作，如会见、阅卷、调查、沟通、发表辩护意见等。所谓“拓展性费用”，又可称为“菜单式收费”，也就是律师向委托人收取的专项法律服务费用，用于支付律师所作的附加性辩护工作，如多次会见、多次调查、促成刑事和解、申请非法证据排除、组织专家提供专业性咨询、遴选专家辅助人出具意见或出庭作证等。对于这些额外的辩护服务，律师可以根据服务内容和标准来增加收取适当的费用。而所谓的“胜诉酬金制度”，又可以称为“风险代理制度”，就是根据律师与委托人的约定，在某一预期诉讼结果达到时，委托人需要依照约定支付给辩护律师的奖励费用。

通过改革辩护律师收费制度，可以促使刑事辩护收费制度与民商事诉讼代理收费以及非诉业务收费保持大体的一致性，体现“按劳取酬”的基本原则，对那些尽职尽责的律师构成一种有效的激励，而对那些怠于履行职责的律师则构成一种惩罚。这可以从根本上改变目前这种“辩多辩好一个样”“辩好辩坏一个样”的局面，形成一种“奖勤罚懒”的激励机制，从总体上推动刑事辩护业务走向专业化和高端化。

第四，有必要发挥律师协会在确立律师辩护最低标准方面的作用。

目前，各级律师协会在律师维权和纪律惩戒方面发挥了积极的作用。但是，仅仅着眼于维权和纪律惩戒还是远远不够的。律师协会应当发挥其“行业自治组织”的作用，督促律师会员提高法律服务质量，推动法律服务行业的健康发展。为此，律师协会有必要为律师会员制定各类刑事辩护的最低服务质量标准，以督促律师在刑事辩护中提供规范化、专业化和精准化的法律服务。全国律师协会颁布实施的《律师办理刑事案件规范》，为全国律师办理刑事案件提供了一份纲领性的指导性规范。但是，就律师从事刑事辩护工作而言，仅有这样一部办案规范还是远远不足以确立最低服务质量标准。各地律师协会有必要为本地律师分别制定诸如“无罪辩护规范”“量刑辩护规范”“程序性辩护规范”之类的专门性办案规范，以便为律师的各类刑事辩护活动提供具有指导性的操作规范。

第五，对法律援助律师的监管需要确立新的思维方式。

长期以来，法律援助律师中存在素质不高，而且无法提供尽职尽责的辩护服务的现象。有些接受指派的法律援助律师，经常既不会见在押被告人，也不认真阅卷，更是极少进行调查取证工作，当庭在法庭质证中无所作为，当庭发表的辩护意见也很简短，且通常都是简单的量刑辩护意见。这种辩护对于法官的裁判极少能发挥积极的影响。

那么，究竟如何加强对法律援助制度的监督管理呢？首先，需要尽力提高法律援助律师的基本素质。假如将那些较为成功的辩护律师吸收到法律援助律师之中，那么，法律援助律师才有可能提供高质量的辩护服务。比如，各级律师协会刑事业务委员会的委员有义务承担一定数量的法律援助服务，以改变长期存在的法律援助律师素质低端化的局面。其次，应当将一些地方较为成功的法律援助律师指派制度加以推广，比如，允许那些接受法律援助的嫌疑人、被告人从法律援助律师名录中进行挑选，允许他们中途更换不称职的法律援助律师。再次，适度增加法律援助律师的报酬标准，使法律援助服务具有更大的吸引力，并真正体现对法律援助律师工作的尊重。最后，法律援助机构也应当制定一些法律援助律师从事辩护活动的指导性规范，为这些被指定从事辩护活动的律师提供基本的工作指引。

第六，完善辩护律师的职业伦理规范。

我国律师法已经初步确立了辩护律师的职业伦理规范。但是，这些旨在约束律师执业行为的规范还很不完善，存在一系列有待改进的空间。例如，2017年由全国律师协会修订后实施的《律师办理刑事案件规范》，对律师独立辩护条款作出了全面调整，强调律师担任辩护人，"应当在法律和事实的基础上尊重当事人意见，按照有利于当事人的原则开展工作"，律师"不得违背当事人的意愿提出不利于当事人的辩护意见"。[1]这种对律师忠诚义务的强调，无疑有利于贯彻有效辩护的理念。但是，该规范对于辩护律师如何协调与委托人的辩护观点分歧问题，仍然没有确立明确的行为准则。这就有可能导致辩护律师与被告人继续发生辩护观点冲突的情况，致使律师无法实现有效的辩护。

又如，法律法规尽管确立了辩护律师保守职业秘密的规则，但是，这种职业秘密是否包括那些涉及委托人违法犯罪的事实信息，法律却语焉不详。同时，对于那种即将发生的涉及国家安全或其他重大利益受到损害的犯罪行为，律师不再承担保守职业秘密的义务。但是，对于这种即将发生的重大犯罪行为，律师法也没有作出明确的界定，致使律师对职业秘密的作证豁免权有受到任意剥夺的危险。

再如，律师法尽管对律师拒绝刑事辩护工作作出了一些法律限

---

〔1〕 参见田文昌：《关于〈律师办理刑事案件规范〉修改的几个问题》，载中国律师网，http://www.acla.org.cn/article/page/detailByld/20942，2017年8月31日最后访问。

制。但是，遇有委托人隐瞒重要事实时，律师仍然可以拒绝为其提供辩护服务。这无疑赋予律师任意拒绝辩护的权利，使被告人的辩护权受到消极的影响。特别是在刑事辩护过程中，律师假如要退出辩护活动，或者与委托人解除授权委托协议的，究竟要不要事先告知司法机关，并给予委托人另行委托律师辩护的机会。对于这一点，律师法也没有给出明确答案。这显然会导致委托人因为律师退出辩护活动而无法获得及时有效的法律帮助。

第六章

辩护律师的忠诚义务

一、辩护律师职业伦理的难题

在一定意义上，刑事诉讼制度的发展史可被视为刑事辩护制度从无到有、从弱到强的演进历史。而刑事辩护制度的演进又大体经历了三个阶段：一是承认被告人有“获得辩护的权利”；二是确立被告人“获得律师帮助的权利”；三是保障被告人“获得律师有效辩护的权利”。〔1〕在中国，随着刑事诉讼制度的数次重大改革，刑事辩护制度也得到不断的发展和完善。从1979年到1996年，再到2012年，律师辩护活动逐步从审判阶段扩展到审判前阶段，辩护律师的“会见难”“阅卷难”等问题得到初步的解决，指定辩护的适用范围和阶段得到显著的扩大，辩护律师在无罪辩护、程序性辩护、量刑辩护中发挥作用的空间也得到扩展。〔2〕与此同时，2012年《刑事诉讼法》对辩护律师“核实证据权利”的确立，还标志着被告人“有效辩

〔1〕 参加陈瑞华：《刑事辩护的几个理论问题》，载《当代法学》2012年第1期。

〔2〕 参见郎胜主编：《中华人民共和国刑事诉讼法修改与适用》，新华出版社2012年版，第324页以下。

护权”开始受到立法者的关注。[1]

为保障律师提供有效的法律服务，我国律师法确立了一些重要的职业伦理规范。例如，律师法将律师定位为“接受委托或者指定，为当事人提供该法律服务的执业人员”；律师对于委托人“不愿泄露的有关情况和信息”，负有保密义务；律师在辩护活动中遇有法定利益冲突的情形，应当退出辩护活动；等等。但迄今为止，律师法仍然保留了一些与现有律师职业定位并不相符的伦理规范，使律师经常面临一些执业困境。例如，律师在维护委托人合法权益的同时，还要“维护法律的正确实施，维护社会公平正义”；律师要“以事实为根据，以法律为准绳”；律师接受委托后，一般不得拒绝辩护，但在委托人“故意隐瞒与案件有关的重要事实”时，则有权拒绝辩护。不仅如此，无论是在一些律师执业规范之中，还是在律师界的主流舆论中，那种“独立辩护，不受当事人意志左右”的理念，仍然盛行不衰，对律师的辩护活动产生较大的影响。

可以看出，作为律师职业伦理规范的重要组成部分，那些调整律师与委托人关系的规范，不仅在规范内部结构上出现了矛盾，而且在价值取向上存在冲突和混乱。过去，法学界曾经对“独立辩护人理论”作出过初步的理论反思，[2]并对中国引入有效辩护制度的可能性进行过讨论。这种讨论已经产生了一些积极效果，不少研究者开始从有效辩护的角度，考虑律师职业伦理规范的重构问题。有些讨论甚至触及了辩护律师与委托人关系的核心问题，那就是律师在与委托人辩护观点不一致的情况下，究竟如何履行忠诚义务的问题。

---

〔1〕 根据2012年《刑事诉讼法》，辩护律师自审查起诉之日起，在会见在押嫌疑人、被告人时，可以向他们“核实有关证据”。这一法律条款的确立，意味着辩护律师可以与嫌疑人、被告人就案件证据情况进行核实、讨论和协商，以便对公诉方的证据进行更为有效的质证。这在一定程度上激活了被告人的辩护权，使律师的辩护既可以得到被告人的支持和配合，也可能受到被告人的适度制衡。这显然属于加强被告人有效辩护权的标志。参见陈瑞华：《论被告人的阅卷权》，载《当代法学》2013年第3期。

〔2〕 参见韩旭：《被告人与律师之间的辩护冲突及其解决机制》，载《法学研究》2010年第6期；另参见陈瑞华：《独立辩护人理论的反思与重构》，载《政法论坛》2013年第6期。

笔者拟从理论反思的角度，对辩护律师的忠诚义务作出较为系统的分析。在笔者看来，作为律师首要的职业伦理规范，忠诚义务的核心要求是律师应当忠实于委托人的利益，对其意志也要给予适度的尊重。在刑事诉讼中，忠诚义务是一种调整辩护律师与委托人关系的基本职业伦理，是对刑事辩护制度的发展具有重大战略指导意义的法律理念。在本章的讨论中，笔者将对忠诚义务的核心含义作出分析，论证其确立的基本依据，讨论其适用的便捷和范围，并对这一义务的实现方式提出宏观上的思路。

二、忠诚义务的多重含义

按照公认的看法，律师无论是接受委托来充当辩护人，还是接受指派充当法律援助律师，都负有忠诚于当事人利益的职业伦理。这种“忠诚义务”应被视为辩护律师的“第一职业伦理”。〔1〕我国律师法和刑事诉讼法也要求辩护律师根据事实和法律，提出有利于嫌疑人、被告人的“材料和意见”，维护其诉讼权利和合法利益。这种对辩护律师“责任”的法律表述，意味着我国法律有条件地确立了辩护律师的忠诚义务。

所谓忠诚义务，是指辩护律师应将维护嫌疑人、被告人的利益作为辩护的目标，尽一切可能选择有利于实现这一目标的辩护手段和辩护方法。在刑事辩护实践中，辩护律师无论是作出无罪辩护、罪轻辩护、量刑辩护，还是作出程序性辩护，都是出于维护嫌疑人、被告人利益的考虑，追求对其有利的诉讼结局。不仅如此，律师在审判前阶段无论是向侦查人员、审查批捕检察官、审查起诉检察官发表辩护意见，还是进行诸如会见、阅卷、调查、庭前会议等各

---

〔1〕 有关律师忠诚义务问题的讨论，代表性文献可参见欧卫安：《辩护律师的伦理：以忠诚义务为视点》，载《西南师范大学学报（人文社会科学版）》2005年第6期。另参见宋远升：《刑辩律师职业伦理冲突及解决机制》，载《山东社会科学》2015年第4期。

种庭前准备活动，也都是为了实现嫌疑人、被告人利益的最大化所进行的辩护活动。

从调整律师与委托人关系的角度来看，忠诚义务既涉及如何对待委托人利益的问题，也要解决律师与委托人辩护观点和辩护思路的协调问题。[1]在如何对待委托人利益方面，忠诚义务可以有两个层面的含义：一是积极的维护权益义务，意味着律师要提供尽职尽责的法律帮助，做到有效的辩护；二是消极的维护权益义务，意味着律师要恪守辩护行为的底线，不从事任何损害委托人利益的活动。但是，即便是出于维护委托人权益的考虑，辩护律师仍然会做出不利于委托人的举动。这突出地体现在如何协调辩护律师与委托人意志的问题上。而在这一问题上，忠诚义务则可以表现为适度尊重委托人意志的义务。具体而言，这一义务也有两个层面的含义：一是积极的尊重意志义务，也就是进行保障委托人的知情权，就辩护观点进行协商和讨论，对于委托人不妥当的观点则要进行提醒和说服；二是消极的尊重意志义务，也就是不与委托人故意发生观点和主张的分歧和对立，不造成辩护观点的冲突和抵销。下面依次对忠诚义务的这些含义作出简要分析。

（一）积极的维护权益义务

我们先来分析积极的维护权益义务。在这一意义上，忠诚义务要求辩护律师提供尽职尽责的法律服务。什么是尽职尽责的法律服务呢？这要求辩护律师既要具备必要的法律知识和专业技能，又要进行必要的辩护准备，确立适当的辩护手段。律师要通过勤勉、高效的工作，穷尽一切可能完整地展示有利于被告人的事实和法律意见，最大限度地说服裁判者接受本方的辩护观点。

无论采取怎样的辩护策略，也无论具有怎样的辩护风格，辩护律师都要将说服裁判者接受其辩护观点作为辩护的归宿。这是有

---

〔1〕 有关辩护律师忠诚义务的含义，可参见［日］佐藤博史：《刑事辩护的技术与伦理》，于秀峰、张凌译，法律出版社2012年版，第22页以下。

效辩护的基本要求。当然，这里所说的“裁判者”既包括拥有裁判权的法官、陪审员，也包括拥有决定权的侦查人员、审查批捕检察官以及审查起诉检察官。无论律师确立怎样的辩护思路，其最终目的并不只是反驳对其委托人发动追诉的一方，而是要说服拥有裁判权的第三方。例如，在审查批捕环节，律师要提供有效辩护，就必须在驳斥侦查人员提请逮捕意见的基础上，论证嫌疑人“不符合逮捕条件”，或者“没有逮捕必要”，如此才能说服检察官作出“不批捕”的决定。又如，在法庭审判阶段，律师除了要反驳公诉方的起诉意见以外，还应尽力提出被告人无罪、罪轻或者案件存在程序性违法情况的意见，以说服法庭作出无罪判决、罪轻判决或者作出有利于被告人的程序性裁决。

当然，律师最终没有说服裁判者接受其辩护主张，或者没有获得较为理想的辩护效果，这并不必然违背忠诚义务。不过，律师假如在辩护中不仅没有尽职尽责，而且还造成了对被告人不利的法律后果，这就构成了通常所说的“无效辩护”。可以说，无效辩护是对忠诚义务的严重背离，是辩护律师违反职业伦理的典型表现。例如，律师在做无罪辩护时没有进行任何会见工作，结果造成法院作出有罪判决；律师在做罪轻辩护时没有进行阅卷，对公诉方案卷材料不熟悉，造成辩护的重大失误，法院没有采纳其辩护意见；律师在进行量刑辩护时没有进行任何调查取证工作，导致某一重要从轻量刑情节没有得到法院的认定，造成辩护的失利；律师没有在开庭前及时提出排除非法证据的申请，更没有申请法院召开庭前会议，而在开庭后提出的类似申请遭到法院的驳回……

（二）消极的维护权益义务

那么，对于消极的维护权益义务，应当如何理解呢？具体而言，这是一种最低限度的忠诚义务，也就是要求律师不出卖、不损害、不危及委托人的利益，不去从事不利于委托人的任何行为。

我国律师法已经将这种意义上的忠诚义务部分确立在律师职业伦理规范之中。例如，律师法禁止律师泄露委托人“不愿泄露的有关情况和信息”，要求律师“不得在同一案件中为双方当事人担任代理人”，或者从事存在利益冲突的法律事务……这都带有避免律师损害委托人利益的立法考虑。

但是，这种消极意义上的忠诚义务并没有引起律师界的普遍关注，也没有得到律师法的完整确立。结果，一些与这一职业伦理背道而驰的制度和实践还存在。例如，有的辩护律师以“独立辩护人”自居，未经与被告人进行协商，就提出了与被告人不一致的辩护意见，甚至在被告人不同意的情况下，提出了令被告人无法接受的有罪辩护意见。这造成辩护律师与委托人的“同室操戈”，甚至变成“第二公诉人”，使被告人陷入极为被动的境地。又如，有的律师在辩护过程中为逼迫法官接受本方的观点，不惜挑战法官的权威，侮辱法官的人格尊严，采取故意激怒法官的辩护策略。这不仅浪费了一次正常辩护的机会，而且还可能导致法官采取一些应激反应，使一些本来应当采纳的辩护观点得不到法官的采纳，使被告人陷入极为不利的境地。

（三）积极的尊重意志义务

作为被告人的法律帮助者，辩护律师除了要维护被告人的合法权益以外，还需要对被告人的辩护观点和诉讼主张给予必要的尊重。经验表明，一些律师经常出于“维护委托人利益”的考虑，不顾委托人的感受和意志，提出了与委托人观点相悖的辩护意见。这显然是与忠诚义务不相符的辩护行为。当然，律师完全放弃自己独立的专业立场，对被告人言听计从，这也未必能够实现维护委托人利益的效果，也不是忠诚义务的必然要求。如此看来，律师所要做的其实是对委托人意志的适度尊重。那么，这种适度尊重表现在哪些方面呢？

要尊重委托人的意志，辩护律师就需要与委托人进行必要的沟通和协调，保持辩护信息的随时共享，以便协调双方的辩护立场，经过理性的选择和博弈，最终形成最有利于维护委托人利益的辩护观点和操作方式。[1]具体而言，积极的尊重意志义务可以包括以下几个要素：一是告知义务，也就是保证被告人获得基本知情权的义务。具体说来，辩护律师应当将案件的证据情况、法律适用问题以及案件存在的争议点及时告知被告人，使其了解辩护的难点，以便作出理性的决定。二是提醒义务，也就是在被告人作出某一诉讼选择时提醒其注意法律风险和不利后果的义务。尤其是在被告人作出有罪供述、放弃某一诉讼权利或者作出不利诉讼选择的情况下，辩护律师应督促被告人谨慎地行使诉讼选择权，避免在受到蒙骗、诱导、强迫的情况下作出非自愿或不明智的诉讼选择。三是协商和说服义务，也即是将自己的辩护思路告知被告人并说服其接受这一思路的义务。这与医生说服病人接受自己的诊疗方案具有异曲同工之处。一个尽职尽责的辩护律师除了要形成较为理想的辩护思路以外，还应尽力将作出这种选择的理由作出说明，从专业的角度说服被告人接受这一辩护思路。四是尊重被告人最终选择的义务，也就是在各种告知、提醒和协商、说服手段全都用尽之后，对于被告人的最终诉讼选择，辩护律师要承担尊重的义务。

（四）消极的尊重意志义务

为体现对被告人意志的必要尊重，律师固然要承担告知、提醒、协商、说服等沟通的义务，但是，这种沟通义务并没有一个整齐划一的标准，辩护律师在承担这些义务方面也具有一定的自由裁量余地。不过，无论如何，辩护律师都不能在没有征得委托人统一的情况下，发表与委托人相互矛盾的辩护观点，提出委托人不能接受的证据材料或诉讼主张，以至于造成与委托人辩护效果的相互抵销。这种与委托人“同室操戈”的辩护行为，是不符合忠诚义务的。[2]

---

〔1〕 对这一问题的讨论最有价值的文献，可参见《美国律师协会执业行为示范规则（2004）》，王进喜译，中国人民公安大学出版社2005年版，第16页以下。

〔2〕 参见田文昌、陈瑞华：《刑事辩护的中国经验》，北京大学出版社2012年版，“序言”。

作为熟悉法律知识和执业技能的人士，律师相对于委托人而言具有强大的专业优势。这种专业优势使律师在尊重委托人意志方面具有天然的障碍。为体现对委托人意志的适度尊重，辩护律师未经委托人授权或者许可，不得提出委托人不愿提交的证据材料，不得发表与委托人观点不一致的辩护观点，也不得坚持与委托人观点相悖的辩护立场。这应当成为辩护律师执业的一条底线。例如，未与委托人协商，律师就对公诉方指控的某一罪名作出有罪答辩；未经被告人同意，律师就提出排除非法证据的申请；未事先向被告人发出提示，在被告人当庭认罪的情况下，律师就当庭发表无罪辩护意见……这些都属于明显不尊重委托人意志的表现，也都不符合忠诚义务的要求。

三、忠诚义务的基本依据

迄今为止，我国律师制度已经历了多次改革，律师的职业定位也逐步发生了变化，律师作为当事人利益维护者的身份最终得到确立。那么，辩护律师究竟为什么要承担忠诚义务呢？在辩护律师全力维护嫌疑人、被告人合法权益这一职业伦理的背后，究竟存在哪些正当理由呢？

在笔者看来，忠诚义务的基本依据有三个：一是律师是为当事人提供法律服务的执业人员，这一职业定位决定了律师要最大限度地维护当事人的合法权益；二是辩护律师与当事人之间具有诉讼代理关系，作为诉讼代理人的辩护律师，要履行忠实于客户利益这一代理合同义务；三是被告人在刑事诉讼中所处的相对弱势地位，决定了辩护律师应将其合法利益的维护作为唯一的诉讼使命，而不应承担任何与此使命相悖的责任。下面依次对此作出分析。

（一）律师的身份定位

1982年颁行的《律师暂行条例》是我国恢复法制建设以来出

台的第一部律师法。这部法律将律师定位为“国家法律工作者”，将律师的“任务”确定为对国家机关、企事业单位、社会团体以及公民提供法律帮助，“以维护法律的正确实施”，“维护国家、集体的利益和公民的合法权益”。作为国家法律工作者，律师首先是国家司法行政机关的在编事业人员，其工作单位是司法行政机关直接领导的法律顾问处。与此同时，律师要将维护国家利益作为首要的责任，对公民权益的维护被列为次要责任；维护法律正确实施也被视为律师执业的首要目标，而维护公民利益则被置于附属的地位。

在“国家法律工作者”的职业定位下，律师是不可能将忠实于当事人利益作为首要职业伦理的。这部律师法为律师确立了诸多与司法人员相似的法律义务。例如，律师被要求“通过全部业务活动，宣传社会主义法制”；律师“必须以事实为根据，以法律为准绳，忠实于社会主义事业和人民的利益”；“律师认为被告人没有如实陈述案情，有权拒绝担任辩护人”……不仅如此，这部法律提出了律师保守执业中获知的国家秘密和个人隐私的义务，却没有要求律师保守职业秘密。

随着中国社会的逐步转型和经济体制的深入改革，经过十几年的发展，律师制度也发生了重大变化。1996年《律师法》将律师制度的发展和改革成果以法律条文的形式确立下来。根据这部法律，律师的“国家法律工作者”身份被废除，取而代之的是“为社会提供法律服务的执业人员”。律师的执业机构不再是法律顾问处，而是自主执业、自负盈亏的律师事务所。与此同时，“维护当事人的合法权益”被置于“维护法律的正确实施”的前面，被视为律师的首要使命。不仅如此，律师维护国家利益、维护法律实施的责任受到一定的弱化，而忠诚于委托人利益方面的要求则得到强化。这部法律甚至明确提出了不得损害委托人利益、避免利益冲突等方面的要求。例如，律师无正当理由的，原则上“不得拒绝辩护或者代理”；律师“不得在同一案件中，为双方当事人担任代理人”等。

相对于“国家法律工作者”而言，“为社会提供法律服务的执业人员”这一职业定位，显示出律师职业的独立性、自治性和社会性得到显著的强化。但是，这种“社会法律工作者”的职业定位仍然存在一定的模糊之处，容易使人误以为律师要承担更多的“社会责任”。而这种“社会责任”与“国家责任”究竟有何实质性的区别，也是令人怀疑的。为确保律师具有与其职业属性相适应的职业定位，2007年修订、2008年实施的《律师法》又对律师定位作出了调整，正式确立了律师“为当事人提供法律服务的执业人员”的身份。此后，律师法又经历了数次修订，但这一职业定位最终得到了确定。

相对于“社会法律工作者”而言，“为当事人提供法律服务的执业人员”这一职业定位，在语言表述上仅仅有数字之差，却澄清了律师职业定位的实质问题。根据这一定位，律师提供法律服务的对象是“当事人”，也就是通常所说的“委托人”。这种“当事人”既可以是自然人、单位，也可以是政府和国家。无论委托人是自然人、单位，还是政府，只要委托或者被指定律师提供法律服务，就都具有“当事人”的身份。甚至在法定情形下，就连中华人民共和国都可以成为律师的委托人。但无论委托人是谁，律师都要将维护当事人合法权益视为首要义务，甚至将其置于“维护法律正确实施，维护社会公平正义”的前面。为确保律师在执业中尽力维护当事人合法权益，这部律师法还有条件地确立了律师“保守职业秘密”的义务，强化了律师避免利益冲突的职责。

可以看出，辩护律师所承担的忠诚义务，是我国律师制度发展和改革的产物，是这一制度回归律师职业基本属性的必然结果。从1982年到1996年，再到2007年，直至今日，律师作为当事人合法权益维护者的职业定位，得到越来越明晰的强调和重视，也在全社会取得了基本的共识。与此同时，律师制度的不断发展，还体现了另外一条基本线索：法律为律师所强加的“维护国家利益”“维护法律正确实施”等方面的义务，也在随着律师制度的深入改革而不断弱化，并逐渐被置于维护当事人合法权益的后面。经验表明，律师所承担的“国家责任”和“政府义务”越少，律师的忠诚义务就越能得到充分的实现。

（二）辩护律师与当事人的诉讼代理关系

辩护律师与当事人之间究竟具有什么样的关系？传统上，受“国家法律工作者”定位的影响，律师一直被视为“不受当事人意志左右的独立辩护人”。与提供非诉讼法律服务的律师不同，甚至与民事案件中的诉讼代理人也不同，辩护律师不被看作诉讼代理人。坚持这种“独立辩护人理论”的人士对此提出了两个理由：一是辩护律师不能像普通代理人那样随意解除代理关系；二是辩护律师具有独立的辩护立场和辩护方法，不受委托人意志的左右。〔1〕但只要稍加分析，就可以发现这两个理由是站不住脚的。这是因为，与普通的民事代理关系相比，诉讼领域中的代理关系具有一些特殊性，为了避免律师突然解除代理合同而使委托人陷入危险的境地，我国律师法要求律师在接受当事人委托后，无正当理由的，都不得拒绝辩护或者代理。在这一方面，辩护律师与从事其他诉讼业务的律师都是一样的。而这恰恰说明，辩护律师与从事其他诉讼代理服务的律师一样，都具有“诉讼代理人”的地位，他们与委托人的关系都是委托代理关系。另一方面，以律师独立辩护为由来论证辩护律师与委托人不具有代理关系，这似乎犯了循环论证的逻辑错误。独立辩护论者经常以律师不受委托人意志左右为由，来论证辩护律师与委托人不是代理关系，但又经常以辩护律师不是诉讼代理人为由，来论证辩护律师的独立辩护立场。其实，那种完全独立于委托人意志的独立辩护是根本不成立的。委托人既然拥有委托或者不委托辩护人的自主选择权，也拥有解除或者不解除委托关系的优先决定权，那么，作为被委托人的辩护律师就不可能完全独立于委托人的意志，而不得不尊重委托人的合理要求。

---

〔1〕 代表性文献可参见朱孝清：《论民事代理人的立场》，载《现代法学》1984年第3期。

在笔者看来，辩护律师与委托人之间一旦签署了授权委托协议，就成立了一种民事代理关系。那么，这种民事代理关系究竟属于何种代理关系呢？这种代理关系对辩护律师具有哪些约束力呢？

原则上，民法上的代理是指代理人在代理权限内，以被代理人的名义，从事各种民事法律行为，所产生的法律后果由被代理人承担的民事活动。根据代理产生的依据不同，代理可分为委托代理、法定代理和指定代理三种类型。在诉讼活动中，律师因接受委托而担任诉讼代理人的，都是基于被代理人（又称委托人）的委托授权行为而产生的代理，也都属于委托代理。而在那些适用法律援助的案件中，律师则基于法院的指定而担任当事人的诉讼代理人，他与当事人之间成立一种指定代理人关系。

根据诉讼代理权限的不同，我国民事诉讼中的委托代理可分为"一般代理权限"和"特别代理权限"两类，前者是指诉讼代理人只能代理一般性的诉讼权利，而不能代为处分当事人的实体权利。相反，后者则是指诉讼代理人可以代为承认、放弃、变更诉讼请求，进行民事和解和接受调解，提出反诉或提出上诉，这就等于经委托人授权，诉讼代理人既可以处分其民事诉讼权利，也可以直接处分其民事实体权利。例如，在作为委托人的民事原告、民事被告拒不到场的情况下，其诉讼代理人全权代理其行使诉讼权利，法院可以将诉讼代理人的意思表示视为当事人的意思表示，并可以作出缺席判决。〔1〕

而在刑事诉讼中，被告方通常不会授予辩护律师这种"特别代理权限"。尤其是在刑事公诉程序中，法院不得进行缺席审理和判决，被告人对其所享有的任何一项诉讼权利，都享有优先行使权。无论是申请回避、申请非法证据排除、申请证人出庭作证、提交新的证据、对控方证据提出质证意见，还是选择简易程序、提起上诉，

---

〔1〕 关于民事代理的一般理论，可参见龙卫球：《民法总论》（第2版），中国法制出版社2002年版，第567页以下。

被告人都属于“第一顺序辩护人”，法庭只有在告知被告人并听取其意见之后，才能给予辩护人行使上述权利的机会。此外，在实体权利的处分方面，我国刑事诉讼法遵循实质真实原则，一般不给予被告人对案件实体问题的处分权。即便在一些例外情形下，法律授予被告人一些足以影响实体结局的程序处分权，法院也要直接听取被告人的意见，而不得在没有征求被告人同意的情况下，擅自根据辩护律师的单方面意见作出决定。例如，选择刑事和解就属于一种对案件实体结局影响甚大的程序处分权，对于这一程序问题，法院通常都会尊重被告人的意志和选择，被告人也不会给予辩护律师所谓的“特别代理权限”。

如此看来，辩护律师的代理权限就具有“一般代理权限”的性质，也就是在委托人授权范围内，协助其行使法定的诉讼权利，就诉讼程序问题代为行使一定的处分权。但由于法院在听取辩护律师意见之前，一般都要优先听取作为委托人的被告人的意见，因此，辩护律师的这种一般代理权限就受到委托人的种种限制。又由于我国法律将被告人与其辩护律师视为“平行的双重辩护人”，两者都有平等的的机会来行使各项诉讼权利，因此，辩护律师就不存在较大的独立辩护空间，也一般不可能成为所谓的“代言人”。辩护律师的职责主要是在被告人在场的情况下，通过发挥自己的专业优势，来有效地协助被告人行使辩护权利。

辩护律师与被告人一旦签订授权委托协议，就具有了一种特殊的代理关系，这种代理关系对于辩护律师可以产生以下约束力：一是在约定的授权委托期限内具有“辩护人”的身份，为委托人提供法律服务；二是在授权委托范围内协助被告人行使各项诉讼权利，协助被告人提出各项诉讼请求，从事各种辩护活动；三是没有法定正当理由，不得擅自拒绝为委托人进行辩护，也不得擅自终止授权委托协议；四是在委托人明确要求拒绝辩护律师继续辩护，或者要求终止授权委托协议的时候，辩护律师应当终止辩护活动，解除授权委托关系。

既然无论是接受委托还是被指定担任辩护人，辩护律师与当事人之间都具有民事代理关系，那么，辩护律师就要忠实地履行代理合同所确立的义务条款，否则就要承担相应的法律责任。在这一意义上，忠实于当事人的利益，尽力维护当事人的合法权益，这应当来源于“授权委托协议”所设定的合同条款，是辩护律师履行代理合同的基本要求。

（三）刑事被告人的特殊地位

辩护律师与被告人的诉讼代理关系，无论是基于委托代理而成立的，还是基于指定代理而促成的，都属于一种私法意义上的代理关系。这与民事诉讼中的诉讼代理关系并无二致。但是，面对具有强大专业优势的辩护律师，被告人通常处于相对弱势的一方。被告人身陷囹圄，一般不具有基本的法律知识、执业经验和辩护技巧，没有律师的有效辩护，被告人要想争取一种较为有利的诉讼结局，可能是十分困难的。正因如此，基于“天平倒向弱者”的原则，律师需要为被告人提供诚实、高效而周全的法律服务。律师要忠实于被告人的利益，追求对被告人最为有利的诉讼结局，至少不从事任何有损被告人利益的事情；律师要将被告人视为刑事辩护的合作伙伴和必要助手，就辩护的目标和辩护手段与其进行充分的协商、沟通、讨论和协调；律师与被告人之间一旦发生辩护观点的分歧，应当尽量进行沟通，告知其法律风险，在无法弥合分歧时，可以建议解除代理关系，退出案件的辩护活动。[1]很显然，这些职业伦理规范都是确保律师作出有效辩护的制度保障，它们都建立在律师将被告人奉为“客户”和“被代理人”的基础上。

在我国刑事诉讼中，由于刑事拘留通常成为逮捕的前置性强制措施，批准逮捕率居高不下，加上未决羁押期限与办案期限合二为一，整个诉讼程序中不存在“最高羁押期限”，因此，大多数嫌疑

〔1〕 参见陈瑞华：《论被告人的阅卷权》，载《当代法学》2013年第3期。

人、被告人都被剥夺了人身自由。〔1〕无论是在刑事审判前阶段还是在法庭审判环节，嫌疑人、被告人一般都无法自行选择辩护律师，而要通过其他人来与律师签署授权委托协议。这里所说的“其他人”既可以是被告人的近亲属、好友、单位负责人，也可以是被告人原来所在的单位或者社会团体。在很多情况下，这些“其他人”不仅代为委托律师从事辩护活动，而且还有可能自行支付被告人的律师费用，具有“出资方”的身份。既然如此，究竟谁才是与辩护律师建立代理关系的被代理人呢？是出现委托律师的一方还是实际的出资方，又或者是本案的嫌疑人、被告人？

在委托辩护之外，我国法律还确立了指定辩护制度。对于那些符合法律援助资格的嫌疑人、被告人，公安机关、检察机关、法院可以将其有关申请书提交给法律援助机构。法律援助机构可以开具“法律援助公函”，指派法律援助律师提供法律帮助。在此情况下，法律援助机构通常会与接受法律援助的嫌疑人、被告人签署法律援助协议。那么，在这种指定辩护案件中，出面指派律师辩护的是法律援助机构，出资方其实也是政府法律援助机构。既然如此，被指派的辩护律师与嫌疑人、被告人之间还成立代理关系吗？谁才是被代理人呢？

过去，我国刑事诉讼理论过于强调辩护律师的独立地位，而不承认辩护律师与委托人之间具有“代理人”与“客户”的关系。在上述两种情况下，所谓的“被代理人”，其实就是接受律师法律帮助的“客户”。我们可以换一种提出疑问的方式：究竟谁是辩护律师服务的“客户”？是出面委托律师的出资方，是实际指派律师从事辩护活动的法律援助机构，还是本案的嫌疑人、被告人？

在笔者看来，律师从事刑事辩护活动，无论是基于被告方的委托，还是基于法律援助机构的指派，其所服务的客户只能是本案的嫌疑人、被告人。换言之，本案的嫌疑人、被告人才是辩护律师的

---

〔1〕 对于中国未决羁押制度的反思性评论，可参见陈瑞华：《未决羁押制度的理论反思》，载《法学研究》2002年第5期。

被代理人。之所以作此判断，主要基于以下几个方面的理由：一是对于是否与律师建立代理关系，嫌疑人、被告人拥有最后的选择权和决定权。律师无论是持有与其他人签署的授权委托书，还是持有法律援助公函，都需要取得嫌疑人、被告人的最终确认。在一定程度上，律师初次会见在押嫌疑人、被告人的主要作用，就是与后者确认代理关系的成立。通过会见和面谈，嫌疑人、被告人接受律师充当辩护人的，就可以确认与律师的代理关系，律师就开始具有“辩护人”的身份。相反，嫌疑人、被告人假如不同意该律师从事辩护活动的，就可以不确认与律师的代理关系，那么，律师就不能成为本案嫌疑人、被告人的辩护人。二是律师辩护活动的一切法律后果都要由嫌疑人、被告人承担，后者当然拥有对辩护律师的选择权和拒绝权。无论是被委托从事辩护的律师还是被指派的法律援助律师，一旦具有辩护人的身份，就可以协助嫌疑人、被告人行使各项诉讼权利，参与各项诉讼活动。他们的辩护活动所产生的法律后果，无论是有利的结局，还是不利的后果，最终都要由本案的嫌疑人、被告人来承担。正如医生的诊断和治疗行为最终会使病人本人承担医疗后果一样，律师的辩护活动也最终使嫌疑人、被告人承受各种风险、代价和收益。既然如此，接受律师法律帮助的嫌疑人、被告人才是本案律师的被代理人，属于与律师诉讼代理关系的客户。

有人可能会提出一种疑问：律师将被告人奉为“被代理人”或者“客户”，这究竟有什么实质性的意义呢？律师即便做到这一点，他们就可以为后者提供有效辩护了吗？

其实，根据笔者以前所做的研究，有效辩护的实现要取决于多方面的前置性条件，律师即便将被告人奉为“客户”，也并不一定会提供尽职尽责的辩护。但是，被告人的“被代理人”身份或“客户”地位的确立，却是确保律师提供有效辩护的必要条件。

假如将那些委托方、出资方或者指派方视为律师的被代理人，那么，整个诉讼代理关系将发生混乱，也无法督促辩护律师提供尽职尽责的法律服务。无论是委托方、出资方还是指派方，都不过是代为选择辩护律师的一方，他们本身既不是受到国家刑事追诉的人，也不是享有辩护权的当事人。律师假如仅仅将他们视为自己提供法律服务的客户，就很容易忽视那些真正需要法律帮助的嫌疑人、被告人的感受，无法从后者那里了解案情和核实证据，无法与后者进行协商和沟通并形成协调一致的辩护立场，更无法为后者提供真正有效的辩护。在刑事辩护实践中，有些辩护律师动辄对被告人进行当庭训斥，与后者发生辩护观点的冲突，甚至将某种未经与被告人沟通过的辩护观点强加给被告人。还有些律师当庭进行带有表演色彩的辩护，以赢得旁听席上的被告人近亲属的满意。〔1〕这些情况下的发生，恰恰就是律师没有将被告人视为“客户”的后果。不仅如此，在那些适用法律援助的案件中，被指派的辩护律师之所以提供极其粗糙的辩护，甚至不会见、不阅卷、不调查，也不进行任何实质性的庭前准备活动，也是因为他们根本没有将本案的被告人视为“客户”，而仅仅将法律援助机构封为服务的对象，以至于无法提供最起码的有效辩护。

四、忠诚义务的边界

很多律师在辩护实践中经常遇到一些难以处理的问题：被告人或其近亲属提出了一些不合理的要求，如要求律师私自会见被害人或者证人，说服后者改变证言，或者要求律师向法院提供并不可靠的证据材料，律师究竟如何处置？一些涉及政治、宗教、国家安全等敏感问题的刑事被告人，动辄要求律师“跟自己在基本信仰方面保持一致”，并在辩护中贯彻自己的政治理念。律师这时应当怎么办？还有，一些被告人的近亲属建议律师私自会见案件的承办法官、检察官，或者要求律师与法院、检察院的负责人进行单方

---

〔1〕 对当下一些律师所作“表演性辩护”的批评和反思，可参见李奋飞：《论“表演性辩护”——中国律师法庭辩护功能的异化及其矫正》，载《政法论坛》2015年第2期。

面接触，甚至提出了诸如向办案人员进行宴请、送礼物等方面的暗示。律师这时又当如何回应呢？

我国律师法在要求律师维护当事人合法权益的同时，还确立了一些特殊的义务，“维护法律的正确实施”“维护社会公平正义”。对于这些义务，我们可以统称为“维护法律实施义务”。这种义务似乎构成了对律师忠诚义务的外部限制。与此同时，律师法还确立了两类旨在限定律师辩护边界的规则：一是禁止破坏司法廉洁性的规则，如律师不得违法会见法官、检察官等，不得向法官、检察官行贿、介绍贿赂或以其他不正当方式影响法官、检察官等依法办理案件；二是禁止损害实体真实的规则，如禁止律师故意提供虚假证据，或者威胁、利诱他人提供虚假证据，禁止律师妨碍对方当事人合法取得证据等。

那么，忠诚义务与维护法律实施义务究竟有何关系？在两者发生冲突时应作何选择呢？在辩护律师承担忠诚义务的同时，究竟应当有哪些行为边界呢？以下的讨论拟对这些问题作出理论上的解答。

（一）忠诚义务与维护法律实施义务

我国法律所确立的“维护法律实施义务”，使辩护律师客观上承担了一定的“社会责任”。一些律师据此认为，刑事辩护的使命并不仅仅局限于维护委托人的利益，辩护律师还应有更高层次的追求，如为权利而斗争，为实现司法正义而抗辩，为制衡国家公共权力而维护私权。甚至有律师提出了“为真理而辩护”“为正义为抗争”“为人权而斗争”的辩护理念。那么，在律师的忠诚义务与维护法律实施义务发生冲突时，律师究竟何去何从呢？

一个常见的例子是律师通过阅卷、会见和调查，确信被告人已经构成某一罪名，但被告人故意没有告知律师案件的真实情况，甚至存在隐瞒证据、掩盖事实的情况。在此情况下，我国律师法允许律师作出“拒绝辩护”的决定。其基本理由可能就是律师应当“实事求是”地进行辩护，对有罪的被告人应当在量刑上提出有利于被告人的证据和意见，而不能再作无罪辩护了。唯有如此，律师才能尊重事实，维护刑法的贯彻实施，实现刑罚的正义。但是，即便在确信被告人“构成犯罪”的情况下，律师基于履行忠诚义务的考虑，也仍然可以作出无罪辩护。根据形式理性的理念，被告人的行为即便具有社会危害性，但假如不符合法定犯罪构成要件的，也就等于“法无明文规定不为罪”的情况；即便根据现有证据，被告人的犯罪事实已经得到证明，但是，律师仍然可以提出排除非法证据的申请，并在成功说服法院排除非法证据之后，论证“现有的合法证据并不足以证明被告人有罪”，或者“对被告人构成犯罪仍然存在合理的怀疑”，从而申请法院作出无罪判决。

可见，在这一例子中，忠诚义务和维护法律实施义务为辩护律师提供了两种截然不同的选择思路，而这两种思路竟然是完全相矛盾的。律师选择了无罪辩护，能够最大限度地维护被告人的利益，却可能违背维护法律实施的义务，甚至有违维护司法正义的律师使命。我们不禁提出一个疑问：律师法要求律师对隐瞒事实真相的委托人拒绝辩护，这是不是在强调律师优先履行维护法律实施的义务？

第二个例子是律师通过与被告人的会面和交流，了解到被告人犯有侦查机关尚未掌握的新的犯罪事实。根据现行律师法，对于这种被告人不愿泄露的事实，律师负有保密的义务。主要理由是基于忠诚义务，律师负有保守职业秘密的义务，也就是不得利用委托人的信任，作出损害委托人利益的行为。此外，对忠诚义务的信守，律师可以维护律师业的独立职业伦理准则，维护律师职业的普遍信誉。但是，假如将维护法律实施义务作为优先选择的话，那么，律师将新的犯罪事实向侦查机关予以披露，甚至直接进行检举揭发，这显然既有利于“犯罪事实真相的发现”，又有利于刑罚正义的实现，还可以维护国家法律的统一实施。毕竟，任何了解案件事实的人都有作证的义务。律师无论通过何种方式，只要获悉了侦查机关并不了解的犯罪事实，当然有检举揭发以及作证的义务。走到极端，律师甚至可以放弃辩护人的角色，优先充当控方证人，对被告人“反戈一击”。这对于维护法律实施岂不更为有利吗?

相对于上一个例子而言,第二个例子可能使律师在忠诚义务与维护法律实施义务之间陷入更为困难的境地。过去,律师为维护法律实施而选择揭发、检举委托人“犯罪事实”的情况,就曾经屡屡发生过。这在律师被定位为“国家法律工作者”时期也是合乎逻辑的选择。如今,律师已经成为“为当事人提供法律服务的专业人员”,律师法以一种含混的方式确立了律师的“职业秘密作证豁免权”,这种揭发检举委托人“犯罪事实”的荒唐现象才基本上不再发生。尽管如此,我们仍然要提出疑问:律师是不是仅仅信守忠诚义务,而不需要再履行维护法律实施义务了呢?

其实,在律师已经不再具有“国家法律工作者”身份的情况下,再对其提出一些不合时宜的职业伦理要求,这几乎是不可能实现的。我们法学界曾经讨论过检察官的“客观义务”,并将此视为规范检察官办案活动的基本准则。这种源自大陆法国家的所谓“客观义务”,与检察官作为“站着的司法官”地位一样,带有一定的“乌托邦”意味,几乎不可能在司法实践中得到实现。毕竟,检察官作为代表国家和社会利益的公诉人,一旦提起公诉,肯定会追求对被告人定罪判刑的结果。检察官怎么可能像法官那样,对不利于被告人和有利于被告人的事实和法律意见“一视同仁”呢?其实,检察官只要遵守职业底线,根据证据认定公诉事实,依法提出公诉意见,这就相当不错了。

同样的道理,律师明明是接受委托或指派维护被告人利益的执业人员,站在辩护人的立场上提出有利于被告人的事实和法律意见,而律师法偏偏又为其赋予了维护法律实施、维护社会公平正义的义务。这岂不是让律师同时充当辩护人和司法裁判者的双重角色吗?别忘了马克思当年的忠告:在刑事审判中,让法官同时充当裁判者和辩护人的角色,这是跟心理学的所有规律都背道而驰的。这种双重法律义务一旦发生矛盾,律师不得不作出一种两难选择:假如选择了忠诚义务,律师就可能被视为帮助被告人逃脱法网的“帮凶”了;而一旦选择了维护法律实施义务,律师就既无法提供有效的辩护，又可能直接损害委托人的利益。

其实，从现实主义的角度来说，对辩护律师提出一切不切实际的职业伦理要求，这既是无法得到实施的，也是有悖于律师职业定位的。至于维护法律实施、维护社会公平正义的使命，则应完全交由司法裁判者去完成。如果说检察官的天职是追诉犯罪，是使那些有罪者被定罪判刑的话，那么辩护律师的唯一使命则是为嫌疑人、被告人进行辩护，从证据、事实和法律等不同角度提出有利于被告人的辩护意见，以说服裁判者作出有利于被告人的裁判结论。无论是检察官还是辩护律师，都没有必要将“维护法律实施”或者“维护公平正义”作为其职业目标，而应将依据事实和法律进行有效地“公诉”或“辩护”作为自己职业的唯一追求。只要控辩双方各司其责，富有成效地展开举证、质证和辩论活动，对法庭的司法裁判产生最大限度的积极影响，这就为法庭公正司法、维护法律实施作出了有益的贡献。

律师只要站在辩护人的角度，忠诚于被告人的利益，最大限度地提供有效的辩护，这就足以对检察机关的指控构成强有力的制衡，对法院的裁判施加积极有效的影响。除此之外，辩护律师根本没有必要再承担什么“法律实施义务”。辩护律师也没有必要奢谈什么“为真理而辩”“为正义而战”“为法治而斗争”，这些空话套话往往损害委托人的利益。辩护律师的唯一使命应当是“为被告人利益而斗争”，也就是运用法律提供的一切条件和便利，尽力“为委托人而辩”。

当然，辩护律师在履行忠诚义务过程中，也不能为达目的而不择手段。辩护律师并不是被告人“雇来的枪”，其辩护活动要受到法律的限制。律师不能违反法律明确设定的行为边界和范围，尤其不能违反法律确立的禁止性规则和义务性规则。而在遵守授权性规则方面也应本着善意和诚实的理念，采用法律所不禁止的正当辩护手段。不过，作为被告人辩护权的协助行使者，辩护律师行使的基本都是申请权和请求权，没有对被告人利益的处置权和裁决权。根据“法无明文禁止即允许”的私权行使原则，辩护律师在法律没有明确禁止的情况下，所从事的辩护活动就是合法的和正当的，也是不受制裁的。

（二）辩护律师忠诚义务的边界

在中国律师制度发展历程中，律师职业定位的“去国家化”是一个值得重视的基本课题。尽管如此，辩护律师的忠诚义务也不是绝对的。一般而言，辩护律师所维护的主要是被告人辩护权的有效行使和被告人合法权益的实现，最终保障程序正义价值的实现。但是，即便是为了维护被告人的合法利益和实现程序正义价值，也不能以无原则地损害其他法律价值为代价。我国律师法禁止辩护律师损害司法人员的廉洁性，禁止辩护律师采取损害实体真实的手段，就都体现了这一理念。这两种禁止性规则所体现的是辩护律师的执业底线意识。除此之外，辩护律师还应与被告人保持最低限度的独立性，即便是为了维护被告人合法权益，也不必完全接受或者赞同被告人的政治、宗教、文化等方面的理念。对此最低限度的独立性，我们可以称为辩护律师的“身份独立”。下面依次从理论上对这三条忠诚义务的边界作出分析。

1.禁止破坏司法人员的廉洁性

在任何社会中，律师都被禁止与法官、检察官进行不正当接触，更被禁止向法官、检察官采取行贿或其他不正当影响方式。从形式上看，这些行为违反了律师的职业伦理规范，甚至构成犯罪行为。而从实质上看，这些行为从根本上破坏了司法人员的廉洁性，损害了司法制度的良好声誉。这些不正当的行为假如得不到法律的遏制，那么，辩护律师与公诉方的对抗将陷入无序的“丛林状态”，司法裁判的结果将决定于被告人经济实力的强弱和政治地位的高下，而不是建立在证据、事实和法律的基础上。

从形式上看，禁止律师与法官、检察官进行不正当的接触，这是法律为其设定的外部边界。根据“法有禁止不可为”的基本原则，律师即便为维护当事人的利益也不能置法律规定于不顾。我国律师法并不允许律师维护当事人的一切权益，而只要求律师维护其“合法权益”。在当事人提出各种要求之后，辩护律师需要对其要求的合法性和正当性进行审核并作出适当的判断。遇有当事人提出诸如与法官进行单方面接触、向法官行贿、对检察官施加不当影响等方面的要求时，辩护律师应当保持职业的敏感性，采取各种方式予以拒绝。

但从实质上看，法律法所确立的禁止性规范，其实并不仅仅适用于辩护律师。其实，无论是辩护律师还是被告人及其近亲属本人，都不得采取各种破坏法官、检察官职业廉洁性的行为。根据前面的论证，辩护律师不应承担“维护法律正确实施”“维护社会公平正义”的使命，这是他与法官在职业伦理上所具有的实质区别。但这并不意味着辩护律师在维护当事人权益方面可以为所欲为。辩护律师与任何其他公民一样，都要承担最低限度的法律义务，那就是不能与法官、检察官进行“权钱交易”行为，也不能通过不正当地影响法官、检察官来获取某种诉讼上的特权。否则，行为人轻则构成妨碍司法公正的违法行为，重则构成特定的犯罪行为。

2.消极的真实义务

我国律师法禁止律师从事提供虚假证据的行为，也禁止律师妨碍对方当事人合法取得证据的行为。我国律师法还对律师提出了“以事实为根据”的执业准则，甚至允许律师在被告人隐瞒事实真相时“拒绝辩护”。这似乎意味着律师要承担所谓的“真实义务”。〔1〕

但是，所谓的“发现事实真相”，其实有积极角度和消极角度之分。从积极的角度来看，发现事实真相是指积极地寻找证据、发现线索，恢复案件事实的本来面目。在刑事诉讼中，这种“积极的真实义务”一般只能由侦查机关和公诉机关来承担。辩护律师作为被告人权益的维护者，即便发现不利于被告人的犯罪事实，也不能向侦查机关进行揭发检举，更不能充当控方证人，而只能承担保

〔1〕 中国学者对此问题的典型阐述，可参见李宝岳、陈学权：《辩护律师对法庭的真实义务》，载《中国司法》2005年第9期。

守职业秘密的义务。与此同时，辩护律师即便内心确信被告人实施了某一犯罪行为，也仍然可以从证据资格、证明标准或法律适用上为其作出无罪辩护。这显然说明，辩护律师并不是这种“积极的真实义务”的承担者。即便辩护律师要追求这种“积极的真实”，也只是站在被告人的立场上、从对被告人有利的角度，强调那些足以证明被告人无罪或罪轻的证据和事实。而对那些不利于被告人的证据和事实，辩护律师则既不能予以披露，也不能向侦查机关予以提交。在这一意义上，辩护律师所要承担的其实只是有利于被告人的“真实发现义务”。而对于那些不利于被告人的“真实发现义务”，辩护律师基于忠诚义务，则可以不予承担。

但是，从消极的角度来说，任何人都不得伪造、变造、毁灭证据，不得以暴力、威胁、利诱、欺骗等不正当手段迫使证人提供虚假证言，不得故意诱使被告人提供虚假的陈述，不得故意阻止诉讼的另一方依法获取证据，也不得协助其他人从事上述行为。这是针对所有人的禁止性规则，适用对象既包括法官、检察官、警察、证人、鉴定人，当然也包括本案的辩护律师。从这一角度来说，辩护律师所承担的其实是一种“消极的真实义务”。[1]具体而言，这种“消极的真实义务”，作为辩护律师的执业底线，构成其忠诚义务的外部边界。西方有句谚语：“法官的使命是裁断，而不是发现。”这在一定意义上表达了法官不承担积极的真实发现义务的意思，但并不排除法官对消极的真实发现义务的遵守。同样的道理，辩护律师尽管并不是全部案件事实的积极发现者，但至少不应通过其积极的行为来毁灭证据、伪造事实、误导司法人员作出错误的判断。面对不利于被告人的证据和事实，辩护律师可以选择保持沉默，或者视而不见，但不能积极地阻止司法人员发现事实真相。

3.辩护律师的身份独立

中国律师界坚持的“独立辩护人理论”，强调律师辩护不受委

---

〔1〕 有关“消极的真实义务”的充分论述，可参见［日］佐藤博史：《刑事辩护的技术与伦理》，于秀峰、张凌译，法律出版社2012年版，第38页以下。

托人意志的左右。这是违背律师忠诚义务的观点。因为律师从事辩护活动，不可能完全不顾委托人的感受和意志，进行那种天马行空、随心所欲的“独立辩护”。尽管如此，我们也不能走向另一个极端，认为辩护律师应当对被告人言听计从，全盘接受其所有的立场、观点和主张。在这一方面，辩护律师应当具有最低限度的独立性，我们把这种独立称为“身份独立”。

前面所讨论的“禁止破坏司法人员廉洁性”以及“消极的真实义务”，已经显示了律师在辩护中应当有自己的独立立场。不仅如此，对于被告人所持有的政治、宗教、文化、信仰等方面的观点和主张，辩护律师没有必要予以全盘接受，而可以坚持自己的独立观点和主张。这就意味着辩护律师并不是被告人的“代言人”或者“喉舌”，而只是其合法权益的维护者。

自1979年以来，我国刑事诉讼法和律师法的发展，已经逐渐形成了一种中国刑事辩护的传统，那就是将被告人和辩护律师视为两个相对独立的“辩护人”，被告人作为第一顺序辩护人，优先行使各项诉讼权利，辩护律师作为第二顺序辩护人，在被告人之后协助被告人行使各项诉讼权利。无论被告人自行行使或者放弃行使了各项诉讼权利，辩护律师都要从自己的角度协助其继续行使诉讼权利。在行使辩护权利过程中，辩护律师即便不赞同被告人的政治主张、宗教信仰、学术观点等，也完全可以从事实和法律的角度提出有利于被告人的辩护意见。按照“政治问题法律化”的思维方式，辩护律师可以对案件中的政治因素、宗教问题、学术争论置之不理，而只是关注诸如证据的证明力、证据能力、证明标准以及犯罪构成要件是否成立等法律层面的问题。正是通过运用这种法律思维方式，辩护律师才可以为委托人提出充分有效的辩护，最大限度地追求有利于被告人的诉讼结局。

当然，辩护律师如果不同意被告人的诉讼观点、主张和立场，还能否坚持独立的辩护观点，这就属于另一方面的问题了。按照笔者一贯的主张，辩护律师基于忠诚义务，应当与被告人就辩护观点、主张和立场进行充分的沟通、协商和讨论，向其告知各种诉讼选择的后果，提醒其注意各种选择的诉讼风险，以便促使其作出最符合理性的诉讼选择。但是，假如经过充分的沟通和协商，被告人仍然一意孤行，坚持自己的诉讼选择和辩护立场的，辩护律师这时就面临一种困难的抉择：要么接受被告人的立场，按照这一立场重新组织自己的辩护观点；要么终止与被告人的诉讼代理关系，以适当方式结束辩护人的身份；要么在征得被告人同意的前提下，发表与被告人不一致的辩护观点。但无论如何，辩护律师都不能在不与被告人协商、不征得被告人同意的情况下，发表与被告人不一致甚至完全相反的辩护观点。否则，辩护律师就可能作出无效的辩护，或者损害被告人利益的辩护，以至于彻底背离了忠诚义务。

五、忠诚义务的实现

随着我国律师制度的逐步发展，律师的“国家责任”逐步得到淡化，其“维护当事人合法权益”的责任则得到越来越明显的强化。但是，诸如“维护法律的正确实施”“维护社会公平正义”“以事实为根据，以法律为准绳”之类的法律条款，也越来越显示出其局限性和过时性，无法体现“与时俱进”的精神。笔者深信，随着对律师职业属性和执业规律认识的逐步深入，这些带有“国家法律工作者”职业定位烙印的法律表述，将最终会成为历史。与此同时，要实现忠诚义务，我们还应从维护权益和尊重意志这两个方面，确立一系列新的理念，改进或完善一系列的行为规则。

（一）引入有效辩护的理念

按照笔者的分析思路，律师要从积极的方面维护委托人的合法权益，就需要做到尽职尽责的辩护，实现有效辩护的理念。作为两个非常重要的概念，“有效辩护”与“无效辩护”具有十分密切的联系，但也有明显的差异。具体说来，有效辩护是一种辩护理念，是辩护律师通过称职的辩护工作所要达到的理想目标。这一理念既可以为律师的辩护工作提供理论上的指引，也可以为辩护制度改革提供发展方向。但是，无效辩护却是一种较为具体的制度，是指在律师辩护无效的情况下所应承担的法律责任体系。[1]美国法将有效辩护视为被告人的一项宪法性权利，而将无效辩护作为原审法院没有维护被告人宪法性权利的标志，并成为上级法院撤销原判、发回重新审判的依据。[2]这就在一个方面揭示了前者是一种法律理念，后者则为程序性保障机制的基本关系。

为实现有效的辩护，我们需要对一些律师制度进行深刻反思，并考虑重新构建一套保障律师尽心执业的机制。首先，对于律师执业和律师从事刑事辩护活动都应有较为严格的资格准入制度。从长远来看，没有取得国家承认的法律专业本科以上学位，任何人都不得参与法律职业资格考试，并不能从事律师职业。这应当是从事律师业务的最低标准。与此同时，对于从事法律援助的律师，也应有一套较为严格的资格准入要求，至少在执业年限、执业经验和职业伦理等方面要有最低的要求。对于不符合法律援助律师最低标准的律师，应当及时地从法律援助律师名单中予以除名。其次，无论是律师协会，还是法律援助管理机构，都应制定一套可操作的刑事辩护最低服务质量标准，对律师从事辩护活动的每一个环节都制定较为具体的行为指南。最后，对于律师的诉讼收费制度应当作出适度调整。长期以来，我国对委托辩护一直实行“一揽子统一收费”的制度。这一制度有一定的优势，对于保障律师的合法权益有积极的效果。但是，这种收费制度越来越暴露出局限性，对律师提供有效辩护构成一种根本的妨碍。在律师与委托人签订授权委托协议之后，律师一旦完成了全部收费，就可能丧失为委托人热心服务的动力，加上委托人对辩护律师并没有有效的制衡机

---

〔1〕 对有效辩护和无效辩护的初步研究，可参见陈瑞华：《刑事诉讼中的有效辩护问题》，载《苏州大学学报（哲学社会科学版）》2014年第5期。

〔2〕 参见［美］约书亚·德雷斯勒、艾伦·C.迈克尔斯：《美国刑事诉讼法精解》（第1卷），吴宏耀译，北京大学出版社2009年版，第627页以下。

制，结果造成部分律师在会见、阅卷、调查、辩护准备等方面主动性不足，以至于造成不负责任的辩护。而对于那些具有敬业精神的律师而言，这种“一揽子”收费制度也无法对他们的尽心辩护工作，给予必要的奖赏和激励。

对于律师的辩护没有达到最低服务质量要求的，应当建立无效辩护的惩戒机制。无效辩护的惩戒可以包括两个角度：一是从诉讼程序上作出宣告无效的裁决，也就是将无效辩护作为上级法院认定原审法院剥夺被告人诉讼权利的标志之一，并以此为根据作出撤销原判、发回重新审判的裁定；二是将无效辩护作为对律师进行纪律惩戒的依据，并进一步以此为根据追究律师的民事法律责任。

（二）重新调整诸多规则的例外

我国律师法确立了一些忠诚义务的规则，却又设置了一些不合时宜的限制和例外。这突出体现在“拒绝辩护”、“保守职业秘密”以及“利益冲突”等三个制度方面。在这三个方面，律师法都有一些值得深刻反思之处。

首先来看律师“拒绝辩护”制度的设置。根据律师法，委托人可以拒绝已委托的律师继续辩护，但律师接受委托后，无正当理由的，不得拒绝辩护。不过，在委托事项违法、委托人利用律师提供的服务从事违法活动或者委托人故意隐瞒与案件有关的重要事实的，律师有权拒绝辩护。

应当说，这一制度安排体现了“天平导向弱者”的理念，体现了对委托人的特殊保护，也对律师提出了一些特殊要求。对律师一般不得拒绝辩护的原则性要求，也体现了忠诚义务的精神。然而，律师法所设定的三项例外，却存在很大的模糊性和不可操作性，给律师滥用这一条款埋下隐患。这主要表现在三个方面：一是对于诸如“委托事项违法”“从事违法活动”“与案件有关的重要事实”之类的表述，律师与委托人一旦发生不一致的认识，就可能造成律师任意拒绝辩护或者擅自退出辩护的问题；二是即便委托人确实隐瞒了一些重要案件事实，这对律师的辩护也不一定会造成多么严重的影响，律师根本不需要以拒绝辩护来惩罚委托人；三是律师即便有拒绝辩护的正当理由，也需要给予委托人必要的准备时间，以便另行委托律师接替其辩护工作。律师不能突然中止辩护工作，更不能在不加以提醒的情况下中途拒绝继续辩护。否则，委托人将陷入非常危险和不利的境地。

其次来看“保守职业秘密”的制度安排。根据律师法，律师对于在执业活动中知悉的委托人不愿泄露的有关情况和信息，应当予以保密，但是，委托人准备或者正在实施危害国家安全、公共安全以及严重危害他人人身安全的犯罪事实和信息除外。

应当说，律师法对律师提出了保守职业秘密的法律义务，这也符合忠诚义务的要求。而且，对于委托人准备或者在实施的上述三类严重犯罪行为，律师不再承担保密义务，也是具有合理性的。但是，该法所设定的例外规则并没有将其他方面的利益作为保护对象，似有重国家利益、轻个人利益之嫌。例如，当委托人准备或者正在实施严重危害他人经济利益或财产性利益的犯罪行为，或者委托人利用律师的法律服务来实施犯罪行为，或者委托人对律师实施某种违法或者犯罪行为的，律师都不应再承担保守职业秘密的义务。不仅如此，保守职业秘密是律师对委托人承担的法律义务，但在委托人明确同意或者授权律师泄露职业秘密的情况下，律师就不应再承担这一法律义务。

最后来看“利益冲突”问题。大体说来，律师与委托人之间的利益冲突可以分为两大类：一是明显的利益冲突；二是潜在的利益冲突。但律师与委托人无论存在何种利益冲突，都会程度不同地削弱律师为委托人提供法律服务的力度和效果，并最终影响忠诚义务的实现。

我国律师法对于明显的利益冲突确立了禁止性规则。例如，律师不得在同一案件中为双方当事人担任代理人，不得代理与本人及其近亲属有利害关系的法律事务，不得利用执业机会谋取当事人争议的权益，不得接受对方当事人的利益或者与后者进行串通，等等。但是，对于律师与委托人可能存在的潜在利益冲突，律师法却没有确立较为完整的执业行为规则。尤其是在刑事辩护领域，辩护律师与委托人之间的利益冲突具有较为特殊的形式，一些适用于民事代理领域的利益冲突规则，在解决辩护律师与被告人之间的利益冲突问题方面可能并不适用。鉴于此，未来的律师法似乎应当针对刑事辩护的特殊性，确立一些更有针对性的利益冲突规则。例如，同一律师事务所的不同律师，对于同意贿赂案件中涉嫌受贿的被告人和涉嫌行贿的被告人，假如同时担任辩护人，可能会发生利益冲突。尤其是在双方就是否存在"索贿"问题发生争执的情况下，这种利益冲突显得更为突出。又如，同一律师事务所的不同律师能否为涉嫌共同犯罪的同案被告人提供辩护，这也是需要重新反思的问题。毕竟，同案被告人可能存在责任大小的分担和责任的推诿问题，具有一定的利益冲突，而同一律师事务所的不同律师同时充当他们的辩护人，会陷入左右为难的境地。再如，很多从事法律援助的律师在辩护过程中经常有以下不当行为：为法院充当说客，劝说被告人作出有罪供述，或者放弃选择普通程序；与公诉方进行单方面接触，接受其建议，劝说被告退出涉案财物，或者为被害方提供高额经济赔偿等。这些律师显然都与被告人出现了潜在的利益冲突，其有争议的辩护行为也有违忠诚义务。

（三）为律师与委托人的沟通创造条件

根据前面的分析，律师除了要维护委托人合法权益以外，还应尊重委托人的意志，对委托人尽到沟通和协商的义务。过去那种"律师独立辩护，不受委托人意志的左右"的理念，显然已经不合时宜了。为确保律师与委托人有效地进行沟通和协商，有必要对一些习惯性做法进行深刻反思。

2012年《刑事诉讼法》已经确立了律师向在押嫌疑人、被告人"核实有关证据"的权利。迄今为止，这一权利的保障机制尚未得到相关法律和司法解释的落实，各级检察机关对这一权利还存在一些误解和偏见。[1]鉴于此，应当将这一权利逐步解释为被告人的“阅卷权”，而自审查起诉之日起，检察机关和法院则负有保障在押被告人查阅案卷的义务。而辩护律师在会见在押嫌疑人、被告人时，应当无障碍地携带案卷材料的复制件进入看守所，并可以无障碍将任何证据材料出示给被告人，从而就辩护观点和辩护思路进行有效的沟通。

为保障律师与被告人的有效沟通，可以考虑对中国刑事法庭的座位布局进行全面改革。2015年，最高法院为实现“去犯罪标签化”的改革目标，体现无罪推定的理念，已经推行了被告人自由选择出庭着装的制度，并禁止采取对男性被告人强行剃光头的做法。[2]但是，在法庭审判过程中，被告人仍然坐在法庭正中央，周围有专用围栏，背后有法警监视，被告人根本无法与辩护人进行有效的沟通和交流。为体现忠诚义务的要求，保障律师与被告人的正常交流，未来有必要改变被告人的法庭座位布局，可以考虑将被告人座位置于辩护人旁边，以保障辩护律师可以随时与被告人进行沟通，就辩护观点和辩护思路进行必要的协调。与此同时，如果需要较长时间的沟通和讨论，经被告人和辩护人申请，法庭允许暂时中止审理。尤其是在被告人与辩护人发生辩护观点分歧乃至冲突的情况下，法庭更是有义务进行休庭，给予双方沟通和协商的机会和便利。

（四）禁止律师与委托人发生辩护观点的冲突

过去，在“独立辩护人”理论的影响下，一些律师不与委托人进行充分沟通和协商，就擅自发表了与委托人不一致甚至直接矛盾的辩护观点；两名同时为同一被告人辩护的律师，甚至直接发表

---

〔1〕 有关这一问题的讨论，可参见陈瑞华：《论被告人的阅卷权》，载《当代法学》2013年第3期。

〔2〕 参见张立勇：《从去除“犯罪化标签”入手防范冤错案》，载《中国审判》2015年第6期。

相互对立的辩护观点，造成被告人的无所适从。这显然不符合被告人合法权益的充分维护，背离了忠诚义务。

应当说，在绝大多数情况下，只要律师与委托人进行了尽可能充分的沟通和协调，承担了告知、提醒、说服等方面的义务，委托人最终都会接受辩护人的辩护思路。但是，在极个别情形下，也不排除一些委托人固执己见，坚持自己的辩护观点，也拒绝接受辩护律师的基本立场。遇此情形，律师要么接受被告人的辩护思路，积极寻找辩护的空间，要么退出案件的辩护工作。但无论如何，未经被告人同意或者授权，律师不得发表与委托人不一致甚至相互矛盾的辩护观点。这是保障有效辩护、实现忠诚义务的最低要求。

第 七 章

协同性辩护理论

一、引言

有关辩护律师与委托人的关系问题，向来是刑事辩护领域的重要研究课题。在以往的研究中，笔者曾对我国多年盛行的“独立辩护人理论”进行了反思，并提出了建立在委托授权和信任前提下的独立辩护理论的思路。[1]同时，针对我国刑事辩护实践中忽视被告人的诉讼主体地位、弱化被告人的辩护能力的状况，笔者还提出了一种“自主性辩护理论”，强调要借助于制度变革和观念革新，来激活被告人的辩护能力，强化被告人在刑事辩护中的主体意识和主导地位，从而使被告人真正成为刑事辩护权的有效行使者。[2]

对于这些理论和观点，笔者至今仍然予以坚持。但是，仅仅要求辩护律师尊重被告人的辩护观点，或者仅仅重视提高被告人行使辩护权的能力，似乎还是不够的。假如被告人所坚持的辩护观点有着致命的缺陷，而该被告人又具有“致命的自负”，那么，被告人自主性地行

---

〔1〕 参见陈瑞华：《独立辩护人理论的反思与重构》，载《政法论坛》2013年第6期。

〔2〕 参见陈瑞华：《论被告人的自主性辩护权——以“被告人会见权”为切入的分析》，载《法学家》2013年第6期。

使辩护权，势必会与律师发生辩护观点的冲突问题。而这种辩护观点冲突一旦发生，律师究竟作如何选择呢？毕竟，大多数被告人并不精通法律，也缺乏法庭质证、辩论的技巧，他们作为法律外行，即使在行使辩护权方面拥有更大的空间，也存在如何与律师的辩护相互协调、形成合力的问题。

由此看来，在对传统的独立辩护人理论进行反思的基础上，提出被告人的“自主性辩护权”理论，似乎还是不够的。我们有必要对辩护律师与委托人的关系作进一步的讨论。

2017年9月，全国律师协会发布了修订后的《律师办理刑事案件规范》，对原有的“律师独立辩护”条款作出了重大调整，该规范在坚持律师“依法独立履行辩护职责”观点的同时，又明确要求律师“在法律和事实的基础上尊重当事人意见，按照有利于当事人的原则开展工作，不得违背当事人的意愿提出不利于当事人的辩护意见”。与此同时，该规范还要求，律师与委托人就辩护方案产生严重分歧，不能达成一致的，可以“代表律师事务所与委托人协商解除委托关系”。〔1〕

根据律师界的权威解读，作为律师辩护的基本准则，独立辩护原则固然是不容置疑的，但它所要求的是律师独立于当事人以外的任何人，也独立于任何“法外因素”，而绝不意味着独立于当事人的意志。相反，与当事人的意志保持一致，才是辩护权的基本属性。在这方面，原规范所作的律师辩护“不受当事人意志的左右”的表述，属于对律师职业伦理和辩护原则的一种误判，导致部分律师“在法庭上错误行使辩护权，造成律师与被告人之间的冲突，也导致了人们对于律师职责和律师制度的误解”。〔2〕联想到有些律师违背当事人的意志，在被告人不认罪的情况下作有罪辩护，或者在

〔1〕 参见中华全国律师协会2017年9月20日发布的《律师办理刑事案件规范》第5条和第12条。

〔2〕 参见田文昌：《关于〈律师办理刑事案件规范〉修改的几个问题》，载《中国律师》2017年第9期。

被告人认罪的情况下作罪重的辩护，这种辩护方式过去曾经受到律师界的支持，但现在开始受到普遍的质疑。

那么，律师是不是在任何情况下都要尊重当事人的意志呢？答案是否定的。律师界主流的观点所反对的只是违背当事人意志所作的“不利于当事人”的辩护，但对于那些“有利于当事人利益”的辩护，律师即使违背当事人的意志，也是无可厚非的。有的律师就认为，这种辩护表面上看违背当事人的意志，但其实仍然符合有利于当事人利益的原则。因为被告人经常为了争取有较好的认罪态度，而作出了供述有罪的选择，但是辩护律师依据事实和法律仍然可以作重罪改轻罪的辩护，或者直接作无罪辩护。对于这种表面上违背委托人意志，实质上是经过双方协商所选择的诉讼策略，“本质上有利于当事人的利益，不违背律师行业的职业道德，大家也普遍接受认可”。〔1〕况且，很多被告人对法律并不精通，也未必真正理解如何辩护才是最明智的选择，因此，当律师对法律适用问题发表的辩护意见对委托人是有利的，就应当承认律师的独立辩护权。〔2〕很显然，修订后的《律师办理刑事案件规范》接受了这一观点。

但是，律师即便是出于维护委托人利益的考虑，独立选择了“有利于被告人利益”的辩护思路，也经常会面临委托人不理解、不支持甚至坚决反对的问题。在此情况下，律师究竟怎么办呢？比如，有些委托人执意要求辩护律师接受自己的辩护方案，强迫律师对原来作有罪辩护的案件改作无罪辩护，要求律师对本来有无罪辩护空间的案件改作有罪辩护。在此情况下，律师就不能违背委托人的意志，强行按照自己的意愿进行辩护。〔3〕根据修订后

〔1〕 参见韩嘉毅：《修改〈律师办理刑事案件规范〉的几点说明》，载《中国律师》2017年第9期。

〔2〕 参见许兰亭：《〈律师办理刑事案件规范〉的几点理解》，载《中国律师》2017年第9期。

〔3〕 参见韩嘉毅：《修改〈律师办理刑事案件规范〉的几点说明》，载《中国律师》2017年第9期。

的《律师办理刑事案件规范》，律师需要与当事人进行协商，经过协商无法达成一致意见的，可以解除委托关系，退出案件的辩护工作。

可以看出，这部律师办案规范对辩护律师与委托人的关系作出了全新的规范，体现了我国律师界对律师职业伦理以及刑事辩护准则的最新认识。律师界尽管对一些条文表述还有着不同的解读，但是，律师要维护委托人利益以及尊重委托人意志的精神，尤其是不得在违背委托人意志的情况下作不利于委托人利益的辩护的思想，显然已经深入人心，取得了最大程度的共识。从过去的“独立辩护论”到今天的“尊重委托人意志论”，这种辩护律师职业伦理观念的重大转变，显然是得之不易的。

制度是灰色的，而理论之树是常青的。面对正在发生迅速转型的刑事辩护制度，我们有责任按照社会科学研究的一般方法，对制度变革作出理论上的提炼。在原有的“独立辩护理论”逐渐式微的情况下，笔者拟提出一种“协同性辩护理论”，试图对辩护律师与委托人的法律关系作出重新解释。这一理论的核心内容是，辩护律师作为委托人辩护权的协助行使者，不应垄断这一诉讼权利的行使，而应在激活委托人辩护权的前提下，与其经过充分协商和讨论，形成协调一致的辩护思路，并确立各自在刑事辩护中的分工角色，最大限度地形成刑事辩护的合力，从而追求较为理想的辩护效果。协同性辩护理论要求辩护律师维护委托人的利益，至少不能损害委托人的利益，不仅要求辩护律师尊重委托人的意志，而且更重要的是，要求辩护律师真正将委托人视为“客户”，与之进行协商、讨论、对话和说服活动，使辩护律师和委托人在刑事辩护方面的积极性和能动性得到最大限度的发挥，避免因相互冲突和发生内耗所带来的负面作用，追求刑事辩护的最佳效果。

在以下的讨论中，笔者拟讨论协同性辩护理论的基本要素，论证这一理论的正当基础，分析这一理论的实现路径，反思这一理论的内在限度，并对这一理论的未来作出一定的预测。

二、协同性辩护理论的提出

我国原有的“独立辩护人理论”将辩护律师视为唯一的辩护主体，允许他们运用其法律专业的优势地位，而不顾及委托人的想法和意志，甚至将委托人变成一种被动接受律师辩护结果、消极承受律师辩护方案的“诉讼客体”。而“自主性辩护理论”则主张要激活被告人的辩护能力，使其在会见、阅卷、调查活动乃至在参加法庭质证、辩论过程方面增强一定的“主体意识”。但仅仅注重被告人辩护权的自主行使，也可能造成被告人与辩护律师分庭抗礼、自说自话的问题，有可能进一步加剧委托人与辩护律师的辩护冲突问题。那么，究竟如何从理论上解决这些问题呢？

“协同性辩护理论”提出了一条新的思路，那就是辩护律师在尊重委托人利益的前提下，在激活委托人的辩护能力之后，应当与委托人通过协商、对话和说服活动，来进行协调一致的辩护，既尽量化解委托人与辩护律师可能发生的辩护冲突，也追求最佳的辩护效果。具体说来，这一理论具有以下几个方面的基本内容：一是激活被告人的自主性辩护权，使其具有最低限度的辩护能力；二是律师以不损害委托人利益为底线，追求被告人利益的最大化；三是保障被告人的知情权，律师向被告人告知辩护思路，并告知有关证据材料；四是律师与被告人进行充分的沟通、协商、讨论，说服其接受辩护思路；五是律师与被告人协商，确定辩护的分工协作，各自承担的诉讼角色；六是律师在与被告人发生严重分歧并且协商无法达成一致的情况下，可以及时退出辩护活动，解除委托关系。以下将依次对此作出简要分析。

（一）被告人辩护能力的激活

被告人不仅是律师提供法律帮助的对象和受益者，而且也是一个有权行使各项辩护权的“辩护者”。在一定程度上，被告人与其辩护律师一起，构成广义上的“辩护方”。在行使各项诉讼权利时，被告人还属于“第一顺序辩护者”，在行使这些权利方面具有优先性；辩护律师只有在被告人行使完辩护权或者放弃行使辩护权的情况下，才能行使辩护权。这一基本事实决定了被告人具有辩护能力的重要性。

但是，大多数被告人身陷囹圄，失去了人身自由，属于法律外行，不了解法律知识，不具有法庭论辩的技巧。那么，被告人的辩护能力如何得到保障呢？

根据协同性辩护理论，辩护律师要与被告人进行充分的协商和沟通从而形成最大的辩护合力，首要前提在于激活被告人的辩护能力，使其不仅享有辩护权，而且能够切实地行使辩护权。被告人不仅可以自主性地行使会见律师的权利、查阅案卷的权利以及调查取证的权利，而且还可以亲自当庭行使举证权、质证权和辩论权等权利。无论是侦查机关、公诉机关还是法院，都应为被告人有效行使辩护权创造基本的条件，而且辩护律师也应为作为其委托人的被告人行使辩护权提供基本的便利。

（二）对被告人意志的尊重

激活被告人的辩护权，固然为被告人有效行使辩护权创造了条件，但是，也会带来被告人与辩护律师“自说自话”“各自为政”的问题，埋下双方同室操戈、发生辩护观点冲突的隐患。这就必然牵扯出一个不容回避的问题：辩护律师如何看待被告人的意志？

在是否尊重委托人意志问题上，经常有律师提出异议：律师作为法律专业人员，更懂得如何有效维护委托人的利益；而被告人尽管有维护自己利益的强烈愿望，但并不懂如何有效实现这种利益。因此，律师有时不尊重被告人的意愿，按照自己的独立判断来进行辩护，反而更有利于维护被告人的利益。这就如同患者有治愈疾病的愿望，却无治疗疾病的能力一样，需要医生来施以援手，而医生显然不能事事都遵循患者的意志。

而根据协同性辩护理论，律师在维护被告人利益的前提下，也应对被告人的意志给予尊重，并尽量形成共同的辩护思路。当然，这并不意味着律师事事都要听从被告人的意见，而失去自己独立的专业判断。从积极的方面来说，律师作为法律专业人员，应当通过与被告人沟通形成一种较为成熟和现实的辩护思路，并通过沟通说服被告人接受这一辩护思路。而从消极的角度来说，在无法说服被告人接受自己辩护思路的情况下，律师绝对不能按照自己的意志，将某一辩护思路强加给被告人，从而与委托人发生辩护观点的冲突。这与医生治疗疾病也很相似，医生在形成自己专业治疗方案的情况下，应当尽量说服患者接受这一方案，而不能不顾患者的感受和意志，强行施加某一治疗方案。未经患者及其近亲属的签字同意，任何手术都是不能实施的。

前面提及的《律师办理刑事案件规范》，强调律师不得在违背委托人意志的情况下作不利于委托人的辩护就体现了协同性辩护理论的要旨。相对于原来律师辩护可以“不受当事人意志左右”的做法而言，这显然是一种重大的规范调整。其实，所谓辩护的“协同性”，其核心思想就在于辩护律师与被告人在辩护思路上协调一致，不能发生辩护观点的冲突或者对立。而尊重被告人的意志或者意愿，显然属于双方形成协调一致辩护思路的重要标志。

（三）沟通和协商的义务

假如辩护律师和被告人都形成了自己独立的辩护思路，或者辩护律师形成了自己的辩护思路，而被告人还没有形成辩护思路，那么，要使被告人接受律师的辩护思路，就必须有一种沟通和协商的渠道。这也如同医生与患者的关系一样，医生一旦形成自己的专业判断，也需要尽到说服责任，劝说患者接受自己的用药、检查或手术方案。

根据协同性辩护理论，辩护律师在进行充分的辩护准备的情况下，形成了较为成熟、较为专业也较为现实的辩护方案。律师的辩护工作不能到此为止，还应更进一步，保证被告人对辩护方案的知情权，在确保被告人全面理解辩护思路的前提下，征询其对这一辩护思路的意见，讲清楚这一辩护思路的事实根据和法律依据，分析这一辩护思路所要达到的辩护目标，评估这一辩护思路的现实可行性。在被告人难以接受或者拒绝采纳这一辩护思路的情况下，律师还要尽到进一步的说服责任，劝说被告人接受这一辩护方案。

修订后的《律师办理刑事案件规范》，要求律师与委托人就辩护观点进行反复沟通和协商，尽可能达成共识。这在一定程度上体现了协同性辩护的思想。在多年的辩护实践中，受传统的“独立辩护理论”的影响，很多律师对辩护律师职责的理解仅仅是，形成较为成熟和较为专业的辩护思路，并当庭说服法官接受这一辩护思路，而不顾忌被告人的感受，不承担说服委托人接受这一辩护思路的责任。这显然会造成律师与委托人当庭发生辩护冲突的情形，造成无效辩护的后果。这是不足取的一种辩护选择。相反，根据协同性辩护理论，辩护律师在形成较为专业化的辩护思路的前提下，还要尽到对委托人的说服责任，在保证委托人全面理解辩护思路的前提下，通过对话、沟通、协商和讨论，说服委托人接受这一辩护思路。

（四）分工协作关系的确定

中国刑事法庭有时会出现这样的一幕：律师在法庭上或者对证人提出咄咄逼人的问题，或者侃侃而谈，发表无罪或者罪轻的辩护意见。而被告人则要么对律师的辩护露出茫然无知的神情，既无法向证人提问，也无法发表任何有说服力的意见，而不得不说“请我的辩护律师代为提问或者代为发表意见”。甚至有时候，被告人还会发表一些不着边际的观点，引发辩护律师的纠正甚至呵斥。或者对于辩护律师的辩护意见，被告人也当庭表示异议。这一现象走到极端，就是被告人与辩护律师当庭发表不一致的辩护意见，如被告人作出了有罪供述，辩护律师大惊失色，仍然坚持无罪辩护意见；或者被告人拒绝承认自己有罪，而辩护律师仍然不问不顾地发表罪轻辩护意见。[1]

为什么会出现上述场景呢？原因很简单，辩护律师在开庭前有

---

〔1〕 参见赵蕾：《李庄案辩护：荒诞的各说各话？》，载《南方周末》2010年8月12日。

可能没有与被告人进行充分的沟通和协商，有时就连被告人对辩护思路的知情权都没有满足。当然，即便被告人了解并接受了律师的辩护思路，但律师并没有对实现这一辩护思路的方式和步骤做出任何有针对性的指引，没有对被告人如何配合律师的辩护提供指导。结果造成被告人与辩护律师各说各话，无法形成良好的分工协作关系。

而根据协同性辩护理论，辩护律师在说服被告人接受辩护思路的前提下，应当往前更进一步，也就是为被告人安排适当的诉讼角色，以便使自己的当庭辩护得到最大限度的支持和配合。按照律师界的行话，“被告人是辩护律师的最好助手”。辩护律师将被告人塑造成自己的辩护助手，这是刑事辩护的最高境界。这就意味着，律师不仅要有较为成熟的辩护思路，而且还要有为实施这一辩护思路而采取的行动方案，也就是较为可行的谋篇布局和角色安排。

例如，律师假如要作量刑辩护，就应说服被告人当庭认罪、退赃退赔或者与被害方达成和解协议，以便说服法院确认被告人存在坦白、自首、立功等量刑情节，从而追求最有利于被告人的量刑裁决。

又如，假如律师要作无罪辩护，那么，被告人就应当庭作无罪的辩解。无论如何，在被告人当庭认罪的情况下，律师再作无罪辩护，是极难获得成功的。律师需要做的是询问被告人对检察机关指控事实和法律适用的意见，发现被告人有不认罪的正当理由，或者被告人有不认罪的意思表示的，律师应当引导被告人当庭作出无罪陈述的选择。

再如，律师假如要作程序性辩护，尤其是要挑战侦查行为的合法性，向法庭提出排除非法证据的申请，那么，就应将被告人变成一种就程序性争议事实发表意见的特殊“证人”，引导其陈述侦查人员非法取证行为的过程和细节，并当庭就此作出有根据的陈述。在法庭审理中，律师通过对被告人当庭发问，引导其讲述侦查人员刑讯逼供或其实施其他非法取证行为的过程，从而对律师的程序性辩护观点形成重要的支持和配合。

当然，律师对被告人诉讼角色的上述安排，应当有一些法律底线，那就是不得违背事实和法律诱导被告人作出不真实的陈述，尤其不得诱导其动辄推翻有罪供述。很多有经验的辩护律师都指出，在选择何种诉讼角色问题上，应当采取“律师画地图，被告人选择道路”的做法，而不要采取威胁、引诱或者欺骗的手段，迫使被告人不情愿地选择某一诉讼角色。律师所要做的应当是因势利导，发现被告人坚持作出有罪供述的，律师制定有罪辩护的方案和角色分工安排；律师发现被告人不认罪，而案件也具有无罪辩护空间的，就可以按照无罪辩护思路来确定角色分工安排；律师发现案件确实存在侦查人员违法取证行为的，可以根据程序性辩护的思路来制定辩护方案。

（五）委托关系的自愿解除

在律师辩护实践中，经常发生这样的情况：律师穷尽全部精力，既无法说服被告人接受自己的辩护思路，更无法说服其采纳自己确定的辩护分工安排。典型的例子是，被告人固执己见，坚持认为自己是无罪的，不接受律师提出的量刑辩护方案。或者被告人为追求缓刑或者定罪免刑等有利的诉讼结局，而拒绝律师提出的无罪辩护思路。还有的被告人在律师已经告知其辩护思路，并对辩护实施方案做出精心安排的情况下，仍然当庭出人意料地变更辩护思路，要么突然“当庭认罪”，要么突然“当庭翻供”，打乱了辩护律师开庭前的战略部署。这种情况发生的原因，既有可能是被告人自作主张，拒不服从律师的辩护安排，也有可能是被告人受到了外部的诱导或者影响，对某种诉讼结局的出现产生了不切实际的预测。〔1〕

而根据协同性辩护理论，律师通过充分沟通和协商，无法说服被告人接受自己的辩护思路，或者无法说服其采纳自己的诉讼协

---

〔1〕 参见田文昌、陈瑞华：《刑事辩护的中国经验》，北京大学出版社2012年版，“序言”。

作安排的，可以解除与被告人的委托关系，退出案件的辩护工作。辩护律师与被告人的“协同辩护”，是一种理想状态，既然无法达成这种状态，而辩护律师又不能接受被告人的非理性辩护方案，那么，及时解除委托关系，为被告人选择新的辩护人创造条件，这可能是唯一的现实选择。

修订后的《律师办理刑事案件规范》，对律师与委托人发生重大辩护观点分歧时可以解除委托关系的规定，就体现了协同性辩护理论的精神。无论如何，在辩护律师与被告人发生辩护观点重大分歧的情况下，律师不能置被告人意志于不顾，而从事所谓的“独立辩护”，甚至与被告人的观点发生冲突。这是不可容忍的，也违背协同性辩护理论的基本要求。当然，也会有部分辩护律师，基于要保住“辩护业务”的考虑，而被迫选择与委托人合作，违心地接受被告人的辩护思路或辩护实施方案。这似乎从实质上有损被告人的利益。但根据协同性辩护理论，被告人既然有权自行选择哪位律师担任辩护人，也有权拒绝某一律师的辩护，当然也有权决定采取哪一种辩护思路或者辩护实施方案。这本身不存在“对”或者“错”的问题，而属于被告人行使权利的领域。

三、协同性辩护理论的正当性

为什么要坚持协同性辩护理论？强调辩护律师与被告人通过沟通形成一致的辩护思路，通过协商进行一定程度的分工协作，这究竟具有怎样的正当性呢？通常说来，我们之所以提出一种理论，一方面是因为这一理论能够符合公认的理论或者准则，在逻辑上是正当的；另一方面也是因为该理论得到经验事实的验证，在经验上是有用和可行的，也是能够取得积极效果的。我们对协同性辩护理论的正当性，也可以从这两个角度加以论证。

（一）理论上的论证

协同性辩护理论的提出，主要与三个基本理论具有密切的联系，属于这三个理论的逻辑演绎结果：一是辩护律师与被告人的诉讼代理关系理论；二是辩护律师的忠诚义务理论；三是有效辩护理论。

首先，协同性辩护理论建立在律师与被告人诉讼代理关系的基础上，是律师承担代理人的契约义务的必然结果。

传统上，我国法律界不承认律师与被告人的诉讼代理关系，而坚持“独立辩护论”的观点。根据这一观点，辩护律师不是被告人的“代言人”或者“喉舌”，不能对被告人言听计从，而可以有自己独立的意志和判断，甚至可以违背委托人的意志，从事所谓的“独立辩护”。如今，律师界已经整体上抛弃了独立辩护理论，全国律师协会的规范性文件也删除了“独立辩护，不受当事人意志左右”的条款。这为确立辩护律师的诉讼代理人地位扫清了法律障碍。但是，不少法律界人士仍然以律师不能对委托人一味服从为由，对辩护律师的诉讼代理人地位持有异议。[1]

其实，承认辩护律师与被告人的委托代理关系，并不意味着律师可以完全听从委托人的指令或者成为委托人的代言人。被告人委托或者被指定律师辩护之后，双方的诉讼代理关系即告成立，但被告人并没有因此失去行使辩护权的资格，而是与辩护律师同时拥有行使辩护权的资格，从而组成一种“辩护方”。辩护律师只是被告人辩护权的协助行使者，并没有完全接管或者替代被告人，成为辩护权的独断行使者。这种协助行使辩护权的律师，与被告人之间仍然具有一种特殊的诉讼代理关系。作为委托方，被告人委托律师从事辩护活动，最终的诉讼结果完全由被告人本人承担；作为诉讼代理方，律师行使的辩护权，源于被告人的授权，也受到被

---

〔1〕 参见陈瑞华：《论辩护律师的忠诚义务》，载《吉林大学社会科学学报》2016年第3期。

告人授权的约束。只是与民事诉讼代理关系不同的是，辩护律师与被告人之间的诉讼代理关系，并不会带来被告人全权委托律师代为行使诉讼权利的情况。毕竟，民事诉讼遵循当事人处分原则，无论是原告还是被告都可以不参与诉讼活动，法院也可以进行缺席审判，作为诉讼代理人的律师可以全权代表当事人参与诉讼活动，行使诉讼权利，由此所产生诉讼结局都要由当事人承担。但刑事诉讼并不赋予当事人对诉讼权利和实体权益的处分权，而要求被告人与辩护律师一起参与诉讼活动，共同行使辩护权利。然而，这种诉讼机制上的差异，并不能否定辩护律师与被告人的诉讼代理关系。

无论如何，在辩护律师与被告人签订委托代理协议之后，律师就应承担基本的契约义务，也就是针对委托人的委托事项，为维护委托人利益而提供法律帮助的义务。可以说，遵守契约条款，履行诉讼代理责任，这是辩护律师所要承担的基本义务。既然如此，律师不仅要形成专业化的辩护思路，制定可行的辩护操作方案，而且还应与被告人进行充分的沟通和协商，说服被告人接受辩护思路和操作方案，从而产生最佳的诉讼效果。可以说，协同性辩护理论为辩护律师所提出的各项义务，都是律师承担契约责任的必然要求，也是履行诉讼代理人义务的内在应有之义。

其次，协同性辩护理论还与辩护律师的忠诚义务具有密切的联系。

律师履行委托代理协议所确立的代理义务，这还只是民法意义上的法律要求。在此基础上，律师还应承担特定的职业伦理职责。这些职业伦理责任高于契约义务，对律师的辩护活动提出了更为严格的要求。其中，对忠诚义务的承担应是辩护律师所要承担的首要职业伦理义务。

所谓“忠诚义务”，也就是“忠诚于委托人利益的义务”。律师界通常所说的“受人之托，忠人之事”，指的就是这个意思。一般说来，忠诚义务有积极义务和消极义务之分，前者是指律师通过积极的努力维护委托人的利益，追求最大限度的有利结果；后者则是

指律师不得损害委托人的利益，不使委托人的利益处于更为不利的境地。前者是律师辩护的目标，后者则是律师执业的底线。〔1〕

协同性辩护理论的提出，有着实现辩护律师的忠诚义务的重要考虑。传统的独立辩护理论经常导致律师从事独立辩护，而罔顾被告人的利益和意志，甚至作出损害委托人利益的举动。而被告人自主性辩护理论，强调激活被告人的辩护能力，却没有对被告人与辩护律师的辩护立场加以协调，容易造成被告人与辩护律师各执一词甚至发生辩护观点冲突的局面。这既有可能导致辩护律师损害委托人的利益，也难以说服法官作出有利于被告人的裁判结论。而协同性辩护理论则要求辩护律师与被告人通过充分对话和沟通，保障被告人的知情权，在形成辩护思路时充分考虑被告人的需求和案件情况，说服被告人接受律师的辩护思路，并为被告人量身定做可行的辩护操作方案，为其法庭上的辩护提供战略或战术上的指导。这种辩护方式消除了辩护律师损害委托人利益的可能性，大大减少了辩护律师与委托人发生观点冲突的机会，双方所进行的辩护操作方式，既经过专业化的检验，也经过了双方的反复审核，往往成为兼顾专业化和现实可行性的辩护方案。通过这种律师与被告人的协同辩护，律师与被告人同室操戈的情形得到避免，法官所接触的将是深思熟虑的辩护思路，以及协调一致的辩护操作方式。很显然，这可以最大限度地确保律师忠诚义务的履行，使得被告人的利益得到最大限度的维护。

最后，辩护律师与被告人的协同性辩护，有助于最大限度地实现有效辩护。

有效辩护是指律师尽职尽责的辩护。有效辩护并不意味着律师成功地说服法官作出了有利于被告人的裁判结论，而只是要求律师进行了符合专业水准的辩护操作过程，提出了最符合委托人利益的辩护观点。在一定程度上，有效辩护的这一含义与积极的忠诚义务具有密切的联系。律师只要恪尽职守，从事了尽职尽责

〔1〕 参见陈瑞华：《刑事辩护的理念》，北京大学出版社2017年版，第123页。

的辩护，我们往往会说这等于律师履行了积极的忠诚义务，也意味着律师进行了有效辩护。

有效辩护理论的要求并不仅仅限于这一方面。律师假如违背了最低限度的专业要求，没有提供尽职尽责的辩护，并且又造成不利于委托人的诉讼结果的，就有可能构成无效辩护。对于无效辩护案件，法院既可以撤销原审法院的判决，也可以提出司法建议，启动针对律师的职业惩戒程序。〔1〕

协同性辩护理论的贯彻，可以促使律师在维护委托人利益的前提下，最大限度地尊重委托人的意志，并通过积极的对话和沟通，引导被告人接受律师的专业辩护思路和操作方案，成为律师辩护的协助者。在律师的指引下，被告人无论是发表无罪辩护意见，还是作出有罪陈述，也无论是提出量刑辩护意见，还是充当证明侦查人员非法取证行为的证人，都可以为律师的辩护提供程度不同的支持，令律师的辩护意见变得更加可信，更容易达到说服法官接受辩护意见的效果。很显然，这种协同性辩护是律师实现有效辩护的必要保障。

不仅如此，律师对被告人知情权的保障，与被告人就辩护思路的对话和沟通，以及对被告人辩护角色的精心安排，可以使律师的辩护接受被告人的有效审查、监督和制约。在了解到控方证据的情况下，被告人不再只是被动接受律师帮助的弱者；在充分听取律师辩护思路的情况下，被告人不再是消极等待律师“救援”的诉讼客体；在律师精心安排辩护角色布局的情况下，被告人也不再只是对如何辩护茫然无知的受审判者。在被告人的全面知情、积极参与和有效配合下，律师的辩护潜能可以得到最大限度的激发，那种敷衍塞责、消极懈怠甚至蒙骗表演的辩护，将失去存在的空间；那种动辄出言不逊、诉诸媒体甚至激怒法官的辩护有可能销声匿迹；

〔1〕 参见陈瑞华:《刑事诉讼中的有效辩护问题》，载《苏州大学学报（哲学社会科学版）》2014年第5期。另参见陈瑞华:《有效辩护问题的再思考》，载《当代法学》2017年第6期。

而有效地说服法官接受辩护思路，将成为律师追求的诉讼目标。一言以蔽之，协同性辩护可以在最大程度上避免无效的辩护。

（二）经验上的支撑

协同性辩护理论深深扎根于我国特有的刑事辩护模式的基础上。在我国刑事诉讼中，无论被告人是否委托或者被指定了辩护人，他都是各项辩护权利的行使者。在被告人委托或者被指定辩护律师的情况下，被告人的辩护权并没有消失，也没有完全被转让给辩护律师。我国法律几乎对于每一项诉讼权利，都是首先给予被告人亲自行使的机会，使其在行使辩护权利方面具有优先性；辩护律师只有在被告人行使完诉讼权利，或者放弃行使某一诉讼权利之后，才能行使该项诉讼权利。这种辩护模式造成被告人与辩护律师各自行使辩护权利的现象，也埋下了被告人与辩护律师发生辩护观点冲突的现实可能性。

为避免与被告人发生辩护观点的冲突，辩护律师在行使辩护权利方面就不能自说自话，或者完全包办替代被告人的辩护活动，而必须与被告人进行必要的沟通和协商，从而形成共同的辩护思路，并进一步形成适当的辩护角色分工。大量案件的辩护实践表明，只要辩护律师与被告人不进行充分的沟通和协商，被告人无法接受律师的辩护思路，或者对于律师的辩护操作方案不明就里，就会带来法庭辩护过程中的“失控”现象，也就是辩护律师对被告人的诉讼立场没有形成预期，更谈不上对其辩护观点进行必要的掌控了。结果，律师与被告人就有可能发生辩护观点的冲突。比如律师作无罪辩护，而被告人当庭认罪；辩护人作有罪辩护，而被告人当庭翻供；辩护人提出排除侦查人员非法证据的申请，而被告人拒绝提供这方面的陈述，或者在提供这种陈述方面不具有基本的说服力……〔1〕

更严重的是，在同一被告人委托两位辩护律师的情况下，这两

---

〔1〕 参见田文昌、陈瑞华：《刑事辩护的中国经验》，北京大学出版社2012年版，“序言”。

位辩护人相互之间有时也没有形成协调一致的辩护思路，也不与被告人进行必要的沟通和协商，结果就有可能出现两名辩护律师各说各话、被告人无所适从的情况。典型的例子是，一位辩护律师作无罪辩护，另一位辩护律师作有罪辩护，而双方都没有与被告人进行任何有价值的沟通和协商，造成被告人左右为难，不知道究竟听从哪一位律师的辩护指引。

经验表明，辩护律师与被告人所发生的各种辩护冲突，几乎都存在双方沟通不畅、协商不足的问题。而这种冲突一旦发生，必然导致被告人的利益受到损害，刑事辩护的效果大打折扣。毕竟，面对辩护律师与被告人就同一案件发出不一致的辩护观点，公诉方肯定会强调其中对被告人不利的观点，法官也往往会采纳那种更不利于被告人的观点。比如在辩护律师与被告人就被告人是否构成犯罪发出不一致声音的情况下，法官一般更倾向于认定被告人构成犯罪；在辩护律师与被告人就侦查人员是否存在非法行为发生分歧意见的场合，法官往往会拒绝那种排除非法证据的申请。

当然，那些辩护效果良好的案件，往往是辩护律师与被告人进行了充分沟通和协商的案件。通过这种沟通和协商，辩护律师在较早的阶段形成了较为成熟的辩护思路。这种辩护思路既可以是无罪辩护思路，也可以是有罪辩护思路；其中的有罪辩护思路既可以是由重罪改为轻罪的罪轻辩护思路；也可以是单纯的量刑辩护思路。这种辩护思路既可以是实体性辩护思路，也可以是程序性辩护思路。在形成辩护思路的基础上，辩护律师向被告人进行详细告知，使后者领会律师的辩护意图。然后，在开庭审理之前，律师会形成一种较为可行的辩护操作方案，通过开庭前的会见，既及时掌握被告人的心态，又将辩护操作方案向被告人“和盘托出”，在征得被告人同意的前提下，对被告人进行必要的诉讼指引和教导。在辩护实践中，很多律师将这种开庭前对被告人的指引和教导称为“辅导”。其目的在于引导被告人按照辩护律师的战略意图和角色安排来进行辩护，在举证、质证、辩论以及提出各自诉讼申请方面，服从辩护律师的战略部署。

要取得成功的刑事辩护，辩护律师往往要与被告人形成一种相互信任和协调一致的“战友”关系，或者形成一种心悦诚服和“令行禁止”的“师生”关系。正因如此，律师界才普遍认为，最好的辩护是律师将被告人转化为辩护助手的辩护。一方面，辩护律师运用其智慧、经验和技巧，秉承着尽职尽责的职业精神，提出了专业化的辩护思路和操作方案。另一方面，被告人基于对辩护律师的信任、尊重甚至推崇，在全面理解辩护思路的前提下，对律师辩护进行全方位的支持和配合。这样，辩护律师与被告人之间就不再存在任何负面和消极的影响因素，双方的辩护协调一致，可望达成最大的诉讼合力。理想诉讼结局的取得通常是必然的事。〔1〕

因此，协同性辩护理论从无数成功或失败的刑事辩护经验总结而来，提炼出了刑事辩护的基本规律，揭示了辩护律师与被告人的沟通、协商与有效辩护结果之间的因果关系。这一理论并不是逻辑演绎或者理论推导的结果，而来自鲜活的刑事辩护经验。经验表明，凡是遵循了协同性辩护理论的要求，律师的刑事辩护就可能取得积极的效果；凡是违背协同性辩护的理论，律师的辩护注定会带来负面的结果，甚至走向无效辩护。

四、对若干质疑的澄清

协同性辩护理论对辩护律师提出了一些新的要求，这些要求挑战了我国律师辩护的基本经验和惯例，与一些传统的辩护理念发生了冲突，也很可能引发进一步的异议和争论。为了对这一理论的正当性进行充分论证，我们需要对一些可能的异议和质疑进行预测，并对其给出必要的回应。在社会科学研究中，这种澄清具有一定的“证伪”属性，也就是“证明自己观点没有被驳倒”的一种

〔1〕 参见徐宗新等：《辩护人认为：刑事辩护观点的挖掘、提炼与运用》，法律出版社2013年版，第74页以下。

论证活动。

那么，协同性辩护理论有可能引发哪些方面的批评呢？根据笔者的分析，批评者有可能从四个角度挑战这一理论的正当性：一是根据美国律师与被告人在辩护决策权的分配，认为除了少数几项“根本性事项”要由被告人决定以外，其他与审判有关的策略性和战术性事项一概要由辩护律师决定，被告人要受律师所作决定的约束，这足以说明，美国刑事辩护不适用协同性辩护理论；二是大陆法国家的刑事诉讼法承认辩护律师的独立地位，特别是德国刑事诉讼法将辩护律师视为“独立的司法机关”，要求律师不能事事受被告人意愿的控制，他可以违背被告人的意志，去从事有利于被告人利益的辩护行为，这显然也不适用协同性辩护理论；三是我国修订后的《律师办理刑事案件规范》体现了律师界的主流观点，强调律师不得违背被告人意志去从事不利于被告人的辩护，但是，对于有利于被告人的辩护，如无罪辩护、罪轻辩护、程序性辩护等，律师则不必尊重被告人的意愿，这显然与协同性辩护理论的要求不相符合；四是大多数被告人素质不高，文化水平较低，其辩护能力难以被激活，更无法与辩护律师形成协调一致的积极辩护格局，他们大都更倾向于将辩护权利完全交由律师去行使，因此协同性辩护理论对于这些案件无法适用。对于这些可能的批评或者质疑，笔者下面依次作出简要的澄清。

其一，美国律师与被告人的辩护决策权分配机制，是否与协同性辩护理论相容呢？

的确，美国刑事诉讼中存在一种辩护决策权的分配机制。在被告人自行辩护的案件中，这一机制是不存在的；而在被告人委托或者被指定律师辩护的案件中，这一机制自律师参与刑事诉讼之后即会发挥作用。[1]具体而言，美国联邦最高法院通过判例法将辩护决策权分为两大部分：一是由被告人决定的“根本性事项”；二是

〔1〕 参见［美］卡罗尔·S.斯泰克编：《刑事程序故事》，吴宏耀等译，中国人民大学出版社2012年版，第115页以下。

由辩护律师决定的“策略性”或“战术性”事项。所谓“根本性事项”，主要是指涉及被告人重大利益的四个诉讼事项，包括“是否作出有罪答辩”、“是否放弃陪审团审判”、“是否为自己利益作证”以及“是否提起上诉”。对于这四项根本性事项，律师固然可以代为作出决定，或者为被告人提供建议，但最终决定将由被告人作出。假如辩护律师不顾被告人的意志而代为作出这些决定，那就侵犯了被告人的宪法性权利。相反，那些被归入策略性或战术性事项的决策问题，则属于辩护律师的决定范围，律师可以就这些事项作出有约束力的决定。这些事项有很多方面，典型的例子有传召证人、提出抗辩、提出异议、对证据采纳达成协议、开庭审理时间的确定、上诉中如何陈述理由等。对于这些事项，辩护律师可以自行作出决定，而被告人必须接受这些决定的后果。原因在于律师如果在每一事项上都征询被告人的同意，将会导致诉讼程序反复中断和诉讼拖延，同时辩护律师在处理这些事项方面具有更为专业的知识、技巧和能力。〔1〕

那么，上述辩护决策权的分配机制真的会排斥辩护律师与被告人的沟通和协商吗？答案是否定的。即便是那些根本性事项的决定过程，律师也承担为被告人提供咨询、建议和指导的义务，包括充分告知这些事项的意义和后果，与被告人进行充分的沟通和协商。只不过，这些根本性事项的最终决定权将由被告人行使。至于在辩护律师行使决策权的场合，被告人也不是消极等待和被动承受律师决定的当事人，律师有义务告知被告人诉讼程序的重大进程，与被告人沟通和交流辩护中的重大决策，在作出每一项决定之前，律师都要与被告人进行充分商议。当然，在紧张的法庭审理中，律师需要立即作出决定的事项，一般不受此限。假如律师不告知被告人有关的诉讼进程和诉讼事项，也不与被告人进行适当的沟通商议，由此所造成的不利诉讼结果，就有可能被视为律师的不

---

〔1〕　参见［美］詹姆斯·J.汤姆科维兹：《美国宪法上的律师帮助权》，李伟译，中国政法大学出版社2016年版，第73~79页。

正当决策或者不称职辩护，并进而被法院认定为无效辩护。在一定程度上，被告人对律师辩护有效性的异议，以及法院对无效辩护的认定，阻止了辩护律师在行使决策权方面过于独断的倾向。正因如此，无论是在被告人拥有决定权的根本性事项上，还是在辩护律师可以做出有约束力的普通决策事项上，辩护律师与被告人的沟通和协商都是必需的，都构成有效辩护的前提条件。那种认为美国辩护律师可以不顾被告人的意志而作出诉讼决策的观点，显然是一种有意无意的误读。协同性辩护理论是可以适用于美国刑事辩护制度的。

其二，德国的独立辩护机制是否完全排斥协同性辩护理论呢？

的确，德国刑事诉讼的主流观点认为，辩护律师不仅是被告人利益的维护者，而且还是整个刑事司法体系中“自主的司法单元”，也就是立于被告人一侧的独立司法机关。据此，辩护律师承担一定的公法职能，其辩护带有维护公共利益的色彩。在刑事诉讼过程中，律师不仅仅要维护被告人的利益，还要遵循更高标准的行为准则，如负有“真实义务”，不必听命于被告人的不合理要求，而可以有自己独立的专业判断和辩护方式。这似乎表明，那种强调辩护律师与被告人通过沟通和协商来形成共同辩护思路和辩护方案的协同性辩护理论，在德国是难以适用的。〔1〕

但是，所谓辩护律师的独立地位，或者律师所具有的“独立司法机关”的地位，本身在德国就面临极大的争议。这应该是老一代法学家所秉承的学术观点。而不少新生代的法学研究者对这一观点越来越持保留态度，取而代之的是一种“利益代理人”理论或者民事契约理论。根据这些理论，辩护律师就是按照被告人指令行事的代理人，维护被告人的利益，尊重被告人的意志，是其代理人

〔1〕 参见［德］克劳思·罗科信：《刑事诉讼法》（第24版），吴丽琪译，法律出版社2003年版，第149页。

地位所带来的必然结论。[1]

无论法学研究者对德国辩护律师的诉讼地位持有何种观点，但一个不争的事实是，被告人有权委托自己所信任的律师担任辩护人，也有权拒绝某一律师担任辩护人，这是确凿无疑的。即便在适用所谓“强制辩护”制度的场合，法院要求被告人必须接受一名律师的辩护，但是被告人在提出“客观”和“有说服力”的理由，认为无法与法院指定的某一律师进行合作时，法院可以更换辩护律师。这说明，无论是委托辩护还是指定辩护，都必须征得被告人的同意，法院无权强迫被告人接受某一辩护律师。与此同时，辩护律师必须按照有利于被告人的原则从事辩护活动，并与被告人进行密切的配合，如及时告知被告人相关的诉讼进程，与被告人就辩护活动进行沟通和协商。根据德国学者魏根特的观点，辩护律师必须得到被告人的完全信任，否则他就不能有效地开展工作。[2]当然，辩护人也要承担对法院的诚实义务，这仅仅意味着辩护人不得向法庭说谎或者主动误导法庭，也绝对不能伪造证据或者怂恿证人、被告人作出不真实的陈述。在这些方面，辩护律师当然不受被告人意志的左右，而拥有辩护的独立自主性。但是，在辩护思路的形成和辩护方案的确定等方面，在被告人提出合法合理的辩护观点的情况下，辩护律师还要完全不听从被告人的意见吗？答案显然是否定的。在这些领域，维持被告人对辩护律师的基本信任，与被告人保持良好的沟通，显然是非常重要的。这也说明，在德国这样一个高度强调独立辩护观点的国家，辩护律师与被告人进行最低限度的沟通和协商，从而达成诉讼共识，追求一种协调一致的辩护立场，这也是完全有可能的。

其三，律师可以不顾被告人的意志，而提出“有利于被告人”

---

〔1〕 参见［德］克劳思·罗科信：《刑事诉讼法》（第24版），吴丽琪译，法律出版社2003年版，第149页。

〔2〕 参见［德］托马斯·魏根特：《德国刑事诉讼程序》，岳礼玲、温小洁译，中国政法大学出版社2004年版，第62页。

的辩护意见吗?

所谓“有利于被告人”的辩护，无非是指律师提出了比被告人更为激进的辩护观点，也就是在被告人认罪的情况下，作出无罪辩护；在被告人承认犯有重罪的情况下，提出被告人构成轻罪的辩护意见。目前，我国律师界普遍赞同这种辩护方式，认为这并不损害被告人的利益，也有利于律师提出更为专业的辩护意见，以避免被告人因受到外部威胁、引诱、欺骗而作出不理智的选择。

但是，在被告人自愿认罪的情况下，律师擅自提出无罪辩护的意见，这真的属于一种有效辩护吗？的确，有一部分被告人因为身陷囹圄，容易受到外部的威胁、引诱、欺骗，以至于作出了违心的诉讼选择。对于这种被告人，律师不听从其“错误”选择，而提出一种独立的辩护意见，这似乎是可以理解的。但是，假如被告人经过理性的考虑，认为案件根本没有无罪辩护的空间，而选择了当庭认罪，就有可能说服法院认定其构成坦白或者自首，或者对其适用缓刑甚至不判处刑罚，那么，律师还能不考虑被告人的这种选择，而作出无罪辩护吗?

根据刑事司法的基本经验，在被告人认罪的情况下，律师所作的无罪辩护，几乎都无法获得成功。在被告人与律师发生辩护观点冲突的情况下，法院更倾向于选择其中更不利于被告人的辩护观点。这是一个不争的事实。既然如此，律师所作的无罪辩护，尽管表面上是“有利于被告人”的辩护，却很难达到说服法官的效果。不仅如此，即使作出这种“有利于被告人的辩护”，律师也会将被告人置于不利的境地。因为这种辩护客观上导致那种罪轻辩护或者量刑辩护受到忽视，相关的论证难以得到充分展开，律师难以为被告人争取最大限度的量刑优惠。既然如此，律师为什么不能与被告人进行充分对话、沟通或者协商呢？为什么要擅自做主，从事一种自认为“有利于被告人”的辩护呢？〔1〕

---

〔1〕 参见方柏兴:《论辩护冲突中的权利保留原则——一种协调被告人与辩护律师关系的新思路》，载《当代法学》2016年第6期。

在司法实践中，一些有经验的辩护律师经常会采取一种折中的办法，也就是遵循所谓“被告人从事实上作出陈述，律师从法律上提出辩解”的原则，安排被告人承认检察机关指控的“案件事实”，但律师从法律上提出无罪的辩护意见。据说，这种辩护安排既可以确保被告人获得量刑上的宽大处理，又可以充分地阐述无罪辩护意见。但这在辩护方式其实已经包含了沟通和协商的因素，甚至已经体现了律师的辩护意图，被告人已经服从律师的安排，担任了律师辩护的“助手”。而这种做法恰恰体现了协同性辩护理论的精髓。

其四，大多数被告人难道只能被动接受律师的辩护安排，而没有沟通和协商的能力吗？

的确，不少被告人都是文化水平低下的人，素质不高，辩护能力无法得到激活，更因为失去人身自由，且经常处于情绪激动的状态，而无法与辩护律师进行富有成效的对话、沟通和协商，对于律师的辩护思路难以理解，更谈不上对律师的辩护方案提供配合和支持。但是，经验表明，也确有一些文化素质较高的被告人，不仅具有一定的辩护能力和论辩技巧，而且也具有强烈的辩护意识。诸如那些曾经身居高位的官员、企业家、知识精英，以及不少本来就从事法律职业的人士，就属于这类人群。在刑事诉讼中，这些被告人不仅向律师提出多次会面、了解案卷情况的请求，也会要求律师及时告知诉讼的进程，了解律师的辩护思路，甚至还会就自己在法庭上作出何种陈述向律师征求意见。换言之，这些被告人具有强烈的参与辩护并接受律师指导的意愿。

协同性辩护理论并不要求每一位被告人都与律师进行有效的沟通和协商，也不要求每一位被告人都能成为律师辩护的“助手”。从刑事辩护的规律来看，被告人可能会作出多种诉讼选择：他可能完全放弃行使辩护权，而全权委托律师进行辩护活动；他也可能在要求律师告知诉讼进程、诉讼证据以及辩护思路的情况下，配合律师提出一些辩护意见；他还可能全方位参与辩护的过程，在每个环节都向律师提出辩护建议，并在法庭上充当辩护的主力……但是，无论被告人作出何种选择，律师都要尽到告知、沟通、协商和说服的义务，与其进行充分的对话和交流，使其在享有知情权的情况下，慎重选择每一辩护行动。不仅如此，律师即便要安排被告人担任“求情者”的角色，而自己充当“抗辩者”的角色，也应说明这种角色安排的根据和预期效果，说服被告人接受这一角色安排。一言以蔽之，协同性辩护理论并不反对律师作出专业上的独立判断，它所要求的是律师不得自说自话、自以为是或者以自我为中心，而应将被告人视为真正的“客户”和委托人，遵守忠诚义务，对其给予充分的尊重，尽到告知、沟通和协商义务。在此基础上，律师所作的辩护才是尽职尽责的。

五、协同性辩护理论的实现

一项科学的理论不仅要对既往发生的事实具有解释力，而且还要对未来的制度发展具有预测力。无论是我国刑事辩护制度的改革，还是律师辩护的实践，都说明辩护律师与被告人通过对话和协商进行协调一致的辩护，可以达到较为理想的辩护效果，符合刑事辩护的发展规律。2012年《刑事诉讼法》确立了律师向在押嫌疑人、被告人“核实有关证据”的权利，首次给予在押嫌疑人、被告人了解案卷材料的机会，这有助于激活被告人的辩护能力，有利于被告人有效地行使举证、质证和辩论的权利。[1]2017年《律师办理刑事案件规范》确立了辩护律师“不得违背当事人意志做不利于当事人利益的辩护”的原则，首次要求律师不仅要维护被告人的利益，而且还要尊重被告人的意志。同时，该项规范还确认了辩护律师与被告人的诉讼代理关系，要求辩护律师在与委托人就辩护观点达不成一致意见时，可以及时终止代理关系，退出辩护工作，给予委托人另行委托辩护人的机会。

---

〔1〕 参见陈瑞华：《论被告人的阅卷权》，载《当代法学》2013年第3期。

上述制度发展都从不同方面体现了协同性辩护的精神，意味着律师应协助被告人有效行使辩护权，追求被告人利益的最大化，并对其辩护观点给予适度的尊重。但是，在制度和实践层面上，相关的制度改革似乎不会就此止步，还可能有更大的空间。对相关制度改革作出预测和展望，不仅是必要的，而且具有现实的可能性。

首先，律师向在押嫌疑人、被告人“核实有关证据”的规则，应得到进一步的发展，使其最终变成在押嫌疑人、被告人的“阅卷权”。

所谓律师“核实有关证据”的权利，其实是一种含义不明的“权利”。在在押嫌疑人、被告人要求查阅相关证据材料的情况下，假如律师拒绝向其加以展示，这似乎并不违背相关规则，却侵犯了嫌疑人、被告人的知情权。假如是否展示证据完全属于辩护律师的自由裁量权，那么，嫌疑人、被告人的辩护能力是根本无法得到激活的。因此，自案件进入审查起诉环节之后，在押嫌疑人、被告人应被赋予“阅卷权”，也就是要求查阅案卷材料的权利。据此，在嫌疑人、被告人自行辩护的情况下，检察机关或者法院有义务向其提交一份案卷的复制件，以确保其获得了解控方指控根据的机会。而在嫌疑人、被告人委托或者被指定律师辩护的情况下，一旦嫌疑人、被告人提出请求，辩护律师有义务向其展示案卷材料，或者就案卷材料向其作出说明和解释。对于嫌疑人、被告人查阅案卷的范围，法律不应作出任何限制，只要是那些被作为指控根据的证据，被告人都有权要求进行查阅，律师也都负有说明和解释的义务。这样，我们有必要将律师“核实有关证据”的条款，逐步改造成嫌疑人、被告人查阅案卷的权利。〔1〕具体而言，对于检察机关或者法院而言，保证被告人、辩护律师查阅案卷，属于一项诉讼义务；对于辩护律师而言，保证被告人获悉案卷内容，并对此作出解释和说明，也属于向被告人负担的义务。而对于嫌疑人、被告人而言，要求检察机关、法院提供案卷材料，要求辩护律师提供相关证据材

---

〔1〕 参见陈瑞华：《刑事辩护的理念》，北京大学出版社2017年版，第293页以下。

料的情况，应属于一项诉讼权利。

其次，无论是在庭审之前，还是在法庭审理过程之中，被告人应获得与辩护律师进行沟通、协商的机会。

在审判阶段，辩护律师通过申请会见与在押被告人进行沟通，这在绝大多数案件中都是不存在障碍的。但是，案件一旦进入法庭审理环节，辩护律师与被告人的对话和沟通就存在很多方面的困难，有待于从制度层面得到切实充分的保障。一方面，法庭布局应当进行全面、彻底的改革。一些地方法院曾经对刑事法庭布局作出过一些改革尝试，在对被告人"去犯罪标签化"的前提下，将被告人的法庭席位置于辩护律师的旁边，以确保辩护律师与被告人随时进行沟通和交流。最高法院向全国推广了对被告人"去犯罪标签化"的改革经验，却拒绝对被告人的法庭席位作出调整。未来，随着司法观念的进一步变化，刑事法庭的席位布局发生变革将是必然发生的。这种法庭席位布局改革的基本原则应当是，保证辩护律师与被告人当庭随时进行沟通和交流的便利，确保两者有机会就辩护思路和辩护方案进行讨论。这是实现协同性辩护的物质保障。[1]

另一方面，在法庭审理过程中，遇有被告人要求与辩护律师进行私下协商，或者辩护律师申请与被告人进行单独协调辩护立场的，法庭应作出暂时休庭的决定。在刑事法庭布局尚未改变的情况下，由于辩护律师与被告人的席位不在一起，这种短暂的休庭对于辩护律师与被告人沟通信息、消除分歧并形成协调一致的辩护立场，是十分重要的。即便将来刑事法庭的席位布局发生上述改变，辩护律师可以随时与被告人进行当庭对话和协商，这种应被告人、辩护律师的申请而暂时休庭的制度安排也是非常必要的。这是因为，辩护律师假如与被告人就辩护观点或辩护角色分担发生严重的分歧，那么仅仅依靠法庭上的即时沟通还是远远不够的。

---

〔1〕 参见张立勇：《完善我国庭审布局的若干思考》，载河南法院网，http://hnfy.chinacourt.org/article/detail/2011/09/id/777446.shtml，2018年4月2日最后访问。

这时候需要法庭审理暂时中止，辩护律师向被告人进行充分的告知，并与被告人进行充分的讨论。直到双方达成一致意见后，法庭才恢复开庭审理。或者双方无法达成一致意见的，被告人假如同意律师发表独立辩护意见的，法庭审理仍然可以继续进行。否则，法庭就应允许辩护律师退出案件的辩护工作，并给予被告人另行委托辩护人的机会。

再次，在辩护律师的建议和指导下，被告人可以对所承担的诉讼角色进行选择。

在刑事审判过程中，被告人有可能同时承担双重诉讼角色：一是行使辩护权利的“辩护者”角色；二是就案件事实作出陈述的“证人”角色。这两种诉讼角色经常会发生冲突。在英美法国家，被告人在审判过程中有两次选择机会：一是在开庭之前作出答辩选择，一旦作出无罪答辩，就意味着要接受完整的法庭审判；二是在法庭审理中，被告人可以在保持沉默和充当本方证人之间作出选择，一旦选择出庭作证，就等于放弃了“辩护者”的角色，而成为一个“辩方证人”。而在大陆法国家，被告人在三种诉讼角色之间作出选择：一是保持沉默，此时不能行使辩护权，也不再作出事实陈述；二是作出无罪陈述，但所提供的只能是被告人辩解，而不是证人证言，同时还可以行使辩护权利；三是作出有罪供述，所提供的是被告人供述，也不是证人证言，同时还可以就量刑问题行使辩护权利。〔1〕

我国刑事诉讼的情况与上述两大法系国家都不相同。刑事被告人没有保持沉默的权利，而只能作出两种选择：一是作出有罪供述，放弃行使无罪辩护权，但可以就量刑问题作出辩护；二是作出无罪辩解，并充当无罪“辩护者”的角色。根据协同性辩护理论，被告人无论选择怎样的诉讼角色，都应与辩护律师进行充分的对话、沟通和讨论，并遵循被告人利益最大化的基本原则。在说服被告人接受辩护思路的前提下，辩护律师可以与被告人所充当的诉

〔1〕 参见陈瑞华：《刑事辩护的理念》，北京大学出版社2017年版，第307页以下。

讼角色进行讨论，找到双方都能接受的最佳角色安排。例如，辩护律师假如作出无罪辩护的，被告人可以同时充当“无罪事实的陈述者”和“无罪辩护者”的角色；辩护律师假如作出有罪辩护的，被告人可以充当“有罪供述的提供者”以及“罪轻或者量刑问题的辩护者”角色。当然，作为一种例外，在被告人同意的前提下，辩护律师也可以作出与被告人不一致的辩护意见，如在被告人作出有罪供述的情况下，律师作出无罪辩护；在被告人作出重罪供述的情况下，律师作出罪轻辩护。但无论如何，辩护律师必须与被告人进行充分协商和讨论，并就上述保护角色分工征得被告人的同意，而不得违背被告人的意志，发表与被告人不一致的辩护意见。

最后，辩护律师拒绝承担协同性辩护义务的，应当承担相应的法律责任。

鉴于协同性辩护是实现律师有效辩护的必要保障，因此，律师违背协同性辩护义务的，所作的辩护应被归为无效辩护。在这一方面，可以根据律师怠于履行职责的情形，确立两种无效辩护情形：一是绝对的无效辩护；二是相对的无效辩护。前者主要是指那些特别严重的不履行职责的情形，如没有与被告人进行必要的会见，无理拒绝被告人了解指控证据的请求，拒绝将辩护思路告知被告人，当庭与被告人就辩护观点发生严重冲突，违背被告人意志作出了不利于被告人的辩护等。而相对的无效辩护，则主要是那些在履行辩护职责方面存在缺陷或者瑕疵的情形，假如由此造成了裁判者拒不接受辩护意见的消极后果，就可以被认定为无效辩护。例如，律师没有与被告人就辩护思路进行多次讨论，律师拒绝对被告人的诉讼角色作出任何安排，律师违背被告人意志作出了不利于被告人的辩护，律师在没有与被告人协商的情况下没有及时提出某一诉讼请求等。

对于律师作出无效辩护的，二审法院应当将其视为剥夺被告人辩护权利的情形，并作出撤销原判、发回重新审判的裁定。不仅如此，对于律师拒绝履行协同性辩护义务而造成无效辩护后果的，委托人还可以向司法行政机关、律师协会或者法律援助机关提出投诉，法院也可以向这些机构提出司法建议。这些机构可以对无效辩护的律师进行调查，必要时作出相应的纪律惩戒。

六、结论

在对律师独立辩护理论进行全面反思的基础上，通过总结我国刑事辩护制度的发展经验，我们提出了一种协同性辩护理论，要求律师在承担忠诚义务的前提下，及时将指控证据和指控根据告知被告人，在激活被告人辩护能力的前提下，与被告人就辩护思路进行充分沟通和协商，并就法庭上的辩护角色安排，与被告人进行进一步的对话，最终促使双方形成协调一致的辩护立场，以便达到较为理想的辩护效果。

这种协同性辩护理论的提出，符合辩护律师与被告人的诉讼代理关系，符合被告人利益最大化的诉讼原则，有利于贯彻有效辩护的理念，也符合我国刑事辩护实践的基本惯例。这一辩护理论既是对既往刑事辩护经验的总结，也可以成为未来刑事辩护制度改革的指导性理念。在这一理论的启示下，法律应逐步确立被告人的阅卷权，确保辩护律师与被告人在沟通和协商方面获得更大的便利和保障，使被告人在辩护律师指导下就诉讼角色作出更为适当的选择。不仅如此，律师承担协同性辩护义务的情况，还应与无效辩护制度建立有机的联系，对于不履行沟通和协商义务的律师，应当确立无效辩护的后果，并使其承担相应的法律责任。

第八章

辩护律师职业伦理的模式转型

一、问题的提出

近期，随着一些重大刑事案件的庭审过程在新闻媒体上的披露，辩护律师的职业伦理问题引起各界的广泛关注。在陕西省汉中市中级人民法院对张扣扣涉嫌故意杀人案的庭审中，辩护律师从“复仇有着人性和社会基础”“国家法吸纳民间正义情感”等角度进行的辩护，引发了部分学者和法律界人士的批评。而争议的焦点问题从最初的“辩护是否适当”走向“律师如何进行有效辩护”的问题。[1]通过此案所引发的争议，我们要反思的问题是，在一个貌似被告人“罪大恶极”、诉讼结局没有太大悬念的案件中，辩护律师究竟如何从事实和法律的角度提出专业化的辩护？而律师在明知难以说服法官作出有利于被告人裁判的情况下，选择从道德、社会、政治等法律以外的角度进行一些带有“表演性”的辩护，这究竟能否维护委托人的合法权益，是否符合律师的职业伦理？

---

〔1〕 参见刘远举：《张扣扣案余波：辩护词引发的舆论之争》，载《联合早报》中文网，“人物评论”频道，“观点评论”栏目，2019年10月2日最后访问。另参见苏力：《法律辩护应基于案情和事实》，载中国法院网，“评论”频道，“时政”栏目，2019年10月2日最后访问。

假如我们再往前追溯的话，就会发现几乎在所有引起争议的刑事案件中，律师职业伦理问题早就成为社会各界关注的问题。只不过，这种关注往往存在于新闻领域和社会公共领域之中，而很少变成一个学术问题，更谈不上引发法学界的讨论了。例如，在浙江省杭州市中级人民法院对莫某晶纵火案的审理中，辩护律师因所提出的诸如申请证人出庭作证、申请法院变更管辖等请求，没有得到合议庭的批准，就愤而退出法庭，拒绝继续从事辩护活动。这一案件在引发各界对该案法庭审理的公正性进行议论的同时，也导致人们对辩护律师擅自“罢庭”行为的正当性提出了质疑。未经与委托人协商并征得其同意，律师退出法庭辩护的行为是否会损害委托人的利益？这一问题困扰着很多人，并没有因为某市律师协会对该律师作出惩戒决定而得到真正解决。〔1〕又如，在几年前发生在上海的杨某杀人案件中，某中级法院为被告人指定了当时担任某区政府法律顾问的律师担任辩护人，而在法院开庭审理之前，该律师在媒体上发表了诸如“杨某被判死刑是不可避免的”等言论，引发律师界对该律师的强烈批评，该律师的职业操守也受到各界的普遍质疑。这一点再加上法庭审理流于形式的问题，最终导致一审的审理过程和裁判结论受到各界的广泛批评。〔2〕再如，在更早的时间里，一些律师热衷于在法庭上进行“独立辩护”，“不受委托人意志的左右”，经常与被告人发生辩护观点的分歧乃至冲突，要么在被告人认罪的情况下作无罪辩护，要么在被告人不认罪的情况下作有罪辩护，甚至两个为同一被告人辩护的律师，竟然发表相互矛盾的辩护观点。这种律师与委托人发生辩护观点冲突的情况，引发各界对律师“独立辩护”正当性及其实际效果的强烈质疑。〔3〕

---

〔1〕 参见王婧祎等：《杭州保姆纵火案辩护律师被调查》，载《法制晚报》2017年12月23日。

〔2〕 参见《杨佳案背后的故事之“双面律师”？》，载中国法律信息网法律专题，https://service.law-star.com/zt/zt0180/index.htm，2019年10月2日最后访问。另参见王钢桥：《谢有明律师应主动回避杨佳案》，载《新京报》2008年7月27日。

〔3〕 参见赵蕾：《李庄案辩护：荒诞的各说各话？》，载《南方周末》2010年8月12日。

我国律师法对于律师的职业伦理问题作出了一些规定。但是，这些规定要么笼统地强调律师应当“维护委托人的合法权益”，要么武断地要求律师“以事实为根据”，“维护国家法律的正确实施”，“维护社会公平正义”，而没有为律师确立一些可操作的行为准则。尤其是对于辩护律师在执业中面临的诸多困境，律师法没有确立一些有针对性的规则。而自1996年以来，我国律师的法律定位发生了几次重大转变，先是从“国家法律工作者”变成“社会法律工作者”，再变成“为当事人提供法律服务的执业人员”，但律师的职业伦理并没有随着这种身份定位的转变而发生实质性的变化。不仅如此，全国律协2000年发布的《律师办理刑事案件规范》竟然明文确立了律师“独立辩护”的原则，要求律师在辩护时“不受当事人意志的左右”。〔1〕在这种法律规范的约束和影响下，辩护律师与委托人的关系产生了异化和扭曲，一些律师不顾及委托人的意思而随心所欲地进行辩护。对于这种所谓的“独立辩护”理论及其在理论上和实践中的问题，法学界进行了初步的讨论，律师界也有人进行了难得的反思。〔2〕

2017年，在经过激烈的争论和征求意见之后，全国律协推出了新版的《律师办理刑事案件规范》。原有的律师“独立辩护”条款最终被删除，取而代之的是一种崭新的律师执业行为规范。该规范在坚持律师“依法独立履行辩护职责”观点的同时，又明确要求律师“在法律和事实的基础上尊重当事人意见，按照有利于当事人的原则开展工作，不得违背当事人的意愿提出不利于当事人的辩护意见”。与此同时，该规范还要求，律师与委托人就辩护方案产生严重分歧，不能达成一致的，可以“代表律师事务所与委托人协商解除委托关系”。〔3〕

---

〔1〕 参见中华全国律师协会2000年发布的《律师办理刑事案件规范》第7条。

〔2〕 参见陈瑞华：《独立辩护人理论的反思与重构》，载《政法论坛》2013年第6期。

〔3〕 参见中华全国律师协会2017年发布的《律师办理刑事案件规范》第5条和第12条。

应当说，全国律协通过的《律师办理刑事案件规范》，首次确立了辩护律师的忠诚义务，要求律师在按照有利于委托人的原则进行辩护的同时，也要尊重委托人的意愿。这相对于过去片面强调律师“独立辩护”而言，显然是一个重大的进步。〔1〕该项规范还要求律师与委托人就辩护观点进行协商，在存在严重分歧时通过解除委托关系来解决问题，而禁止律师当庭与委托人发生辩护观点的冲突。〔2〕这对于维护律师的形象和声誉，确保委托人获得有效的辩护，都是有利的。但是，由于律师界在辩护律师职业伦理问题上存在严重的分歧和争议，该项规范的上述表述属于各方达成妥协的结果，因此，相关条款的表述就势必存在逻辑不周延、含义欠清晰的问题。而根据一些资深律师的解读，这些新的条款也有可能引发新的分歧和争议。

例如，该规范对律师提出的“依法独立履行辩护职责”的要求，被解读为独立于司法机关以及当事人以外的其他因素，而不等于独立于当事人。〔3〕但是，该规范又要求律师依据“事实”和“法律”进行辩护，只能维护委托人的“合法”权益。这本身是否存在矛盾？又如，该规范禁止律师违背委托人意愿提出“不利于委托人的辩护意见”。这就意味着律师可以违背委托人的意志，提出“有利于委托人的辩护意见”，也就是在委托人认为自己有罪的情况下，提出无罪辩护意见，或者在委托人认为自己罪重的情况下，提出罪轻的辩护意见。对于这一点，几乎所有律师都以委托人不懂法律，没有辩护能力和判断能力为由，表示赞同的态度。但是，这种以是否“有利于委托人”为标准来确定律师可否违背委托人意志

〔1〕 参见田文昌:《关于〈律师办理刑事案件规范〉修改的几个问题》，载《中国律师》2017年第9期。

〔2〕 参见韩嘉毅:《修改〈律师办理刑事案件规范〉的几点说明》，载《中国律师》2017年第9期。

〔3〕 参见田文昌:《关于〈律师办理刑事案件规范〉修改的几个问题》，载《中国律师》2017年第9期。

的观点，仍然会带来律师与委托人发生辩护观点冲突的问题。〔1〕再如，在与委托人发生辩护观点冲突的情况下，规范允许律师通过解除委托关系来作为最终解决方案。但这也会带来律师以解除委托关系来迫使委托人接受其辩护观点的问题。〔2〕而在刑事诉讼的紧要关头，尤其是在法庭审理过程中，辩护律师因为与委托人辩护观点不一致就动辄威胁“解除委托关系”，这会不会使委托人陷入更加危险的境地？

很显然，上述规范在试图解决律师与委托人辩护冲突问题的同时，又产生了一些新的问题。这些问题就其本质而言，仍然属于辩护律师职业伦理的范畴。而对于这种职业伦理问题，法学界和律师界过去更多的是从法理学角度进行一些宏观的思考，对于一些源自英美法的命题或概念采取无保留接受的态度，而对于中国律师界面临的职业伦理难题则缺乏有针对性的讨论。尤其是面对中国辩护律师遇到或者面临的职业伦理困境，现有研究既缺乏实证分析，也谈不上系统的理论总结和提炼。鉴于此，本章拟从模式转型的角度，对辩护律师职业伦理问题作出初步的讨论。笔者将从辩护律师与委托人关系的定位出发，将我国现行的律师职业伦理模式概括为一种“辩护律师职业伦理的双中心模式”（以下简称“双中心模式”），并对该模式的基本特征和主要缺陷作出简要的分析。在反思“双中心模式”的基础上，笔者将提出一种新的辩护律师职业伦理模式，也就是“单一中心模式”。对于这一新模式的基本特征和正当性基础，本章将作出全面的讨论。本章的结论是，唯有坚持将维护委托人利益和尊重委托人意志作为律师辩护的出发点和归宿，不再要求律师承担司法人员的行为准则，才符合辩护律师作为法律代理人的职业定位，为未来辩护律师职业伦理制度的长远发展奠定基础。

---

〔1〕 参见许兰亭：《〈律师办理刑事案件规范〉的几点理解》，载《中国律师》2017年第9期。

〔2〕 参见韩嘉毅：《修改〈律师办理刑事案件规范〉的几点说明》，载《中国律师》2017年第9期。

二、辩护律师职业伦理的“双中心模式”

与其他行业的职业伦理一样，律师职业伦理是用来规范和约束律师执业行为的规范。与一般的社会公共道德规范不同，律师职业伦理规范具有强制力和可执行力，可成为具有法律效力的行为准则。任何律师一旦违反这些行为规范，就有可能遭受不利的后果，在程序上会被启动调查和惩戒程序，在实体上则可能受到从警告、谴责一直到取消律师资格的纪律制裁。一般说来，律师除了要履行遵守职业伦理规范的义务以外，还要履行律师与委托人所达成的委托代理协议，并且要遵守行政法和刑法的规定。其中，遵守委托代理协议属于律师的民事守约义务，违反这类协议会构成一种民事违约行为，要承担违约责任；遵守行政法和刑法等国家法律，则是律师作为一个公民的守法义务，违反这些法律的律师要承担行政责任乃至刑事责任。而遵守职业伦理规范的义务则属于在遵守委托代理协议之上的更高义务。这种义务具有相对的独立性，经常被视为律师行业协会内部要求律师履行的义务。但是，有些职业伦理规范具有非常重要的地位，以至于被确立在律师法、行政法乃至刑法之中，律师一旦违反这些伦理规范，就不仅会受到行业协会的纪律惩戒，还有可能直接受到民事处罚、行政处罚乃至被追究刑事责任。

辩护律师的职业伦理规范主要是围绕律师与委托人的关系而建立起来的一套行为准则。在几乎所有国家的辩护律师职业伦理中，忠诚义务都被作为辩护律师所要承担的首要义务。所谓忠诚义务，其核心含义是辩护律师应当维护委托人的利益。但从其所要解决的问题来看，忠诚义务其实有积极层面和消极层面之分，前者与有效辩护具有相似的含义，是指律师应尽其所能，追求有利于委托人的最佳结局，实现委托人利益的最大化。后者则是律师所要承担的最低义务，也就是律师不得从事损害、妨碍或不利于委托人利益的行为。

但是，辩护律师假如将维护委托人利益奉为唯一的执业准则，就有可能从事一些妨碍事实发现、阻碍法律实施、损害社会公平正义的行为。例如，律师可能会从事毁灭、伪造证据或者唆使、引诱证人作伪证的行为，可能会对司法人员采取贿赂、输送利益、不当接触等违法行为，也可能采取扰乱法庭秩序、损害法庭尊严、有辱法官人格等不当行为。这些行为在任何一个社会都会被视为不当乃至违法的行为，实施这些行为的律师都会受到程度不同的纪律惩戒乃至法律处罚。因此，为确保律师的辩护活动被纳入一个准确的轨道，律师在承担调查义务的同时，又被要求承担另一种义务，也就是尊重事实真相、维护法律实施和维护社会公平正义的义务。通过承担这一种义务，律师要站在社会公共利益的立场上，维护一种超越委托人利益之上的更大利益，因此，我们可以将其称为"公益义务"。

在处理与委托人关系方面，我国律师法和律师执业规范确立了忠诚义务与公益义务并重的模式，这一模式几乎体现在律师辩护的全过程之中。对此职业伦理模式，我们可以称为"双中心模式"。

（一）"双中心模式"的特征

在我国的辩护律师职业伦理规范中，一直存在一种将忠诚义务与公益义务加以兼顾的理论。根据这一理论，律师在辩护过程中，要按照有利于委托人的原则，注重维护委托人的权益，实现委托人利益的最大化，但同时也要注重尊重事实和法律，维护法律正确实施，维护社会公平和正义。律师所要维护的是委托人的"合法权益"，而不能背离事实和法律来寻求委托人利益的最大化。同时律师尽管要像司法人员那样遵循"以事实为根据，以法律为准绳"的原则，但也应遵守不损害委托人利益的底线，没有法定事由不得泄露委托人的个人秘密，不得随意拒绝或退出辩护，不得存在可能影响其履行忠诚义务的利益冲突。由于律师在辩护中要同时遵守并兼顾忠诚义务和公益义务，而两者至少在法律层面并没有高下之分，因此，我们可以将这种理论称为辩护律师职业伦理的"双中心理论"。

我国律师法和律师执业行为准则确立了辩护律师的大量义务，其中的大部分内容都可以被归入忠诚义务或者公益义务之中。例如，上述法律和规范从积极和消极两个层面列举了辩护律师的忠诚义务。为履行积极的忠诚义务，律师应当遵循以下执业行为准则：一是“诚实守信，勤勉尽责，尽职尽责地维护委托人的合法权益”；二是“敬业勤业，努力钻研业务，掌握执业所应具备的法律知识和服务技能，不断提高执业水平”；三是“充分运用自己的专业知识和技能，尽心尽职地根据法律的规定完成委托事项，最大限度地维护委托人的合法权益”；四是“严格按照法律规定的期限、时效以及与委托人约定的时间，及时办理委托的事务”；五是“及时告知委托人有关代理工作的情况，对委托人了解委托事项情况的正当要求，应当尽快给予答复”；六是“谨慎保管委托人提供的证据和其他法律文件，保证其不丢失或者损毁”；等等。

为了有效地承担消极的忠诚义务，避免损害委托人的利益，律师应遵守以下基本行为准则：一是“不应接受自己不能办理的法律事务”；二是“遵循诚实守信的原则，客观地告知委托人所委托事项可能出现的法律风险，不得故意对可能出现的风险做不恰当的表述或做虚假承诺”；三是“不得在同一案件中为双方当事人担任代理人”，也不得存在可能妨碍其履行忠诚义务的利益冲突；四是“不得超越委托人委托的代理权限，不得利用委托关系从事与委托代理的法律事务无关的活动”；五是“接受委托后无正当理由不得拒绝为委托人代理”；六是“接受委托后未经委托人同意，不得擅自转委托他人代理”；七是“不得挪用或者侵占代委托人保管的财物”；八是“不得从对方当事人处接受利益或向其要求或约定利益”；九是对与委托事项有关的保密信息，“委托代理关系结束后仍有保密义务”……

在依据忠诚义务确立律师行为准则的同时，律师法和律师执业规范还从维护公益义务的角度确立了一系列律师行为准则。从执业目标来看，律师应当“忠于宪法和法律，坚持以事实为根据，以法律为准绳，严格依法执业”；律师应当“忠于职守，坚持原则，维护国家法律与社会正义”；律师应“珍视和维护律师执业声誉，模范遵守社会公德，注重陶冶品行和道德修养”。而从与执法人员交往的角度来看，律师应当遵守以下行为准则：一是遵守法庭纪律，尊重法官，按时提交法律文件，按时出庭；二是“出庭时按规定着装，举止文明礼貌，不得使用侮辱、谩骂或诽谤性语言”；三是不得以影响案件的审理和裁决为目的，与本案审判人员、检察人员“在非办公场所接触，不得向上述人员馈赠钱物，也不得以许诺、回报或提供其他便利等与承办案件的执法人员进行交易”；四是不得“向委托人宣传自己与有管辖权的执法人员及其他人员有亲朋关系，不得利用这种关系招揽业务”；五是“依法取证，不得伪造证据，不得怂恿委托人伪造证据、提供虚假证词，不得暗示、诱导、威胁他人提供虚假证据”；等等。

在处理与委托人关系方面，律师应按照维护公益义务的原则，遵守以下行为准则：一是“维护委托人的合法权益”，“有权根据法律的要求和道德的标准，选择完成或实现委托目的的方法”；二是“恪守独立履行职责的原则，不因迎合委托人或满足委托人的不当要求，丧失客观、公正的立场，不得协助委托人实施非法的或具有欺诈性的行为”；三是作为禁止拒绝辩护规则的例外，在“委托事项违法、委托人利用律师提供的服务从事违法活动或者委托人故意隐瞒与案件有关的重要事实的”，“有权告知委托人并要求其整改，有权拒绝辩护或者代理，或以其他方式终止委托”；四是作为保守职业秘密原则的例外，律师对于在执业活动中知悉的“委托人或其他人准备或者正在实施危害国家安全、公共安全以及严重危害他人人身安全的犯罪事实和信息”，不承担保密义务。

通过分析上述律师执业行为准则，我们可以发现，辩护律师在执业过程中应同时承担忠诚义务和公益义务，这两种义务不仅被融入律师执业的基本目标，而且对律师的辩护活动具有同等重要的规范作用。而在纪律惩戒方面，违反上述任何一项义务，都有可能构成律师违规行为，并受到某种纪律惩戒。辩护律师职业伦理的“双中心理论”其实是为律师的执业行为确立了两套职业伦理体系，其中，忠诚义务是以委托人利益的维护为中心的伦理规范，而公益义务则是以国家和社会利益为中心的伦理准则。在律师兼顾忠诚义务和公益义务这一现象的背后，其实存在“委托人利益与国家和社会利益并重”的理念。

应当说，站在我国法律改革和律师制度发展的角度来说，这种“双中心模式”的出现，与律师从“国家法律工作者”到“社会法律工作者”，再到“法律服务工作者”的职业定位相适应，属于一种符合律师制度和辩护制度发展规律的职业伦理模式。这种模式纠正了过去过于偏重公益义务的立法和司法倾向，逐渐将忠诚义务与公益义务视为律师职业伦理的两个中心理念，将委托人利益与国家和社会利益予以同等对待，引导着律师制度和辩护制度进入准确的发展轨道。几乎所有国家在确立律师职业伦理规范时，都要对忠诚义务与公益义务的关系作出适当调整，这是当代律师职业伦理不容回避的两个基本面向。

（二）“双中心模式”的反思

但是，由于深受中国儒家“中庸”思想的影响，也由于对国家权力与个人权利的关系没有形成较为成熟的认识，我国公法领域在面对国家权力与个人权利的冲突时，经常出现一些以诸如“兼顾”“协调”“并重”“有机统一”为标志的理论。尤其是在刑事诉讼领域，法律界动辄倡导所谓“打击犯罪与保障人权的平衡”“实体真实与正当程序的兼顾”“实体正义与程序正义的协调”“司法正义与诉讼效率的并重”等。这种貌似全面的理论，其实在逻辑上非常空洞，所提出的是一种似是而非的命题，对于两个相对立的主张何者优先的问题进行了回避。

“双中心模式”也不例外。这一模式也将两个相互冲突的命题并列在一起，既不划定优先顺序，也不提供解决冲突的方案和指引，而任由辩护律师去“协调”和“并重”。其实，所谓“忠诚义务”就是保护刑事被告人权利的一种方式，是辩护律师为委托人利益而斗争的重要体现。律师要维护委托人的利益，就要与刑事追诉机关进行积极的抗争，并对审判机关施加积极的说服力和影响力。而所谓“公益义务”，则是维护国家和社会利益的重要表现，意味着辩护律师要从尊重事实、维护法律实施和实现社会公平和正义的角度，对其辩护活动进行自我限制，避免对犯罪事实的发现造成消极影响，防止对国家惩罚犯罪的目标施加过多的妨碍。

除在理论上存在逻辑错乱以外，“双中心模式”还会对律师的辩护实践产生消极的影响。在这一理论的“指导”下，面对忠诚义务与公益义务发生矛盾的一些场合，律师通常会选择站在“事实”、“法律”乃至“社会正义”的立场上，来牺牲忠诚义务，甚至直接成为委托人利益的损害者。我们可以从以下几个角度对此加以分析和评论。

首先，“双中心模式”对律师提出了含义不明的公益义务要求，混淆了律师与司法人员的职业伦理界限，使律师承担了与其“法律服务工作者”身份不符的职业伦理。

我国律师法和律师行为规范经常要求律师维护委托人的“合法”权益，要求律师“以事实为根据，以法律为准绳”，在尊重事实和法律的基础上进行辩护活动，还要维护法律的正确实施，维护社会公平和正义。这些公益义务的要求无异于要求律师承担法官、检察官所要承担的司法责任，使律师维护委托人权益的效果受到诸多法的限制。但司法实践的经验表明，律师在接受委托担任辩护人之后，对事实认定和法律适用并没有清晰的认识。有时候就连侦查员、检察官和法官，对案件事实和法律适用都有一个认识的过程，甚至会发生一定的分歧，更何况专门负责维护委托人权益的辩护律师呢？假如我们动辄要求律师“以事实为根据”，那么，在案件事实不清、证据不足时，哪有“事实”可供律师作为辩护的根据呢？假如我们要求律师“维护法律的正确实施”，那么，在侦查人员存在非法取证行为时，律师一旦提出排除非法证据的申请，并成功地说服法院作出排除非法证据的裁决，那么，这种有助于刑事诉讼法实施的辩护方式，岂不妨碍了刑法的“正确实施”了吗？又假如我们动辄要求律师“维护社会公平正义”，那么，在律师尽职尽责地进行无罪辩护，并成功地说服法院以“事实不清”或者“某一犯罪构成要件不成立”为由宣告被告人无罪，那么，这岂不导致“放纵一些事实上有罪的人”吗？这怎么符合社会公平正义的理念呢？

四十年来，我国律师的身份定位经历了从“国家法律工作者”到“社会法律工作者”，再到“法律服务工作者”的转变，但是，律师所承担的公益义务无论是内容还是形式都没有随之发生实质的变化。让辩护律师承担“尊重事实”的责任，无异于将侦查员、检察官和法官的责任强加到律师身上；让辩护律师履行“维护法律正确实施”的责任，意味着律师被赋予“法律守护人”的职责，使得辩护与公诉、审判的职能发生混淆；让辩护律师承担“维护社会公平正义”的义务，则等于给律师套上沉重的“枷锁”，承担不应该有的政治负担和道德负担，背离了律师职业伦理的初衷。马克思有句名言：“在刑事诉讼中，法官、原告和辩护人都集中到一个人身上，这种集中是和心理学的全部规律相矛盾的。”〔1〕同样，“双中心模式”要求辩护律师既充当刑事被告人权益的维护者，又承担一些本应由检察官、法官承担的发现事实真相、维护法律实施、实现社会公平正义的责任，这显然也违背了心理学的基本规律，使辩护律师承担了无法承受的职业伦理。

其次，“双中心模式”要求辩护律师维护委托人的“合法”权益，使律师在辩护过程中充当了裁判者的角色，对委托人权益的“合法性”和“正当性”进行审查和判断。这是“独立辩护”理论盛行不衰的重要原因。

“双中心模式”要求辩护律师时刻注意委托人权益的合法性和正当性，这等于在为委托人提供法律帮助时充当了裁判者的角色，不仅要对委托人权益的合法性和正当性进行审查，而且对其中“没有事实根据”、“不合法”以及“不正当”的权益和主张，可能直接

---

〔1〕《马克思恩格斯全集》(第1卷)，人民出版社1956年版，第30页。

加以拒绝和排斥。这是产生“独立辩护”理论的重要根源。律师既然要站在事实和法律的立场上进行辩护活动，当然就会保持独立的意志，不受委托人意愿的左右和约束。例如，委托人认为自己无罪，律师“根据事实和法律”认为他有罪的，就可以不顾其反对，而提出有罪辩护意见；委托人认为自己有罪，律师依据事实和法律认为他不构成犯罪的，也可以置委托人意愿于不顾，而提出无罪辩护意见。又如，两名接受同一被告人委托的辩护律师，不仅不受委托人意志的左右，甚至也不受其他辩护人辩护观点的影响，也可以“独立辩护”为由，提出相互矛盾的辩护意见。这些类似“同室操戈”“自相残杀”的辩护方式，之所以长期在我国辩护实践中出现，之所以为律师界普遍接受，与“双中心模式”的影响是密不可分的。2017年全国律协通过的《律师办理刑事案件规范》，在禁止律师违背委托人意愿发表“不利于委托人的辩护意见”的同时，仍然允许律师违背委托人意愿提出“有利于委托人的辩护意见”。这显然表明，律师界仍然有条件地接受“独立辩护”的理念，哪怕这种独立辩护违背忠诚义务也在所不惜。应当说，这种根深蒂固的“独立辩护”思想，还是受到了“双中心模式”的深刻影响。假如不对“双中心模式”进行深刻反思，那么，“独立辩护”理论的盛行将是不可避免的。

再次，根据“双中心模式”，律师法和律师行为规范在确立消极的忠诚义务的同时，又保留了一些带有公益义务性质的例外情形，使律师在辩护过程中充满矛盾，左右为难，进退失据，无法有效维护委托人的权益。这突出地体现在禁止无理拒绝辩护和保守职业秘密等方面。

在禁止无理拒绝辩护方面，辩护律师在三种情况下可以拒绝辩护或者解除委托关系：一是“委托事项违法”；二是“委托人利用律师提供的服务从事违法活动”；三是“委托人故意隐瞒与案件有关的重要事实”。其中，对于委托人委托事项的合法性问题，经常缺乏清晰的判断标准，容易造成律师任意解释这一条款。例如，委托人要求律师做无罪辩护，而律师认为委托人构成犯罪，或者辩护律师认为案件只有量刑辩护的空间，而委托人要求律师申请退还所有被查封、扣押的涉案财物的，这些情况究竟属于辩护观点的分歧，还是委托事项违法呢？而委托人“利用律师提供的服务从事违法活动”，则更属于含义模糊的情形。假如委托人要求查阅律师所掌握的案卷材料，以便与律师讨论辩护方案，那这种情况究竟属于“核实有关证据”，还是“从事违法活动”呢？更有甚者，委托人即便隐瞒了一些案件事实，但只要不妨碍律师的辩护活动，且不足以影响律师与委托人的信任关系的，律师有什么理由要拒绝辩护呢？

很显然，这些含义模糊的例外情形，使律师享有极大的自由裁量权，在判断是否拒绝辩护方面占据了绝对的优势地位。而处于弱者地位的刑事被告人，则要战战兢兢地接受律师的裁判，一旦律师认为其委托事项“违法”，或者“隐瞒重要事实”，就有可能招致被拒绝辩护的风险。尤其是在诉讼进程之中，在委托人权益保护最为关键的场合，辩护律师仅仅因为某一委托事项违法或者委托人不说实话，就退出辩护，这是不是有“趁人之危”之嫌？此外，假如委托人委托事项确实违反法律，或者委托人提出了一些违法要求，辩护律师只需就事论事，拒绝这种委托事项或者委托要求，继续为其进行其他方面的辩护活动，就足已达到效果了，何必非得要采取拒绝辩护或者退出辩护这种重大举动呢？

而在保守职业秘密方面，我国法律区分了所谓的“已然之罪”与“未然行为”，要求律师只承担保守已然事实（如委托人已经实施犯罪的事实）的义务，而对于委托人的未然行为（如委托人和其他人准备或者正在实施的犯罪事实），则不承担保密义务，而可以揭发检举或者提供相关证言。但是，在任何现代法治国家，对辩护律师保守职业秘密的例外情形，都要加以慎重对待，严格限制适用范围，避免律师随意地成为“告密者”或者“控方证人”。一般情况下，只有对于委托人正在实施的特定重大犯罪行为，或者委托人以律师本人为加害对象正在实施的犯罪行为，辩护律师才可以放弃对其职业秘密的保守义务。与此同时，既便遇有这些情况，辩护律师也要先对委托人的行为加以警告，优先使用退出辩护的权利，而只有在万不得已的情况下，才可以向有关司法机关告知这种行为。但无论如何，司法机关都只能将律师告知的情况视为相关线索，而一般不得强迫律师充当“控方证人”。但反观我国律师法和司法实践，且不说那种委托人针对律师所实施的犯罪行为，并没有被列入保守职业秘密的例外情形，就连律师从委托人那里所了解的“其他人”准备或正在实施的犯罪行为，也被列入律师不需保守秘密的情形，而且保守职业秘密的例外情形所适用的范围也过于宽泛，这就等于赋予辩护律师在放弃保守职业秘密方面享有过大的自由裁量权。不仅如此，辩护律师即便遇到应当放弃保守秘密义务的场合，也应当先行采取诸如警告、退出辩护等措施，即便向司法机关进行告知，也有拒绝充当控方证人的权利。对于这些问题，我国法律都没有作出相应的制度安排。

可以说，在律师保守职业秘密的例外情形方面，我国法律侧重将维护国家利益和社会公共利益作为考虑的因素，使律师的忠诚义务让位于公益义务。这对于辩护律师职业伦理的正当设置，显然是非常不利的，也会对律师职业的声誉和长远发展造成极为负面的影响。

最后，同样是违反职业伦理规范的行为，辩护律师违反公益义务的行为会受到严厉惩处，而那些违反忠诚义务的行为，则会受到明显不均衡的处罚。

由于受“双中心模式”的影响，我国侧重强调律师的公益义务，对于律师毁灭、伪造证据，贿赂司法人员，扰乱法庭秩序等方面的行为，确立了较为严厉的法律责任，甚至在刑法上确立了相应的罪名，司法实践中也不乏追究辩护律师刑事责任的案例。而对于律师损害委托人利益的行为，如泄露职业秘密、任意拒绝辩护、欺骗委托人、无效辩护等方面的行为，则确立了较为宽松的法律责任，甚至刑法连相应的罪名都没有设立。司法实践中极少发生因为律师损害委托人利益而被追究刑事责任的案例。这显然表明，尽管法律将忠诚义务与公益义务视为律师职业伦理的“双重中心”，但在法律责任的设置上，律师的公益义务显然被置于忠诚义务之上，具有更大的优先性。《刑法》第306条专门以辩护律师为特定主体所确立的毁灭、伪造证据罪以及妨害作证罪，由于在实践中经常被滥用，因此引发法律界的强烈批评。但迄今为止，我国刑法都没有像意大利和日本刑法那样，确立泄露职业秘密罪，为追究律师损害委托人利益的行为提供法律依据。很显然，与律师的公益义务相比，律师的忠诚义务没有受到刑事法律的均衡对待。

三、“单一中心模式”的提出

随着社会的发展和法律制度的转型，我国律师制度和刑事辩护制度处于持续不断的变化之中。从原来注重公益义务的职业伦理模式，到忠诚义务的逐渐出现，再到今日的“双中心模式”，显示出辩护律师的职业伦理受制于多方面的因素，并随着那些制约因素的变化而发生相应的变化。本章开始所说的诸多案例引发的社会争议，法律界对律师独立辩护所形成的激烈讨论，都显示出“双中心模式”已经暴露一些固有的缺陷和不足，存在进一步改进的必要性和可能性。时至今日，尽管律师法和律师行为规范并没有发生重大的变化，但是，全国律协2017年通过的《律师办理刑事案件规范》，首次要求律师按照有利于委托人的原则进行辩护活动，提出了尊重委托人意愿的职业伦理要求，并要求律师与委托人进行充分协商，对于双方辩护观点的分歧难以弥合时，通过解除委托关系来解决问题。这显然意味着忠诚义务已经成为辩护律师职业伦理的中心，为维护委托人的权益，宁可牺牲公益义务，也不得违背委托人的意志。而该项规范的主要起草者甚至认为，辩护律师不能独立于委托人意志，而只是独立于司法机关以及委托人以外的其他人。在委托人明确反对的情况下，辩护律师不得发表不利于委托人的辩护意见。[1]这显示出一种新的有别于“双中心模式”的职业伦理模式正在悄然出现。

日本律师佐藤博史在讨论辩护律师的“诚实义务”与“真实义务”的关系时，认为传统的律师职业伦理遵循一种所谓的“椭圆理论”，也就是将被告人和法院视为两个中心，承担着相互矛盾和发生冲突的行为准则。为使律师走出困境，应当坚持一种“圆形理论”，也就是以被告人为唯一中心的职业伦理理论，强调辩护律师“是为了被告人而且只是为了被告人而存在的，对于辩护人来说绝对不能牺牲被告人的利益而追求其他利益”。[2]

德国学者罗科信认为，德国传统理论将辩护律师视为“独立的司法机关”，目前这种主流理论开始受到越来越多的挑战，一些学者受美国法的影响，提出了一些新的见解，强调辩护律师是受到被告人指示控制的“代理人”，犹如“社会上的反对势力”，辩护无非是辩护律师在诉讼程序中为被告人利益所进行的代理工作。还有学者提出了一种民事契约理论，反对将辩护视为公法的一部分，而认为辩护人与委托人所签订的无非是一种民事法上处理事务的契约，辩护律师应完全听从委托人的指示行事，而最多严守法律为代理人设定的边界。还有学者反对将辩护律师定位为代理人，坚持维持其“司法机关”的定位，但辩护律师并不像检察官和法官那样承担追求真实和维护公平正义的义务，而是只从维护被告人权利和有利于被告人的角度进行辩护活动。[3]

受上述观点的启发，笔者认为，既然“双中心模式”在理论上难以自圆其说，在司法实践中会带来种种弊病，那么，我们也可以提出一种“单一中心模式”，强调辩护律师应以维护委托人利益为

---

〔1〕 参见田文昌:《关于〈律师办理刑事案件规范〉修改的几个问题》，载《中国律师》2017年第9期。

〔2〕 参见[日]佐藤博史:《刑事辩护的技术与伦理》，于秀峰、张凌译，法律出版社2012年版，第37页。

〔3〕 参见[德]克劳思·罗科信:《刑事诉讼法》(第24版)，吴丽琪译，法律出版社2003年版，第148页以下。

唯一的目的，以忠诚义务作为律师的核心职业伦理。在以下的讨论中，笔者拟对“单一中心模式”的基本内容及其正当性根据作一简要分析。

（一）什么是“单一中心模式”

与“双中心模式”不同，“单一中心模式”不再将忠诚义务与公益义务视为两个并列的职业伦理要求，而是以维护委托人利益作为辩护律师的唯一目标，追求委托人利益的最大化，避免损害委托人利益的行为。这一新的职业伦理理论具有三个方面的要求：一是在原来的“忠诚义务”中引入“尊重委托人意志”的因素；二是对原来的“公益义务”进行去司法化改造，使其成为立足并服务于忠诚义务的职业伦理要求；三是合理地确立忠诚义务的外部边界。

首先，传统的“忠诚义务”只是强调律师要维护委托人的权益，从积极的层面上追求委托人利益的最大化，从消极的层面上避免损害委托人的利益。但是，假如辩护律师不尊重委托人的意志，而动辄与委托人发生辩护观点的对立和冲突，那么，这种辩护既有可能损害委托人的利益，也难以有效地实现委托人利益最大化的目标。经验表明，辩护律师与委托人一旦发生辩护观点的冲突，两者的辩护效果是相互抵消的，辩护难以起到说服裁判者的效果，这几乎就等于“无效辩护”的代名词。正因如此，辩护律师要维护委托人的利益，就要尽量尊重委托人的意志，从而形成协调一致的辩护立场。当然，律师尊重委托人的意志，并不意味着成为委托人的“代言人”甚至“喉舌”。律师根据自己的专业判断一旦形成辩护观点，应当及时告知委托人，使其享有知情权；与委托人进行充分的沟通、协商和讨论，说服其接受辩护方案；一旦发生辩护观点的分歧，或者委托人提出了令辩护律师无法接受的要求，后者应当表明自己的立场，或者按照委托人的意愿修正自己的辩护方案，或者经过协商在不损害委托人辩护权的前提下，退出辩护，解除委托关系。因此，新的“忠诚义务”，同时包含了“维护委托人利益”和“尊重委托人意志”这两个方面的要求。

其次，按照“单一中心模式”，忠诚义务才是辩护律师职业伦理的核心要求，至于原来与忠诚义务相并列的“公益义务”，固然要继续坚持，但其内涵和外延都要发生实质的改变。具体而言，律师的辩护意见固然要建立在“事实基础上”，但律师并不承担“积极的真实义务”，对于搜集犯罪证据、发现犯罪事实真相，律师不负有任何保障义务。律师所承担的只是“消极的真实义务”，也就是不得通过积极的行为来毁灭证据，伪造证据，威胁、唆使、引诱证人改变证言或者作伪证，不得提交自己明知是虚假或伪造的证据材料。律师站在维护委托人利益的立场上，强调对委托人有利的证据问题和事实问题，指出现有证据不足以证明被告人的“犯罪事实”，现有指控证据在证明力和证据能力方面存在缺陷和瑕疵，需要被排除于法庭之外。只要不是故意妨碍司法人员查明事实真相的活动，律师的上述辩护方式就是无可指责的。

在“单一中心模式”之下，辩护律师固然要承担“维护法律实施”的义务，但是，这与检察机关和法官维护法律实施的职责具有本质的区别。律师并不是承担司法职责，而只是从维护委托人利益的角度，针对侦查员、检察官和法官所作的违法行为寻求救济措施，并主动寻找有助于维护委托人利益的法律依据和裁判先例。对于辩护律师而言，只要不故意错误援引法律，不有意曲解法律原意，也不怂恿司法人员对法律条文作出错误的解释，也就足够了。至于案件最终有没有达到维护法律实施的效果，那就不是辩护律师的责任了。

而根据“单一中心模式”，“维护社会公平正义”固然也是一种不错的职业伦理表述，但这种义务应当被加以重新解释。其实，对于辩护律师而言，维护社会公平正义的真正含义应当是站在委托人立场上，为维护委托人权益，而与侦查机关、公诉机关进行有效的诉讼抗辩，并对说服审判机关作出有利于委托人的裁判结论，从而对上述国家机关行使权力的行为进行强有力的制约与平衡。辩护律师站在刑事被告人的立场上进行有效的辩护，这本身就是维护社会公平正义的体现。除此之外，不能再要求律师像司法人员那样承担维护“司法公正”的义务了。

最后，在对“忠诚义务”和“公益义务”进行重新解释的前提下，有必要对两者的关系作出重新调整。原则上，新的“忠诚义务”应成为辩护律师职业伦理的核心要求，而经过重新解释的“公益义务”则属于忠诚义务的必要保障和外部边界。具体而言，只要对公益义务作出重新解释，那么，律师承担公益义务本身，就可以从不同方面保障忠诚义务的实现。例如，只要坚持“消极的真实义务”，律师就不必承担帮助侦查员、检察官、法官发现案件事实真相的义务，而至多不通过积极行为来妨碍这些官员查明事实的活动。又如，只要坚持“维护有利于委托人的法律得到实施”，律师就不必再承担不合理的司法职责，而只要强调那些有助于委托人利益实现的法律规定就足够了。再如，只要协助委托人有效行使各项权利，对国家权力形成有效的制衡，那么，律师维护社会公平正义的义务也就完成了。

此外，律师在承担忠诚义务的过程中也确实要受到一系列的外部法律限制，这些限制可以被解释为“公益义务”的要求。但是，假如认真作出分析，我们会发现这些外部限制并不是只有辩护律师才要遵守的义务，它们其实是所有人都要严守的法律边界。例如，不得毁灭、伪造证据，不得唆使、引诱证人违背事实改变证言或者作伪证，这难道不是所有人都要遵守的法律义务吗？法官、检察官、侦查员甚至各方当事人，一旦违背这些禁止性规定，难道不也应被追究责任吗？又如，禁止贿赂司法人员，禁止向司法人员进行利益输送或者作出利益承诺，这不也是所有人要遵守的法律要求吗？难道除了辩护律师以外，各方当事人就不需要遵守这些规定了吗？再如，禁止扰乱法庭秩序，禁止损害司法人员的人格和尊严，这不照样属于所有人都要遵守的法律规定吗？除了律师以外，当事人、证人、鉴定人、侦查员、检察官乃至庭审旁听人员，不也对此进行一体遵守吗？

很显然，上述这些禁止性规定并不是辩护律师所独有的职业伦理规范，而属于法律为维护基本的司法公正和诉讼秩序所建立的法律规范。对于辩护律师而言，遵守上述规范固然可以被解释为“公益义务”的要求，但是，这些要求充其量只是律师承担忠诚义务的外部边界，而并不具有替代忠诚义务的地位。

（二）“单一中心模式”的正当性论证

任何命题唯有经过逻辑上和经验上的论证，才能成为令人信服的理论，否则就只能是一种充满主观性的假说而已。我们已经对“双重中心模式”的缺陷作出了分析，但要说服读者接受“单一中心模式”，还需要作出进一步的论证。在笔者看来，我们之所以要接受这种“以忠诚义务为核心”的律师职业伦理模式，主要有以下四个方面的理由：一是律师所具有的“法律代理人”地位，决定了维护委托人利益才是律师辩护活动的唯一目标；二是唯有将忠诚义务视为辩护律师唯一的职业伦理要求，刑事诉讼才能实现实体正义和程序正义的价值；三是1996年以来我国刑事审判构造对对抗式诉讼的适度引入，决定了辩护律师完全站在被告人一方的立场参与诉讼抗辩，而无须承担任何司法职责；四是辩护律师唯有坚持以忠诚义务作为唯一的职业伦理，才能实现有效辩护的目标。下面依次作出简要分析。

1.与“法律代理人”地位相适应的职业伦理

自2017年以来，我国法律将律师定位为“为当事人提供法律服务的执业人员”。这种法律定位固然是对原有的“国家法律工作者”和“社会法律工作者”的替代，体现了律师制度发展的规律，但仍然没有揭示出律师职业的本质特征。其实，从律师与委托人所签订委托协议的性质、内容、后果及救济方式来看，两者具有民法上的代理与被代理的关系。而律师无论从事诉讼业务还是非诉讼业务，他们与委托人（或客户）所发生的都是这种民事代理关系。无论是担任辩护人还是成为诉讼代理人，律师都要在委托人授权的前提下，在其授权范围内，为维护委托人利益而从事法律服务活动。为与一般意义上的“诉讼代理人”有所区分，我们将辩护律师与委托人所形成的关系称为“法律代理人”。

既然我们承认辩护律师与委托人之间具有这种委托代理关系，那么，辩护律师除了遵守委托协议书所设定的权利义务条款以外，还需要遵守一种基于“法律代理人”地位所产生的职业伦理。其实，这种职业伦理一点都不复杂，“受人之托，成人之事”就是其最通俗的民间表达。而我们所说的“忠诚义务”，就是对这种职业伦理所作的一种理论表达形式。一般所说的“不得出卖被代理人的利益”，其实就是“消极的忠诚义务”；通常所说的“实现被代理人利益的最大化”，其实也就是“积极的忠诚义务”；“不得超越被代理人的授权范围”，其实说的就是“尊重委托人的意志”。除维护委托人利益以外，辩护律师不承担维护其他方面利益的义务。至于从国家利益层面出发的发现事实真相、维护法律实施以及维护社会公平正义，则属于司法人员所要承担的义务，而与律师作为法律代理人的角色没有必然关系。至于法律为辩护律师执业所设定的外部法律边界，那也是任何人都要遵守的法律规范，并不是律师所独有的职业伦理。

唯有坚持将“忠诚义务”奉为辩护律师的核心职业伦理，律师的辩护活动才能不偏离法律代理人的正常轨道，与委托人的合作关系才能得到维系。否则，法律一旦要求律师在维护委托人利益之外还要承担维护国家利益、社会利益的职责，就会破坏这种委托代理关系，损害委托人的利益，甚至导致律师与委托人代理关系的破裂。

2.程序正义和实体正义的实现

正义是一种在国家权力与个人权利之间的均衡状态。唯有建立辩护制度并激活律师的辩护能力，才能使刑事被告人获得公正的对待。在“双中心模式”下，辩护律师被要求承担较多的公益义务，甚至为维护国家和社会的利益而牺牲委托人的利益。本来，面对强大的侦查机关、检察机关，被告人就处于较为弱势的地位，其权益很容易受到非法侵犯。而在没有辩护律师的有力帮助的情况下，审判机关极其容易接受检察机关的起诉意见，导致审判成为“定罪量刑的仪式”。假如辩护律师不为被告人提供尽职尽责的法律帮助，甚至协助司法机关分担发现事实真相、维护法律实施的职能，那么，被告人将会“雪上加霜”，陷入更为不利的境地。一个承担较多公益义务的辩护律师，无法保证被告人积极有效地参与诉讼过程，更无法从有利于委托人的角度提出辩护意见，对冤假错案的发生难以起到遏制作用。

我们之所以要坚持辩护律师职业伦理的“单一中心模式”，就是因为律师唯有将维护委托人利益奉为唯一的中心目标，而不再承担那些本应由司法人员承担的公益义务，才能严守不损害委托人利益的职业底线，不被迫承担协助追诉犯罪的职责，不再摇身一变成为“控方证人”甚至“第二公诉人”；律师才可以完全站在委托人立场上，与其经过充分沟通、协商和讨论，在协调一致的基础上形成最适当的辩护方案和辩护策略，两者相互配合，发挥刑事辩护的合力，产生最佳的辩护效果。唯有如此，辩护律师在委托人的配合下，才可以对国家专门机关构成一种有力的制衡力量，通过积极有效的诉讼参与，对司法机关的裁判施加最大的影响，防止其作出不正确、不合法、不合理的定罪量刑结论。辩护律师唯有以维护委托人利益作为唯一的执业出发点，才能保障委托人通过积极参与而获得程序的正义，并避免委托人受到不公正的定罪量刑，从而实现实体的正义。

3.抗辩式审判方式运转的需要

1996年以来，我国刑事审判制度逐步吸收了英美对抗式诉讼的一些因素，确立了一种“抗辩式审判方式”。而“对抗式诉讼”的精髓在于确保控辩双方通过讲述“自己一方的故事”，各自展示本方的证据、事实和法律观点，从而对中立的裁判者产生说服作用。对抗式诉讼建立在三个原理基础之上：一是控辩双方的“平等武装”（equality of arms）；二是裁判者保持中立裁判者的地位；三是禁止强迫一方为对方提供进攻自己武器的“公平游戏”（fair play）原理。〔1〕

〔1〕 参见陈瑞华：《刑事审判原理论》（第2版），北京大学出版社2003年版，第273页以下。

我国原有的“双中心模式”，是引进大陆法系刑事诉讼制度的结果，属于与职权主义构造相适应的职业伦理模式。因为在职权主义构造下，法官才是实施调查和法律适用的唯一主导者，而无论是检察官还是被告人及其辩护律师，都属于协助法官发现事实真相和正确使用法律的参与者。与此诉讼构造密切相关，辩护律师在诉讼过程中除了要维护委托人利益以外，更要忠实于事实真相，维护法律的正确实施，必要时不惜牺牲委托人的“不合法利益”，或者违背委托人的真实意愿。

但是，在吸收对抗式诉讼的部分因素建立起“抗辩式审判方式”之后，我国刑事审判程序逐步加强了控辩双方的“对抗性”，随着“交叉询问机制”的引入，检察官与辩护方各自提出本方的证据，并对对方证据进行质证，对对方证人进行反询问。与此同时，面对控辩双方各自讲述“本方的故事”，并围绕着论证本方主张和挑战对方主张所进行的激烈抗辩，法官大体上保持中立的地位，更多地充当“裁断者”，而不是“发现者”，其主动发现事实真相的能力大为削弱。在这样的审判构造下，再赋予辩护律师过多地维护国家利益和社会利益的责任，显然既不符合实际情况，也违背对抗式诉讼的基本原理。辩护律师的唯一使命只能是站在委托人的立场上，与国家追诉机关进行诉讼抗辩，说服法官作出有利于委托人的裁判结论。唯有如此，辩护律师才能协助被告人与检察官进行尽量的平等对抗，而不至于成为对方“痛打落水狗”的工具；辩护律师才能对法官构成强有力的制衡，促使其严守中立的地位，避免对公诉方的指控不经严肃审理即予以全盘接受；辩护律师也才能只把维护委托人利益作为唯一的诉讼目标，而不再承担可能有损委托人利益的义务或责任。在一定程度上，不建立辩护律师职业伦理的“单一中心模式”，所谓的“抗辩式审判方式”就难以正常运转。

4.有效辩护的保障

在原有的“双中心模式”下，辩护律师要遵守相互矛盾的职业伦理规范，经常在忠诚义务与公益义务之间进行困难的选择，而有时会损害委托人的利益，造成无效的辩护。例如，辩护律师为“尊重事实”，作出被告人构成犯罪的判断，并以此为基础制定辩护策略，但被告人却坚持无罪观点，两者因此发生辩护观点的冲突，法官最终一般不会采纳被告人无罪的观点。又如，辩护律师认为委托人“隐瞒了重要事实”，或者提出了“非法委托事项”，未经协商和说服就直接退出辩护，导致委托人处境更为不利。再如，辩护律师坚持依法提出法官回避、法院变更管辖等诉讼请求，在遭到法官拒绝后，直接退出法庭审理过程，拒绝继续从事辩护活动。这使得委托人陷入不利的境地。

而在“单一中心模式”下，辩护律师不需要再像检察官和法官那样，承担过多的实现真实、维护法律实施和实现公平正义等“司法义务”，而要按照有利于委托人、尊重委托人意志的原则从事辩护活动。这样的职业伦理定位，可以保障律师尽职尽责地进行辩护，充分进行辩护准备活动，与其通过协商、沟通和对话来解决辩护观点的分歧，找到最佳的辩护方案和辩护策略，通过协调立场、形成合力来达到较好的辩护效果。在一定程度上，辩护律师履行“积极的忠诚义务”，就等于致力于实现有效辩护；辩护律师履行“消极的忠诚义务”，就意味着避免出现“无效辩护”；辩护律师尊重委托人的意志，就可以避免与委托人发生辩护观点的冲突，实现有效的辩护。

四、辩护律师职业伦理模式的转型

我国辩护律师职业伦理逐渐从现有的“双中心模式”走向“单一中心模式”，这是笔者所作的一种理论预测，也是笔者提出的一种应然命题。对于这一观点，尽管前面已经做出了论证，但仍然会引发一些理论上的质疑乃至挑战。但无论如何，我国2007年以来律师制度的发展，表明辩护律师的忠诚义务在律师职业伦理中居于越来越重要的地位，律师的公益义务逐步受到越来越多的限制。

而2017年全国律协办理刑事案件规范的重大修订，则首次确认了辩护律师的“法律代理人”地位，强化了消极的忠诚义务，并在忠诚义务中引入了尊重委托人意愿的内涵，明确要求即便为实现公益义务也不得做“不利于委托人的辩护”。很显然，这一规范大大削弱了“双中心模式”的地位，朝着“单一中心模式”迈出了一大步。

当然，要实现辩护律师职业伦理向“单一中心模式”的转型，仅仅靠全国律协在上述办案规范中的宣示性条款还是远远不够的。在接受“单一中心模式”基本理念的前提下，有必要对辩护律师职业伦理的基本框架结构进行全方位的改革。

首先，在辩护律师的执业目标方面，应当将忠诚义务奉为唯一的伦理要求，并要求律师在忠实于委托人利益的前提下，实现新公益义务的要求。具体而言，辩护律师应当将有效维护委托人利益，追求委托人利益的最大化作为一切辩护的出发点和归宿。在此基础上，辩护律师应力求发现有利于委托人的证据和事实，避免委托人受到错误的、无根据的定罪判刑；辩护律师应站在委托人的立场上纠正国家专门机关在适用法律方面的错误，避免委托人被采取非法的强制措施或者被作出违法的裁判结论；辩护律师还应为实现委托人的利益而与国家权力进行法律抗争，寻求一切机会和可能，使国家专门机关行使权力的行为受到有力的制衡。

其次，在辩护律师的职业定位方面，应当将其确定为“法律代理人”的地位，使其在委托代理关系的基础上承担法律义务。与民事诉讼代理人一样，律师唯有经过犯罪嫌疑人、被告人的正式授权或者同意，才能取得辩护人的资格；在取得辩护人资格后，律师应在委托人授权和同意的前提下从事辩护活动，而不得超越授权和委托的范围；辩护律师对案件所形成的辩护方案，唯有经过与委托人协商、沟通和讨论，并征得委托人同意才能转化为辩护策略；律师在辩护过程中应随时随地与委托人保持沟通，遇有委托人提出异议的事项，律师应尽到应有的告知义务和沟通义务；遇有律师与委托人发生严重的辩护意见分歧，并经过必要沟通无法达成一致意见，或者律师与委托人失去基本的相互信任的，律师可以提出退出辩护的要求，但要及时告知委托人，通知主持诉讼程序的国家专门机关，并在委托人委托或者被指定辩护人之后，才能正式解除委托代理关系。

再次，在“独立辩护”问题上，律师在辩护过程中应当独立于侦查机关、检察机关和法院，不再承担任何与忠诚义务相矛盾的伦理要求，不再承担帮助这些国家机关发现事实真相、实施法律和维护公平正义的责任。但是，在对待委托人方面，律师既要维护委托人的利益，也要尊重委托人的意志。未征得委托人的同意，律师既不得发表“不利于委托人的辩护意见”，也不得实施“有利于委托人的辩护活动”。遇有委托人固执己见，坚持对其不利的辩护立场，律师应向其发出告知、警示，并进行必要的分析、劝解工作，说服其接受自己确定的“正确辩护方案”。无论如何，在委托人不同意、不接受的情况下，律师不得强行发表与委托人不一致甚至相互矛盾的辩护意见。

复次，为实现消极的忠诚义务，律师无正当理由不得拒绝辩护，不得泄露委托人的职业秘密；不得存在有损委托人利益的利益冲突。对于这三项基本的职业伦理规范，未来应当继续加强，并重新设定上述伦理规范的例外情形。例如，律师中途退出辩护的正当理由应被限定为两个方面：一是委托人对律师及其近亲属进行威胁、实施暴力或因其他原因使双方丧失相互信任的；二是委托人提出了严重违法的委托事项或要求，经律师予以拒绝，委托人仍然坚持这些要求的。又如，律师只有在两种情况下才可以放弃承担保守委托人职业秘密的义务：一是委托人指控律师实施某一犯罪行为，而律师需要提供职业秘密来进行辩护的；二是委托人正在实施重大犯罪行为，而经律师发出警告、劝解、阻止仍然一意孤行的。在上述第二种情形下，律师应优先选择退出辩护，解除委托关系，而一般不得充当“告密者”或者“控方证人”。再如，作为避免利益冲突的例外，律师存在法律没有明文禁止的利益关系的，只有在不损害委托人利益的情况下，才可以被视为“无害的利益冲突”。

最后，忠诚义务并不是一项绝对的职业伦理规范，而应受到外部的法律限制。我们可以将这些外部限制视为公益义务的要求，但这些限制性规范也应受到严格的限制。一般而言，律师在维护委托人利益方面，应遵循以下四个方面的禁止性规范：一是不得通过贿赂、承诺给予利益、进行不当接触等方式来实施损害司法人员廉洁性的行为；二是不得对司法人员采取人身攻击、有辱人格尊严、扰乱法庭秩序等破坏法律实施的行为；三是不得实施毁灭、伪造证据，帮助委托人毁灭、伪造证据，或者通过威胁、贿买、唆使、引诱等方式迫使证人改变证言或者作伪证等妨碍司法公正的行为；四是不得对正在处理的案件采取披露案情、发表评论意见、向司法人员施加压力等干预司法人员判断的行为。一般情况下，上述禁止性规范并不是要由辩护律师所独自遵守的，而属于所有人都要一体遵守的行为准则。在要求律师遵守这些规范，以及追究律师法律责任方面，律师应受到公平对待，而不应有任何差别对待或受到职业报复的情况。

第二部分

02

辩护形态论

第九章

刑事辩护的基本形态

一、问题的提出

长期以来，我国法学界对刑事辩护的研究一直没有取得实质性的进展。很多研究者对刑事辩护实践中的具体问题给予了关注，但在理论分析方面却直接套用了一些源自西方的结论，研究成果也大都是一些对策法学作品，而那种真正从中国刑事辩护实践中总结规律、提炼出理论的作品并不多见。其中，有关刑事辩护分类问题的研究不仅少之又少，而且已经远远落后于刑事辩护制度发展的实践。

在一些法学教科书中，刑事辩护被大体区分为自行辩护、委托辩护和指定辩护三种类型。〔1〕这是根据辩护人的产生方式和辩护权的行使主体，对辩护所作的基本分类。这种几乎为所有法学教科书所接受的分类方式，直接来源于刑事诉讼法的规定。当然，也有学者从另外的角度对辩护作出了分类，〔2〕如根据审判程序是否必须有辩护人参与的标准，将辩护分为强制辩护与任意辩护；根据辩护人的产生方

---

〔1〕 参见陈光中主编：《刑事诉讼法》（第4版），北京大学出版社、高等教育出版社2012年版，第137页以下。

〔2〕 参见林钰雄：《刑事诉讼法》（上册），2004年自版发行，第193页以下。

式，将辩护分为选任辩护与指定辩护；根据辩护人的人数，将辩护分为单独辩护、多数辩护与共同辩护；等等。〔1〕

那么，律师通过辩护活动究竟要达到什么样的目标呢？迄今为止，刑事诉讼法一直保留了一个标准规则："依据事实和法律，提出犯罪嫌疑人、被告人无罪、罪轻或者减轻、免除其刑事责任的材料和意见"。这种对辩护人所提出的规范化要求，显示出刑事辩护的目标要么是完全推翻公诉方的实体指控，说服司法机关作出无罪的决定，要么是削弱控方的诉讼主张，促使司法机关作出从轻、减轻或者免除刑罚的结论。而要达到这些目的，辩护人就需要依据刑事实体法的规定，从犯罪构成要件或者量刑规范上找出有利于被告人的论点，提出有利于委托人的实体性辩护意见。可以说，传统的刑事辩护主要是一种以刑事实体法为依据的辩护形态。而维护刑事实体法得到准确而公正的实施，也是律师辩护所要达到的理想结果。

理论研究的重要价值在于总结制度和实践的运行规律，通过概念化的努力，达成一种富有效率的理性对话和交流。上述对刑事辩护所作的类型化分析，对于解释辩护权的来源、主体以及行使方式，确实具有一定的价值。但是，随着中国刑事司法改革的逐步推进，也随着律师界对刑事辩护实践的广泛探索，刑事辩护的实践形态出现了多元化发展的趋势，对于刑事辩护理论分类的研究也应当与时俱进，从刑事辩护的经验中总结出一些新的理论。

例如，律师行使辩护权的阶段逐步从审判程序向审判前程序扩展，他们在审判前阶段有了越来越大的辩护空间。又如，原来那种主要以犯罪构成要件为依据的辩护形态，开始发生变化，律师越来越普遍地就非法证据排除、变更管辖等问题提出诉讼主张，出现了种类多样的程序性辩护主张。再如，原来以当庭宣读辩护意见为核心的辩护方式，已经越来越被人所诟病，刑事辩护的重心开始转

---

〔1〕 参见黄朝义：《刑事诉讼法》（第2版），台北，台湾新学林出版股份有限公司2009年版，第87页以下。

移到法庭调查环节，律师通过对公诉方证人的当庭盘问，对公诉方证据的有效质证，来论证公诉方对指控事实的证明无法达到排除合理怀疑的程度。不仅如此，诸如量刑辩护形态的出现，积极辩护与消极辩护的选择性使用，对抗性辩护与妥协性辩护的交替转换等，也都显示出刑事辩护的形态日趋多元化、辩护的专业化水平越来越高的发展态势。

在2011年发生的章国锡受贿案中，律师的辩护主要围绕着被告人章国锡受到非法侦讯的事实展开，提出了排除非法供述的诉讼请求。在辩护律师的强烈坚持下，浙江宁波鄞州区法院对侦查行为的合法性问题调取了证据，组织了专门的举证和质证活动，最终确认了侦查人员非法取证的事实，并作出了排除非法供述的决定，从而最终影响了本案的量刑结果。〔1〕而在2014年的念斌投毒案件中，律师不仅对被告人供述、证人证言的证明力发起了挑战，而且还聘请了多个相关领域的专家，就侦查机关所做的鉴定意见提出了专家意见，甚至还说服法院传召这些专家出庭作证，对公诉方鉴定人出具的鉴定意见提出了质疑。最终，福建高级人民法院采纳了辩护方专家的意见，将公诉方的鉴定意见排除于裁判根据之外。这种对专家辅助人制度的灵活运用，最终促成了本案的无罪裁判结果。〔2〕

上述两个案件在律师界产生了极大的反响，也促使不少律师开始探索新的刑事辩护道路。那么，面对处于司法改革“风口浪尖”上的辩护制度，面对刑事辩护实践越来越走向专业化的现实，法学研究者究竟该如何展开研究呢？假如我们仍然像过去那样从西方法学中引入一些概念和理论，来解释中国刑事辩护现象，或者动辄根据逻辑推演来提出改革刑事辩护制度的方案的话，那么，我们可能既无法与时俱进，也会感到力不从心了。相反，假如我们放下既

---

〔1〕 参见陈霄等：《程序正义催生排除非法证据第一案》，载《法治周末》2011年8月31日。

〔2〕 参见福建省高级人民法院刑事附带民事判决书，(2012)闽刑终字第10号。

有法学理论的“包袱”，从中国刑事辩护的经验出发，通过发现问题、揭示制约因素并进行概念化的努力，对刑事辩护的形态进行理论总结，那么，我们或许可以揭示出更多的刑事辩护规律，从而作出一些理论上的贡献。

基于上述考虑，笔者拟以中国刑事辩护的实践经验为出发点，对刑事辩护的“五形态分类法”作出初步的分析和评价。根据辩护的目标和方法，我国律师界将刑事辩护分为无罪辩护、量刑辩护、罪轻辩护、程序性辩护和证据辩护；这五种辩护形态主要存在于审判程序之中，也在审判前阶段具有一定的制度空间；这五种分类有其积极的价值，也有一些值得重视的局限性。对于这种基于辩护实践所产生的辩护形态分类理论，有必要作出适当的修正和完善。

二、刑事辩护的“五形态分类法”

为了对实践中的刑事辩护形态作出理论上的分析，我们可以先来看一个案例。

> 被告人王某系某医院血液科的科主任。检察机关指控其构成受贿罪，起诉书认定的基本“犯罪事实”是，王某在担任医院血液科主任期间，利用临床诊断和开药方的便利，按照所开出的药物20%的比例，先后收受药商近80万元的用药回扣。在法庭审理过程中，辩护律师认为王某通过开药收受回扣的行为，系利用了其血液科医生的便利，而没有利用血液科主任的职务便利，因此不构成受贿罪，而构成非国家工作人员受贿罪。律师在检察机关侦查和审查起诉期间，一直提出上述辩护意见，但检察机关不作任何回应。律师认为，假如法院认定王某构成非国家工作人员受贿罪的话，那么，此案就应依法由公安机关负责立案侦查，检察机关也就失去了管辖权。而检察机关对一个不具有管

辖权的案件所进行的侦查，显然是不具有合法性的，所获取的证据也应属于非法证据。据此，律师向法院提出了排除本案全部公诉证据的申请。不仅如此，律师还向法庭提交了多份证据，证明王某认罪态度较好，有悔改表现；身患绝症，需要特殊护理，不适宜受到羁押；王某医术高超，曾获得多项国家级奖励，治愈过数十位身患严重白血病的患者；王某收受药商用药回扣的行为，系公立医院普遍存在的现象，是“以药养医”这一医疗体制弊病的产物，这种不正常的医疗环境才是罪魁祸首。据此，律师提出了对王某从轻量刑甚至适用缓刑的辩护意见。最终，法院部分采纳了律师的辩护意见，对王某判决构成非国家工作人员受贿罪，并判处五年有期徒刑。

在这一案例中，辩护律师提出了多方面的诉讼请求。这些请求既有实体方面的主张，如被告人不构成受贿罪、对被告人应适用缓刑等，也有程序方面的意见，如检察机关对案件没有管辖权、检察机关所获取的证据应被排除等。但是，仅仅根据实体性辩护和程序性辩护的传统分类，已经无法对律师所做的辩护做出有效的解释。其实，本案的实体性辩护本身就是较为复杂的，其中既有针对公诉方指控罪名的辩护，又有针对公诉方量刑建议的辩解；而本案的程序性辩护也是多元化的，其中既有对检察机关侦查行为合法性的挑战，也有对公诉方证据合法性的否定性评价。从实用主义的角度来看，根据辩护所要达到的具体目标，律师界将刑事辩护划分为五种形态：无罪辩护、量刑辩护、罪轻辩护、程序性辩护和证据辩护。

（一）无罪辩护

无罪辩护是我国律师普遍高度重视的辩护形态。曾几何时，通过对公诉方的指控作出彻底的否定，并说服法院作出无罪判决，这通常被视为律师辩护大获全胜的标志。无罪辩护经常被视为“刑事辩护皇冠上最亮丽的一颗明珠”，也是体现律师辩护最高专业水准的辩护形态。

从所要实现的诉讼目标来看，无罪辩护是以彻底推翻公诉方指控的罪名、说服法院作出无罪判决为目的的辩护形态。在前面的案例中，律师首先要做的是论证公诉方指控的受贿罪不能成立，并要说服法院作出被告人不构成受贿罪的裁判结论。律师一旦提出无罪辩护意见，即与公诉方处于完全对立的状态，那种最典型的控辩双方平等对抗、法院中立裁判的格局也才真正出现。

根据律师运用的辩护方法和手段，无罪辩护可分为实体上的无罪辩护与证据上的无罪辩护这两个基本类型。前者是指被告方根据刑法犯罪构成要件或法定的无罪抗辩事由，论证被告人不构成指控罪名的辩护活动。例如，被告方根据刑法对特定罪名所设定的主体、主观方面、客观方面等要求，来说明被告人不构成特定罪名的辩护活动，就属于这类无罪辩护。又如，被告方根据刑法所确立的正当防卫、紧急避险或者“但书”、“豁免”等条款，来论证被告人不应承担刑事责任的辩护活动，也具有实体上的无罪辩护的性质。在前面的案例中，律师根据被告人没有利用血液科主任的职务之便，而仅仅利用医生开处方的职务便利等方面的事实，来论证被告人不构成受贿罪的辩护活动，显然属于实体上的无罪辩护。

与实体上的无罪辩护不同，证据上的无罪辩护是指被告方综合全案证据情况论证公诉方没有达到法定证明标准的辩护活动。通过这种辩护活动，被告方既可能挑战公诉方证据的证明力或证据能力，也可能说明公诉方的证据没有达到“事实清楚”“证据确实、充分”的最高证明标准，裁判者对被告人实施犯罪行为存在合理的怀疑。在2014年福建高级人民法院对念斌案件的审理中，辩护律师就在论证被告人供述笔录、证人证言笔录、鉴定意见等控方证据不具有证明力的基础上，认为公诉方证据相互之间存在重大矛盾、诸多证据无法得到其他证据的印证、间接证据无法形成完整的证明体系、综合全案证据来看无法排除合理怀疑，并成功地说服法院作出了“事实不清、证据不足”的无罪判决。

（二）量刑辩护

在前面的案例中，辩护律师向法院提出了多种量刑情节，论证被告人的行为没有造成较大的社会危害，其主观恶性不深，且有过较大的社会贡献，因此建议对被告人适用缓刑。这就属于一种量刑辩护活动。可以说，量刑辩护建立在对被告人构成犯罪不持异议的基础上，通过提出若干法定或酌定的量刑情节，来论证应对被告人作出从轻、减轻或者免除刑罚的裁决。

从所要追求的目标来看，从事量刑辩护的律师并不试图推翻公诉方的有罪指控，而只是追求对被告人有利的量刑结果。在这类辩护活动中，被告方与公诉方并不处于完全对立的地位，而对指控的犯罪事实的成立存在某种合意。在对被告人构成某一罪名没有异议的前提下，辩护律师所追求的只是对被告人的宽大量刑结果，如建议法院从轻处罚、减轻处罚或者免除刑罚。在前面案例中，律师所追求的就是从轻处罚结果。

而从所使用的辩护手段来看，辩护律师主要是通过提出并论证特定的量刑情节，来论证被告人具有可被宽大处理的量刑理由。这些量刑理由既有面向过去的量刑事由，如主观恶性不深、社会危险性不大、有悔改表现、事出有因、对社会作出过较大贡献等，也有面向未来的量刑事由，如具有帮教条件、可以回归社会、具有矫正可能性等。通过论证被告人具备这些量刑事由，辩护律师可以在量刑情节与量刑辩护意见之间建立起合理的联系，并为说服法院作出宽大的量刑处理奠定基础。自2010年以来，最高法院领导了一场量刑规范化改革运动，强调通过量刑方法的数量化和量刑程序的诉讼化来约束法官的自由裁量权。辩护律师可以针对公诉方提出的量刑建议，提出一些新的量刑情节，并通过确定案件的基准刑，来对这些量刑情节的调节比例作出评估，从而提出一种较为合理的量刑方案。这种对量刑情节作出数量化评估的辩护方法，也为量刑辩护确立了一种新的思路。

（三）罪轻辩护

在前面案件的辩护过程中，律师除了论证被告人不构成受贿罪、建议法院从轻量刑以外，还提出了被告人构成非国家工作人员受贿罪的辩护意见，并得到法院的采纳。这种论证被告人不构成某一较重的罪名而构成另一较轻罪名的辩护，被称为“罪轻辩护”。

罪轻辩护与无罪辩护和量刑辩护有着密切的联系。首先，这一辩护形态建立在辩护律师认定公诉方指控罪名不成立的基础上，因此包含了对较重罪名的无罪辩护活动。其次，罪轻辩护包含着“先破后立”的论证过程，辩护律师需要论证被告人构成另一较轻的罪名。最后，这种罪轻辩护的目标并不是说服法院作出无罪的裁决，而是说服法院将重罪改为轻罪。相对于较重罪名而言，较轻的罪名本身在量刑幅度上就轻于较重罪名，甚至还有可能适用较为宽大的刑罚种类。因此，通过这种将重罪改为轻罪的辩护活动，辩护律师最终可以说服法院降低量刑的幅度，或者适用较为宽大的量刑种类。

司法实践中还有两种类似的罪轻辩护：一是将公诉方指控的犯罪数额予以降低的辩护活动；二是将公诉方指控的多项罪名中的部分罪名加以推翻的辩护活动。前一种的最典型例子是在贪污、贿赂、盗窃、走私等案件的辩护中，律师论证公诉方指控的部分犯罪数额不成立的辩护。例如，在公诉方指控被告人受贿100万元的案件中，律师论证其中的50万元受贿数额不能成立。通过这种辩护，被告方试图达到否定部分犯罪事实、说服法院作出从轻处罚的效果。而在后一种辩护活动中，辩护律师通过论证公诉方的部分指控罪名不成立，从而达到降低量刑幅度的效果。例如，检察机关指控被告人构成贪污罪、受贿罪和挪用公款罪，辩护律师认为被告人不构成贪污罪，并从实体或证据角度进行了论证，最终说服法院判决认定被告人仅仅构成受贿罪和挪用公款罪。

在司法实践中，罪轻辩护体现了一种现实主义的辩护理念，是一种“两害相权取其轻”的辩护策略。考虑到我国法院极少作出无罪判决，这使律师要想取得无罪辩护的成功变得异常困难，因此律师有时不得不放弃无罪辩护的思路，而选择一种更容易为法院所接受的辩护策略。又因为我国法院不是对公诉方指控的罪名作出是否成立的裁判，而可以在对公诉方起诉事实加以认定的基础上，对公诉方指控的罪名作出变更，因此，律师在不同意公诉方指控罪名的情况下建议法院选择另一较轻的罪名，这既容易博得法院的支持，也可以减少与公诉方的对立和冲突。中国刑事司法实践的经验表明，律师要说服法院接受被告人无罪的观点，可能是非常困难的，但要说服法院将重罪改为轻罪，却是较为容易的。

当然，罪轻辩护有时也会引起一些争议。从外观上看，这种辩护容易给人产生律师“摇身变成公诉人”的印象，因为另一个较轻的罪名并不是检察官提出申请的，而是辩护律师建议法院判处的，律师确实是这个新罪名的倡导者。有时候，就连被告人或其近亲属本身，也可能对律师的这种辩护策略产生抵触情绪，并因此对辩护律师的忠诚度产生怀疑。但是，律师只要坚持两条职业底线，就可以对上述争议给予成功的化解。首先，律师必须在推翻原罪名的前提下提出一个较轻的新罪名，并且该罪名要与原有罪名具有内在的关联性。所谓“较轻的新罪名”，必须是在法定量刑种类和量刑幅度上更为宽大的新罪名。最典型的例子是将贪污罪或受贿罪改为巨额财产利益不明罪，将抢劫罪改为抢夺罪，将制造、走私、贩卖、运输毒品罪改为非法持有毒品罪，等等。律师既不能提出一个更重的新罪名，也不能提出一个与原有罪名毫无关联的新罪名。其次，律师的罪轻辩护思路要征得被告人及其近亲属的同意，为此需要履行告知、提醒、说服、协商、讨论的义务，取得后者的支持和理解。律师不得在不告知、不提醒、不协商、不讨论的情况下，擅自作出这种罪轻辩护。否则，就有可能做出损害委托人利益的举动，以至于违反忠诚义务。

从说服法院作出宽大量刑的角度来说，罪轻辩护在死刑案件中可能有更大的存在空间。在那些可能适用死刑的案件中，法院只要认定公诉方指控的罪名成立，即很可能对被告人判处死刑。要挽救被告人的性命，避免被告人受到死刑判决，律师唯有论证公诉方指控的罪名不能成立，说服法院改判另一法定最高刑不是死刑的轻缓罪名，才能达到预期的目的。例如，律师可以论证被告人不构成贪污罪或受贿罪，而构成挪用公款罪或巨额财产来源不明罪；律师可以辩称被告人不构成抢劫罪，而构成抢夺罪；律师可以说服法院不采纳被告人构成贩毒罪，而成立非法持有毒品罪；等等。通过说服法院作出将重罪改为轻罪的判决，律师最终可以达到与量刑辩护相似的辩护效果。甚至在有些案件中，这种罪轻辩护的成功可以使被告人获得比在量刑辩护中幅度更大、效果更加明显的宽大量刑。

（四）程序性辩护

在刑事辩护的传统分类理论中，程序性辩护被视为一种独立于实体性辩护的辩护活动。具体而言，凡是以刑事诉讼程序为依据所提出的主张和申请，都可以被归入程序性辩护的范畴。根据所追求的辩护目标的不同，程序性辩护又有广义和狭义之分。广义的程序性辩护是指一切以刑事诉讼法为依据所进行的程序抗辩活动。如申请回避、申请变更管辖、申请法院召开庭前会议、申请证人出庭作证、申请法院调取某一证据材料、申请二审法院开庭审理等，就都属于广义的程序性辩护活动。

狭义的程序性辩护则是指以说服法院实施程序性制裁为目的的辩护活动。换言之，遇有侦查人员、公诉人或者审判人员违反法律诉讼程序之情形的，辩护律师将此问题提请法院予以审查，并说服法院作出宣告无效的裁决结论。在我国现行的刑事诉讼制度中，狭义的程序性辩护主要发生在两种情形之下：一是针对侦查人员实施的非法侦查行为，申请司法机关启动司法审查程序，并说服其作出排除非法证据的决定；二是针对一审法院违反法律程序、影响公正审判的行为，说服二审法院作出撤销原判、发回重新审判的裁决。

作为一种“反守为攻”的辩护，程序性辩护是通过“指控”侦查人员或审判人员违反法律程序，来说服司法机关作出宣告无效之决定的抗辩活动。[1]要取得程序性辩护的成功，律师需要完成以下几项说服活动：一是说服法院接受本方的诉讼请求；二是说服法院启动正式法庭审理程序，从而将某一侦查行为或审判行为的合法性纳入司法审查的对象；三是举证证明侦查行为的非法性或者审判行为违反法律程序，并对公诉方的举证活动加以有效的质证；四是说服法院宣告侦查行为或审判行为的非法性，并作出排除非法证据或者撤销原判、发回重审的裁决。

（五）证据辩护

证据是认定案件事实的根据。在一定意义上讲，律师无论从事怎样的辩护活动，只要涉及事实认定问题，就都不可避免地要对证据进行审查和判断。例如，律师要作无罪辩护，就可能根据证据来审查犯罪构成要件事实是否成立，根据证据来认定无罪抗辩事由；律师要作量刑辩护或罪轻辩护，也经常会根据证据来认定特定量刑情节，或者根据证据来认定新的构成要件事实；律师要作程序性辩护，也需要根据证据来确认侦查人员或审判人员违反法律程序的事实。但在很多律师看来，证据辩护却是一种相对独立的辩护形态。

所谓证据辩护，是指根据证据规则对单个证据能否转化为定案根据以及现有证据是否达到法定证明标准所作的辩护活动。从所追求的诉讼目标来看，证据辩护所要追求的无非两方面的效果：一是控方证据不能转化为定案的根据；二是裁判者对于被告人的犯罪事实无法达到排除合理怀疑的确信程度。前者可以称为针对单个证据的证据辩护，后者则可称为针对证明标准的证据辩护。

为论证公诉方的每一证据不能转化为定案的根据，律师可以从证明力和证据能力这两个角度展开抗辩活动。律师可以对控方证

〔1〕　参见陈瑞华：《程序性制裁理论》（第2版），中国法制出版社2010年版，第294页以下。

据的真实性和相关性发起挑战，以证明这些证据不具有证明力；律师也可以对控方证据的合法性提出质疑，以证明这些证据不具有证据能力。

为证明公诉方根据现有证据无法达到法定证明标准，律师可以证明现有证据存在重大的矛盾，关键证据无法得到其他证据的印证，间接证据无法形成完整的证明体系，被告人供述无法得到其他证据的补强，或者根据全案证据无法排除其他可能性或者无法得出唯一的结论。据此，辩护律师就可以说明任何一个理性的人都无法对被告人构成犯罪这一点达到排除合理怀疑的程度。

三、审判前的辩护形态

一般来说，典型的刑事辩护活动存在于审判阶段，“五形态分类法”也主要适用于审判程序中的辩护活动。但是，自1996年以来，律师逐渐获得在侦查、审查批捕、审查起诉等程序中参与辩护的机会，审判前阶段的辩护逐渐得到发展。特别是2012年《刑事诉讼法》实施后，律师不仅在侦查、审查批捕、审查起诉阶段可以发表辩护意见，而且可以申请并参与法院主持的庭前会议，就案件的诉讼程序问题发表意见。这种立法发展使得审判前的辩护初步形成了多种形态并存的局面。

当然，律师在审判前阶段还可以会见在押嫌疑人、查阅案卷材料、调查案件证据、形成辩护思路，这显示出这一阶段的辩护对于审判程序的辩护具有明显的依附性和程序保障性。在一定程度上，律师无论在审判阶段形成怎样的辩护思路，都需要在审判前阶段进行必要的防御准备。这种会见、阅卷、调查等庭前辩护活动，就发挥着庭前防御准备的功能。不过，法律给予律师向侦查人员、审查批捕检察官、审查起诉检察官以及法官发表辩护意见的机会，这本身就说明律师在这些程序中可以展开相对独立的辩护活动，其辩护具有特定的形态。通常所说的“五形态分类法”对这一阶段的辩护也是适用的。考虑到审判前阶段毕竟没有一个中立的裁判者，因此“五形态分类法”对这一阶段的适用还有一定的特殊性。

（一）侦查阶段的辩护

在案件侦查终结之前，律师可以有两种向侦查人员发表辩护意见的机会：一是要求向侦查人员当面发表辩护意见，侦查人员应当听取；二是向侦查人员提交书面的辩护意见，侦查人员应当予以接受，并将其载入案卷之中。

从理论上看，律师在侦查终结前可以提出任何一种辩护意见，既可以发表被告人不构成犯罪的意见，也可以在对被告人构成犯罪不持异议的情况下，提出一些有利于被告人的量刑情节，还可以对侦查人员初步认定的罪名发表意见，提出变更另一较轻罪名的建议。当然，律师也可以对侦查人员的办案程序和案件的证据问题发表意见。不过，考虑到侦查人员尚未形成起诉意见，律师无法获得全面阅卷的机会，所了解的案件证据和事实信息较为有限，因此，律师通常很难提出全面的辩护意见。至少，量刑辩护、罪轻辩护、证据辩护在这一阶段很少出现。在绝大多数案件中，律师所能做的通常是有限的无罪辩护和程序性辩护。

律师向侦查人员提出无罪辩护意见，这通常发生在嫌疑人明显不构成犯罪的案件之中。这种情况之所以发生，或是外部干预或压力的结果，或是侦查机关基于部门利益作出了非法侦查行为，或是因为侦查人员对案件作出错误认识而采取了不当侦查措施。例如，一些地方的公安机关基于利益考量，任意插手经济纠纷，对那些本不属于刑事案件的合同纠纷或者侵权案件，以嫌疑人涉嫌“合同诈骗罪”、“骗取贷款罪”或“非法经营罪”的名义进行立案侦查。对于这种案件，律师可以向侦查人员发表无罪辩护意见，或者将书面的无罪辩护意见提交给侦查人员。经验表明，律师在这一阶段的无罪辩护还可能具有独特的优势，有可能发挥出人意料的效果。尤其是在公安机关尚未申请批准逮捕的情况下，律师所作的无罪辩护具有更大的空间。而检察机关一旦作出批准逮捕的决定，或者检察机关将案件起诉到法院，律师的无罪辩护获得成功的可能性反而减少了。

在侦查终结之前，律师还有可能提出程序性辩护意见。这种程序性辩护既可能涉及回避、管辖、变更强制措施等问题，也可能涉及排除非法证据的问题。不过，由于侦查人员乃至侦查机关本身一般就是违反法律程序的“当事人”，辩护方向侦查人员所提出的这种程序性辩护请求经常陷入“申请侦查人员对自己进行裁判”的尴尬境地，其程序性辩护获得成功的机会并不多。

（二）审查批捕环节的辩护

过去，检察机关审查批准逮捕，主要通过阅卷和讯问嫌疑人等方式进行。但自2012年《刑事诉讼法》实施以后，辩护律师开始参与检察机关的审查批捕程序。检察机关既可以主动听取辩护律师的意见，也可以应辩护律师的要求，听取辩护律师的意见。

从理论上讲，辩护方在审查批捕阶段可以提出各种辩护意见。但根据刑事辩护的实践经验，辩护律师在该环节所作的辩护以程序性辩护和无罪辩护为主。在程序性辩护方面，辩护律师通常会提出以下两种辩护意见：一是提出嫌疑人尚未达到逮捕条件或者没有逮捕必要性的辩护意见，以说服检察机关作出不批准逮捕的决定；二是指出侦查人员存在违反法律程序的行为，要求检察机关作出排除非法证据的决定。

2012年《刑事诉讼法》确立了较为明确的“逮捕必要性”标准，这为辩护律师围绕着逮捕必要性问题展开辩护提供了法律依据。在辩护实践中，律师有时会以嫌疑人系未成年人，怀孕或哺乳婴儿的妇女，年迈老人，患有严重疾病、生活不能自理的人的唯一扶养人等为由，申请检察机关作出不批准逮捕的决定；律师也会以嫌疑人涉嫌过失犯罪、与被害方达成刑事和解、可能判处三年有期徒刑以下刑罚或者可能适用缓刑等为由，建议检察机关作出不批捕的决定。不仅如此，2012年《刑事诉讼法》所确立的非法证据排除规则，允许检察机关在审查批捕环节对侦查行为的合法性进行审查，并对侦查人员非法所得的证据排除于批捕根据之外。据此，辩护律师可以向检察机关提出该项申请，促使检察机关启动排除非法证据的程序，并对确属非法所得的证据予以排除。

在进行程序性辩护的同时，辩护律师还可以向检察机关提出无罪辩护意见。考虑到逮捕在我国刑事诉讼中不仅是一种强制措施，还对检察机关提起公诉和法院作出判决具有至关重要的影响，因此，律师在审查批捕环节及时提出无罪辩护意见，有时可以发挥积极的效果。而相比之下，一旦检察机关作出批准逮捕的决定，律师再进行无罪辩护将变得格外困难。可以说，在审查批捕阶段积极地进行无罪辩护，将刑事案件阻挡在检察机关批捕大门之外，这对辩护律师而言，或许是难得的辩护机会。

（三）审查起诉阶段的辩护

在审查起诉阶段，听取辩护律师的意见是检察机关的必经程序。检察官既有义务当面听取辩护律师的意见，也有义务接受辩护律师的书面辩护意见，并将其载入案卷之中。

根据刑事辩护的一般经验，律师在这一阶段既可以作出无罪辩护、罪轻辩护，也有可能提出程序性辩护意见。律师提出无罪辩护意见的，检察机关经过审查，假如认为嫌疑人确实不构成任何一种罪名，就有可能作出不起诉的决定。根据律师提出无罪辩护的具体理由，检察机关所作的不起诉决定可以有绝对不起诉、存疑不起诉以及相对不起诉等不同的类型。当然，无罪辩护的成功通常意味着检察机关对侦查结论的否定。这对那些由公安机关负责侦查的案件而言，或许是有可能发生的。但对于检察机关自行侦查的案件而言，律师要说服检察机关作出不起诉的决定，往往是十分困难的。

相对于无罪辩护而言，罪轻辩护的空间要大一些。律师在审查起诉阶段一旦发现侦查机关认定的罪名不能成立，而案件有可能构成另一较轻的罪名，就可以在推翻原有罪名的基础上，说服检察机关按照另一较轻的罪名提起公诉。当然，律师也可以对那些侦查机关认定嫌疑人犯有数罪的案件，对其中的部分罪名予以推翻，或者将侦查机关认定的部分犯罪数额，作出否定性评价。一般而言，负责审查起诉的检察官为保证提起公诉的准确性，避免出现诉讼请求为法院所推翻的结局，也会认真听取律师的罪轻辩护意见，对其中确属合理的观点，也会予以采纳。这显然说明，相对于那种旨在推翻公诉主张的无罪辩护而言，罪轻辩护为检察机关所接受的可能性要大得多。

在审查起诉阶段，律师有可能针对侦查行为的合法性问题提出排除非法证据的请求。2012年《刑事诉讼法》确立了检察机关排除非法证据的制度，使侦查程序的合法性可以成为检察机关审查的对象。相对于审判阶段的非法证据排除而言，审查起诉阶段的非法证据排除对于检察机关而言，具有更大的优势。一方面，被告方一旦在审查起诉阶段提出排除非法证据的申请，会给检察机关审查证据提供较为宽松的机会和环境，避免检察机关陷入更大的被动性；另一方面，即便确认侦查人员确实存在程序违法行为，检察机关在排除非法证据的基础上也来得及进行必要的程序补救，从而避免出现某一证据被彻底排除的现象。正因为如此，律师在这一阶段作出程序性辩护，仍然有获得成功的可能性。

（四）庭前会议环节的辩护

2012年，庭前会议制度开始出现在我国刑事诉讼制度之中。根据这一制度，法官在开庭前可以就回避、管辖、延期审理、证人出庭、非法证据排除等诉讼程序问题，听取控辩双方的意见，了解有关情况，并就有关程序问题作出相应的决定。庭前会议实质上带有“预备庭”的性质，主要讨论和解决案件中的程序性争议问题，对法庭审理的顺利进行具有保障作用。

在司法实践中，法院经常根据需要来确定是否展开庭前会议。为有效地行使程序辩护权，律师会主动提出举行庭前会议的申请，并就案件中的程序问题提出相关的诉讼请求。一旦法院决定召开庭前会议，律师就可以利用这一场合，就回避、管辖、证人出庭、非法证据排除等程序问题提出本方的诉讼请求，说服法庭作出有利于被告人的决定。在一定程度上，庭前会议是律师集中展开程序性辩护的阶段。律师借此既可以提出诸多有利于被告人的程序请求，也可以申请法院对侦查行为的合法性进行司法审查，并进而推动非法证据排除程序的正式启动。通过庭前会议程序中的申请和抗辩，律师既可以说服法庭作出有利于被告人的程序性决定，也可以督促法庭进行必要的庭前准备，为法庭上解决程序性争议问题创造条件。

四、“五形态分类法”的局限性

迄今为止，“五形态分类法”得到了律师界的广泛接受。究其实质，这些形态的分类标准无非是辩护的目标和辩护的方法。“五形态分类法”的提出，显示出我国律师界对刑事辩护形态的探索取得了初步的进展。这五种辩护形态在一定程度上体现了刑事辩护的一些规律，也与我国刑事法治的进步保持着同步性。

但是，由于受司法制度的种种限制，律师很难完全独立地从事某一类型的辩护活动，而不得不在辩护实践中进行一定的妥协。而在逻辑上，有些辩护形态相互间存在一定的重合或交叉。这突出表现在五个方面：一是在定罪与量刑没有完全分离的审判程序中，律师的量刑辩护与无罪辩护经常会发生冲突，量刑辩护的空间会受到无罪辩护的挤压；二是在法院无罪判决率越来越低的情况下，无罪辩护的空间越来越小，很多无罪辩护都在发挥量刑辩护的效果；三是在非法证据排除规则难以实施的情况下，程序性辩护的成功率极低，很多程序性辩护也具有与量刑辩护相似的功能；四是无罪辩护与证据辩护、证据辩护与程序性辩护之间都存在一定的交叉空间，难以保持独立性；五是罪轻辩护是在法院变更起诉罪名制度的基础上形成的，带有明显的妥协性。以下依次对这几个问题作出简要的分析。

（一）量刑辩护与无罪辩护的冲突

真正独立的量刑辩护建立在量刑程序与定罪程序分离的制度基础上。英美法实行的就是定罪与量刑相分离的审判制度。在这一制度中，假如被告人作出了无罪答辩，法院将组织陪审团专门审理定罪问题，法官在陪审团作出定罪裁断的前提下，再来组织量刑听证程序。而假如被告人选择的是有罪答辩，法院就不再组织陪审团对定罪问题进行审理，而直接举行量刑听证程序。因此，只有在陪审团确定被告人构成犯罪或者被告人选择有罪答辩之后，律师才有机会进行专门的量刑辩护。〔1〕

我国2010年开始启动的“量刑规范化改革”，并没有确立这种定罪与量刑相分离的审判程序，量刑程序只具有相对的独立性。〔2〕假如被告人当庭作出有罪供述，律师也放弃了无罪辩护机会，那么，法院对定罪问题的审理将变得大为简化，可以对量刑问题进行集中审理。尤其是在那些适用简易程序的案件中，法庭审理实质上变成了一种量刑审理程序。在此情况下，律师可以围绕着被告人的量刑问题提出较为独立的辩护意见。但是，假如被告人当庭拒绝认罪，律师进行无罪辩护，法院将按照普通程序对定罪和量刑问题进行交叉审理，也就是将法庭调查区分为定罪调查和量刑调查，将法庭辩论分为定罪辩论和量刑辩论，并在统一的裁判文书中分别就定罪和量刑问题进行裁判。在此类案件中，律师假如放弃量刑辩护，就只能进行纯粹的无罪辩护。但假如律师就被告人的量刑问题提出辩护意见，其量刑辩护有可能与无罪辩护发生冲突。〔3〕

---

〔1〕 参见［英］麦高伟、杰弗里·威尔逊主编：《英国刑事司法程序》，刘立霞等译，法律出版社2003年版，第423页以下。另参见陈瑞华：《比较刑事诉讼法》，中国人民大学出版社2010年版，第371页以下。

〔2〕 参见熊选国主编：《〈人民法院量刑指导意见〉与“两高三部”〈关于规范量刑程序若干问题的意见〉理解与适用》，法律出版社2010年版，第10页以下。

〔3〕 参见陈瑞华：《量刑程序中的理论问题》，北京大学出版社2011年版，第八章“量刑辩护”。

从逻辑上看，量刑辩护的前提是对被告人构成犯罪不持异议。但是，律师一旦提出无罪辩护的意见，即意味着要完全推翻公诉方指控的犯罪事实或罪名。在一个对定罪和量刑问题进行交叉审理的诉讼过程中，律师很难同时兼顾无罪辩护和量刑辩护，经常陷入两难境地。一方面，律师对无罪辩护意见的坚持，会大大压缩量刑辩护的空间。毕竟，一个试图推翻公诉方指控罪名的辩护律师，经常不愿意全面讨论对被告人的量刑种类和量刑幅度问题。这使量刑辩护经常流于形式，无法起到说服裁判者作出有利于被告人裁决结论的效果。另一方面，律师所提出的量刑辩护意见，会程度不同地削弱其无罪辩护的效果。律师既然愿意讨论对被告人适用的刑罚种类和幅度，那就意味着他对被告人构成犯罪这一点是不持异议的。既然如此，律师的辩护意见不就自相矛盾了吗？其无罪辩护不也就被自己加以否定了吗？

在最高法院推行"量刑规范化改革"过程中，曾经有法律学者主张建立定罪与量刑完全分离的审判程序，但这一改革方案没有得到采纳。最高法院最终确立了所谓"相对独立的量刑程序"。〔1〕可以说，在不确立专门的量刑审理程序的情况下，要保证律师有一个独立的量刑辩护空间，确实是十分困难的。除非律师放弃无罪辩护，否则，这种量刑辩护与无罪辩护发生冲突、无罪辩护挤压量刑辩护空间的问题，就将是始终存在的。

（二）无罪辩护的独立空间

在中国现行的司法体制下，无罪辩护虽然很难达到说服法院作出无罪判决的效果，有时却可以促使法院作出从轻量刑的裁决。特别是在那些社会影响较大、法院难以独立审判的案件中，律师的无罪辩护尽管达到了积极的效果，使公诉方的指控受到了根本的动摇，却根本无法说服法院作出宣告无罪的判决。在此情况下，一些法院选择了一种"留有余地"的裁判方式，也就是认可公诉方的

---

〔1〕　参见李玉萍：《中国法院的量刑程序改革》，载《法学家》2010年第2期。

指控罪名，但在量刑上却不作出较为严厉的处罚，而选择程度不等的从轻或者减轻处罚。对于这一裁判方式，一些律师认为无罪辩护达到了说服法院宽大处理的效果，因此促进了量刑辩护的成功。有人甚至据此认为，这种无罪辩护所达到的从轻量刑效果，恰恰是量刑辩护所无法达到的。“法乎其上，得乎其中；法乎其中，得乎其下。”如果仅仅选择量刑辩护，法院即使作出从轻处罚，所选择的从轻量刑幅度也是十分有限的；而只有选择无罪辩护，使法院受到强大的压力，才有可能说服法院选择幅度较大的从轻处罚。

应当承认，这种“通过无罪辩护来达到量刑辩护效果”的辩护方式，在中国现行体制下是有其存在空间的。由于多种原因，无罪辩护的完全成功的确会面临重重困难。〔1〕特别是在律师以“证据不足、指控犯罪不能成立”为由提出无罪辩护的案件中，法院尽管很少作出无罪判决，却经常采取“留有余地”的裁判方式。近年来发生的一系列误判案件，如杜培武案、佘祥林案和赵作海案，都显示出这种“留有余地”的裁判方式在地方法院的刑事审判中是普遍存在的。〔2〕但是，这种以无罪辩护来推动法院作出宽大处理的现实，恰恰是中国刑事司法出现“病症”、亟待“疗治”的证据，属于刑事司法陷入困境的标志。从立法原意和司法规律来看，无罪辩护所要达到的其实就是一种“要么全部、要么没有”的裁判结局，法院要么选择有罪裁判，要么作出无罪判决，而不应选择“疑罪从轻”的处理方式。而那种以法院的暂时妥协为依据来否定量刑辩护独立性的观点，其实是不理性的。因为按照这种逻辑，律师完全不必探索量刑辩护的规律，也无须在量刑辩护方面进行必要的防御准备，更不必为追求最好的量刑裁决结局而展开积极的举证、质证和辩论活动了。这在大多数案件没有无罪辩护空间的司法环境中，其实是非常有害的一种论调。

---

〔1〕 参见陈瑞华：《刑事诉讼的中国模式》（第2版），法律出版社2010年版，第八章。

〔2〕 参见陈瑞华：《留有余地的判决——一种值得反思的司法裁判方式》，载《法学论坛》2010年第4期。

此外，片面地夸大无罪辩护对于量刑裁判的积极作用，还会带来另外一个问题：律师不经理智的评估和选择，动辄在大量案件中选择无罪辩护，使无罪辩护存在滥用的危险。而在中国现行刑事审判制度下，选择无罪辩护的被告人，几乎很难再有充分地、专门地从事量刑辩护的机会。这会造成大量有利于被告人的量刑情节（特别是酌定从轻量刑情节）难以进入法官的视野，被告人及其辩护人的量刑意见无法反映到法官面前，公诉方的量刑建议甚至会变成一种压倒性的意见，对法院的量刑裁决产生绝对性的影响。而这恰恰难以维护量刑裁决的公正性。

（三）程序性辩护的独立效果

从实质上看，量刑辩护是一种完全独立于程序辩护的辩护形态。如果说程序辩护的目标在于说服法院作出宣告无效之裁判的话，那么，量刑辩护的归宿则在于促使法院作出从轻、减轻或免除处罚的裁判结果；如果说程序辩护的手段主要是挑战侦查、公诉和审判程序的合法性的话，那么，量刑辩护的操作方式则在于挑战公诉方提出的量刑情节，推翻公诉方提出的量刑建议，提出新的量刑情节，说服法院接受本方提出的量刑意见。

但在中国现行司法体制下，辩护律师对侦查、公诉和审判行为合法性的质疑，很难促使法院作出宣告无效的裁决。一些法院针对那种情节特别严重的程序违法行为，特别是刑讯逼供、诱惑侦查等违法侦查行为，也试图采取另一种形式的制裁措施，以示对这些程序违法行为的零容忍，以及对程序违法行为受害者的救济和抚慰。这种制裁通常都是通过作出从轻量刑的方式实施的。结果，对于侦查人员存在的严重违反法律程序行为，法院不是作出宣告无效的裁决，而是在采纳有争议的控方证据的前提下，对被告人作出较为宽大的刑事处罚。例如，针对辩护律师提出的侦查人员刑讯逼供的问题，法院一经查证属实，就可以此为根据，对本应判处死刑的被告人改判较为轻缓的刑事处罚。这一裁判逻辑曾经在辽宁高级人民法院对李俊岩涉嫌领导、组织黑社会性质组织犯罪案件的判决中得到体现，[1]后来在著名的刘涌案件中再次得以贯彻。当然，辽宁高级人民法院所做的那份有争议的判决书，最终被最高法院通过再审程序予以撤销。[2]不仅如此，就连最高法院发布的一些规范性文件，也对侦查人员滥用诱惑侦查措施的程序违法行为，采取了维持有罪裁决、量刑宽大处理的应对措施。比如说，针对侦查人员在毒品案件中采取的"犯意引诱"、"双套引诱"和"数量引诱"措施，最高法院就明确表达了拒绝适用死刑立即执行的刑事政策。[3]

作为一种进攻性辩护，程序辩护本来属于挑战侦查、公诉和审判行为合法性的辩护活动，却出人意料地影响了法院的量刑结果，达到了说服法院从轻量刑的效果。这显示出中国法院面对那些结构性的程序违法行为时，具有一种既要实施制裁又无法过度制裁的微妙心态。法院对程序违法行为予以适当的制裁，可以向社会宣示维护法律程序、禁止程序违法行为的理念，避免成为侦查机关程序违法行为的"共犯"；而避免采取宣告无效的过度制裁措施，则是为了避免过度刺激侦查机关，防止出现因为排除控方关键证据而不得不宣告被告人无罪的局面。作为一种带有妥协性的裁判结论，法院从轻量刑的处理方案对辩护律师也具有不同程度的诱惑力，也容易使其误以为通过程序辩护就可以达到量刑辩护的效果。但是，根据笔者的观察，这种通过程序辩护来达到说服法院从轻量刑之效果的做法，并不具有普遍性，而只在特定案件中或者特定地区的法院审理过程中有其存在的空间。律师假如将量刑辩护的希望寄托在这种挑战诉讼程序合法性的辩护思路上，将很难取得普遍的辩护成功。

很显然，量刑辩护具有其独立的诉讼目标，也具有一系列独特

---

〔1〕 有关李俊岩案件中律师作程序性辩护的情况，参见陈瑞华：《程序性制裁理论》（第2版），中国法制出版社2010年版，第190页以下。

〔2〕 有关刘涌案件中律师进行程序性辩护的情况，参见陈瑞华：《程序性制裁理论》（第2版），中国法制出版社2010年版，第244页以下。

〔3〕 参见最高法院2008年颁布的《全国部分法院审理毒品犯罪案件工作座谈会纪要》，第六部分"特情介入案件的处理问题"。

的操作方式。程序辩护尽管在部分案件中具有影响法院量刑结果的辩护效果，却是与量刑辩护迥然不同的辩护形态。正如律师无法以无罪辩护、罪轻辩护来取代量刑辩护一样，那种指望通过程序辩护来偶然地影响法院量刑结果的观念，也注定无法取得普遍的辩护成功。

（四）辩护形态的交叉问题

本来，无罪辩护是以推翻公诉方指控的罪名为目的的辩护活动，证据辩护则包含着对公诉方证明体系的推翻活动，两者具有相对的独立性。但是，那种通过论证公诉方的证据无法达到法定证明标准的辩护活动，则既是无罪辩护的一种重要方法，也是证据辩护的一种类型。这显然说明，在论证公诉方的证据无法达到“排除合理怀疑”程度的问题上，无罪辩护与证据辩护确实存在交叉情形。

而程序性辩护与证据辩护的交叉则显得更为明显。本来，狭义的程序性辩护是通过论证侦查行为或审判行为的违法性，来说服法院作出宣告无效之裁决的辩护活动。其中，律师针对侦查行为的合法性问题所启动的非法证据排除程序，所追求的是法院在宣告侦查行为违法性的基础上，对有关证据的证据能力作出否定性评价，也即作出排除非法证据的裁决。这里所说的“排除非法证据”，也就是否定公诉方证据的证据能力。而对公诉方证据能力的否定，也同时属于证据辩护的一种具体形态。这说明，在排除公诉方非法证据问题上，程序性辩护所强调的是对侦查行为违法性的宣告，而证据辩护所重视的则是对控方证据之证据能力的否定。两者说的其实是一回事。

辩护形态的交叉还体现在证据辩护的独立性方面。前面所说的“证据辩护”，更多地体现在对公诉方证据的挑战方法上面。但是，辩护方除了要挑战公诉方的证据以外，还有可能通过提出证据来论证本方所主张的案件事实，如论证本方所主张的无罪事实，论证本方所提出的量刑事实，论证本方所申请的新的轻罪事实，或者论证本方所申请的程序性争议事实。而在这种主动论证本方案件事实的场合，所谓的“证据辩护”就更多地依附于其他辩护形态，成为其他辩护的具体方法，而失去了基本的独立性。

（五）“罪轻辩护”的局限性

这主要涉及“罪轻辩护”的正当性问题。迄今为止，律师界普遍承认这种辩护的正当性。不过，这更多的是从司法现实角度所作的选择，也带有对现行司法制度进行妥协的意味。假如我国法院不采取“变更起诉罪名”的做法，而将刑事审判定位为“裁判公诉方指控的罪名是否成立”上面，那么，这种所谓的“罪轻辩护”也就不存在制度空间了。然而，真正的司法现实却是法院不甘心只作“司法裁断”，而愿意发挥继续追诉的作用，对公诉方的指控“拾遗补漏”，充当“第二公诉人”的诉讼角色。在此情况下，辩护律师假如仅仅论证控方指控的罪名不成立，那么，仍然无法发挥说服裁判者接受本方诉讼主张的效果；辩护律师要说服这些充满追诉欲望的法官，就需要在推翻公诉方指控罪名的同时，提出另一个较轻的罪名，使法官按照辩护方提供的“台阶”，作出有利于被告人的裁判结论。这种辩护方法虽然有迫不得已的考虑，但就辩护效果而言，却是迁就和附和了法院的不合理要求，使无罪辩护的空间受到较大幅度的挤压，也影响了无罪辩护的效果。在一些略显极端的案件中，个别辩护律师考虑到说服法院作出无罪判决的极端困难，有可能对那些本来确信不构成犯罪的案件，违心地选择了罪轻辩护。

当然，在辩护形态的选择上，无论是被告人还是辩护律师，都不具有太大的主动性。考虑到刑事辩护主要是“说服法官的艺术”，辩护方不可能无视法官的裁判方式，而完全提出自己的独立辩护意见。对罪轻辩护的选择，也是辩护律师为说服我国法官所做的无奈选择。在一定程度上，这种辩护形态所引发的异议，与法院变更起诉罪名所引起的争议，其实是同一问题的两个方面。要促使律师放弃这种带有妥协性的辩护策略，对公诉方指控的罪名提出强有力的挑战，就需要法院放弃变更起诉罪名的做法，回到“对公诉方指控罪名是否成立作出裁判”的原来轨道。

五、辩护形态分类理论的完善

“五形态分类法”的出现，显示出刑事辩护具有了越来越多元化的形态，也意味着律师在刑事辩护实践中具有更多的选择空间。为克服这种分类方法的局限性，我们有必要对这种分类方法作出适当的完善。原则上，任何分类理论都是根据不同的分类标准而提出的。“五形态分类法”的根本缺陷在于分类标准在辩护目标和辩护手段之间左右摇摆，以至于造成了一些逻辑上的问题。例如，无罪辩护、量刑辩护、罪轻辩护更多地着眼于辩护的目标这一标准，程序性辩护既有其独立的辩护目标，也有其独特的辩护方法，而证据辩护则在辩护目标和方法上既具有独立性，又与辩护形态存在重合和交叉。鉴于此，我们有必要确立新的分类标准，来对辩护形态分类进行理论上的完善。与此同时，我们还可以根据律师辩护的经验，提出一些新的辩护形态分类理论。

（一）实体性辩护与程序性辩护

在刑事诉讼中，律师要提出有利于委托人的辩护意见，就需要对各种不利于被告人的事实认定或法律适用问题进行挑战，并说服裁判者接受本方的诉讼主张。但无论如何辩护，律师都要依据法律形成辩护思路并展开辩护活动。大体说来，律师所依据的法律无非有刑事实体法和刑事诉讼法。根据律师辩护所依据的法律渊源的不同，刑事辩护就可以分为两大类型：一是实体性辩护；二是程序性辩护。

实体性辩护是指律师依据刑事实体法提出并论证无罪、罪轻或者减轻、免除刑罚的辩护活动。这是我国最早出现的一种刑事辩护形态，也是我国刑事诉讼法对律师辩护所提出的基本要求。根据律师辩护所追求的诉讼目标的不同，实体性辩护可以分为三个类型：一是实体上的无罪辩护；二是量刑辩护；三是罪轻辩护。其中，“实体上的无罪辩护”是指律师根据刑法以推翻公诉方指控罪名为目的的辩护活动。无论是根据特定犯罪构成要件所作的无罪辩护，还是根据法定无罪抗辩事由所作的无罪辩护，都属于这一类型的实体性辩护的范畴。所谓“量刑辩护”，是律师在不挑战指控罪名的前提下，说服法院对被告人作出从轻、减轻或者免除刑罚的辩护活动。而所谓“罪轻辩护”，则是律师在论证公诉方指控的事实或罪名不成立的基础上，说服法院对被告人适用较轻罪名或认定较少犯罪事实的辩护活动。

与实体性辩护不同，程序性辩护是一种与实体法的适用没有关系的辩护形态。律师只要根据刑事程序法协助被告人行使一项诉讼权利，或者提出有利于被告人的程序性主张的辩护活动，就都属于程序性辩护的范畴。大体上，程序性辩护可以分为三个类型：一是主张诉讼权利的程序性辩护；二是申请宣告无效的程序性辩护；三是否定公诉方指控事实的程序性辩护。

所谓“主张诉讼权利的程序性辩护”，是指律师为有效行使辩护权而实现诉讼权利的活动，如申请回避、申请变更管辖、申请召开庭前会议、申请证人出庭作证、申请延期审理、申请二审法院开庭审理、申请重新鉴定等，这些诉讼交涉活动都属于这一类型。

所谓“申请宣告无效的程序性辩护”，也就是通常所说的“对抗性辩护”，也就是律师为申请法院实施程序性制裁而挑战侦查程序或审判程序合法性的辩护活动。在我国，这类程序性辩护主要有两种：一是申请排除非法证据的程序性辩护；二是申请二审法院撤销原判、发回重审的程序性辩护。

至于“否定公诉方指控事实的程序性辩护”，也就是通常所说的“证据上的无罪辩护”，是指律师论证公诉方对指控事实的证明无法达到法定证明标准的程序性辩护。换言之，律师只要证明公诉方没有证据支持其指控事实，或者现有证据无法达到事实清楚、证据充分或无法排除合理怀疑的，就都可以归入此类程序性辩护的范畴。

当然，几乎所有辩护活动都离不开对证据的审查、判断和运用。对于律师通过提出证据证明本方诉讼主张的活动，或者通过当庭质证来论证公诉方诉讼观点不成立的活动，我们只是将其视为实现其他辩护形态的保障，而不将其视为一种独立的“证据性辩护”。例如，律师提出证据证明被告人不具有直接故意，或者不具有刑事责任能力；律师提出证据证明被告人具有认罪悔罪、积极退赔、自首、立功等量刑情节；律师提出证据证明侦查人员存在非法取证行为……这些辩护活动尽管包含着证据的运用问题，却分别属于为实现实体性辩护、程序性辩护而进行的诉讼保障活动。

（二）无罪辩护、量刑辩护与程序性辩护

随着刑事司法改革的深入推进，我国刑事审判初步形成了定罪裁判、量刑裁判和程序性裁判并存的制度格局。这三种司法裁判具有相对独立的诉讼标的和启动方式，也具有各不相同的诉讼构造模式。[1]根据律师在这三种裁判程序中所从事的辩护活动，我们可以将刑事辩护分为无罪辩护、量刑辩护和程序性辩护这三个类型。

在定罪与量刑相对分离的审判程序中，起诉书记载了检察机关的指控事实和指控罪名，是启动法院定罪审理程序的诉讼文书。律师假如提出了无罪辩护意见，就要推翻起诉书指控的事实或者罪名，说服法院作出指控罪名不能成立的无罪判决。可以说，在定罪审理程序中，律师主要是从事实认定或法律适用的角度提出被告人不构成犯罪的辩护意见，无罪辩护在这一程序中具有独立的制度空间。

在相对独立的量刑程序中，律师提出无罪辩护意见的，很难再有量刑辩护的独立空间。但是，在被告人自愿认罪、律师放弃无罪辩护的案件中，法庭审判就变成一种较为单纯的量刑审理程序，

---

〔1〕 陈瑞华：《刑事司法裁判的三种形态》，载《中外法学》2012年第6期。

量刑辩护就具有了较大的制度空间。在这一程序中，律师就可以围绕着量刑情节来提出对被告人从轻、减轻或者免除刑罚的辩护意见。

而在刑事审判程序中，对于被告方排除非法证据的申请，法院一旦启动了正式调查程序，即要对侦查程序的合法性进行司法审查。在这种程序性裁判活动中，律师一方面要论证侦查人员存在非法取证行为，要求法院作出侦查程序违法之宣告，另一方面也要说服法院将有关非法证据予以排除，否定其证据能力。当然，律师的程序性辩护活动并不限于申请排除非法证据，还包括申请二审法院撤销原判、申请法院召开庭前会议，等等。但无论如何，只要法院针对某一程序性争议启动了程序性裁判程序，律师所做的辩护活动就带有程序性辩护的性质。

（三）消极辩护与积极辩护

在刑事辩护实践中，律师经常在“破”和“立”之间进行选择。所谓“破”，是指律师论证公诉方的某一指控事实或诉讼主张不成立；而所谓“立”，则是律师提出一种新的事实或新的诉讼主张，并论证该事实或主张成立的辩护活动。这样，根据律师是否提出积极的案件事实或诉讼主张，可以将辩护分为消极辩护与积极辩护两大类。

所谓“消极辩护”，其实是一种“以子之矛，攻子之盾”的辩护，也就是简单地论证公诉方指控的事实或主张不成立的辩护形态。例如，辩护方论证某一控方证据不具有证明力或者不具有证据能力，从而建议法院将其排除于定案根据之外；辩护方论证公诉方指控的“犯罪事实”没有充分的证据加以证明，无法排除合理的怀疑，因而建议法院裁判该事实不能成立；辩护方认为公诉方所指控的罪名在刑法上不成立，或者所提出的量刑建议不符合刑法的规定，因而建议法院不予接受；等等。这都是消极辩护的典型例子。

而所谓“积极辩护”，则是指辩护方通过提出一种新的案件事实或者论证一种新的诉讼主张来达到推翻或削弱公诉方指控的效果。形象地说，积极辩护是一种“以己之矛，攻子之盾”的辩护形态。程序性辩护和罪轻辩护都是典型的积极辩护，前者是辩护方通过论证侦查行为或审判行为存在“违反法律程序”的情形，来说服法院作出宣告无效之裁决的辩护活动；后者则是辩护方在推翻公诉方指控罪名之后，又提出被告人构成另一新的较轻罪名的辩护方式。除此之外，辩护方提出了包括正当防卫、紧急避险、法定的但书或豁免等无罪抗辩事由，并借此论证被告人不构成犯罪的；辩护方提出了一些新的量刑情节，以证明应当对被告人从轻、减轻或者免除刑罚的；等等。这些也都具有积极辩护的基本特征。

（四）对抗性辩护与妥协性辩护

在通常的刑事诉讼下，控辩双方处于利益对立和立场对抗的状态之中。例如，被告人不认罪，律师进行无罪辩护，就会使双方围绕着被告人是否构成犯罪的问题展开激烈的抗辩。但控辩双方也有达成诉讼合意或者形成妥协的场合。例如，被告人自愿认罪，律师放弃无罪辩护，控辩双方围绕着被告人量刑问题展开诉讼交涉。根据控辩双方在诉讼过程中对抗与妥协的成分分布来看，刑事辩护又可以分为两种类型：一是对抗性辩护；二是妥协性辩护。

“对抗性辩护”主要发生在无罪辩护和程序性辩护之中，是指辩护方与公诉方处于利益完全冲突、立场完全对立的状态，辩护的目标是完全推翻公诉方的诉讼主张，或者通过挑战侦查程序的合法性来说服法院将某一诉讼行为宣告无效。

而“妥协性辩护”则主要发生在量刑辩护和罪轻辩护之中，是指辩护方与公诉方尽管存在一定程度的对抗，但辩护方认同公诉方提出的部分指控主张，双方对部分诉讼问题达成了诉讼合意。例如，在量刑辩护中，辩护方对于公诉方指控的“犯罪事实”至少是认同的，双方可能对量刑事实和量刑幅度存在冲突；而在罪轻辩护中，辩护方与公诉方对被告人“构成犯罪”这一问题没有争议，但对被告人“构成何种罪名”则存在异议。

妥协性辩护还有可能发生在被告人自愿认罪的其他场合。例如，在刑事和解程序中，被告人不仅自愿认罪、真诚悔罪和谢罪，而且还向被害方进行积极赔偿，双方达成了谅解协议。在此基础上，律师说服检察机关作出不起诉的决定，或者说服法院作出从轻、减轻或者免除刑罚的裁决。通过选择这种诉讼妥协，律师可以帮助被告方在放弃无罪辩护的前提下，获取最大的诉讼利益，避免最坏的诉讼结果发生。

第 十 章

刑事诉讼中的量刑辩护

一、量刑辩护的出现

自2010年以来，有关建立“相对独立”量刑程序的问题引起了法学界的广泛关注。最初，改革决策者对于定罪与量刑的程序关系进行了重新安排，各地法院对于“将量刑纳入法庭审理程序”的问题进行了制度试验。[1]其后，检察机关开始介入量刑程序改革过程，全面推行“量刑建议”制度，强调对法院量刑裁判权的法律监督，对于量刑建议在刑事审判中的高采纳率给予充分的肯定，并将此视为检察机关参与量刑程序改革的重要成果。[2]不仅如此，诸如，吸收被害人参与量刑程序、发表量刑意见的问题，以及针对量刑程序构建专门证据规则的问题，也逐渐为研究者所重视，并被视为量刑程序改革中亟待解决的重要课题。[3]

然而，经过对各地法院的量刑程序改革进行较为全面的考察，笔者发现，在没有辩护律

---

〔1〕 参见陈瑞华：《量刑程序改革的模式选择》，载《法学研究》2010年第1期。

〔2〕 参见陈瑞华：《论量刑信息的调查》，载《法学家》2010年第2期。

〔3〕 参见李玉萍：《中国法院的量刑程序改革》，载《法学家》2010年第2期。

师参与的法庭审判中，所谓的“量刑程序”是没有独立存在空间的，量刑实际变成法官单方面实现刑罚权的过程；而在辩护律师参与庭审的案件中，假如律师不能提出任何新的量刑情节，而只是简单地重复控方案卷中所记载的几条“量刑信息”，那么，辩护方就根本无法说服法庭接受其量刑意见，更难以改变量刑裁决倾向于公诉方量刑建议的现实；又假如辩护律师在开庭前不进行必要的量刑信息调查，无法说服法庭接受一些为公诉方所忽略的酌定量刑情节，那么，律师即使提出了诸如从轻、减轻或者免除刑事处罚的申请，法庭也很难采纳其辩护意见。简言之，如何保障辩护律师对于量刑程序的有效参与，已经成为量刑程序改革中无法绕开的重要问题，甚至在一定程度上已经变成关涉这一改革能否取得实质性突破的“瓶颈问题”。

然而，无论是最高法院推出的量刑程序改革方案，还是各地法院自行确立的量刑答辩程序，都没有对量刑辩护的有效性问题给予足够的重视。那种在少年司法改革中初步确立的“社会调查报告”制度，至今还没有在普通刑事案件中得到推行。量刑程序中始终缺乏一种中立、超然的机构从事量刑信息的搜集工作，使刑事法庭难以对被告人行为的社会危害性、人身危险性以及有无再犯可能性等问题进行客观、精密的评估。〔1〕结果，在量刑信息的调查以及量刑情节的审查方面，法庭不得不更多地依赖于控辩双方的举证、质证和辩论活动。而按照我国的刑事司法传统，侦查机关更为注重案件的侦破和有罪证据的搜集，案件只要达到批准逮捕和提起公诉的条件，侦查工作即告完成，至于案件中诸种法定和酌定量刑情节的搜集和审查，则通常为侦查机关所忽略。于是，公诉机关从侦查机关所移送的案卷笔录中只能获取极为有限的量刑信息，而且这些信息也主要集中到诸如自首、立功、累犯、认罪悔罪、主从犯等法定量刑情节方面。这样，对大量酌定量刑情节进行调查的责任，就只能落在辩护律师的身上。但是，根据现行的量刑程序改

〔1〕 参见陈瑞华:《论量刑信息的调查》，载《法学家》2010年第2期。

革方案，辩护律师进行量刑信息的调查取证并没有相应的司法保障，调查一旦遭到被调查人和被调查单位的拒绝，律师将无法获得有效的司法救济。不仅如此，现行改革方案没有为律师开庭前的防御准备提供充分的程序保证，特别是在辩护方作出无罪辩护的案件中，律师在开庭前根本不可能对证明被告人无罪的证据与量刑证据给予等量齐观，结果，辩护律师一旦确立无罪辩护的思路，就不仅在开庭前难以进行量刑证据的调查工作，而且在审理过程中也无法申请法庭中止审理，而专门进行量刑审理前的调查取证工作。在近期的量刑改革讨论中，法学界和部分司法界人士之所以主张在律师作无罪辩护的案件中区分定罪程序与量刑程序，就主要是在这两种程序之间建立时间间隔，使得律师在法院作出有罪判决之后，有机会对量刑证据进行调查，从而为量刑辩护做好充分的程序准备。可惜，对于这种改革建议，最高法院迄今还没有予以考虑的迹象。〔1〕

与此同时，对于量刑辩护的有效展开，律师界似乎还没有做好充分的准备，在量刑程序改革中难以做到主动应对和有效参与。对于那些不存在无罪辩护空间的刑事案件，律师通常面临两种辩护思路的选择：一是在否定公诉方指控的较重罪名的前提下，说服法庭判定被告人构成另一较轻的罪名，也就是通常所说的“重罪改轻罪的辩护”；二是单纯地强调对被告人有利的量刑情节，说服法庭对被告人作出从轻、减轻或者免除刑事处罚的裁判结论。相对于无罪辩护的思路而言，上述这两种辩护思路其实都属于“广义上的量刑辩护”，也就是以说服法庭对有罪的被告人作出宽大的刑事处罚为目的的辩护形态。但是，由于在开庭前很少进行专门的量刑证据调查，辩护律师往往搜集不到足够的量刑信息，而主要围绕公诉方提供的有限量刑情节而展开量刑答辩，这就使律师的量刑辩护既缺乏必要的证据支持，也对法庭难以具有较强的说服力。

〔1〕有关无罪辩护案件中定罪程序与量刑程序的分离问题，参见陈瑞华：《量刑程序改革的模式选择》，载《法学研究》2010年第1期。

于是，与定罪问题上公诉方具有压倒性的优势一样，在量刑环节上法庭仍然呈现“一边倒”的态势，所谓的“量刑答辩”其实主要是围绕公诉方的量刑情节是否成立而展开的法庭论辩，公诉方提出的量刑建议对法庭的裁判势必具有绝对性的影响力。而反观辩护律师，不仅提不出新的量刑证据，难以说服法庭接受新的酌定量刑情节，而且也无法提出具有足够说服力的量刑意见，更难以对公诉方的量刑建议进行有力的反驳和质疑。在辩护律师屡屡处于被动应对状态的“量刑答辩”中，量刑裁判程序仍然沿袭了过去的老路，所谓的“量刑程序的相对独立”“定罪与量刑程序的分离”，其实是没有多少实质意义的。

与程序性辩护相比，中国律师似乎更为重视实体辩护。这是由中国法中所具有的“重实体、轻程序”的传统所决定的。不过，即使在实体辩护层面上，相对于实体上的无罪辩护而言，律师界普遍将量刑辩护置于无足轻重的地位。普通律师往往既不研究量刑辩护的规律，也不重视量刑辩护中的诸多战略战术问题。如今，在90%以上的刑事案件中，无罪辩护并没有存在的空间，量刑辩护已经成为律师不得不选择的辩护思路；量刑程序改革的逐渐深入，一方面给予律师更为广阔的量刑辩护空间，另一方面也对这种辩护提出了更为严格的要求。在此背景下，辩护律师假如继续故步自封，固守传统的辩护思维，而不认真对待量刑辩护的话，不仅量刑程序改革将难以顺利进行，而且就连辩护本身的存在价值都是值得质疑的。

在以下的讨论中，笔者将讨论量刑辩护的性质，概括其独特的价值基础，并对量刑辩护的基本构成要素作出归纳和总结。不仅如此，笔者还将对制约量刑辩护发展的几个主要因素，进行反思性讨论。本章所要论证的基本命题是，量刑辩护是独立于无罪辩护之外的一种实体辩护形态，量刑辩护有其独特的价值目标，量刑辩护的有效进行，是量刑程序改革成功的重要保障。

二、量刑辩护的性质

什么是量刑辩护？它与其他辩护形态究竟具有怎样的关系？要解释这些问题，我们可以首先从一个实际发生过的案例来展开讨论。

2009年6月11日，江苏省扬州市邗江区法院对被告人徐某洪、眭某涉嫌贪污一案进行了公开开庭审理。两被告人对检察院指控的贪污犯罪事实不持异议，当庭表示认罪悔罪。法庭按照最高法院量刑程序指导意见的规定，在法庭调查阶段对两被告人的量刑事实进行了专门调查。公诉人对两被告人的量刑事实进行了举证，并接受辩护方的质证，对那些与犯罪事实重复的证据不再一一举证。公诉人认为，被告人徐某洪存在主犯、自首、退赃等量刑情节，被告人眭某具有从犯、退赃、认罪悔罪等量刑情节。两名被告人都没有就量刑事实向法庭提交证据。徐某洪的辩护人宣读了华东石油地质局六普大队汽车队出具的关于徐某洪工作表现的情况说明，以证明“徐某洪一向表现良好，系初犯，可酌情从轻处罚”。眭某的第一辩护人认为眭某在共同贪污罪犯罪中是从犯，“起辅助作用”，她还具有自首情节，并向法庭进行了举证，以证明眭某在未受到传唤和未采取强制措施的情况下“即到检察院说明情况并将家里的存单全部交给检察院”，还向检察院投案，“交待了自己的犯罪事实”。眭某的第二辩护人就被告人所具有的酌定量刑情节逐一进行了举证，宣读了其开庭前调查取得的六份证据：(1)凤凰社区居委会对眭某表现情况的“证明材料”；(2)丹阳市云阳镇大圣村证明材料、病例以及出院小结，证明眭某父母年老，其妹妹身患血液疾病，没有人能够照顾眭某儿子；(3)丹阳市凤凰社区居委会的证明材料及病历、出院小结，证明徐某洪父母身体状况很差，没有能力照顾孙子，徐某洪的弟弟患有严重精神病；（4）出生医学证明，证明被告人儿子4岁，需要父母照顾；（5）罚金收据，证明胜某积极缴纳罚没款，认罪态度较好；（6）丹阳市矫正办公室的情况说明，表示愿意对胜某进行矫正帮教。公诉人当庭发表了“质证意见”，认为胜某不属于自首，而“辩护人提出的一贯表现及家庭情况不是影响定罪量刑的证据”，对上述酌定量刑情节的证据材料“不做答辩”。

在法庭辩论阶段，法庭在组织双方就定罪事实进行辩论后，还专门围绕量刑问题进行了辩论。公诉人首先发表量刑建议，认为被告人徐某洪具有自首、主犯等情节，应当按照其所参与的全部犯罪进行处罚，但可以从轻或者减轻处罚；胜某在共同犯罪中起辅助作用，系从犯，应当从轻或者减轻处罚；徐某洪自愿而且在胜某帮助下退出大部分赃款、赃物，应考虑从轻处罚；两被告人归案后认罪态度较好，且自愿认罪，可以“酌情予以从轻处罚”。公诉人建议对徐某洪从轻处罚，在有期徒刑10年到12年之间量刑，对胜某减轻处罚，在有期徒刑3年到4年之间量刑。被告人徐某洪当庭表示“大部分事情都是我做的，我表示悔过，希望对我妻子（胜某）从轻处罚”。胜某则表示“我发自内心地忏悔，我错了，希望法院从轻判处”。被告人徐某洪的辩护人发表了量刑意见，认为徐某洪存在自首情节，应当减轻处罚；徐某洪积极退赃，一贯表现良好，系初犯，可酌情从轻处罚；徐某洪当庭自愿认罪，积极提供线索检举他人犯罪，应当从轻处罚。考虑到徐某洪具有多项法定从轻、减轻和酌情从轻的情节，综合考虑本案案情，同时考虑两被告人之间的量刑平衡，辩护人建议对其处以10年有期徒刑以下的量刑。被告人胜某的第一辩护人提出了对胜某适用缓刑的量刑意见，认为胜某应当“成立自首”，她不仅属于从犯，而且有别于一般案件中的从犯，应当从轻处罚；案发后胜某积极退赃，应对其在法定刑以下处罚；胜某有悔罪表现，取保候审期间随传随到，有改过自新的愿望；从被告人一贯表现来看，她无犯罪前科，系初犯、偶犯，户籍所在地的司法所亦表示愿意接受其回社区接受改造，说明她具有判处缓刑的客观条件，对其判处实刑不利于社会的和谐，被告人尚有4个老人需要赡养，还有一个4岁的孩子需要抚养，“如果夫妻俩都被判处实刑，将会形成社会不安定因素，给幼小的孩子造成创伤”。胜某的第二辩护人针对酌情量刑情节发表了补充辩护意见，强调了胜某的认罪态度、主动借钱缴纳罚金、一贯表现良好，没有前科劣迹，胜某还有4位老人和一个孩子需要照顾，妹妹身体不好，小叔子患有严重精神疾病，失去自理能力，再次强调对胜某适用缓刑的必要性。同时，考虑到被告人所在地的社区矫正办公室愿意提供帮教，对胜某适用缓刑也是可行的，是可以避免其再次危害社会的。审判长听取完量刑辩论后，认为双方对徐某洪自首、胜某系从犯以及两被告人自愿认罪、积极退赃等量刑情节不持异议，双方争议的的焦点是徐某洪应否适用减轻处罚，胜某是否构成自首以及如何适用刑罚，能否判处缓刑。围绕审判长总结的争议焦点，控辩双方再次发表了量刑意见。公诉人坚持认为徐某洪犯罪数额特别巨大，主观恶性较强，不宜对其减轻处罚；被告人胜某是在检察机关已经掌握其犯罪线索的情况下到案的，不构成自首，但她是从犯，参与犯罪不具有主动性，主观恶性较小，积极退赃，有悔罪表现，胜某社会危害性较轻、人身危险性不大，对其适用缓刑不至于再危害社会，辩护人出示的一贯表现和相关部门同意监管的材料，说明对其适用缓刑后，帮教、考察措施能够得到落实。因此，公诉人同意对胜某适用缓刑，并请合议庭考虑适当的缓刑期限。

邗江区法院经过法庭审理后认定，被告人徐某洪系主犯，构成自首，积极动员家人退出赃款赃物，其量刑基准为有期徒刑13年6个月，经过对量刑情节进行量化分析，根据同向相加、逆向相减的原则，应减少刑罚量3年。被告人胜某系从犯，主动退赃并积极为被告人徐某洪退赃，当庭自愿认罪，犯罪前表现良好，其子年仅4岁，丹阳市社区矫正机关建议对其适用缓刑，并愿意接受其进行社区矫正和帮教。胜某依法不构成自首。经过对胜某的量刑情节进行量化分析，应确定量刑结果为3年有期徒刑。根据最高法院司法解释的精神，“减轻处罚在有期徒刑3年以下量刑的，一般不适用缓刑”，但本案两被告人系夫妻关系，家中父母均已年迈，需要照顾，又有一年仅4岁的幼儿需要抚育，如两被告人均失去人身自由，将严重影响幼儿的身心健康和成长，不利于和谐社会的构建，被告人胜某犯罪前一贯表现较好，归案后悔罪态度好，其所在社区亦愿意接纳为社区矫正对象，考察帮教措施能够得到有效落实，对其适用缓刑，不致再危害社会，从更好地维护未成年人的身心健康出发，综合以上因素，法院决定给予被告人胜某一定的考验期限。控辩双方建议对被告人胜某适用缓刑的量刑建议，予以采纳。最后，法院判处被告人徐某洪有期徒刑10年6个月，判处胜某有期徒刑3年，缓刑3年。〔1〕

这是一个典型的量刑辩护案例。之所以认为该案例具有典型性，是因为两名被告人都作出了有罪供述，辩护律师放弃了无罪辩护，而只是通过提出一些法定的和酌定的量刑情节来说服法院作出从轻或减轻处罚。辩护律师没有对检察机关指控的贪污罪的罪名提出异议，也没有对侦查程序、公诉程序的合法性提出疑问，更没有对诸如起诉证据的证据能力、案件是否达到“事实清楚、证据确实充分”等方面的问题发表不同意见。显然，相对于传统的无

---

〔1〕 参见葛明亮：《邗江的量刑“实验庭”》，载《清风苑》2009年第10期。另参见扬法宣、雷菡：《邗江判决书公开量刑“加减法”打造“透明”判决书》，载中国法院网，https://www.chinacourt.org/article/detail/2009/06/id/361938.shtml，2009年6月15日最后访问。

罪辩护、程序辩护和证据辩护而言，这是一个较为单纯的量刑辩护案件。当然，作为一个地方法院改革试点观摩的案例，该案件并不能代表中国法院量刑辩护的普遍情况，而具有一定的前沿性和探索性。律师在开庭前专门对量刑情节所做的详尽调查，法庭对量刑调查和量刑辩论的精心组织，以及控辩双方围绕量刑情节和量刑结果所展开的激烈争辩，这在一般庭审程序中都是非常罕见的。尽管如此，透过这一案件的量刑审理情况，我们仍然可以对量刑辩护与其他辩护形态的界限作出清晰的划定，并对这一辩护形态的性质形成初步的认识。

其一，量刑辩护属于一种实体辩护，而不具有程序辩护的性质。从实体法与程序法区分的角度来看，刑事辩护可以分为“实体辩护”与“程序辩护”两大类，前者属于以刑事实体法为依据所展开的辩护活动，后者则是以诉讼程序规范和证据规则为依据所存在的辩护方式。但在“实体性辩护”中，根据辩护律师所要追求的诉讼目标的不同，辩护又可以进一步区分为“实体上的无罪辩护”、“由重罪改轻罪的辩护”（简称“罪轻辩护”）以及“量刑辩护”三种。很显然，与那种旨在论证侦查、公诉和审判活动存在程序违法行为，说服法院宣告某一诉讼行为无效的程序性辩护不同，量刑辩护并不挑战侦查、公诉和审判程序的合法性，其主要指向在于推翻或者削弱公诉方的量刑建议，说服法院作出从轻、减轻或者免除被告人刑事处罚的裁决。这种辩护属于广义上的实体辩护。

其二，从证据法与实体法关系的视角来看，量刑辩护与证据辩护有着密切的联系，但它本身并不完全属于证据辩护。在近年来的法学研究中，也有学者提出过“证据辩护”的说法，并将其视为一种独立于“实体性辩护”和“程序性辩护”之外的一种辩护形态。不过，假如将“证据辩护”界定为围绕单个证据的法庭准入资格以及司法证明标准问题所展开的辩护形态，那么，“证据辩护”可能有其独立的一面，但又可能依附于其他辩护形态而广泛地存在。例如，辩护律师强调公诉方移送法庭的某一证据不具有相关性，并进而否定其证明力，或者论证公诉方的证据体系尚未达到法定的“证明标准”。这都属于“证据辩护”具有独立性的例证。但是，辩护律师一旦强调公诉方的某一证据因为取证手段违反法律程序而否定其证据能力，或者直接提出“排除非法证据”的诉讼请求，那么，这种所谓的“证据辩护”就与“程序辩护”产生重合或者交叉了。不仅如此，辩护律师为论证公诉方指控的某一罪名不能成立，经常提出证据证明被告人的行为不符合某一犯罪构成要件，或者依据证据说明被告人的行为符合另一较轻的罪名，或者根据证据证明对被告人从轻处罚或者减轻处罚的合理性，这些“实体辩护”活动其实都离不开对证据的运用问题，这些“证据辩护”其实是为了完成“实体辩护”的目标而存在的。正因为如此，律师在量刑辩护中固然会运用证据来证明某一从轻、减轻处罚量刑情节的成立，也会运用证据来证明某一从重量刑情节无法成立，但是，这种辩护与那种单纯为了证明某一证据不具有证明力、证据能力或者证明案件尚未达到法定证明标准的“证据辩护”，仍然有实质上的区别。

其三，量刑辩护一般是在定罪问题没有争议的情况下展开的。在刑事诉讼中，律师一旦对公诉方指控的罪名提出异议，往往会选择无罪辩护或者罪轻辩护的思路，以便推翻公诉方指控的某一罪名，并说服法院作出该罪名不成立的裁决。但是，量刑辩护的存在，通常建立在法院已经形成有罪裁决结论，或者控辩双方对被告人构成指控罪名没有异议的情况之下。选择量刑辩护的律师所要论证的并不是被告人不构成某一指控的罪名，而是被告人在构成犯罪的情况下，也应受到从轻、减轻处罚或者应被免除刑事处罚。

其四，量刑辩护针对公诉方的量刑建议而展开，旨在论证公诉方的量刑情节不能成立，或者推翻、削弱公诉方的量刑建议。如果说律师的无罪辩护是针对公诉方的起诉书而展开的话，那么，律师的量刑辩护则应针对公诉方提出的量刑建议来进行。推翻或者削弱公诉方的量刑建议，是律师进行量刑辩护的主要诉讼目标。而为了达到这一目标，律师通常会对公诉方提出的量刑情节进行证伪活动，如证明公诉方提出的累犯、主犯、主观恶性较强、没有悔改表现等情节，因缺乏证据支持而不能成立；律师还有可能结合案件的全部量刑情节，来论证公诉方提出的某一量刑建议无法成立，以便说服法院作出更为轻缓的量刑裁决。

其五，在量刑辩护中，律师通常提出本方的量刑信息和量刑情节，并逐一论证各项量刑情节对于量刑裁决的影响，从而最终提出对被告人从轻、减轻或者免除刑罚的意见，以说服法院作出对有罪被告人宽大处罚的裁决。可以说，提出本方的量刑情节（特别是酌定从轻量刑情节）与论证本方量刑情节对于量刑裁决的影响，这是量刑辩护的基本方式。前者为法院的量刑提供了更为全面的量刑信息，避免法院在量刑时过于偏向公诉方；后者则为法院形成量刑裁决结论提供了法律适用方面的参考信息，以确保法院在综合考量全案量刑情节的基础上，选择一种较为公正合理的刑种和量刑幅度。

三、量刑辩护的独特方式

最大限度地说服法院作出从轻、减轻或免除刑罚的裁决结果，这是量刑辩护所要达到的诉讼目标。根据前面的分析，律师积极地从事无罪辩护、罪轻辩护甚至程序辩护活动，有时也能在不同程度上实现这一诉讼目标。但是，与这些辩护形态不同的是，律师的量刑辩护具有一些独特的内容和要求，也有一套与之相适应的独特操作方式。为有效地从事量刑辩护，律师不仅要积极参与有关量刑问题的法庭调查和辩论活动，而且还要进行有针对性的防御准备工作。鉴于量刑辩护作为一种独立的辩护形态，过去并没有引起法学界和律师界的广泛关注，也没有较为成熟的理论总结，因此，在以下的讨论中，笔者将在界定量刑辩护基本内容的前提下，对这一辩护形态的操作方式作出简要但尽量系统的理论总结。

（一）量刑辩护的三项基本内容

要对那些有罪的被告人确定一种公正的量刑裁决，法院需要获得三个方面的信息：一是获得尽可能全面、准确的量刑事实和量刑信息，以便遴选出在刑法上能够成立的量刑情节；二是对每一项量刑情节作出适当的法律评价，也就是对该情节影响量刑结果的情况进行合理的评估；三是对全案量刑情节进行综合考量，经过对从重情节与从轻、减轻情节的平衡折算，最终确定适当的量刑种类和量刑幅度。

与法院的量刑裁判活动相对应，律师要成功地说服法院选择尽可能宽大的刑罚种类和刑罚幅度，也需要围绕以下三个方面进行量刑辩护工作：一是调查量刑信息，向法庭提供有利于被告人的新的量刑情节，对公诉方的量刑情节进行反驳，以便为说服法官选择宽大量刑奠定事实基础；二是评价单个量刑情节的法律影响，论证每个量刑情节对于从轻、减轻或者免除刑事处罚的意义；三是论证全案量刑情节对于量刑裁决的影响，特别是论证量刑情节与某一量刑结果之间的因果关系。在量刑辩护活动中，律师所采取的每一项辩护工作都是围绕这三项基本内容来展开的。下文依次总结律师量刑辩护的独特方式。

（二）量刑信息的搜集

与英美法国家不同的是，中国没有建立专门的“量刑前报告”制度，那种由专门的司法行政官员负责量刑调查、搜集量刑信息的做法，很难为中国法院所效仿。这就意味着量刑信息的搜集只能由公诉方和辩护方来完成。

辩护律师通过查阅、研读公诉方移送的案卷材料，是可以发现有利于被告人的量刑情节，并进而完成量刑辩护活动的。但是，在大多数案件中，这种带有“被动防御”性质的量刑辩护都未必能够取得较为理想的辩护效果。这是因为，公诉方的案卷材料所记载的大都是侦查人员所搜集的有罪证据，其中尽管有诸如自首、累犯、主犯、从犯、惯犯等方面的量刑情节，但这些情节要么主要属于法定的量刑情节，而很少涵盖那些种类繁多、涉及面较广的酌定量刑情节，要么主要属于不利于被告人的量刑情节，而很难将那些有利于被告人的量刑情节包含其中。这就意味着公诉方案卷材料所包含的量刑信息是不完整的，也可能是不准确的。仅凭这些信息量极为有限的量刑事实，辩护律师往往会遗漏大量有用的量刑情节，尤其会对那些酌定从轻量刑情节予以忽略，使其难以被提出于法庭之上。结果，那些单纯依赖公诉方案卷材料开展量刑辩护活动的辩护律师，经常由于提不出新的量刑情节，而对法院的量刑裁决难以发挥积极有效地影响，而只能听任法庭为公诉方的量刑建议所左右。

前面的案例已经显示，律师在开庭前就量刑问题展开一定的调查，搜集较为充分的量刑信息，这是在法庭上有效开展量刑辩护的必要保证。诸如被告人是否需要赡养老人、抚养孩子，当地社区是否具备帮教条件，被告人平常表现、悔罪和退赃情况等酌定量刑信息，只有依靠律师的庭外调查，才有可能被搜集起来，并被提到法官面前。就连公诉方提出的一些从重量刑情节，如主犯、累犯、认罪态度不好等事实信息，律师有时也只有进行必要的调查活动，搜集一些新的证据材料，才能对这些情节的真实性进行实质性的核实工作。甚至就连那些与公诉方有异议的量刑情节，包括被告人是否构成自首、是否成立立功、是否属于从犯等问题，律师也只有搜集一些新的事实信息，才能说服法庭接受本方的辩护观点。

（三）量刑情节的遴选

对于案件是否存在某一法定量刑情节，辩护律师可以根据刑法的规定以及该量刑情节的成立条件，结合案件中的事实情况，作出较为准确的判断。即便在某一法定量刑情节是否成立的问题上，控辩双方发生了一定的分歧和争议，辩护律师也可以依据案件事实和法律规定，向法庭强调本方的观点。但是，刑法对于何为酌定量刑情节并无明确的规定，一些量刑信息究竟能否成为一项独立的酌定量刑情节，在刑法理论上也经常存在争议。这就为律师的量刑辩护带来了一个难题：如何从那些繁杂的量刑信息中遴选出有用的量刑情节，以便说服法庭对被告人作出量刑上的宽大处理呢？

通常说来，律师要从量刑信息中遴选出量刑情节，需要参考以下几个标准：一是能否证明被告人主观恶性较轻，或者后来有所降低；二是能否显示被告人行为的社会危害性较小，或者有所减轻；三是能否说明被告人再犯罪的可能性较小，或者事后有所减少；四是能否昭示被告人得到了被害方乃至社会的谅解……这些都是说服法院对被告人从轻处罚的重要理由，也是论证某一量刑信息是否有助于量刑辩护的主要依据。需要指出的是，辩护律师还需要区分既存情节和后发情节，并对不同量刑情节采取不同的调查取证方式。对于这一点，后面将作专门讨论。

（四）量刑意见的提出

在完成量刑信息的调查和量刑情节的搜集之后，律师需要形成自己的量刑辩护意见。具体来说，律师根据每个量刑情节对量刑的影响，对各个量刑情节的法律评价进行具体的评估。传统上，律师可以对每个量刑情节分别作出是否需要“从轻处罚”、“减轻处罚”或者“免除处罚”的评价，并对那些可能带来“从重处罚”之后果的量刑情节予以关注。在此基础上，综合全案量刑情节的情况，提出对被告人适用刑罚的辩护意见。而根据最高法院即将向全国法院推行的量刑规范指导意见，律师可以在确定案件量刑基准的前提下，将每项量刑情节对量刑的增减影响幅度，按照同向相加、逆向相减的原则，大体计算出一个量刑结果，然后据此向法庭提出有利于被告人的量刑辩护意见。

律师向法庭提出的量刑意见，是其量刑辩护观点的集中表达。律师的这种量刑意见既要表达本方所建议的量刑种类和量刑幅度，也要运用本方所认可的各项量刑情节对量刑意见进行必要的论证。如果说律师开庭前对量刑信息的调查是为了形成量刑意见的话，那么，在这种量刑意见形成之后，律师在法庭上所要做的就主要是论证该量刑意见的成立，推翻或者削弱公诉方提出的量刑建议，说服法院最终接受本方的量刑意见，使被告人受到公正、合理而适度的刑事处罚。

（五）对公诉方量刑情节和量刑建议的反驳

除了从正面提出有利于被告人的量刑情节以外，律师如果发现公诉方所强调的某一从重量刑情节不能成立的，还可以进行必要的反驳，以便说服法庭拒绝采纳该项从重量刑情节。为完成这一量刑辩护工作，律师既可以通过审查公诉方的证据来确定有关量刑情节能否成立，也可以从该量刑情节的法律成立条件上来进行分析，还可以通过庭外调查核实工作，来验证是否有相反的证据证明该项情节不成立。

对于公诉方提出的量刑建议，辩护律师如果认为该量刑方案在刑种的选择或者在刑罚幅度的确定上存在问题，还可以对该建议进行反驳，以说服法庭拒绝接受公诉方所建议的量刑方案，从而进一步论证本方的量刑意见。在前面的案例中，公诉方对第二被告人最初建议适用三年有期徒刑的刑罚。辩护律师通过提出新的量刑情节并对量刑情节的法律影响进行综合论证，最终提出了建议判处缓刑的量刑意见。出人意料的是，公诉方竟然同意辩护律师提出的量刑情节，并将本方的量刑建议最终修正为适用缓刑，从而形成了控辩双方一致建议适用缓刑的局面，为说服法院作出缓刑裁判奠定了极为坚实的基础。

（六）对法院量刑结论的影响

在量刑辩护活动中，律师除了要反复强调本方的量刑情节和量刑意见以外，还需要对这些情节和意见何以成立的问题，进行全面的理由说明和论证。这种理由说明和论证是辩护律师影响法官量刑结论的主要途径。不仅如此，假如初审法院拒绝接受律师的这些量刑辩护意见，律师也可以通过上诉审程序，向二审法院继续说明这些量刑情节和量刑意见，并论证初审判决的错误，以便说服二审法院作出撤销原判的裁决。

四、既存情节与后发情节

在前面分析的徐某洪、胜某贪污一案的审理中，辩护律师向法庭提出了多种量刑情节。根据这些量刑情节形成的不同时间，我们可以将其分为两大类：一是既存情节；二是后发情节。前一类情节是指在案件发生之前和案件发生过程中所形成的案件事实，如有关被告人构成主犯、从犯的事实，有关被告人平常表现的事实，有关被告人家庭情况的事实，等等。后者则是指案发后在案件的诉讼过程中新出现的量刑情节，如被告人的积极退赃、自首、认罪悔罪等事实，基层社区矫正部门提供的帮教条件和帮教方案，等等。其实，对于这两类量刑情节，辩护律师的调查方式是完全不同的，所要进行的辩护准备工作也各有其侧重点。

在刑事辩护实践中，既存情节是随着案件的发生而自动出现在案件之中的。除了前面所说的主犯或从犯、平常表现、家庭情况以外，还有诸如案犯前后的表现、前科劣迹、立功嘉奖、被害人过错、作案手段、作案动机、作案时间、作案后果、主观恶性程度、案发后有无补救措施、犯罪预备、犯罪未遂、犯罪中止、是否未成年人、是否患有精神疾病并属于限制行为能力人等。这些情节既有法定情节，也有酌定情节；既有在案发前出现的情节，也有与作案过程同步产生的情节；既有有利于被告人的情节，也有不利于被告人的情节。甚至有些既存情节还与犯罪构成要件事实发生了交叉或者重合。对于这类量刑情节，辩护律师需要尽可能将其中有利于被告人的情节完整地予以搜集，全面提交法庭，使其转化成为法庭据以作出从轻、减轻或者免除刑罚的事实依据。

那么，对于这类既存情节，辩护律师如何进行搜集和提取？原则上，辩护律师需要尽可能全面地进行发现和寻找，尽量不遗漏任何一项有利于被告人的量刑情节。通过阅卷和会见，辩护律师应当明确划定既存情节的范围，确定对这类情节调查的重点。一般来说，对于那些与犯罪构成要件事实发生交叉或重合的既存情节，如犯罪预备、犯罪未遂、犯罪中止、作案时间、作案手段、作案后果等，辩护律师应当通过阅卷和会见，尽量从纷繁复杂的案件事实中提炼出来，使其被列为用于证明从轻、减轻或者免除刑罚的辩方证据。而对于那些在案卷中根本没有得到记录的既存情节，辩护律师则需要进行专业性的调查取证工作。在胜某涉嫌贪污一案的辩护中，辩护律师没有拘泥于公诉方的案卷笔录材料，在庭前进行了大量的走访和调查取证工作，成功地获取了一些新的既存情节。如对胜某家庭情况的调查，获得了其父母年迈多病、孩子年幼、姐姐无力照料、公公婆婆患病、小叔子患有精神疾病等事实信息。这些没有引起侦查机关和公诉机关关注的事实信息，恰恰可以被用来说明对两名被告人同时判处有期徒刑，将不利于双方父母的照料，不利于儿童的健康成长，甚至有可能使两个家庭陷入困境乃至出现更加严重的危机。辩护律师获取了多个证人的证言笔录，并获得有关部门出具的情况证明之后，将这一既存情节提交法庭，从而为成功地说服法庭适用缓刑创造了条件。

与此同时，对于那些新出现的后发情节，辩护律师究竟如何进行提取和搜集？由于这些情节不是随着案件的发生而自动出现的，辩护律师既需要进行发现和寻找，也需要进行积极地促成和创造。同样是在胜某涉嫌贪污一案的辩护中，辩护律师通过会见和阅卷，发现了被告人存在积极退赃、认罪悔罪、自首等后发情节，从而向法庭证明适用减轻处罚的合理性。但辩护律师的准备工作并没有止步于此。为了证明对被告人适用缓刑的正当性，辩护律师除了说明被告人积极认罪悔罪、应当被判处三年有期徒刑以下刑罚等情况以外，还要证明被告人胜某具备基本的"帮教条件"。为此，辩护律师也没有局限于仅仅进行阅卷和会见等传统辩护准备工作，而是积极联系当地社会矫正部门，经过努力说服后者开具了"帮教证明"，以证明被告人不仅具有帮教的条件，而且其所在社区也具备对其事实帮教的能力和资源。可以说，这份帮教证明为辩护律师说服法庭最终决心适用缓刑起到了至关重要的作用。

当然，后发情节也不限于退赃、认罪悔罪、自首等情节，还可以表现为坦白、立功、刑事和解、退赔等多个方面。其中，坦白、自首、立功还属于极为主要的法定从轻、减轻处罚情节。刑事和解尽管在传统的刑法理论中并不属于重要的量刑情节，但随着2012年《刑事诉讼法》的生效实施，这一后发情节已经被纳入法定情节之中，可以成为法院从轻、减轻甚至免除刑罚的重要依据。对于这些后发情节，辩护律师究竟要做哪些调查取证工作呢？

与既存情节的搜集不同，后发情节的提取更需要律师积极努力地促成和创造。辩护律师通过阅卷和会见，发现案件具备成立自首、立功、刑事和解等情节可能的，就需要与被告人进行充分的协商和讨论，在征得被告人同意的前提下，积极促成这些量刑情节的形成。尤其是在案件没有无罪辩护空间的情况下，辩护律师需要说服被告人采取一种现实主义的态度，最大限度地挖掘后发情节。根据“律师画地图，被告人选择道路”的基本辩护原则，辩护律师需要将自首、立功、刑事和解等量刑情节的性质、构成要件、法律后果明确告知被告人，使其了解自己行为的后果和法律风险，从而保证其作出理性的选择。而在刑事和解的促成上面，辩护律师可能要投入更多的精力，展现更多的法律智慧，通过积极斡旋和反复协商，尽力促成被告方与被害方达成赔偿协议，并最终说服被害方提交谅解协议书。通过这种艰苦卓绝的努力工作，辩护律师一旦成功获取了重要的后发情节，就可以为说服法庭作出较为宽大的量刑方案创造条件。

既存情节和后发情节在发现和调取的方式上尽管存在一些差异，但是，辩护律师要将这类情节搜集起来，并说服法庭将其采纳为证据，还需要遵循证据调查的基本原理。原则上，与其他辩方证据一样，这些有辩护律师提取的量刑证据也要经历从证据材料向证据、再向定案根据的转化。首先，辩护律师将既存情节和后发情节搜集以后，需要申请法庭将其纳入法庭调查的对象。辩护律师所搜集的无论是实物证据还是言词证据，都仅仅属于证据材料，还并不必然属于“证据”。要使这些材料具备证据资格，辩护律师还需要向法庭提交，并说服后者将其纳入法庭调查的对象。其次，辩护律师需要遵循“结果证据”与“过程证据”相结合的原理，在提交相关量刑证据材料的同时，还需要将搜集、提取、促成的过程材料提交给法庭。这些过程材料通常可以书面笔录等形式存在。例如，辩护律师要调取被告人的家庭情况，就既需要获取被告人父母年迈多病、孩子年幼、家人无力单独照料等书面材料（结果证据），还需要将调查取证的过程作出记录，形成询问笔录（过程证据）。又如，辩护律师要说明被告人具备帮教条件，除了提交基层社区矫正部门有关具备帮教条件的证明材料（结果证据）以外，还需要将向社区矫正部门调查取证的经过作出详细的记录（过程证据）。通过将结果证据和过程证据同时提交法庭，辩护律师就可以说服法庭接受其调查的结论，也可以说明所调查的证据的真实来源、提取经过，以消除法官对其证据真实性的合理怀疑。最后，辩护律师还需要论证本方证据的证明力和证据能力，以便说服法庭将其采纳为定案的根据。这与普通证据的采信过程是一致的。这里就不再详细论述了。

五、认真地对待量刑辩护

在前面的讨论中，笔者解释了量刑辩护的性质，论证了量刑辩护的独立性，分析了量刑辩护的独特操作方式。过去，中国律师并非没有从事过量刑辩护，而是没有将量刑辩护置于独立辩护形态的地位，没有对其辩护规律进行系统的经验总结，甚至因为过于关注华而不实的诉讼目标，而无法为委托人提供充分而有效的量刑辩护。应当说，由最高法院所推动的量刑制度改革，为量刑辩护的发展提供了较为广阔的空间。没有量刑制度改革，法院不会将量刑“纳入法庭审理程序之中”，更不会尝试构建一种“相对独立的量刑程序”。法庭审判注定还将继续维持那种定罪与量刑合二为一的诉讼构造，不仅公诉方不会提出专门的量刑建议，法庭也不会对量刑问题举行专门的答辩或听证程序，辩护律师也不会拥有提出量刑意见、调查量刑情节以及论证某一量刑方案的机会。

独立的量刑辩护既是量刑制度改革的必然产物，其最终的前途和命运也将依赖于量刑制度的深化改革，甚至取决于刑事审判制度改革的有效展开。在未来的量刑程序改革中，如何确保被告人获得有效的量刑辩护应当成为改革者重点关注的课题。为保证量刑辩护的充分展开，法院应当将公诉方的量刑建议以及相应的量刑情节提前告知被告人及其辩护律师，以便辩护方有机会展开量刑辩护的必要准备；法院应当为辩护律师搜集量刑信息提供适当的司法保障，以便于律师及时有效地展开相应的庭外调查工作；在被告人拒绝供认有罪、律师准备作无罪辩护的案件中，法院应当将定罪审理与量刑答辩进行适度的分离，给予辩护律师充分行使无罪辩护权的机会，并在定罪审理程序结束之后，给予辩护方进行量刑防御准备的机会，从而在专门的量刑程序中提出有针对性的量刑意见。不仅如此，量刑程序应当具备最基本的诉讼构造，使辩护方可以通过行使诉权来有效地约束裁判权的行使；量刑程序应当保持基本的公开性和透明度，法院的量刑裁决应当充分说明理由，尤其是对辩护方的量刑意见无论是采纳还是拒绝都应给出必要的理由说明。

当然，相对独立量刑程序的构建以及审判制度的深入改革，只是为律师从事量刑辩护创造了必要的外部条件。量刑辩护的有效展开，在更大程度上依赖于律师的积极参与，取决于辩护律师的充分防御准备和富有成效的举证、质证和辩论活动。中国律师过去存在“重无罪辩护、轻量刑辩护”的传统观念，误以为只要充分地展开无罪辩护或罪轻辩护，使法院在定罪裁决方面承受足够大的压力，就有可能在量刑裁决上为被告人争取一种相对理想的量刑结果。一些律师甚至还有通过攻击侦查、公诉和审判程序的合法性来促使法院选择宽大量刑结果的想法。其实，正如笔者所分析的那样，这种辩护思路最多只能达到偶然的、个别的积极成效，而无法对法院的量刑裁决形成普遍的、令人信服的影响。甚至在很多案件中，律师由于没有及时有效地展开量刑辩护活动，没有搜集足够充分的量刑信息，也没有提出明确的量刑意见，最终错失了辩护良机，造成了量刑辩护不充分甚至无效辩护的后果。

其实，要成功地说服法院作出有利于被告人的量刑裁决，律师需要将量刑辩护视为一种独立的辩护形态。这就意味着律师在对案件确定辩护思路的时候，需要持一种极为慎重的态度，要将量刑辩护作为一个独立的选项，在量刑辩护与其他辩护形态之间作出理性的抉择。一旦选择量刑辩护，律师就应按照这一辩护形态的规律来确定操作方式。不要期待侦查机关会全面地搜集量刑信息，也不要奢望公诉方会关注所有有利于被告人的量刑情节，更不要指望法院会将全部酌定量刑情节都一视同仁地予以考虑。要说服法院作出有利于被告人的量刑裁决，律师只能依靠自身的力量，依赖于脚踏实地的量刑辩护工作。因此，认真地对待量刑辩护，理性地选择自己的辩护思路，按照辩护的规律去做好量刑辩护工作，这是辩护律师取得辩护成功的必由之路。

第十一章

刑事诉讼中的程序性辩护（上）

一、程序性辩护的出现

随着中国刑事诉讼制度的发展，非法证据排除规则在法律中得到正式的确立。这无形之中为被告方的辩护提供了一项新的防御手段。于是，在越来越多的法庭审判中，被告人都当庭对公安机关、检察机关侦查行为的合法性提出了挑战，并要求法院将公诉方提交的非法有罪证据加以排除。与此同时，随着一些公检法机关滥用管辖权、刑讯逼供、超期羁押、无理剥夺律师诉讼权利等现象的发生，有的辩护律师也开始对这些机关违反法定诉讼程序的行为，提出激烈的抗辩。而这种辩护的目标则在于申请法院宣告某一诉讼行为无效，甚至要求法院宣告终止诉讼进程。不仅如此，根据刑事诉讼法的规定，二审法院发现一审法院的审判违反法定诉讼程序，影响公正审判的，可以撤销原判、发回重审。也有一些辩护律师根据这一法律条款，针对一审法院存在的审判程序性违法问题，向二审法院提出了申请宣告一审判决无效的辩护。

不难看出，被告人及其辩护人就警察、检察官、法官违反法定诉讼程序问题所作的辩护，实属于一种新型的辩护形态。用美国律师德肖维茨的话来说，这种辩护是一种“以攻代守”地对付公诉方的辩护方式，也就是通过指控侦查人员的违法行为和侵权行为，将“政府置于被告的地位让他为自己的非法行为受审”。[1]对于这种新型的辩护形态，笔者将之称为“程序性辩护”。与传统的辩护形态不同，辩护方既不是从有罪事实能否成立、犯罪构成要件是否具备等方面作出无罪的辩护，也不是从诸如被告人是否存在立功、自首、坦白、退赃等从轻或减轻的情节方面，来就量刑问题所作的辩护。辩护方所针对的是公检法机关存在违反诉讼程序的不法行为，所寻求的是将某以非法侦查行为、公诉行为或审判行为作出无效之宣告。当然，无论是被告人还是辩护人，在申请法院宣告某一诉讼行为无效的同时，还会寻求削弱公诉方的证据体系，并进而作出无罪之宣告，或者直接要求撤销下级法院的有罪判决。

可以说，程序性辩护形态的出现和大量发生，显示出中国的辩护律师具有越来越强烈的“为权利而斗争”的意识，也说明这样一个阶层越来越不甘于充当“法院发现真相的辅助者”的角色，而勇于与国家公共权力机关进行正面的较量。然而，无论是从中国的司法体制还是从司法官员的素质观念来看，程序性辩护都属于一种略显“超前”的辩护形态。换言之，程序性辩护作为一种“与世界同步”的高级辩护形态，但却没有一种与之相适应的司法制度加以保障，也不存在一种适合其正常发展的司法土壤和制度环境，使得这种辩护形态基本上处于“曲高和寡”的尴尬状态。在一定意义上，程序性辩护有可能成为衡量中国刑事辩护乃至整个刑事司法状况的试金石：假如真的存在一种有效的刑事辩护制度和独立的司法裁判制度，则程序性辩护或许会有其存在的空间，并能够获得大体上顺利的运行。相反，在一个将刑事辩护的空间压缩到极致、司法裁判不具备独立自主性的制度下，程序性辩护作为一种通过挑战公检法机关诉讼行为的合法性来寻求法院宣告无效的辩护活动，势必将陷入极为艰难的境地。

---

〔1〕［美］艾伦·德肖维茨：《最好的辩护》，唐交东译，法律出版社2014年版，第2页。

作为一种学术尝试，笔者拟对程序性辩护作一初步的研究。笔者将分析程序性辩护的性质和功能，并就程序性辩护与程序性制裁、程序性裁判的关系作出解释。在完成上述理论讨论的前提下，笔者还将从经验和实证的角度出发，揭示程序性辩护所面临的现实困境和体制上的障碍。

二、程序性辩护的性质

按照前面的说法，程序性辩护属于一种“法律意义上的辩护”。这就意味着辩护方只能在作为第三方的裁判者面前才能从事这种辩护活动，而在第三方不参与的活动中，程序性辩护最多只能算作辩护方与检控方所进行的秘密协商和交涉而已，而一般不会发生任何实质的法律效果。此外，广义上的程序性辩护可以泛指一切以刑事诉讼程序为依据的辩护。这也意味着辩护方将会提出有关的程序性争议或程序性申请，以促使法庭作出权威的裁决，从而确保法定诉讼程序的实施和被告人诉讼权利的实现。但“狭义上的程序性辩护”所涉及的则并非一般意义上的诉讼程序问题，而是负责侦查、公诉和裁判的官员在诉讼过程中是否存在程序性违法行为，所寻求的则是法庭以权威的方式宣告侦查、公诉或裁判行为无效的法律后果。这些便是笔者从前面的分析中所得出的基本结论。

但是，程序性辩护的性质远远不止上述这些方面。德肖维茨之所以从一个美国法学者和辩护律师的角度将程序性辩护视为“最好的辩护”，就在于这是一种带有进攻性的辩护形态。其实质在于将侦查官员和公诉官员置于被控告和受审判的诉讼境地，使得他们所实施的违反法定诉讼程序——特别是侵犯被告人宪法性权利的行为处于不得不接受审查和裁判的位置。〔1〕通过这种“以攻为

---

〔1〕［美］艾伦·德肖维茨：《最好的辩护》，唐交东译，法律出版社2014年版，第49页以下。

守”的辩护活动，被告人是否应承担刑事责任的问题暂时被放置一边，警察、检察官甚至初审法官的诉讼行为之合法性问题则变成法庭审判的对象，从而构成一项新的、独立的诉讼。因此，在一个宪法性权利和程序性救济制度较为发达的社会里，程序性辩护所引发的其实是一种新的、独立的诉讼形态，也就是英国学者所说的“审判之中的审判”（trial within a trial），或者是“案中案”或“诉中诉”（case in case）。如果说原来的诉讼属于典型的刑事诉讼形态的话，那么，这种旨在解决侦查、公诉或裁判官员是否存在程序性违法行为的诉讼活动，则属于一种独立的“司法审查之诉”。如果说原来的刑事诉讼属于传统的“政府诉被告人”——也就是所谓的“官告民”——的诉讼形态，那么，这种“司法审查之诉”则属于新型的“被告人诉警察”、“被告人诉检察官”或者“被告人诉初审法官”的形态，也就是通常所称的“民告官”形态。当然，与实体性辩护不同的是，程序性辩护并不直接从实体法和证据的角度追求被告人无罪或罪轻之裁判结局，而是促使法庭裁判某一侦查行为、公诉行为或者裁判行为丧失法律效力。具体而言，一旦程序性辩护获得成功，法庭就会以权威的方式宣告检控方的某一证据无效、某一起诉无效或者初审法院所作的有罪裁决被推翻。

德肖维茨曾以美国法为背景，对这种程序性辩护的性质作出过分析：

> 绝大多数刑事被告人确实是有罪的，当一个刑事被告的辩护律师为一个确实有罪的委托人辩护时，有时最现实的途径可能就是对政府起诉。美国独特的司法制度是这种倒行逆施成为可能。美国宪法并没有明确规定可以将政府置于被告地位受审。可是，“人权法案”对政府和政府机构规定了重要限制——宪法第四修正案限制政府搜查、逮捕和扣押的权力（逮捕扣押的权利也被解释为包括窃听的权力）；第五修正案禁止政府强迫任何人在任何刑事诉讼中出庭作证反对自己。为了落实这些宪法修正案中体现的精

> 神，最高法院已经制定出“排除规则”，即陪审团或法官不能考虑采用那些以非法手段取得的证据……
>
> ……在这类案件中，法院判决被告无罪，并非因为对被告是否真正有罪有疑问，而是因为被告的宪法权利受到侵犯。发展中的排除规则开始把注意力放在警察和检察官的行为是否导致了这种值得怀疑的口供，而不仅仅是注意被告有罪还是无辜。有了这些，被告的辩护律师就可以在法庭上控告政府。如果警察和检察官被认定侵犯了被告的第五修正案权利，那么被告的供词都是无效的，被告应予以释放。〔1〕

德肖维茨的上述议论是专就非法证据排除规则的适用而发的。其实，在美国刑事诉讼中，那种足以被辩护方置于被控告地位的“官方违法行为”还有两种：一是检控方在移送起诉之前滥用权力导致被告人无法获得正当法律程序保障的行为，如侵犯被告人获得律师帮助的权利，剥夺被告人获得迅速审判的权利，违反禁止双重危险的原则等；二是法院在审判过程中违反正当法律程序原则，侵犯被告人宪法性权利的行为。针对前一程序性违法行为，美国法确立了撤销起诉制度，并根据程序性违法行为的情况，确立了“有不利影响的撤销起诉”与“无不利影响的撤销起诉”两种制裁性措施。而对于法院在审判过程中所实施的程序性违法行为，上诉法院则可以撤销原审有罪裁决，并将案件发回重新审理。可以说，法院对非法所得之控方证据的排除、对严重违法之公诉的撤销以及对违法裁判结果的推翻，构成了美国刑事诉讼中针对“官方违法行为”的主要制裁方式。〔2〕

无论是排除规则还是撤销起诉、推翻原审有罪判决制度，都是

---

〔1〕［美］艾伦·德肖维茨：《最好的辩护》，唐交东译，法律出版社2014年版，第49页以下。

〔2〕参见陈瑞华：《比较刑事诉讼法》，中国人民大学出版社2010年版，第53页以下。

作为美国宪法性权利的救济方式而存在，并且几乎完全属于美国联邦最高法院合宪审查制度运作的产物，因而深深扎根于该法院的判例法之中。这显然代表了美国刑事诉讼的鲜明个性。甚至可以说，美国成文法体系的不甚发达，有关刑事诉讼的成文法典的缺失，势必导致这种制度中几乎不存在严格意义上的“程序性违法”概念。所谓的“程序性违法”，在美国法中并不单纯地代表警察、检察官、法官“违反法定的诉讼程序”，而是指这些官员实施了“宪法性侵权行为”。而相比之下，在那些以成文法典为主要法律渊源的欧洲大陆法国家，则实行着一种针对程序性违法行为的“诉讼行为无效制度”。尤其是在法国、意大利和葡萄牙等国，诉讼行为无效所针对的除了一部分属于那种涉及侵犯当事人基本权益、破坏基本司法准则的程序性违法以外，大部分则属于那种由法律明文所规定的程序性违法行为。〔1〕

尽管如此，美国所实行的三种主要程序性制裁方式与大陆法系国家的“诉讼行为无效制度”在性质上仍有其相似之处：它们所针对的都属于警察、检察官、法官的“官方诉讼行为”，都具有制裁程序性违法以及为被侵权者提供权利救济之双重诉讼功能，其适用也都会带来某一官方诉讼行为丧失法律效力的法律后果。可以说，这种针对程序性违法或诉讼过程中侵权行为所实施的程序性制裁措施，体现了一种有别于实体性制裁的“诉讼程序内的制裁方式”：其适用的结果并非导致违法者个人被追究实体性责任，而是导致一种官方诉讼行为被宣告为无效，从而使违法者违法所得的诉讼利益遭到剥夺。正是在这一点上，程序性制裁所展现的是一种几乎所有法治社会都普遍实行的一种制裁违法方式，代表了一种新型的惩罚哲学。

程序性辩护所寻求的恰恰就在于程序性制裁措施的实施。通过一系列的抗辩和交涉活动，辩护方需要将刑事诉讼过程存在某

---

〔1〕 参见陈瑞华：《大陆法中的诉讼行为无效制度—— 三个法律文本的考察》，载《政法论坛》2003年第5期。

种程序性违法的情况诉诸中立的法庭。这就意味着辩护方在对检控方指控的犯罪事实加以防御的过程中，采取了一种新型的、带有攻击性的策略：辩护方不是消极地指称“指控不具备刑法所确立的犯罪构成要件”或者“指控并不具备法定的证据和事实基础”，而是积极地“指控”侦查官员、检察官或法官存在违反法律程序的行为，并要求法庭对这一点加以审查和确认。而一旦法庭真的认定侦查官员、检察官或法官在刑事诉讼过程中存在程序性违法行为，或者严重侵犯了嫌疑人、被告人的基本权利，那么，辩护方所进一步寻求的就必将是促使法庭宣告有关官方诉讼行为无效。具体到中国现行的刑事诉讼制度中，这种“诉讼行为无效”意味着侦查人员以刑讯逼供、威胁、引诱、欺骗等非法手段所获取的言词证据不再具有可采性，法院拥有排除该非法证据的最后权利；同时，二审法院对于一审法院所实施的严重违反法律程序，影响公正审判的审判行为，也可以作出撤销原判、发回重审的裁定。

正因为如此，程序性辩护实际是一种旨在寻求对官方侵权行为实施程序性制裁的辩护形态。这种辩护的直接目标就在于促使法庭宣告警察、检察官或法官的程序性违法行为无效，从而使这些“官方违法者”遭受某种程度的制裁。通过程序性辩护活动，辩护方就从消极的防御变为积极的进攻；辩护方从被动地作出无罪或者罪轻的抗辩，变为主动地对警察、检察官或法官的程序性违法行为提出指控；这种辩护还使被告人在受到刑事指控的过程中提出了一种独立的诉讼主张，导致检警机构竟然成为“程序意义上的被告”，甚至成为接受法庭审判的被裁判者，成为接受程序性制裁的被惩罚者。

在过去的研究中，法学者通常认为刑事辩护大体存在“积极的辩护”与“消极的辩护”之分，前者主要是指辩护方通过提出积极的事实和法律主张（尤其是提出包括正当防卫、紧急避险、不具备法定刑事责任能力、不符合法定刑事责任年龄等在内的积极的无罪抗辩）而进行辩护活动，后者则意味着被告人保持沉默或者仅仅指称检控方指控的事实根据存在各种矛盾之处。因此，这两种辩护大体都带有诉讼防御的特征。但与这两种辩护形态不同的是，程序性辩护实际属于一种更加积极的辩护形式，也就是一种通过指控检警机构和法院违法而实施的辩护活动。对于这种辩护形态，我们可以称为“攻击性辩护”。

三、作为诉权行使方式的程序性辩护

分析至此，似乎程序性辩护的性质已经得到较为清晰的解释了。我们可以尝试作以下归纳：程序性辩护是一种通过“指控”警察、检察官、法官存在违反法律程序行为，促使法庭对这些官方行为的合法性加以裁判的辩护活动，它属于一种带有进攻性的辩护形态；程序性辩护的终极目标在于推动法院实施各种程序性制裁措施，也就是要求法院宣告某一侦查、公诉和审判活动违反法定诉讼程序，或者构成公共侵权行为，并进一步宣告排除有关证据、行为或裁决结论的法律效力；程序性辩护是启动程序性裁判程序的最主要形式，它可以促使法庭就程序性违法问题举行专门的司法听证程序，给予辩护方与检控方就某一官方行为的合法性进行平等抗辩和交涉的机会，并最终促使法庭就此问题作出权威的裁决结论……

应当说，这些结论都是成立的。通过这些归纳，我们也大体上解释清楚了程序性辩护的性质和诉讼功能。但是，有关的分析似乎还不应仅仅到此为止。事实上，刑事被告人以警察、检察官、法官存在程序性违法行为为由，向法院提出程序性辩护，并启动程序性裁判程序，这与行政相对人以行政机关的行政行为违法为由，向法院提起行政诉讼程序，究竟有什么内在的联系？或许有人会说，程序性辩护属于刑事诉讼领域的活动，而行政诉讼则属于行政法范畴的事项，两者在法律性质上是不可同日而语的。更何况，按照最高法院的一项司法解释，公安机关、检察机关的侦查行为至少目前并不属于行政诉讼的“受案范围”。[1]但是，假如我们将公安机关、检察机关、法院与一般的行政机关都视为“公共权力机关”，将官方实施的刑事诉讼行为与行政行为都视为“公共权力行使行为”的话，那么，无论是刑事诉讼还是行政程序领域就都面临如何限制公共权力的共同课题。与此同时，无论是刑事侦查、公诉和审判行为，还是一般的行政行为，通常都带有公共侵权的性质，也就是会造成特定个人的基本权利受到公共权力的侵害。而对于作为被侵权者的个人而言，建立一种有效的权利救济机制，不能不属于刑事诉讼和行政程序中的共同问题。此外，刑事诉讼法与行政法尽管属于两个相对独立的法律领域，但从宪法司法化和宪法性权利可诉化的角度来看，两者所研究的基本课题其实是一致的。而公民的宪法性权利既可能被警察、检察官、法官以刑事诉讼的名义加以任意剥夺，也有可能被行政机关以行政处罚的名义加以无理限制。这些情况一旦出现，作为被侵权者的公民个人就有可能将警察、检察官、法官的侵权行为诉诸法庭，也可以将实施过违法行政行为的行政机关起诉到法院。由此看来，在宪法司法化的宏观视野下，所谓“程序性辩护”就不单纯属于刑事诉讼中的一个技术性问题，而实际与“行政行为合法性之诉”一样，属于被侵权者获得司法救济的一种方式。

鉴于此，笔者将从诉权行使的角度，深入分析程序性辩护的性质和诉讼功能。我们将把程序性辩护与其他形式的司法审查之诉均视为一种针对公共侵权行为的诉权行使方式，并从这一角度来考察程序性辩护在维护法治方面的重要功能。

（一）诉权理论

作为一种诉讼权利，程序性辩护是指辩护方针对警察、检察

---

〔1〕 1999年11月24日，最高人民法院发布了《关于执行〈中华人民共和国行政诉讼法〉若干问题的解释》，在第1条第2款中就明确将公安机关和安全机关的刑事侦查行为排除于行政诉讼的受案范围之外。

官、法官所实施的程序性违法行为，为追求特定的程序性制裁之诉讼结果，而要求法院作出专门程序性裁判的权利。与实体性辩护不同，程序性辩护并不是从消极防御的角度所进行的答辩活动，而是积极地将侦查、检察或审判行为的合法性诉诸司法裁判程序的诉讼活动。换言之，辩护方为维护本方利益的需要，主动发动了一项新的、独立的诉讼，从而使警察、检察官、法官处于答辩者和受审查者的地位。从诉权与裁判权关系的角度来看，程序性辩护相当于刑事被告人行使诉权的一种重要方式。对于程序性辩护，我们可以从诉权的角度作出新的解释。

一般而言，“诉权”是与“裁判权”相对应的一个诉讼法学概念。有关诉权的理论通常在民事诉讼法学中得到较为广泛的关注和研究。〔1〕在民事诉讼法学中，诉权通常具有两个层面的意义：一是在实体角度上，当事人为维护其所享有的民事实体权利，要求法院进行裁判的权利；二是从程序角度来看，当事人将其诉讼请求诉诸法院的权利。尽管传统的诉讼理论倾向于将诉权视为民事实体权利的附属权利，而一些新生代学者则更为强调诉权的程序意义，但是，诉权其实既离不开实体权利，也不能脱离诉讼程序而存在。具体而言，诉权实际属于实体权利与诉讼程序之间的纽带和桥梁。一方面，诉权的产生源于当事人之间的实体权利争议，也就是与诉讼争端存在实体利益牵连的当事人向法院提出了确认其实体权利存在的请求；另一方面，诉权的实现必然意味着当事人将其诉讼请求诉诸法院加以裁判，也就是向法院提出诉讼主张，由法庭听取当事人的陈述，获得法庭就有关诉讼主张所涉及的实体问题作出裁判。〔2〕

尽管在诉权问题上存在不少的理论争议，但一般意义上的诉权

---

〔1〕 关于民事诉讼中的诉权理论，参见刘荣军：《程序保障的理论视角》，法律出版社1999年版，第248页以下；[法]让·文森、塞尔日·金沙尔：《法国民事诉讼法要义》（上册），罗结珍译，中国法制出版社2001年版，第97页以下。

〔2〕 参见[法]让·文森、塞尔日·金沙尔：《法国民事诉讼法要义》（上册），罗结珍译，第97页以下。

理论至少包括以下几个方面。

1.诉讼利益与诉讼资格理论

根据这一理论，当事人享有诉权通常须具备四个条件：有可以主张的权利、有利益、有资格以及有能力。其中，拥有诉讼利益和诉讼资格是当事人享有诉权的核心条件。按照罗马法的格言，“利益是衡量诉权的尺度，无利益者无诉权”。这就意味着凡享有诉权的当事人都应与某项诉讼请求之胜诉或败诉具有直接的利害关系。按照法国民事诉讼学者的见解，向法院提起诉讼的人必须证明其所行使的诉权有可能为其带来某种利益，但这种利益必须是确实的、具体的法律上的正当利益，而且还必须是已经产生的和当前的利益。[1]当然，与诉讼的结局拥有直接的利益关系，仅仅是当事人享有诉权的必要条件，但还不是充分条件。在很多情况下，法律会对有权行使诉权的当事人的法律资格作出各种各样的限制。一般而言，凡与法院要裁判的争议没有利益关系的人当然不具有行使诉权的资格。因此诉讼利益与诉讼资格在很大程度上处于重合的状态。不过，在一些诉讼主体与诉讼结局并不存在明显的个人利益的情况下，法律有时为了保护特定的民事实体权利，也会赋予其享有诉权的资格。例如，某一个人在法定情况下可以发动公益诉讼，从而为其本身不存在利益的事项行使诉权；检察机关为维护公共利益的需要，可以提起民事诉讼，从而行使诉权；等等。

2.诉权的行使理论

当事人行使诉权的主要方式是向法院提出诉讼请求，从而启动一项独立的裁判程序。但是，处于被起诉和被指控一方的当事人推翻或者削弱指控所进行的各种防御或抗辩活动，也属于当事人行使诉权的重要方式。因此，诉权的行使不仅可以采取提出诉讼请求的方式，还可以是防御本身。一般情况下，提出诉讼请求是当事人向法院提出某种诉讼主张、启动诉讼程序的法律行为。按

---

〔1〕 参见［法］让·文森、塞尔日·金沙尔：《法国民事诉讼法要义》（上册），罗结珍译，第151页以下。

照诉讼请求所涉及的诉讼利益之间的关系加以区分，诉讼请求可以有“本诉”与“反诉”之分，也可以有“原来诉讼”与“附带诉讼”之别。诉讼请求一旦提出，一般会产生多种法律效果。例如，对法官而言，当事人提出诉讼请求是法官受理案件的必要条件，而法官一旦受理案件，即产生对案件进行审理并加以裁决的义务。又如，诉讼请求一旦提出，法定的诉讼时效即告中止。

与诉讼请求的提出相反，被告方针对起诉和指控所采取的所有抗辩活动，都可以称为防御。大体来说，防御作为诉权行使的另一重要方式，可以分为实体上的防御与程序上的防御两种。所谓“实体上的防御”，是指被告方为否定原告的诉权，而请求法院裁判原告的诉讼主张不成立或没有法律依据的抗辩方法。原则上，凡是促使法院经过实体上的审查之后，以缺乏法律或事实依据而驳回原告诉讼请求的抗辩活动，不属于实体上的防御。相反，“程序上的防御”则是指被告方为阻碍原告方诉权的有效行使，从诉讼程序上论证原告提起诉讼的方式不合法，或者原告不享有诉讼权利。在这种防御活动中，被告方并没有从实体上论证原告的诉讼主张不成立，而是从诉讼程序或诉讼条件上寻找旨在阻碍原告诉权行使的依据。以法国民事诉讼法的规定为例，程序上的防御又可以分为“抗辩”与“诉讼不受理”两种。前者是指被告请求法院宣告诉讼程序不符合有关规定、诉讼程序已经终结或者法院需要中止正在进行的诉讼活动。例如，被告方可以提出法院无管辖权之抗辩、诉讼系属之抗辩、延迟诉讼之抗辩、无效事由之抗辩等。而“诉讼不受理”则是指被告方请求法院宣告对方当事人不享有诉讼权利，如无诉讼利益，无诉讼资格，已完成诉讼时效，已超过预定期限，属于既决事由之原因等。与“抗辩”一样，“诉讼不受理”也是促使法院对于原告方的诉讼请求不经过任何实体审查而直接拒绝受理的防御活动。〔1〕

---

〔1〕　参见［法］让·文森、塞尔日·金沙尔：《法国民事诉讼法要义》（上册），罗结珍译，第199页以下。

3.诉权对裁判权的制约理论

诉权与裁判权的关系构成整个诉讼构造的骨架。一般来说，诉讼与裁判权对于诉讼进程和诉讼结局的控制力，决定了一个国家诉讼构造的整体模式：在职权主义的诉讼模式下，法院的裁判权在程序进程的控制力上肯定占据主导的地位，控辩双方在调查证据方面只能起到辅助作用；相反，在对抗式诉讼模式下，控辩双方则通过行使诉权，对诉讼程序的进程施加较大的影响力，法官则注定主要充当消极裁判者的角色。

诉权与裁判权的关系模式显然不是本章所关注的主要问题。笔者所要分析的是在一般的诉讼程序中，诉权究竟会对裁判权产生怎样的制约力问题。毕竟，假如裁判权可以不受诉权的约束，而可以为所欲为的话，那么，当事人的诉权就将失去存在的意义。原则上，在一个确立了最低限度地诉讼形态的制度下，当事人一旦行使诉权，法院的裁判权在诉讼程序层面上应受以下的制约：当事人一旦向法院提出诉讼请求，法院应立即安排被告方对此进行必要的答辩准备，并要求后者在特定期间内提出答辩意见；对于当事人的诉讼请求，法院除非自行或者在被告方提醒下发现不具备法定的诉讼条件，否则无权作出拒绝受理的裁定，而负有加以审理并作出裁判的义务。在正式受理原告的诉讼请求之前，法院不得对其实施任何形式的实体性审查，更不得不经审判即对原告作出败诉的裁判结论；在受理案件的裁定作出以后，法院必须安排专门的司法听证程序，以便给控辩双方就有关诉讼主张是否成立问题展开调查和辩论的机会：假如案件仅仅涉及法律适用方面的争议，则法院必须给予控辩双方进行辩论的机会；假如案件同时涉及法律适用和事实认定方面的争议，则法院还应给予控辩双方提出证据、传唤证人和进行当庭质证的机会。法院经过专门的司法听证，必须就控辩双方争议的问题给出专门的裁判结论，无论裁判的结果如何，法院都要给出具体的裁判理由。最后，法院的裁判一旦宣布，控辩双方还应获得对该裁判提出上诉的机会，从而有可能获得新的司法救济的机会。

（二）公法中的诉权

诉权尽管主要属于民事诉讼法上的概念，诉权理论也主要是由民事诉讼法学者所提出并发展出来的，但是，在行政法和刑事诉讼法之中，这种诉权理论是否也可以适用呢？具体而言，一个行政机关所作的行政行为一旦侵犯了某一个人的基本权利，该被侵权者应否有权将有关侵权事项诉诸法院加以裁判呢？与此同时，警察、检察官在刑事审判前程序中一旦对一个嫌疑人实施了搜查、扣押、逮捕、羁押等强制性侦查行为，该嫌疑人可否以其基本权利遭受任意侵犯为由，将警察、检察官的侦查行为诉诸法院加以裁判呢？不仅如此，法院在审判中如果违反了法定的诉讼程序，以至于侵犯了被告人获得公正审判的权利，那么，被告人可否将这种不公正的审判行为诉诸上级法院呢？

从理论上讲，根据所谓的“司法最终裁决”原则，这种公共侵权行为无论是发生在行政活动之中，还是存在于刑事侦查、刑事公诉或者刑事审判程序之中，都应被纳入审查的对象之中。当然，正如同民事原告所诉称的诉讼主张未必成立一样，那些诉称受到公共权力机构侵权的公民所提出的诉讼请求也未必能够成立。与民事诉讼中的诉权一样，公法领域中的诉权也并不等于“胜诉权”，而仅仅意味着那些身为行政相对人、犯罪嫌疑人或刑事被告人的公民，享有将其被侵犯的权益诉诸法院加以裁判的权利。当然，公法领域中的诉权理论也会有一些不同于民事诉权理论的地方：这种诉权所针对的不是一般的民事侵权行为，而是警察、检察官、法官以及普通行政官员的公共侵权行为；原告方诉诸法院裁判的不是一般意义上的民事诉讼主张，而是公共权力机关所实施的侦查、公诉、审判以及行政行为是否合法的问题；这种诉讼具有公民个人指控公共权力官员的构成形态，也就是中国人通常所称的“民告官”之形态。正因如此，公法领域中的诉权理论不得不面临一系列有别于民事诉权理论的独立课题。例如，如何保证个人获得有效行使诉权的机会？对于公民个人控告公共权力机构的诉讼主张，法院究竟应建立怎样的受理标准？在法院受理案件之后，究竟应建立怎样的司法听证程序？对于法院所作的不受理案件以及驳回原告方诉讼主张的裁决，享有诉权的人究竟应获得怎样的司法救济……相对于民事诉讼而言，公法领域中的诉权之行使，在更大程度上取决于法院的司法权威和审判独立的保障程度，也取决于司法审查机制的基本构成。

正是因为在公法领域中确立司法审查之诉具有极为重要的意义，也是考虑到公民个人要成功地将公共侵权事项诉诸法院裁判，通常会遇到一系列的法律障碍，因此，一些国家的宪法甚至国际人权公约就明文将公法领域中的诉权确立为基本人权。例如，加拿大公民权利与自由大宪章在确立了公民的一系列宪法性权利之后，又在第24条（1）明文规定“任何人在本宪章赋予的权利或自由遭受侵害或者否定之时，可以向一个具有合格管辖权的法庭提出申请，以便获得该法庭认为适当和公正的救济”。该大宪章第24条（2）甚至还明确将排除非法所得的证据作为法院制裁宪法性侵权行为的一种重要措施。又如，《德国基本法》第20条（4）也明文规定：“任何权利受到公共权力机关侵害的人，都可以将此诉诸法院加以裁决。假如没有设立专门受理此类诉讼的法院，则被侵权者可以将此诉诸普通法院……”甚至就连联合国1948年通过的《世界人权宣言》（第8条）也明确宣告：“任何人当宪法或法律所赋予他的基本权利遭受侵害时，有权由合格的国家法庭对这种侵害行为作有效的救济。”

因此，作为诉诸法院加以裁判的权利，诉权绝不仅仅适用于民事诉讼领域。在几乎所有公法领域中，任何人在其宪法性权利受到公共权力机构的侵害时，都有权获得拥有合法管辖权的法院对该种侵权行为提供的司法救济。这几乎被法学者普遍视为宪法上的诉权条款，属于对宪法性权利实施诉讼救济的法律保障。毕竟，根据“有权利则必有救济”的原则，任何一项宪法性权利，不论其属于公民的人身权利还是政治权利，也不论其属于经济、社会还是文化领域中的权利，一旦在遭到来自公共权力机构的任意侵害时，无法使被侵权者获得及时、有效的司法救济，则这些宪法性权利就必将成为一纸空文，而徒具宣言或口号的形式。因此，不建立专门的司法救济制度，宪法性权利就不可能具有可诉性，宪法本身也无法走向司法化。当然，与普通民事诉讼不同的是，宪法视野下的诉权绝不仅仅限于对公民之生命、健康、人身自由、人格尊严、个人隐私等实体性权利的救济，还将对一系列程序性权利具有司法救济之机能。例如，宪法就禁止无理搜查和扣押所作的规定，就强制性侦查行为所要遵循的令状主义和司法审查原则所作的规定，就被告人获得由中立之法庭所提供的公正审判的权利所确立的条款等，就包含明显的程序性权利的成分。这些程序性权利一旦遭到警察、检察官或者法官的任意侵害，作为被侵权者的刑事被告人就应拥有将这种侵权事项诉诸中立司法机构加以裁判的机会。因此，所谓诉权的宪法保障理论，不过是宪法在各种宪法性权利遭受公共权力机构之侵害时，明确建立的一种确保被侵权者诉诸司法裁判机构的权利。可以说，这种由民事诉讼中的诉权所派生出来的宪法意义上的诉权条款，足以构成各种宪法性权利所赖以实现的中介和纽带。

很显然，公法领域中的诉权主要是指公民个人以其基本权利遭受国家公共权力机构的侵害为由，将有关侵权事项诉诸法院加以裁判的权利。但在行政诉讼法颁行之前，中国法律体系中只存在两种诉讼形态：民事诉讼和刑事诉讼，前者主要是个人对个人行使诉权的制度，而后者则属于国家以个人构成某一犯罪为由行使诉权的制度。那种允许个人对国家公共权力机构的侵权行为诉诸法院的制度并不存在。应当说，1989年行政诉讼制度的建立，标志着中国公法领域中诉权保障的重大进步。根据这一制度，公民、法人或其他组织认为行政机关和行政官员的具体行政行为侵犯其合法权益的，有权向法院提起行政诉讼。法院经过审理，认为行政行为缺乏证据和事实支持的，适用法律错误或者违反法定程序的，或者行政机关超越或滥用职权的，可以判决撤销有关具体行政行为。

但是，行政诉讼制度实施的经验表明，这一制度尽管赋予了个人将行政机关诉诸法院的权利,但这种诉讼还存在一系列的问题和缺陷。例如,行政诉讼法明确对行政诉讼的“受案范围”作出了限制,使个人只能以所谓“具体行政行为”行使诉权,而无法将那些在侵权程度和范围上更加严重的“抽象行政行为”列为法院审判的对象。结果,行政机关所颁布的行政法规、规章以及其他具有普遍约束力的决定、命令,纵然存在极为严重且非常明显的侵犯个人权益的问题,甚至存在与宪法规定相冲突的情形,也无法被纳入法院司法审查的范围。同时,即便是“具体行政行为”,法院也未必都能加以受理。除了行政机关实施的行政处罚行为以外,其他形式的行政行为——如行政不作为等,在能否被纳入法院行政诉讼“受案范围”问题上通常并无明确的定论。结果,在行政诉讼事件中,当事人诉请法院裁判的很多具体行政行为的合法性问题,经常被法院排除于受理范围之外。当然,更为严重的问题还是法院是在人事、财政预算、法官待遇等问题上严重受制于地方行政机关,这就导致法院难以完全依据法律的规定受理和审判行政案件。

尽管行政诉讼制度的发展步履维艰,但在刑事诉讼领域中,被告人对于警察、检察官、法官在刑事诉讼过程中所实施的侵害其基本权利的行为,也缺少充分行使诉权的机会和途径。原则上,刑事诉讼中的诉权是由检察机关和被告人行使的。毕竟,检察机关可以代表国家对被告人提起公诉,被告人则可以对有关刑事指控进行无罪辩护或者罪轻辩护;同时,检察机关认为法院的判决确有错误的,可以向上一级法院提起抗诉,当事人对法院判决不服的,则可以向上一级法院提起上诉。不过,控辩双方所行使的这种诉权大都围绕着被告人是否以及在多大程度上承担刑事责任这一问题而展开的。即使是被告人的辩护和上诉活动,也主要是为了推翻或削弱检控方的有罪指控而实施的。至于对警察、检察官在审判前所实施的拘留、逮捕、羁押、搜查、扣押等强制性侦查行为,即便存在严重侵犯嫌疑人基本权利的情况,作为被侵权者的被告人也无从将其诉诸法院加以裁判。显然,迄今为止,中国公法领域中的诉权行使的范围，还主要限于行政机关的部分“具体行政行为”，而不能将公安机关、检察机关的刑事侦查行为包括其中。

（三）作为诉权表达方式的程序性辩护

非法证据排除规则的确立，意味着一种新型的程序性制裁制度正式出现在我国刑事诉讼之中。根据这一制度，法院对于侦查人员采用刑讯逼供、暴力、威胁等非法手段所获取的非法言词证据，可以当庭予以排除，或者不得作为定案的根据。这就意味着法院可以将侦查人员的侦查行为宣告为违法，并将侦查人员所获取的证据宣告为“非法证据”，并否定其证据能力。但是，这一制度要获得有效的激活，就有赖于一种程序实施机制发挥作用。而程序性辩护就属于这种程序实施机制的有机组成部分。通过提出排除公诉方非法证据的申请，被告人及其辩护人可以促使法院对侦查行为的合法性进行审查，并督促其将非法证据予以排除。可以说，正是非法证据排除规则的确立，才为辩护律师挑战侦查行为的合法性提供了制度空间。

我国刑事诉讼法对于第一审法院存在的违反法定诉讼程序、影响公正审判的行为，也确立了撤销原判、发回重新审判的制裁方式。与排除规则一样，这种撤销原判、发回重审制度也属于一种程序性制裁机制。在司法实践中，被告人及其辩护人一旦发现一审法院存在法定违反诉讼程序的情形的，就可以通过上诉提出这一问题，申请二审法院对一审法院审判程序的合法性进行上诉审查，并对后者确实存在的违反法定程序的审判行为作出撤销原判、发回重审的裁定。在刑事辩护实践中，这种针对一审法院审判程序合法性所作的程序性辩护，已经成为律师挑战一审判决合法性的主要方式。

毫无疑问，非法证据排除规则和撤销原判、发回重审制度的实施，客观上使被告方获得挑战侦查行为和一审法院审判行为合法性的机会。这意味着被告方可以通过行使诉权来获得法院司法审查的机会。这种司法审查之诉将成为公法领域中诉权制度的又一重要模式，也就是继行政诉讼制度建立之后司法审查范围的重大扩展。这无论是对于制裁公共权力机构的违法行为，为个人提供“为权利而斗争”的机会，还是对于推动宪法司法化和宪法性权利之可诉化，都将是极为有益的。

首先，作为诉权表达方式的程序性辩护，对维护程序法的有效实施，减少刑事诉讼中的程序性违法行为，都将发挥积极的影响和作用。与当事人启动行政诉讼相似，被告申请法院审查侦查和审判行为的合法性，主要目的都是促使法院宣告某一官方行为的非法性，并进而宣告其无效。被告方通过程序性辩护活动，可以有效地将刑事侦查行为和审判行为的合法性置于受审查和被审判的境地，使得侦查人员和初审法官成为程序意义上的“被告人”。通过这种程序性辩护活动，被告方可以最大限度地促使法院对非法侦查和违法审判行为加以谴责，并使那些实施过违法侦查和违法审判行为的官员受到程序性制裁，从而在客观上剥夺违法者从其违法行为中所获取的不正当利益。可以说，程序性辩护是推动法院宣告侦查违法和审判违法的必由之路，也是确保程序违法者受到程序性制裁的推动力量。

其次，程序性辩护的发动使得被告方可以通过行使诉权来纠正程序性违法行为。毕竟，无论是被告人还是辩护人，都不是刑事诉讼程序的单纯维护者，也不可能为维护程序法的实施而展开辩护活动。他们之所以关注警察、检察官或法官的程序性违法行为，主要是因为这些行为要么侵害了被告人的人身权利，要么阻碍了被告人及其辩护人诉讼权利的行使。作为将刑事诉讼中的程序性违法行为诉诸司法审查的当事人，被告方享有诉权的依据就在于这种诉讼直接涉及他们的利益，或者说他们的利益与这种司法审查之诉的结局有直接关系。因此，作为程序性违法的直接受害者，被告方一般有将这种违法行为诉诸司法程序的欲望，也势必有着“为权利而斗争”的动力。而相对于作为直接受害者的被告方而言，即使是那些负有“公正审判”使命的法官，也未必对刑事诉讼中的程序性违法问题有着较强的敏感性，更不会对发现和制裁这种程序性违法行为保持足够的兴趣和动力。相反，在长期的刑事审判生涯中，法官们通常会认为绝大多数被告人都是有罪的，而侦查人员的违法行为有时还是防止犯罪人逃脱法网的有效措施。事实上，在发现和纠正程序性违法行为方面，最为有效的途径莫过于赋予被告方“为权利而斗争”的机会，通过充分地行使诉权来推动裁判者审查侦查行为、审判行为的合法性，并进而对其中的非法行为作出宣告无效的制裁措施。

最后，程序性辩护不仅赋予被告方将官方侵权行为诉诸法院的权利，而且还有可能为维护自己的宪法性权利而斗争，从而成为促进宪法司法化和宪法性权利可诉化的积极力量。现行的程序性制裁制度所针对的主要是侦查人员违反法定侦查程序、法官违反法定审判程序的行为，这些行为当然在不同程度上侵害了嫌疑人、被告人的利益，具有一定的公共侵权性质。按照程序性制裁制度发展的逻辑顺序，那些会带来严重侵权后果的程序性违法行为，如非法搜查、非法扣押、非法窃听、非法使用诱惑侦查手段等，也必将逐渐被纳入程序性制裁的对象。而且即使是发生在审判阶段的程序性违法行为，也必将越来越与侵犯被告人获得公正审判的权力发生密切的联系。这些即将作为程序性制裁之对象的程序性违法行为，不仅侵犯了被告人的人身权利和诉讼权利，而且还必然侵犯了被告人所享有的诸多宪法性权利，如人格尊严、个人隐私、人身自由、通信秘密、住宅秘密、辩护权等，构成一种最严重的宪法性侵权。被告方就这些程序性违法行为所作的辩护活动，必将使诸项宪法性权利获得司法救济的机会；而一旦普通的司法救济途径全部用尽，则这种旨在将侦查、公诉和审判人员置于被控告境地的程序性辩护，就有可能走向寻求宪法性司法救济的途径。正因为如此，程序性辩护就不单纯属于推动程序性制裁实施的力量，还有助于推动宪法的司法化和宪法性权利的可诉化。

四、程序性辩护的目的

为什么要进行程序性辩护？律师通过程序性辩护要达到什么样的目的？

对于这一问题，很多读者可能会不假思索地回答：刑事辩护要达到什么样的目的，程序性辩护也就要达到什么样的目的。有人甚至会提出反问：为什么要对程序性辩护的正当性做如此追问呢？

自2010年以来，随着刑事司法改革的逐步推进，律师的辩护空间有所扩大，律师从事程序性辩护的热情逐渐高涨。在刑事辩护实践中，很多律师除了提出排除非法证据的申请外，还经常申请法官、检察官回避，就法院的审判管辖权提出异议，申请法院延期审理，或者提出证人、鉴定人出庭作证的申请。但是，遇到法院不支持这种程序性辩护请求时，一些律师就采取一些程度不同的"极端举动"。他们要么直接挑战法官的权威，与法官发生直接的对立和冲突，甚至破坏法庭审理秩序，要么进行一种带有表演色彩的辩护行为，将法庭审理中发生的情况甚至辩护意见擅自发布到互联网或者其他媒体上，从而使法院承受较大的公共压力。有些更走极端的律师，甚至在法庭内或者法庭外采取诸如静坐、示威、行为艺术等诉讼程序外的抗争手段。一时间，"程序性辩护"几乎已经成了律师与法院进行非理性抗争的代名词。

应当说，一些律师就案件的诉讼程序问题与法院所发生的这种抗争行动，在一定程度上是由法官的不适当审判行为所引发的。甚至可以说，在大多数情况下，法官的不公正审判行为出现在先，律师的非理性抗争行为发生在后。有些不公正的审判行为还与刑事司法改革的滞后性存在直接的关系。例如，很多法院动辄以"没有出庭必要"为由，拒绝律师提出的证人、鉴定人出庭作证的申请；对于被告方提出的开庭审理的请求，二审法院不予理会，直接通过书面审理作出维持原判的裁决；对于律师提出的法官回避、变更管辖、延期审理等诉讼请求，法院更是直接拒绝，而不提供任何合理的理由……对于这种带有结构性和普遍性的不公正审判行为，辩护律师连获得有效救济的机会都没有。可以说，一些律师之所以走上那种非理性抗争的道路，与刑事法官或法院发生直接的对立和冲突，在很大程度上是因为我国法律赋予法院太大的程序选择权和自由处置权，以至于使辩护方的诉权无法获得有效行使的空间。

然而，一个走投无路的律师就诉讼程序问题所进行的这种非理性抗争，究竟要达到什么样的目的？一种动辄将诉讼程序问题诉诸公共舆论的律师，所提出的程序性辩护究竟要达到什么效果？按照刑事辩护的一般规律，自然意义上的辩护仅仅是指针对指控主张所作的简单申辩而已，而法律意义上的辩护则是指在中立的第三方面前，为推翻或削弱指控主张所进行的论证和说服活动。无论是被告人还是辩护律师，也无论他们持有怎样的辩护思路和辩护立场，所进行的辩护活动唯有同时达到两个目标才是富有意义的：一是推翻或者削弱刑事追诉方所提出的指控主张；二是说服裁判者接受本方的诉讼观点。律师的辩护假如无法推翻或者削弱公诉方的指控，那么，这种指控主张就会直接变成法院的裁判结论，辩护的成功就将是一句空话。与此同时，辩护律师假如从事实认定或者法律适用方面将公诉方驳得哑口无言，但仍然没有说服裁判者接受其辩护观点，那么，辩护照样没有达到其预设的理想目标。可以说，对于法律意义上的辩护而言，说服裁判者接受其辩护观点，才是辩护的最终目的和归宿，而这也是辩护方成功地推翻或者削弱公诉方指控主张的主要标志。正因如此，人们才将刑事辩护视为一门“说服法官的艺术”。

前面所说的非理性抗争活动是不符合刑事辩护的上述规律的。首先，这种所谓的“程序性辩护”无法对公诉方的指控进行有效的削弱，更谈不上彻底推翻了。因为这种辩护方式将法官的行为或决定作为抗争的对象，而没有将公诉方的诉讼主张作为反驳或证伪的对象，造成一种辩护律师与法官进行交锋、公诉方“旁观”的奇特景象。当辩护律师不是将公诉方的诉讼主张作为防御对象的时候，整个辩护活动就失去了应有的“假想敌”，根本无法达到推翻或者削弱指控的效果。其次，这种“表演性辩护”根本无法达到说服裁判者的效果，甚至还有可能激怒刑事法官，其辩护效果会适得其反。因为这种辩护挑战了法官的权威，冒犯法官的尊严，将法官置于与辩护方直接对立的局面。刑事辩护的基本经验表明，这种不与法官进行对话、沟通和协商的辩护，是不可能说服法官接受其辩护观点的。而律师所作的这种不以说服法官为目的的辩护，除了会在法庭上制造“轰动效应”或者哗众取宠的效果以外，是根本不可能取得法官同情和支持的。最后，这种动辄诉诸公共舆论的辩护会对法院的审判造成不同程度的压力，除了在极为罕见的例外情形下法院可能因屈服压力作出有利于被告人的裁决，通常会造成法官与律师关系的紧张乃至对立，甚至酿成普遍性的辩审冲突。一些律师在一些复杂、敏感案件的辩护活动中，动辄采取一种民粹化的操作方式，将案件的信息和辩护意见任意公布到媒体上，期望借助于公共舆论来迫使法院接受自己的辩护观点。司法界对这种操作方式普遍持反对的态度，如果从对个别律师的厌恶延伸到对整个律师界的反感时，就会造成司法界提防辩护律师、律师界反感刑事法官的不正常局面。而当司法界与律师界失去基本的相互信任和尊重的时候，刑事辩护的司法环境将很难得到好转，而只会越来越恶化。

由此看来，程序性辩护要达到较为理想的效果，还是应回到刑事辩护的本来轨道，将有效地说服裁判者作为辩护的目标和归宿，避免将辩护变成一种带有表演性的抗辩活动。而要做到这一点，就需要辩护律师管理好自己的情绪，克制自己非理性对抗的欲望，尽量将辩护活动纳入诉讼程序的轨道中来。辩护律师应当秉承忠诚义务的理念，恪尽职守，做到尽职尽责的辩护，并对法官给予基本的尊重，遇有法官不采纳被告方的辩护意见或者在庭审有失公正之时，应尽量通过诉讼程序内的途径进行抗辩、获得救济。辩护律师要想最大限度地维护委托人的利益，唯有在诉讼程序内说服裁判者接受本方的诉讼主张，这才是“人间的正道”。但与此同时，法院也应对被告人、辩护人的诉讼权利给予基本的尊重和保障，维护审判的公正性。为此，还需要对刑事司法制度进行全面而深入的改革，以确保刑事法官本身既不违反法定诉讼程序，也不对侦查人员、公诉人的程序性违法行为姑息纵容，从而成为维护程序法制的楷模和司法正义的最后一道“屏障”。法院唯有为被告人、辩护人的程序性辩护提供较为理想的司法环境，被告方才能获得程序性辩护的基本空间，并将其辩护纳入诉讼程序的正常轨道中来。

五、程序性辩护的两种模式

作为一种诉权，辩护权是一种诉诸司法裁判的权利；辩护权的空间大小，取决于法律在多大程度上为辩护权的实现提供了保障机制。程序性辩护权的实现，在很大程度上也取决于法院司法审查机制的确立，也就是对国家专门机关的诉讼行为确立了宣告无效的机制。迄今为止，我国刑事诉讼法一共确立了两种旨在对国家专门机关诉讼行为宣告无效的机制：一是非法证据排除规则；二是撤销原判、发回重审制度。根据前一机制，法院可以针对侦查行为的合法性问题进行司法审查，对侦查人员违法侦查行为宣告无效，并将违法所得的证据排除于法庭之外。而根据后一机制，第二审法院对于一审法院违反法定程序所进行的审判活动，可以作出撤销原判、发回原审法院重新审判的裁定。这一裁定意味着二审法院可以对下级法院的违法审判活动宣告为无效，否定其裁判结果的法律效力，并将审判程序退回到违法审判行为发生前的状态。这颇有一些“宣告无效，恢复原状”的意味。

刑事诉讼法既然为侦查人员的违法侦查行为确立了消极的程序后果，也对一审法院的违法审判行为否定了法律效力，那么，被告人及其辩护人就可以利用这些程序性制裁机制，挑战侦查行为和审判行为的合法性，提出宣告无效的诉讼请求，从而进行程序性辩护。由此看来，我国刑事诉讼法确立了两种程序性辩护的模式：一是申请非法证据排除的模式；二是挑战审判程序合法性的模式。

刑事诉讼法为辩护人挑战侦查行为的合法性提供了初步的程序保障。法院在审判前有义务告知被告人、辩护人有提出排除非法证据的权利。辩护方可以通过以下方式来申请排除非法证据：一是提出排除非法证据的申请，并申请法院召开庭前会议，原则上，辩护方申请排除非法证据的，法院有义务召开庭前会议；二是参加庭前会议，提出并论证侦查行为的非法性，与公诉方就此问题进行辩论，说服法院启动正式的调查程序；三是申请法院调查核实相关证据，如调取侦查人员所做的同步录音录像，调取监所所做的身体检查登记材料，调取同监所在押人员、看管人员、医务人员的证言等，还可以申请法院传召侦查人员出庭作证或者出具证言；四是参加一审法院组织的正式调查程序，提出本方证据，对公诉方证据进行当庭质证，并就侦查行为的合法性问题发表辩论意见；五是就一审法院拒绝启动调查程序和拒绝排除非法证据的裁决提出上诉，启动针对侦查行为合法性问题的二审程序；六是在一审程序或二审程序启动后提出排除非法证据的申请，当然这主要限于辩护方在一审程序或二审程序启动后才发现侦查人员可能存在违法取证的问题。

辩护方申请排除非法证据的辩护之所以是一种程序性辩护，是因为这种辩护即便取得成功，也只是说服法院否定了公诉方特定证据的证据能力，对公诉方的指控产生了削弱作用。在通常情况下，这种辩护并不足以导致公诉方指控的全部推翻，更不会直接带来法院宣告无罪的后果。当然，在极端情形下，假如辩护方成功地说服法院将主要公诉证据排除于法庭之外，使得法官对被告人的“犯罪事实”产生合理怀疑，那么，这种程序性辩护也有可能转换为无罪辩护，法院也有可能以此为根据作出无罪判决。在一定程度上，这种申请排除非法证据的辩护也是一种挑战公诉方证据合法性的辩护，其直接意图在于否定特定控方证据的证据能力，使其不能转化为定案的根据。

与申请排除非法证据的辩护不同，程序性辩护的第二种模式是一种申请宣告一审判决无效的辩护。刑事诉讼法对一审法院违反法律程序的审判行为作出了否定性评价，并确立了无效的法律后果。根据刑事诉讼法确立的这种程序保障机制，辩护方可以从两个角度来挑战一审法院审判程序的合法性：一是提出并论证一审法院违反了回避、审判组织、公开审判等法定诉讼程序，构成了一种“绝对的程序性违法”；二是提出并论证一审法院剥夺当事人的诉讼权利，并可能影响公正审判，这构成一种“相对的程序性违法”。

对于前一种程序性违法行为，如一审法院的合议庭成员应当回避没有回避，合议庭组成不合法，或者对于应当公开审判的案件没有组织公开审判的，辩护方可以说服二审法院直接作出撤销原判的裁定。这些程序性违法之所以被视为“绝对的程序性违法”，是因为这些行为违法情节较为严重，严重侵犯了当事人的利益，甚至违反了宪法和法律所确立的基本准则，其本身就属于严重影响司法公正的行为，因此，无论它们是否造成某种消极后果，二审法院都应自动地作出宣告无效的裁决。相反，对于后一种程序性违法行为，如一审法院没有传召证人、鉴定人、侦查人员或者专家辅助人出庭作证，没有协助辩护方调取某一物证、书证，或者拒绝了辩护方延期审理的申请的，辩护方可以申请二审法院作出撤销原判的裁定。但是，二审法院对此情形是否作出宣告无效的裁决，却不是无条件的，也是享有一定自由裁量权的。至少，辩护方需要证明这种程序性违法行为不仅自身违法性十分严重，而且造成了较为严重的后果，也就是“影响了公正审判”。唯有这样，二审法院才能对一审法院的审判行为作出宣告无效的裁决。

相对于排除非法证据的裁决而言，撤销原判、发回重审的裁决意味着一审法院的审判行为与裁判结论全都失去法律效力。这似乎是一种更为严厉的程序性制裁措施。但是，二审法院对一审法院所作的这种程序性制裁，并不足以达到宣告被告人无罪的程度。伴随这种撤销原判裁决的作出，二审法院还要将案件发回原审法院，后者另行组成合议庭，对案件进行重新审判。这就等于一审法院的裁判被宣告无效后，案件又重新回到一审程序，原审法院要重新组成合议庭，并对案件进行重新审判。尽管如此，辩护方假如成功地说服二审法院作出这类裁决，也相当于取得了程序性辩护的成功，对原审法院审判行为的合法性作出了否定性评价。

第十二章

刑事诉讼中的程序性辩护（下）

——以申请非法证据排除问题为切入点的分析

一、律师申请排除非法证据的难题

随着刑事司法改革的全面推进，辩护律师在刑事诉讼中的参与范围得到了逐步扩展，刑事辩护的形态也逐渐呈现多元化的发展态势。最初，律师主要依据实体法和证据法来从事刑事辩护活动，要么根据犯罪构成要件来作出无罪辩护，要么依据案件中的量刑情节提出对被告人从轻、减轻或者免除刑罚的辩护意见，要么根据全案证据的情况作出事实不清、指控罪名不能成立的无罪辩护。后来，律师开始尝试针对案件中的程序问题，申请法院作出有利于被告人的决定。但是，在没有建立程序性裁判机制的情况下，这类辩护意见难以成为法院的裁判对象，更不用说为法院所采纳了。2012年以后，这种局面逐步发生了变化。随着非法证据排除规则的正式确立，侦查行为的合法性开始成为法院司法审查的对象，辩护律师可以挑战侦查行为的合法性，并申请法院作出排除非法证据的裁决；随着庭前会议制度的实施，法院在开庭前可以组织一种带有“庭审预备会议”性质的非正式程序，控辩双方可以借此机会提出程序异议，就所争议的程序问题发表意见。[1]辩护律师终于有了在法官面前“为权利而斗争”的机会。于是，一种新型的程序性辩护形态应运而生了。

程序性辩护有广义和狭义之分。广义的程序性辩护是指所有在程序层面上提出诉讼请求、诉诸司法裁判的辩护活动。从申请回避、申请变更管辖、申请变更强制措施、申请证人出庭作证、申请重新鉴定，一直到申请召开庭前会议、申请二审法院开庭审理，都属于辩护方从事程序性辩护的方式。相比之下，狭义的程序性辩护则是一种“反守为攻的辩护”，是辩护方针对国家专门机关实施过的程序性违法行为，申请司法机关宣告无效的辩护活动。辩护方通过这种带有进攻性的辩护活动，可以挑战侦查行为、公诉行为和审判行为的合法性，说服司法机关对这些行为作出违法之宣告，并最终排除这些诉讼行为和诉讼结果的法律效力。在我国刑事诉讼中，根据辩护方所要挑战的诉讼行为合法性的类型，狭义的程序性辩护主要有两种模式：一是申请排除非法证据的程序性辩护；二是申请二审法院撤销原判、发回重审的程序性辩护。[2]

相对于其他程序性辩护而言，申请排除非法证据的辩护是影响最大的辩护形态。首先，这种辩护形态建立在较为完整的程序性制裁机制基础上。与二审法院撤销原判制度相比，非法证据排除规则具有相对成熟的规则体系。其次，这种辩护形态得到较为发达的程序性裁判机制的保障。对于一审法院是否违反法律程序的情况，二审法院经常采取书面的和间接的不开庭审理程序，辩护律师除了提出书面辩护意见以外，几乎没有更多的参与机会。相比之下，被告方提出排除非法证据申请后，法院要召开庭前会议，给予控辩双方发表意见的机会；对于符合相关条件的案件，法院还会组织正式的调查程序，就侦查行为的合法性问题听取控辩双方的举证、质证和辩论意见。最后，辩护方申请排除非法证据的，在举

---

〔1〕 关于非法证据排除规则及其适用程序的确立问题，参见陈瑞华：《刑事证据法的理论问题》，法律出版社2015年版，第59页以下。

〔2〕 有关程序性辩护的初步讨论，参见陈瑞华：《程序性制裁理论》（第2版），中国法制出版社2010年版，第294页以下。

证责任和证明标准问题上还处于相对有利的地位，除了在初步审查程序中被告方要承担初步的举证责任外，正式调查程序一旦启动，公诉方就要对侦查行为的合法性承担证明责任，并且要达到法定的最高证明标准。对于无法排除侦查人员违法取证的可能性的，法院还要作出有利于被告人的解释。

可以说，刑事诉讼法为辩护方申请排除非法证据提供了较为广阔的辩护空间。这是其他程序性辩护活动不可同日而语的。然而，法律的生命不仅在于颁布，还在于有效地实施。尽管书本上的非法证据排除规则已经貌似完善，但在司法实践中这一规则的实施状况并不尽如人意。2012年，浙江宁波曾发生“非法证据排除第一案”的程序反转事件，原一审法院所作的排除非法证据的判决被二审法院加以推翻。[1]这引起了法律界的高度关注，也使得非法证据排除规则的命运受到社会各界的普遍忧虑。而在刑事辩护实践中，律师申请排除非法证据的案例虽然呈现爆发式的增加，但真正成功地说服法院排除非法证据的案例则是少之又少。

鉴于此，本章拟以非法证据排除问题为切入点，对刑事诉讼中的程序性辩护问题作出简要的分析和评价。笔者将以一个程序性辩护的案例入手，分析律师申请非法证据排除的一般流程，揭示律师在程序性辩护中面临的主要困难，并讨论产生这些困难的主要原因。本章的研究不以解决问题作为归宿，但对于司法实践中新出现的发展动向，却可以给出一些初步的评论。

二、案例的引入

什么是申请排除非法证据的程序性辩护？这种程序性辩护究竟有哪些基本特征？我们可以通过观察一个实际发生的案例，来对此作出分析。

---

〔1〕 参见陈霄等:《程序正义催生排除非法证据第一案》，载《法治周末》2011年8月31日。

2013年6月13日，山东省烟台市中级人民法院对孙某贤等涉嫌杀人一案作出一审判决，认定孙某贤故意杀人罪成立，判处死刑。被告人不服原判，提出上诉。案件随即进入山东省高级人民法院的二审程序。两名律师在提出孙某贤不构成故意杀人罪的辩护意见的同时，还提出了排除非法证据的申请书。

一审法院采纳了五份被告人供述笔录。辩护律师申请排除的是2012年7月22日至26日由烟台市公安局莱山分局刑侦大队在其办公楼地下室所做的三份讯问笔录。辩护律师提出了排除非法证据的三项理由：一是本案侦查机关对孙某贤刑事拘留后，在公安分局刑侦大队地下室进行讯问，违反刑事诉讼法有关刑事拘留后应当在看守所内进行讯问的规定，属于“讯问地点不合法”；二是侦查机关“在2012年7月22日至26日连续五日对被告人孙某贤采取间歇性电击方式进行讯问”，存在严重的刑讯逼供行为；三是侦查机关对被告人孙某贤的第四次讯问系由一名侦查人员完成的，违反了刑事诉讼法有关“讯问的时候，侦查人员不得少于二人”的规定。在申请书中，辩护律师还列举了相关的“证据线索和材料”：一是“孙某贤在受到刑讯后留在脚踝处、屁股与大腿交接处的伤痕”；二是“与孙某贤同监室人员、看守所的医生及警官等多人均知道孙某贤的伤情，请法院依法调查并要求其出庭作证”；三是“2012年7月22日至26日孙某贤被羁押在莱山区公安局刑警大队期间的全部原始录音、录像资料”。

在提出排除非法证据的申请书之后，辩护律师向二审法院提出了调取相关证据的申请书，包括申请调取相关物证，核实某一赵姓警官的身份，申请对被告人孙某贤受伤的部位和成因进行鉴定，申请对拘传证和第五次讯问笔录中的侦查人员签名作出鉴定，申请法院组织孙某贤对涉嫌刑讯人员的辨认，并申请对体检人员的身份和方法作出审查。

二审法院将辩护方的排除非法证据申请书副本送达了山东省检察院。该院公诉人员进行了相关证据调查，向本案侦查人员、看守所监管人员、医务人员以及同监室人员进行询问，获取了多份证言笔录。检察机关将上述证据材料提交给二审法院合议庭。

2013年11月28日，二审法院举行了庭前会议。庭前会议由一名法官主持，山东省检察院两名公诉人和四名辩护律师出席了庭前会议。出席庭前会议的还有两名附带民事诉讼原告人。本案被告人孙某贤没有出席。庭前会议所讨论的问题有四个：一是征求控辩双方对原审判决采信的证据有无意见；二是就非法证据排除问题了解情况；三是给予控辩双方提交新证据的机会；四是就民事赔偿问题了解双方的意愿。在就非法证据排除问题听取意见时，法官请辩护律师逐一说明申请排除非法证据的理由，并解释了相关的证据线索和材料。辩护人还提出了以下诉讼请求：一是请求检察机关调取公安机关讯问孙某贤的全部录音录像；二是申请法院向看守所的其他在押人员和医务人员调查取证，以核实孙某贤受伤的情况。随后，检察官就申请理由和证据材料逐一作出了说明和答辩。检察官还向辩护方出示了他们所调查的书面证据材料。最后，法官请辩护方在查阅公诉方证据材料后，在一星期之内提供书面意见。在开庭审理之前，检察机关没有提交全部录音录像，而只提供了2012年7月25日的部分录音录像，录像长度仅有七个小时。辩护律师对此录像进行了查看。

2014年1月9日，法院对此案进行二审开庭审理。庭审大体参照一审程序进行。在法庭调查阶段，审判长将调查的“重点内容”主要确定为两个方面：一是原审判决认定的孙某贤雇凶杀人的事实是否清楚，证据是否确实、充分，原审判决定性是否正确；二是侦查机关对上诉人孙某贤供述的取证方式是否合法。对于前一问题，法庭组织辩护人和公诉人相继对孙某贤、同案被告人王某喜进行了发问。提出的问题主要涉及原审判决认定的孙某贤雇用王某喜实施杀人的事实经过。在对孙某贤发问过程中，审判长还就侦查人员讯问的过程进行了核实，辩护律师结合讯问笔录和录音录像的内容，就侦查人员讯问的地点、持续的时间、讯问时有无使用电击手段等问题进行了发问和核实。随后，在两名被告人在场的情况下，法庭对原审判决采信的主要证据进行了核实，听取了控辩双方的意见。

在法庭调查的后一环节，审判长组织控辩双方针对侦查人员有无刑讯逼供问题进行了举证和质证活动。审判长首先询问辩护方有无证据出示，辩护方申请当庭调查孙某贤的一条裤子，在被决定延后调查后，又提交了一份“入所健康检查表”和一份“在押人员健康检查表”。公诉人认为这些证据无法证明侦查人员刑讯逼供的问题。随后，公诉人针对辩护方指出的侦查人员刑讯逼供的问题，进行了举证和说明。公诉人依次宣读了以下书面证言：一是监所医生王某和两名警官的书面证言，以证明孙某贤身上没有伤痕；二是四名看守所管教民警的证言，证明孙某贤身上有“硬币大小的伤”，但这是做铁椅子磨出来的伤；三是检察官所做的“工作说明”，证明上述证言取得的过程和方式；四是侦查人员的传唤通知书以及勘验人员和见证人就签字问题的说明；五是孙某贤和王有喜的三份讯问笔录。被告人和辩护人在公诉人对每一证据宣读出示后，都相继发表了质证意见，质疑其真实性和合法性。公诉人和辩护律师还围绕着第四次讯问的录像内容发表了各自的意见。此份录像没有当庭播放，控辩双方在庭前已经查看过。

接下来，法庭询问辩护方有无新的证据，辩护律师进行举证，提供了孙某贤的裤子，证明孙受过伤并搽过药。检察官认为这条裤子并不能证明发生过刑讯逼供行为。

在控辩双方举证和质证程序结束之后，审判长又审核了一审卷宗中的部分证据材料：一是证人王某芬的证言；二是在押人员健康检查表，并听取了控辩双方的意见。然后，审判长就侦查人员讯问的过程再次向孙某贤提出了几个问题，孙某贤作出了回答，并解释了当庭否认雇凶杀人的原因。辩护律师再次提出通知王某伟、朱某志等四名监管人员出庭作证的请求。审判长没有明确回答是否准许。在法庭调查结束后，审判长宣布对庭审中调查过的证据的证据能力和证明力，“待合议庭评议后，将在裁判文书中予以确认”。

在法庭辩论阶段，被告人发表辩护意见，辩护律师发表辩护词，公诉人随后发表了出庭意见书。双方的辩论围绕着一审法院认定的犯罪事实和侦查人员讯问的合法性来全面展开。被告人、辩护律师和公诉人再次进行了辩论。辩护律师的辩护词全面论证了被告人孙某贤不构成故意伤人罪的理由，并就本案的定罪和量刑问题提出了有利于被告人的意见。与此同时，辩护律师还论证了公安机关在侦查阶段所做的“第一、二、三、四、五次讯问笔录是非法手段取得的，不得作为定案的根据”。法庭辩论结束后，被告人做了最后陈述。审判长宣布定期宣判。

2014年6月17日，山东省高级人民法院对此案作出二审判决，判决孙某贤犯故意杀人罪，但“鉴于二审审理期间辩护人的亲属对孙某贤表示谅解”，故改判死刑缓期两年执行。但判决书驳回了辩护方所提的排除非法证据的申请。根据这份判决书，上诉人所提“到案后受到公安人员电击方式刑讯逼供”的理由，以及辩护律师所提“公安人员采取电击方式实施刑讯逼供，所取得的讯问笔录不得作为定案依据”的辩护意见，均不能成立。判决书陈述了三个裁判理由：一是被告人所做的供述“有同步录像且录像完整”，孙某贤“核对笔录并在笔录上签名、捺印”，其间孙某贤“供述自然”，被送交看守所羁押后“经体检并无异常”，也未立即“反映其身上有伤”；二是现有证据足以证实孙某贤身上的伤“是坐在审讯椅上时间长了磨蹭造成的，并非电击方式所致”，孙某贤当庭所说的伤情系由于侦查人员连续五天间歇性电击所造成的事实，与各项证据均不相符，而孙某贤在侦查阶段所做的供述与其他证据相互印证，能够排除电击方式所致；三是关于辩护人所提的调取全部讯问录像的申请，本案公诉人已对公安机关保存录像的情况当庭作出说明，关于辩护人所提“调取孙某贤被讯问时所戴黑布头套”“指认对其刑讯的侦查人员”“鉴定孙某贤受伤部位可能成因”等方面的申请，二审法院认为，“鉴于二审开庭时当庭质证的证据已足以证实孙某贤在侦查阶段的供述并非刑讯逼供所致，上述申请事项并不能或必然得出相反结论”。因此对这些申请均不予采纳。〔1〕

这是一个相对完整地记录了辩护方申请非法证据排除过程的案例。本案的辩护律师在被告人的配合和支持下，提出了排除非法证据的申请书，并促使法院召开了庭前会议。在庭前会议阶段，辩护方阐述了本方的申请理由，提出了相关的证据线索和材料，使得法官对侦查行为的合法性产生了疑问，并决定在正式庭审中启动非法证据排除的调查程序。二审法院的庭审并没有贯彻“先行调查原则”，没有将非法证据排除的问题作为一个独立的问题，也没有作为优先的问题进行审理，更没有在庭审过程中对非法证据排除问题作出裁决。二审法院优先审判本案的实体问题，也就是原审判决所认定的犯罪事实是否达到法定证明标准问题，至于侦查行为的合法性问题，则被置于次要和附属的地位。在法庭调查环节，法庭优先组织对原审判决所认定的犯罪事实的调查，然后再就侦查人员是否存在刑讯逼供的问题组织举证和质证程序。在法庭辩论阶段，法庭也是将本案犯罪事实和程序性争议事实混在一

〔1〕 本案例的情况系笔者2014年在北京市英岛律师事务所调研时获悉的。感谢马维国、彭素芬律师的帮助。另参见山东省高级人民法院刑事附带民事判决书（2013）鲁刑四终。

起，使被告人、辩护律师和公诉人就此展开综合性辩论。对于辩护方所提的排除非法证据的申请，二审法院在判决书中与本案实体问题一并作出了裁判。

这也是一场发生在二审程序中的程序性辩护。通常情况下，辩护方都会在一审程序中提出排除非法证据的申请。但本案的情况比较特殊：在一审程序中为被告人辩护的律师并没有提出排除非法证据的申请，而只是作了本案事实不清、证据不足的无罪辩护。案件进入二审程序后，被告人新委托的两名律师对侦查程序的合法性提出了挑战。本来，二审法院主要针对一审法院裁判过的事项进行审理，对于被告人新提出的程序性争议事实，没有合理事由，一般可以不予受理。但本案的二审法院还是对被告方在提出上诉后才提出的排除非法证据申请给予了受理。这样，二审法院所审理的就是被告方初次提出的侦查程序合法性之诉，所给出的裁判结论也就无法接受上级法院的进一步审查。这一案例显示出我国二审程序的一个特征：一方面可以对一审法院裁判过的事项进行重新审判，如对一审法院拒绝受理或者予以驳回的排除非法证据的问题，进行重新审理；另一方面也可以对被告方初次提出的排除非法证据申请进行受理，并作出裁决。

在本案的程序性辩护过程中，辩护律师多次提出调查核实证据的请求，但公诉方显然完全控制了证据调查程序。在排除非法证据的申请书中，律师就提出了调取全案讯问录像、通知看守所医务人员、看管人员和其他在押人员出庭作证的申请。辩护律师还向法院提出了调取相关证据的多份申请书。在庭前会议上，律师再次提出了调取全案录像和通知相关人员出庭作证的请求。经过努力，检察机关最终在开庭前调取了部分讯问录像，但法庭并没有在庭审中出示和播放这些录像资料。在法庭审理中，辩护方除了出示了一份物证和两份身体检查表外，其他重要证据都是由检察机关提交的。这显示了检察机关在调取证据方面的独特优势。通过将本方单方面调查的书面证言出示在法庭上，公诉方试图证明“侦查人员不存在刑讯逼供行为”，“被告人身上的伤不是刑讯逼供造成的”。而在没有任何证人出庭作证的情况下，辩护方只能对书面证言提出所谓的“质证意见”，而无法对证人进行当庭发问，更无法提出强有力的辩护意见。

当然，律师的程序性辩护意见并没有得到二审法院的采纳。辩护方所说的侦查人员刑讯逼供的事实可能“得不到其他证据的印证”，但是，公诉方所辩称的侦查人员没有刑讯逼供、被告人伤情“系长期坐铁椅子磨蹭所致”的事实，同样也没有得到其他证据的印证。根据成文法律，在非法证据排除的正式调查程序中，公诉方要承担证明侦查行为合法性的责任，并且要达到最高的证明标准。对于公诉方无法排除刑讯逼供或其他非法取证行为的，法院应当作出有利于被告人的解释。本案是否从根本上排除了侦查人员刑讯逼供的可能性，公诉方对侦查程序的合法性有没有证明到排除合理怀疑的程度，二审法院显然都没有作出回答。

不仅如此，律师提出程序性辩护的意图本来就是追求对被告人减轻刑罚的结果，也就是通过排除被告人有罪供述，来证明其没有雇凶杀人的事实，而最多构成故意伤害罪。律师作出程序性辩护的最终目的是说服法院将重罪改为轻罪，并进而改变原审法院的死刑判决。但本案的二审法院对辩护方非法证据排除的申请予以驳回后，却以被害方与被告方达成和解和谅解为由，改变了原审法院的死刑立即执行判决。而被害方与被告方通过赔偿达成谅解的结果，本身也是辩护律师积极促成的。

三、程序性辩护的独特方式

尽管前述案例中的程序性辩护并没有取得预期的效果，但是，辩护律师却进行了颇具专业水准的辩护，向我们展示了程序性辩护的独特方式。通过观察这一案例的辩护过程，我们可以总结程序性辩护的基本规律，提炼出程序性辩护的基本构成要素。

从形式上看，律师的程序性辩护经历了申请排除非法证据、参加庭前会议、申请调取证据材料、参与庭审中的举证、质证和辩论等一系列诉讼过程。在那些发生在一审程序中的排除非法证据过程中，辩护律师还有可能会就一审法院的裁判提出上诉，并参与二审法院的重新审判程序。但在这些辩护活动的背后，存在程序性辩护的一些基本构成要素，这些要素主要有“侦查程序合法性之诉的提起”“初步证明责任的承担”“对公诉方证明体系的反证”“对不利裁判结论的救济”等。笔者将依次对此作出分析。

（一）侦查程序合法性之诉的提起

表面来看，辩护方提出排除非法证据的申请，即对特定控方证据的证据能力发动了挑战，试图说服法院将该类证据排除于定案根据之外。但从实质上看，辩护方所提出的排除非法证据的申请，首先意味着发动了一场侦查程序合法性之诉。

从诉讼流程上看，辩护方的申请中断了检察机关的刑事追诉进程，法院要对非法证据是否存在以及是否排除非法证据等问题作出裁断，就需要启动一项相对独立的司法审查之诉。这一司法审查之诉与那种被俗称为“民告官”的行政诉讼具有一定的相似性。它们都是个人对公权力机关行为的合法性所提出的司法审查之诉，也都属于国家权力滥用的受害者试图获得司法救济的方式。只不过，行政诉讼是相对人对行政处罚行为所提起的合法性之诉，而申请排除非法证据则是被告人所提起的侦查行为合法性之诉。

在这场侦查程序合法性之诉的提起过程中，原本是刑事案件被追诉者的被告人，成为该场诉讼的原告，原本负责案件侦查活动的侦查机关则成为这场诉讼的被告。作为刑事被告人辩护人的律师，成为这场诉讼中原告方的诉讼代理人；而本是刑事案件公诉机关的检察机关，则成为这场诉讼中被告方的诉讼代理人。如果说辩护律师所从事的是具有反守为攻性质的程序性辩护的话，那么，检察机关所做的则是带有防御性的程序性公诉。不仅如此，本来刑事诉讼所要解决的是被告人的刑事责任问题，而这场司法审查之诉所要解决的则是侦查程序的合法性问题。唯有在此问题得到解决的前提下，才谈得上解决非法证据是否存在以及非法证据是否需要排除等问题。此外，本来负责对案件实体问题进行裁判的刑事法官，一旦受理这场司法审查之诉，就必须暂时中止对案件实体问题的审判活动，而优先充当一种“程序裁判者”，对控辩双方发生的“程序性争议”进行裁决。一般情况下，唯有在将此程序性争议加以解决之后，法庭才能重新恢复对案件实体问题的审判过程。

既然申请排除非法证据就等于提起侦查程序合法性之诉，那么，这种诉讼请求是否可以随意提起？答案是否定的。为节约司法资源，避免被告方滥用诉权，需要对这种司法审查之诉的提起做出一些程序上的限制。一方面，辩护方需要提交正式的排除非法证据申请书；另一方面，辩护方需要尽早提出这一申请，尽可能不拖延到一审法院开庭之后。

理论上，为了保障被告人有效地行使诉权，我国法律允许其以口头或书面方式提出排除非法证据的申请。但是，由于要承担初步的证明责任，被告方仅仅以口头提出这类申请，经常是不够的，也很难启动法院的正式调查程序。加之律师都是训练有素的专业人员，为有效地承担证明责任，一般都会以书面方式提交申请。原则上，非法证据排除的申请书至少包括三项内容：一是具体列举所要排除的非法证据，也就是侦查人员涉嫌以非法手段获取的证据材料，前面所分析的在孙某贤案件的二审程序中，辩护律师就将申请排除的对象限定为侦查人员获取的三份有罪供述笔录；二是陈述侦查人员非法取证的行为及其过程，以及该行为触犯的刑事诉讼规则，如前面的案例中辩护律师就指出侦查人员讯问的地点、手段、讯问人数等都违反了刑事诉讼程序，尤其是使用不间断的电击手段，强迫被告人作出了有罪供述；三是相关的证据线索和材料，例如，前一案例中的辩护律师提出了调取全案同步录像以及医务人员、管教民警和在押人员证言的申请。

通常情况下，被告方可以在一审开庭前、一审程序过程中或者二审程序中提出排除非法证据的申请。不过，为避免被告方诉权的滥用，法院一般鼓励被告方在一审开庭前提出这种申请，而只有在被告方因为不可抗力原因或者在一审程序或二审程序中才了解相关事实的情况下，法院才允许被告人在一审程序或二审程序中提出这种申请。因此，最大限度地在一审开庭前提出排除非法证据的申请，就成为辩护律师的基本辩护策略。假如因正当理由在一审开庭前无法提出这一申请的，辩护律师就需要向法院证明存在不可抗力的事由，或者说明被告方在一审开庭前不了解相关事实的情况，以说服法院同意受理这一司法审查之诉。

（二）初步证明责任的承担

被告方提出排除非法证据的申请后，通常要经过初步审查和正式调查这两道诉讼程序。为说服法院启动正式的调查程序，被告方需要对侦查行为的违法性承担初步的证明责任。法官只有在对侦查行为的合法性产生疑问时，才能启动正式调查程序，将侦查程序的合法性问题纳入司法审查的对象。因此，律师要成功地展开程序性辩护，就需要通过参与庭前会议来承担这一初步的证明责任。

作为旨在解决程序性争议的庭前程序，庭前会议是一种带有“庭前预备会议”性质的诉讼程序。控辩双方可以借此机会就回避、管辖、延期审理、通知证人、鉴定人、侦查人员、专家辅助人出庭作证的名单等程序问题，进行讨论，法官可以在听取双方意见后作出决定。当然，启动庭前会议是由法院决定的程序问题。控辩双方通常会提出召开这一会议的申请，但法院拥有最后的决定权。不过，为有效地实施非法证据排除规则，法院在被告方提出排除非法证据申请的情况下，通常会无条件地启动庭前会议程序。

庭前会议是辩护方集中发表意见、说服法院启动正式调查程序的阶段。一般情况下，辩护律师不仅需要详细解释本方申请排除非法证据的各项事由，而且还要就本方提出的证据线索和材料作出具体的说明。通过与公诉方的相互辩论，辩护律师要紧紧围绕着“制造合理怀疑”这一核心问题，对侦查行为的合法性发起挑战，论证侦查人员很可能存在违反法律程序的问题。在孙某贤案件的庭前会议中，两位辩护律师就通过与公诉人的辩论，使法官对侦查行为的合法性产生了重大疑问，从而为启动正式调查程序创造了条件。

庭前会议还是辩护方申请法院调查核实证据、传召证人出庭作证的重要场合。尽管在开庭前的任何时候，辩护方都可以向法院提出这方面的申请，甚至可以提出专门的调查核实证据或通知证人出庭申请书，但是，从申请效果上看，辩护方最佳的申请时机还是庭前会议。通常情况下，辩护方在庭前会上可以提出以下申请：一是申请调取侦查机关讯问嫌疑人的同步录音录像；二是申请通知侦查人员、看守所医生、管教民警、同监所在押人员等出庭作证；三是申请对被告人的伤情作出鉴定；四是申请调取包括被告人身体检查表、提押证明等在内的书证或物证等。通过提出这些申请，辩护方一方面可以将这些证据线索作为支持本方诉讼主张的依据，另一方面还可以为有效地参与非法证据排除调查程序做好充分的准备。

（三）对公诉方证明体系的反证

通过提出申请并参加庭前会议，辩护方假如能说服法官对侦查行为的合法性产生疑问，那么，那种针对非法证据排除问题的正式调查程序即可启动。这种正式调查程序通常都发生在法庭审理过程之中。法庭要么在讯问被告人之后，立即启动这一程序，要么先对全案证据进行法庭调查程序，然后再组织针对非法证据排除问题的调查程序。但这种调查程序无论在哪一阶段进行，都要贯彻证明责任倒置的原则，公诉方要对侦查程序的合法性承担证明责任。公诉方通常会通过出示物证、宣读书证和证言笔录等方式，来证明侦查程序的合法性，并进而反驳辩护方的诉讼请求。当然，公诉方对侦查程序合法性的证明，需要达到法定的最高标准，也就是等同于证明被告人有罪的标准。假如公诉方无法提供证据，或者无法排除侦查人员非法取证可能性的，法庭必须作出有利于被告人的解释，也就是裁决侦查人员非法取证行为存在并将非法证据予以排除。

那么，在正式调查程序中，辩护律师是如何开展程序性辩护活动的呢？尽管辩护方不再承担证明侦查程序违法性的责任，但是，为说服法院作出排除非法证据的裁决，辩护律师通常会通过以下方式来反驳公诉方的证明体系：一是对公诉方提出的证据加以质证，也即是对公诉方提出的物证、书证、视听资料、证言笔录提出异议，挑战其证明力或证据能力。二是对法庭通知到场的证人、鉴定人、侦查人员进行当庭发问，这种发问带有“交叉询问”的性质，目的在于反驳这些人当庭所作陈述的可信性，或者对这些人的作证资格和诚实度提出质疑。三是提出本方证据，并将这些依次展示在法庭上，从积极的方面证明侦查人员违法取证行为确实发生过。四是参与法庭组织的庭外调查核实证据的活动，并对法庭调取的新证据发表本方的意见，对于其中不利于被告人的证据，要继续作出反驳性的发问；而对有利于被告人的证据，则要尽力将其证据内容全面地展示出来，使其发挥对法庭认定程序性争议事实的积极影响。

在庭前会议阶段，律师通常所做的都是积极辩护活动，也就是论证侦查人员非法取证行为的事实，说服法官对侦查程序的合法性产生疑问。相比之下，在法庭上的正式调查程序中，律师所做的则既有消极辩护活动，也有积极辩护活动。其中的消极辩护是继续证明程序任意非法取证的事实，而其中的积极辩护则是尽量反驳公诉方的诉讼主张，说服法庭对侦查程序的合法性产生合理的怀疑。所谓公诉方“不能排除侦查人员非法取证的可能性”，说的其实就是公诉方无法将侦查程序的合法性证明到排除合理怀疑的程度。而这一点恰恰是辩护方通过举证、质证和辩论所要追求的诉讼效果。

（四）对不利裁判结论的救济

对于一审法院就排除非法证据问题所做的决定，被告方如何获得有效的救济呢？原则上，对于一审法院拒绝受理排除非法证据申请，拒绝就此启动庭前会议，或者对此申请作出不利于被告人的裁决的，被告方可以在一审判决宣告后，直接向二审法院提出上诉。我国法律不允许一审法院针对非法证据排除问题作出专门的“中间裁决”，有关侦查程序合法性问题的裁决要与案件的定罪量刑问题的裁决一起，被统一确立在一审判决书之中。被告方假如对非法证据排除的决定不服，只能在一审法院宣告判决后一并向二审法院提出上诉。

二审法院的重新审判为辩护方提供了司法救济的机会。要利用好这一救济机制，辩护方就要针对一审法院拒绝受理或者拒绝采纳的理由，提出强有力的辩护意见。如果说律师在一审程序中要着力论证侦查程序的非法性的话，那么，律师在二审程序中则应将一审法院的裁判理由作为主要反驳对象，唯此才能说服二审法院撤销一审法院的裁决结论，作出支持被告方的二审裁决。

按照两审终审制的原则，一般刑事案件最多经过两级法院的审判，就可以产生生效裁判结论。二审法院对于被告方有关排除非法证据的申请，既要对其进行单独审查和作出裁决，又要考虑排除非法证据对二审实体裁决结论的影响。二审法院即便支持被告方的上诉主张，同意将非法证据加以排除，也要审查该证据的排除是否足以影响一审法院所认定的案件事实的成立。正因如此，辩护律师在二审程序中要进行成功的程序性辩护，就要从三个方面展开辩护工作：一是继续论证侦查程序的非法性，说服二审法院确认侦查人员存在非法取证行为；二是论证一审法院的裁判理由是错误的或不公正的，说服二审法院认定一审法院的程序性裁决不成立；三是论证排除该非法证据后一审法院认定的“犯罪事实”缺乏充分证据的支持，说服二审法院作出撤销原判、发回重审的裁定。

与一审程序中的程序性辩护不同，二审程序中的程序性辩护不再贯彻证明责任倒置的原则，而要由上诉方承担证明责任，也就是证明一审判决结论不成立的责任。要履行这一证明责任，辩护律师就要付出更大的努力，对侦查程序的非法性进行举证、质证和辩论，更多地从事积极性辩护活动。辩护律师要么可以发现一审法院的程序性错误，揭示其审判活动违反法律程序，或者说明其裁决理由不能成立，要么可以提出新的证据，继续证明侦查程序的非法性。

四、程序性辩护的制度困境

徒法不足以自行。仅有一种书本上貌似完善的非法证据排除规则，尚不足以保证律师的程序性辩护取得理想的效果。一般而言，程序性辩护的效果与非法证据排除规则的实施状况具有密切的关系。迄今为止，非法证据排除规则的实施效果是难以令人满意的，法院真正排除非法证据的案例是少之又少的。[1]法院对于辩护方所提出的排除非法证据的申请，尽管在形式上给予了认真对待，但大都只是进行书面的和间接的审查，而没有举行彻底的事实审理，无论是庭前会议还是正式调查程序，都存在流于形式的问题。可以说，律师在申请非法证据排除过程中面临着一系列的制度困境，他们既无法将有利于被告人的证据调取过来，也难以对公诉方的证据进行有效的质证，更无法说服那些充满预断且缺乏权威性的裁判者。结果，这种程序性辩护与无罪辩护一起，已经成为成功率最低的辩护形态。

那么，申请排除非法证据的程序性辩护究竟遇到哪些制度困境呢？根据笔者的观察和思考，这些困境主要体现在以下五个方面：一是“非法证据”的范围存在极大的不确定性；二是程序性裁判与实体性裁判的关系出现了混乱；三是公诉方垄断了证据调查资源，辩护方在收集证据方面是无能为力的；四是程序性裁判缺乏必要的证据规则，造成法院在采纳证据方面存在不受限制的自由裁量权；五是律师在程序性辩护中有时不进行专业化的操作，造成事实

---

〔1〕 参见戴长林:《非法证据排除规则司法适用疑难问题研究》，载《人民司法》2013年第9期。

上的无效辩护。下面依次对这些问题作出分析。

（一）非法证据范围的模糊

从理论上看，我国法律针对三类非法证据分别确立了不同的排除规则：一是针对非法言词证据的强制性排除规则；二是针对非法物证、书证的裁量性排除规则；三是针对瑕疵证据的可补正的排除规则。〔1〕但在司法实践中，侦查人员非法取得的实物证据和瑕疵证据，几乎没有被法院排除的情况，就连法院启动非法证据排除程序的案例都极为罕见。刑事诉讼法尽管将侦查人员"采取刑讯逼供等非法取证行为"所得的被告人供述以及通过暴力、威胁等非法手段获取的证人证言、被害人陈述都作为排除的对象，但对于后两种言词证据，法院也极少适用排除规则。中国的非法证据排除规则在实践中已经变成了"非法被告人供述排除规则"。

那么，所谓的"刑讯逼供等非法取证行为"究竟是指哪些手段呢？由于我国没有判例法制度，无法通过最高法院的判例来逐步发展非法证据排除规则，因此，对"非法证据"的范围主要由法律和司法解释来加以界定。最初，最高法院的司法解释对"刑讯逼供等非法取证行为"解释为"适用肉刑或者变相肉刑，或者采用其他使被告人在肉体上或者精神上遭受剧烈疼痛或者痛苦的方法，迫使被告人违背意愿供述"的行为。后来，最高法院在一份旨在避免冤假错案的司法文件中，又将这种非法取证行为扩大到"冻、烤、晒、饿、疲劳审讯等非法方法"。不仅如此，该文件还将侦查人员的以下非法取得被告人供述的行为也列为排除对象：一是讯问嫌疑人没有在法定羁押场所进行的；二是讯问过程没有进行录音录像的。〔2〕

---

〔1〕 参见陈瑞华：《刑事证据法学》（第2版），北京大学出版社2014年版，第126页以下。

〔2〕 参见罗国良：《〈关于建立健全防范刑事冤假错案工作机制的意见〉的理解与适用》，载《人民司法》2014年第5期。

在前面所说的孙某贤案件中，辩护律师就提出了侦查人员讯问地点不合法、讯问过程中存在“持续性电击”等非法取证行为等程序问题。针对律师的申请，法院的裁判结论是这些行为并不存在，而没有否认对这些行为适用排除规则的正当性问题。而一些侦查人员明显使用肉刑甚至造成被告人受伤的案例，则显示法院将这些行为列为非法取证行为，也不存在法律上的障碍。

但是，按照经验和常识，对被告人肉体造成疼痛、使其精神遭受痛苦的非法取证行为，绝不仅仅限于司法解释所列举的上述几种行为。而对于司法解释规定以外的其他非法取证行为，法院几乎都难以将其纳入非法证据的范围，更谈不上启动非法证据排除程序了。结果，在司法实践中，每当辩护律师提出侦查人员采取了使被告人肉体受到疼痛或者精神遭受痛苦的非法取证行为，法院往往都以种种理由拒绝启动排除程序，或者拒绝作出排除非法证据的决定。例如，有的律师提出，侦查人员对被告人在长达72个小时以上的时间里，连续不断地进行讯问，剥夺了被告人合理的休息时间，使被告人在肉体和精神上都遭受痛苦，由此逼迫被告人作出了有罪供述；有的律师提出，侦查人员在讯问被告人过程中使用了威胁、引诱、欺骗等非法方法，如以追究被告人家人的刑事责任相威胁，以不追究责任或者保留公职等相引诱，以同案被告人已经供述加以欺骗，结果造成被告人在违背真实意愿的情况下作出了有罪供述；还有律师提出，侦查人员对被告人不停地更换羁押场所，甚至纵容“牢头狱霸”对被告人进行折磨和虐待……律师根据这些事实提出了排除非法证据的申请，法院通常都不会采纳。

可以说，法院只将司法解释明文列举的非法取证行为作为排除非法证据的根据，而无法在司法实践中对法律条款作出适度的解释，这使“非法证据”的范围被适用得过于狭窄，这是造成律师程序性辩护陷入困境的重要原因。例如，最高法院明明已经将“冻、烤、晒、饿、疲劳审讯”列为非法取证方法，甚至将其作为排除非法证据的依据，但法院遇到侦查人员动辄连续数天的疲劳审讯行为，却拒绝适用非法证据排除规则；刑事诉讼法明明已经将“威胁”“引诱”“欺骗”列为与“刑讯逼供”同等地位的非法取证方法，但法院却以法律没有明文将其纳为排除规则适用对象为由，拒绝将有关非法证据排除于法庭之外。

在司法实践中，律师还经常将“派生证据”和“重复自白”作为申请排除的对象。但这种申请也是难以成功的。所谓“派生证据”，也就是侦查人员根据非法供述提供的线索和信息所获取的其他证据。在一些西方国家，根据“毒树之果规则”，法院不仅要排除非法证据，还要将那些受到非法证据“污染”或“影响”的派生证据排除于法庭之外。但我国，律师一旦援引这一理论，申请将侦查人员通过非法供述所获取的物证、书证、证人证言以及同案被告人的供述加以排除，法院都会以法律没有明文规定为由，直接加以拒绝。

所谓“重复自白”，是指被告人在受到侦查人员非法讯问并作出有罪供述之后，由于担心再次受到上一次非法对待，在心理受到强制的情况下作出的重复性供述。按照常理，侦查人员在对被告人采取刑讯逼供或其他非法取证行为之后，再次出现在同样的讯问场所，在同样的讯问氛围下，即便没有采取新的非法取证行为，被告人也无法作出自愿的供述。要彻底地实施非法证据排除规则，法院就要将这种重复自白连同非法供述一起，都予以排除。但是，辩护律师即便提出了这类申请，法院也都无例外地加以拒绝。结果，即便在个别案件中法院确实排除侦查人员通过刑讯逼供手段所获取的供述，但侦查人员根据前一供述所获取的其他有罪供述笔录，却依然可以被采纳为定案的根据。

可以说，“非法证据”范围的模糊性大大压缩了律师程序性辩护的空间。假如法院只是将非法证据限定为法律和司法解释明确列举的情形，而对于“刑讯逼供”和“非自愿供述”都不进行适当的解释，那么，律师对那些没有被成文法明文列出的非法取证行为，要想启动非法证据排除程序，都将是不可能的事情了。假如最高法院不能通过司法解释、指导性案例等途径扩大对“刑讯逼供等非法取证行为”范围的具体列举，那么，律师的程序性辩护就只能局限在极为有限的法定情形之下，而根本无法对侦查行为的合法行为作出有力的挑战。

（二）程序审查与实体裁判关系的混乱

按照常理，辩护方一旦提出排除非法证据的申请，即意味着提起一场侦查程序合法性之诉。法院对此所进行的审判活动，是一种相对独立的程序性裁判活动。根据“先行调查原则”，法院应当中止对案件实体问题的审判活动，优先对此程序性争议作出裁判。只有在这种程序性裁判进行完毕，并形成裁判结论之后，法院才能恢复对案件实体问题的审理活动。

在程序审查与实体裁判程序的关系上，最高法院曾发布过两份前后存在矛盾的司法解释。〔1〕最初，最高法院确立了“先行调查原则”，要求法院优先审查侦查程序的合法性问题。但在另一项司法解释中，最高法院却允许各级法院既可以在被告方提出排除非法证据申请后立即进行调查，也可以在法庭调查结束前附带进行这种调查活动。在前面所分析的孙某贤案件中，山东省高级人民法院尽管受理了被告方的诉讼请求，却没有组织专门的程序性裁判程序，而是将程序性争议事实的调查置于实体性事实调查的后面，并将对程序性争议的辩论安排在实体性问题的法庭辩论之后，甚至在法庭审理过程中都不宣告程序性裁判的结论，而是在裁判文书中将实体问题与程序问题一并加以宣告。

经验表明，法院一旦不遵循先行调查原则，律师的程序性辩护将处于极为不利的境地。一方面，法庭一旦优先对案件的实体问

〔1〕 根据最高法院2010年参与颁行的办理死刑案件证据规定，法院遇有被告方申请排除非法证据的，应当优先对此进行调查，只有在对此问题作出裁决后，才能恢复对案件的实体审理活动。而根据该法院2012年颁布的关于适用刑事诉讼法的司法解释，法院既可以在被告方提出排除非法证据申请后立即进行调查，也可以在法庭调查结束前再进行这种调查活动。参见张军主编：《刑事证据规则理解与适用》，法律出版社2010年版，第314页以下。另参见江必新主编：《〈最高人民法院关于适用《中华人民共和国刑事诉讼法》的解释〉理解与适用》，中国法制出版社2013年版，第103页以下。

题进行法庭调查，就容易对所有证据的证明力产生先入为主的印象，甚至对被告人构成指控罪名也形成内心的确信。而在此预断和确信业已形成的情况下，辩护方有关侦查人员违法取证的观点，将很难对裁判者产生实质性的影响。另一方面，法庭假如对辩护方的程序性辩护意见不独立作出裁判结论的话，那么，证据的证明力与证据能力就被混为一谈了。试想一下，在辩护方对侦查程序的合法性提出挑战的情况下，法庭优先审查控方证据的证明力问题，并拒绝对侦查程序合法性作出当庭裁决，这不就等于否定了非法证据排除程序的独立性了吗？律师的程序性辩护对法庭的影响又从何谈起？

（三）辩护方取证能力的弱化

在我国，律师作为为委托人提供法律帮助的专业人员，没有检察机关所享有的那种强制调查权。而有关侦查程序合法性问题的证据大都为侦查人员、看守所监管人员、在押人员等所掌握，律师要获取这些证据材料，就需要向侦查机关和看守所提出申请。但是，这些机关所承担的侦查或监管责任，与律师的辩护职责经常会发生程度不同的冲突。如果侦查机关、看守所不对律师的调查取证进行配合，无论是调取体表检查材料、同步录音录像、相关物证还是向侦查人员、看管人员、医务人员、在押人员等获取证言，辩护律师都遭到侦查机关和看守所的拒绝的话，那么辩护方就无法提出能够证明侦查人员非法取证行为的有利证据。

律师调查取证能力弱化，使得辩护方对法庭协助调查的依赖性大大增强了。对于那些能够证明侦查程序合法性的证据材料，仅凭律师的力量，几乎是不可能成功地调取到法庭上的。因此，律师不得不请求法庭在调取证据方面给予协助。在少数案件中，有些刑事法官确实对律师的这类请求给予了支持。例如，法官可以向检察机关调取记录讯问过程的全案录音录像资料，向看守所调取初次入所体检表、体表检查登记表等材料，并在看守所配合下向看管人员、医务人员、在押人员进行调查取证，甚至还有可能在侦查机关支持下调取在侦查人员的证言，或者通知其出庭作证。但是，假如刑事法官拒绝支持辩护律师的诉讼请求，或者因为遇到侦查机关、检察机关的阻力而无力调取这些证据材料，那么，律师就不可能获取上述证据材料。

律师调查取证能力不高，还导致公诉方垄断了相关证据资源，成为正式调查程序中举证和质证活动的主导者。辩护律师在提出旨在证明侦查程序合法性的证据线索后，假如无法将这些证据调取过来，那么，这种证据线索反而给检察机关提供了举证和质证的便利。检察机关凭借其丰富的司法资源，借助其强大的调查权，可以毫不费力地获取任何证据材料。而在检察机关垄断证据资源的情况下，如果那些有利于被告人的证据被隐匿、消失或者篡改，或是因检察官的充分介入而发生变更；如果检察官对那些了解侦查过程的人，通过各种手段获取其中不利于被告人的证言部分，竭力阻止那些有利于被告人证言的出现，那么，在那种有关非法证据排除问题的正式调查程序中，法庭所调查的就都是不利于被告人的证据材料，而有利于被告人的证据材料将极少出现。在此情况下，检察机关要证明侦查程序的合法性，就变得异常容易，而辩护律师别说证明侦查人员非法取证的问题，就连对公诉方的证明体系加以驳斥，都会变得非常艰难。

（四）相关证据规则的缺失

非法证据排除程序一旦启动，即意味着法院要对侦查程序的合法性作出权威的裁判。要保证这种裁判活动的公正性，防止法官滥用自由裁量权，就需要建立一系列证据规则。可以说，完善的证据规则是实现程序理性的基本保证。但迄今为止，我国的刑事证据法主要是针对实体性裁判活动而确立起来的，而对程序性裁判活动却难以起到规范作用。结果，律师在程序性辩护中经常遇到举证、质证等方面的困难。

首先，如果检察机关抗拒，法院将无法将侦查人员制作的全程录音录像出示在法庭上。本来录音录像是记录侦查人员讯问嫌疑人全部过程的视听资料，属于证明侦查程序合法性的重要证据。但在一些检察官看来，侦查人员对讯问嫌疑人的过程所做的同步录音录像，不是刑事诉讼法所规定的证据材料，并不具有“证据”的属性，因此，检察机关没有义务将其提交给法院，法院也无权要求公诉方将其出示在法庭上。很多法官对此观点尽管并不赞同，却也无能为力，而最多只能请检察机关将录音录像材料提交给法院。[1]结果，辩护律师要么根本看不到任何录音录像，要么只能在法院办公场所进行有限的查阅。

而在正式调查过程中，辩护律师要求当庭播放同步录音录像的，有时会被法院以“庭审时间有限”或“没有必要”为由加以拒绝。遇有辩护律师反应较为强烈的情况，法院有时也会请公诉方播放录音录像，但公诉方通常都会进行有选择的播放，也就是在对录音录像进行剪辑的基础上播放其中的极少部分，当然这些被播放的几乎都是侦查人员合法讯问的部分。至于辩护律师明确要求播放某一特定时间段内录音录像的，法庭则极少予以支持。

其次，侦查人员普遍拒绝出庭作证，法庭只能宣读其书面证言或者说明材料。

在侦查人员拒绝出庭的情况下，辩护律师就失去了对其进行当庭盘问的机会。公诉方可以宣读侦查人员所做的书面证言，或者提交的情况说明。所谓书面证言，其实是检察机关在庭外向侦查人员所做的证言笔录，这种笔录显然是一种传来证据，是检察官对侦查人员单方面调查的结果。而所谓“情况说明”，则是侦查人员向检察机关或法院提供的用来证明自己侦查行为合法性的书面说明，这曾经被我国法院普遍采纳为侦查人员证明案件事实的主要方式。[2]这两种材料在法庭上的使用，使辩护律师无法对侦查人员

---

〔1〕 参见赵培显：《侦查讯问录音录像的证据效力与适用》，载《人民检察》2014年第5期。

〔2〕 在2003年最高法院对刘某案件的再审程序中，公安机关的侦查人员、监管人员、医务人员就曾提供了一些情况说明，这种“情况说明”被最高法院直接作为证明侦查人员没有实施刑讯逼供的证据。参见最高人民法院刑事判决书（2003）刑提字第5号。

进行当庭发问，更难以对其有关侦查程序合法性的陈述进行有效的“质证”。

再次，法院对侦查程序合法性问题的调查程序，普遍采取书面的和间接的审理方式，无法对程序性争议事实进行实质性的审理。在现行的程序性裁判过程中，法院审查侦查程序合法性的主要方式就是宣读书面证据笔录，或者出示书面证据材料，而既没有相关证人的出庭作证，也无法给予控辩双方当庭进行交叉询问的机会。无论是对体表检查材料、情况说明材料的宣读，还是对侦查人员、监管人员、医务人员、在押人员等所做书面证言的出示，都剥夺了被告人及其辩护律师进行有效质证的机会。这种审理方式肯定是流于形式的，因为检察官所调取的证据材料经过当庭的宣读和出示，在辩护律师无法提出有力挑战和质疑的情况下，就对法官产生了直接影响，使法官很容易对“侦查程序的合法性”产生内心确信。

最后，书本上的“证明责任倒置规则”以及证明标准规则经常得不到有效的实施。一般情况下，法官还是倾向于认为辩护方承担着证明侦查人员非法取证的责任，并在对侦查人员是否非法取证存有合理怀疑的情况下，倾向于作出不排除非法证据的裁决。这就使得律师作出成功的程序性辩护变得更加困难。毕竟在现行诉讼制度下，受举证和质证条件的限制，辩护律师要将侦查人员非法取证的事实证明到排除合理怀疑的程度，几乎是不可能的。但是，现行法律要求的是公诉方需要将侦查程序的合法性证明到这一最高程度，否则就要作出有利于被告人的解释。假如就连这一规则都不能遵守的话，那么，法院对于那些存有疑点的案件就会都支持公诉方的意见了。律师的程序性辩护还有多少成功的机会？

五、律师界对程序性辩护的探索

程序性辩护的效果在一定意义上取决于程序性制裁制度的完

善程度。作为程序性制裁制度的重要类型，非法证据排除规则确实存在一些明显的缺陷和不足，无法为律师的程序性辩护提供理想的制度环境。尽管如此，我国律师界也在程序性辩护方面进行了探索，并总结出一些行之有效的经验。对于这些经验，我们有必要进行初步的总结，并对其实际效果进行理论上的反思。

（一）程序性辩护的独立目标

在申请排除非法证据过程中，律师的程序性辩护究竟要追求什么样的诉讼目标呢？过去，由于盛行一种结果中心主义的辩护观念，律师们普遍将程序性辩护与无罪辩护相提并论，认为申请法院排除非法证据的主要目的还是说服法院作出无罪判决。但是，法院对非法证据的排除，除了在极个别的案件中带来了宣告无罪的裁判结果外，〔1〕一般都不会影响公诉方起诉罪名的成立。甚至就连曾引起极大争议的"非法证据排除第一案"，一审法院在判处非法证据后仍然作出了有罪判决。〔2〕这显示出一些律师对程序性辩护可能有一些不切实际的期待。

其实，程序性辩护之所以是一种独立的辩护形态，就是因为律师在这类辩护中使用独立的辩护手段，追求独立的辩护效果。具体而言，律师是通过申请排除非法证据的方式试图说服法院作出宣告无效的裁决。2012年《刑事诉讼法》实施后，很多律师在程序性辩护中越来越遵循一种专业化的操作方式。如果说无罪辩护旨在追求推翻起诉罪名的效果的话，那么，程序性辩护所追求的则是否定部分指控证据的证据能力，削弱公诉方的证据体系。排除了非法证据，并不意味着法院要宣告无罪；法院还将通过综合审查其他证据的证明力，最终认定公诉方能否将所指控的案件事实证明

〔1〕 参见赵丽：《排除非法证据后被告人获无罪判决》，载《法制日报》2011年10月14日。

〔2〕 参见孔令泉：《国内非法证据排除第一案》，载《民主与法制时报》2012年3月26日。

到排除合理怀疑的程度。最高法院编辑的《刑事审判参考》，曾刊登了多个涉及非法证据排除问题的案例。[1]在这些案例中，律师都提出了排除非法证据的请求，法院对这些诉讼请求都给予了支持，但是，其他在案证据仍然能够证明被告人的犯罪行为，法院最终都作出了有罪判决。[2]

尽管律师程序性辩护的成功并不必然导致法院作出无罪判决，但是，这种程序性辩护作为一种反守为攻的辩护，仍然具有其独立的价值：这种辩护将侦查行为的合法性纳入法院的司法审查范围，使得侦查人员处于“接受审判”的状态，这本身就足以产生将侦查人员的权力“关入牢笼”的效果；这种程序性辩护一旦取得成功，就意味着法院对侦查机关作出了程序性制裁，使其承受不利的程序性法律后果。这对于违法者是一种责任追究方式，而对于程序性违法的受害者也是一种抚慰和救济手段。

（二）对客观性非法取证行为的关注

由于法律对“刑讯逼供”等非法取证行为作出了较为模糊的定位，律师的程序性辩护很难达到理想的效果。究其原因，侦查人员的非法取证行为既有其主观性的一面，也有其客观性的一面。除了那些典型的肉刑或者拷打行为外，那些变相使人遭受疼痛或痛苦的行为要被法院认定为“刑讯逼供”行为，通常是非常困难的。考虑到刑事法官通常不会对“刑讯逼供”作出扩大化的解释，而倾向于做“照本宣科”式的法律适用，因此，越来越多的律师都将程序性辩护指向那些客观性非法取证行为。

具体来说，律师发现侦查人员存在以下非法取证行为的，都会

---

〔1〕 参见刘晓虎：《文某非法持有毒品案》，载《刑事审判参考》总第101集，法律出版社2015年版，第1~10页；范莉等：《尹某受贿案》，载《刑事审判参考》总第101集，法律出版社2015年版，第16~22页；管延青等：《李志周运输毒品案》，载《刑事审判参考》总第101集，法律出版社2015年版，第11~15页。

〔2〕 参见管延青等：《李志周运输毒品案》，载《刑事审判参考》总第101集，法律出版社2015年版，第11~15页。

提出排除非法证据的申请：一是侦查人员在逮捕或拘留后没有在法定羁押场所进行讯问的；二是在被告人可能被判处无期徒刑以上刑罚的案件中，侦查人员没有进行录音录像，或者没有遵循全程性和同步性的要求进行录音录像的；三是侦查人员在长达数十个小时的时间里进行持续不断的讯问，令被告人产生极度痛苦的；四是侦查人员所做的讯问笔录与录音录像的内容严重不一致的；五是入所身体检查材料证明被告人进入看守所时没有任何伤痕，但在看守所羁押期间出现明显伤痕或者伤害后果的……

由于律师所指出的非法取证行为，既为法律所明确禁止，又很有可能造成被告人供述内容的不可信，因此，这种诉诸客观性非法取证行为的辩护，要比那种动辄强调“刑讯逼供”的辩护更容易说服法官。未来随着非法证据排除规则逐步走向完善，这些客观性非法取证行为有望在司法解释中得到越来越详尽的列举，律师的程序性辩护的空间也将会越来越大。

（三）说服法官进行庭外调查取证活动

在辩护方提出排除非法证据的申请之后，假如法官仅仅局限在对公诉方提交的证据进行审查，那么，程序性辩护的成功将是非常困难的。而假如辩护律师能说服法官亲自进行庭外调查核实证据，那么，法官采纳程序性辩护意见的可能性会大大提高。在浙江宁波鄞州法院审理的“非法证据排除第一案”中，辩护律师就提出了申请法官亲自调查核实证据的请求，法官休庭后前往看守所，调取了体表检查登记表、照片等证据，对侦查人员非法取证的事实产生了内心确信，从而最终作出了排除非法证据的裁决。〔1〕而在广东佛山另一起影响较大的案件中，辩护律师反复申请对被告人的伤情进行鉴定，法官最终同意了这一请求，委托法医进行了鉴定，确定了被告人受伤的时间，这为法院认定“无法排除侦查人员非法取证

〔1〕 参见陈霄等：《程序正义催生排除非法证据第一案》，载《法制周末》2011年8月31日。

的可能性”提供了根据。〔1〕

为什么辩护律师说服法官亲自进行庭外调查后，其程序性辩护更有可能取得积极效果呢？这是因为，辩护律师不具有强制调查权，无力前往侦查机关、看守所调取证据；检察机关尽管拥有强大的调查权，却会基于公诉成功的考虑，所调取的大都是不利于被告人的证据。假如法官在调查取证方面消极无为，就很容易将调查取证的权力拱手交给公诉方，使公诉方完全垄断了证据资源，控制了举证和质证活动，此时辩护方取得辩护成功的机会就很小了。相反，假如法官积极主动地进行庭外调查，则可以从相对中立的角度发现并收集证据材料，对侦查程序非法取证的事实就可以作出较为公允的判断。

正因为如此，在提出排除非法证据的申请后，辩护律师不仅要提出启动庭前会议的申请，提出所要调查核实的证据线索和清单，还应申请法官启动庭外调查程序，促使法官亲自前往侦查机关、看守所调取证据，或者申请法官组织鉴定。这是程序性辩护取得成功的重要经验。

（四）对侦查人员的询问策略

在间接和书面的审理方式下，法庭主要通过宣读证言笔录、出示鉴定意见等方式进行法庭调查活动，辩护律师失去了对证人、鉴定人进行交叉询问的机会，其盘问技巧和能力无法得到提高。但随着刑事司法改革的逐步推进，直接和言词原则得到贯彻，法院开始传召证人、鉴定人出庭作证，辩护律师当庭询问证人、鉴定人的机会开始增加了。在这一改革背景下，辩护律师如何展开交叉询问的问题，开始受到律师界的广泛关注。

在程序性辩护过程中，对侦查程序的合法性问题提供证言的通常都是侦查人员、监管人员、医务人员、在押人员等，他们要么本

〔1〕　参见赵丽：《排除非法证据后被告人获无罪判决》，载《法制日报》2011年10月14日。

身就是侦查机关的工作人员，要么属于失去人身自由的特殊人员。这些人员一旦被法院通知出庭作证，辩护律师究竟如何组织有效的交叉询问？对于这一问题，一些地方律师协会曾进行过一些探索，对律师进行盘问证人的训练，并通过总结经验和教训，确立了辩护律师盘问证人的规则。

考虑到侦查人员一旦出庭作证，会产生本能的抵触心理，影响作出真实可信的证言，因此，一些律师协会专门制定了律师盘问侦查人员的规则。〔1〕例如，在对侦查人员进行盘问之前，律师进行必要的准备，包括对其个人情况、职业履历、奖惩情况、职业评价等进行调查，围绕着侦查行为的合法性问题制作发问提纲，还要做好应对侦查人员多种回答应对方案；等等。在对侦查人员发问过程中，律师应围绕着侦查行为的合法性问题，就有争议的侦查行为的细节进行有针对性的发问，引导侦查人员回答侦查行为的时间、地点、人员、行为和过程。为防止侦查人员产生对抗心理，辩护律师被要求在保持平和语气的前提下，不适用结论性或定性化的语言，也不对侦查人员动辄作出法律定性。

（五）对证据能力与证明力问题的“捆绑式”辩护

我国法院存在“重实体、轻程序”的传统习惯，而在证据适用中则有着“重证明力、轻证据能力”的惯性思维。律师在程序性辩护中，纵然对侦查人员非法取证的事实作出了充分的论证，法官却经常不以为然，即便在没有太大外部压力的情况下，也不以取证手段违法为由作出排除非法证据的决定。但是，对于那些不真实、不可信的证据，即便它们是以合法手段获取的，法官也不会作为定案的根据。但对于那些尽管取证方式违法但仍具有可信性的证据

---

〔1〕 2014年以来，笔者曾分别与江苏省律师协会和山东律师事务所刑事专业联盟进行合作，在充分听取辩护律师意见的基础上，总结了律师申请排除非法证据的辩护经验，起草了《辩护律师办理刑事案件非法证据排除指引》。这两份指引性规范文件已经由这两个组织予以颁布实施。

(如以刑讯逼供手段获取的供述),法官在是否排除上就经常表现出犹豫不决的态度,甚至优先考虑证据的真实性问题。[1]可以说,刑事法官对于证据证明力的重视,要远远高于对证据取证合法性问题的关注。

面对刑事法官的这种思维惯性,律师界在从事程序性辩护时就采取一种特殊的处理方式。按照田文昌律师的经验,在程序性辩护中,律师在论证侦查程序存在违法现象的同时,还需要论证这种非法取得的证据很可能是虚假的和不可靠的,采用这些证据是有可能造成冤假错案的。这对于说服法官采纳程序性辩护意见有时是很有效的。[2]这种将证明力与证据能力加以"捆绑"的辩护方式,实质上所论证的是"非法证据"的不真实、不可信的问题,法官对是否排除非法证据问题持有双重判断标准:一是侦查人员是否存在非法取证行为;二是这种非法取证是否影响了证据的证明力。根据很多律师的经验,在充分论证侦查人员采取了刑讯逼供、威胁、引诱、欺骗等非法手段之后,假如还能证明由此所获取的证据自相矛盾、与其他证据存在矛盾或者得不到其他证据的印证,那么,刑事法官采纳律师辩护意见的概率会大大提高。

(六)通过程序性辩护追求有利于被告人的量刑结果

程序性辩护的目标是说服法院确认侦查程序的违法性,并将控方证据排除于法庭之外。但是,由于多方面的原因,法院极少会支持辩护方的诉讼请求。那么,程序性辩护究竟还有无存在的价值?一些有经验的辩护律师认为,通过挑战侦查程序的合法性,即便不能达到排除非法证据的目的,但至少可以说服法院确信侦查人员很有可能实施了非法取证行为,将来在量刑时作出较为宽大

[1] 参见姜伟、田文昌、张军:《庭审中如何处理以刑讯逼供为由的翻供》,载《刑事审判参考》2001年第6辑。

[2] 参见田文昌、陈瑞华:《刑事辩护的中国经验》(增订版),北京大学出版社2013年版,"序言"。

的刑事处罚。换言之，通过程序性辩护追求量刑从轻的裁判结果，这是律师界创造的一条经验。

按照程序性制裁的基本原理，法院对于侦查机关的程序性违法行为，应当作出宣告无效的裁决。但是，这种以宣告无效为标志的制裁方式并不是绝对的，还可以有一些替代方式。最高人民法院就曾对侦查人员滥用诱惑侦查措施的行为，确立了从宽量刑的法律后果。具体而言，对于那些存在“犯意引诱”的案件，法院一律不得适用死刑立即执行；对于那些存在“数量引诱”的案件，法院一般不得适用死刑立即执行；而对于那些存在“双套引诱”情形的案件，法院则可以处以更为宽大的刑事处罚或者免予刑事处罚。〔1〕这里所说的“犯意引诱”“数量引诱”“双套引诱”，就属于侦查人员的非法取证手段；这里所说的不适用死刑立即执行，也就是从轻量刑的法律后果。根据这一制度，辩护律师在对毒品犯罪案件的辩护过程中，就可以采取一种特殊的程序性辩护策略——通过挑战侦查程序的合法性，来说服法院作出宽大的刑事处罚。

当然，上述裁判方式主要适用于毒品案件的非法诱惑侦查行为。而在其他案件中，无论是法律还是司法解释，所确立的仍然是宣告无效的制裁方式。不过，在司法实践中，辩护律师假如向法院提出了侦查人员非法取证的问题，而这种非法取证行为又是较为恶劣的，且造成了严重的后果，那么，法院即便无力排除非法证据，但也有可能作出较为宽大的刑事处罚。在2003年发生的刘某案件中，辽宁省高级人民法院就曾以“本案不能从根本上排除刑讯逼供的可能性”为由，将一审法院所作的死刑立即执行判决予以撤销，改判被告人刘涌死刑缓期两年执行。〔2〕这一裁判尽管最终被最高法院通过再审予以推翻，但其中所蕴含的针对非法侦查行为的特殊制裁方式，却具有一定的普遍性，而且一直延续到今日。

---

〔1〕 参见最高人民法院2015年颁布的《全国部分法院审理毒品犯罪案件工作座谈会纪要》，第六部分“特情介入案件的处理问题”。

〔2〕 参见最高人民法院刑事判决书，（2003）刑提字第5号。

对于侦查人员的非法取证行为，法院作出适度宽大的刑事处罚，这尽管并不完全符合程序性制裁的原理，但也足以发挥程序性制裁的部分功能。通过判处较为宽大的量刑处罚，法院对于公诉方的指控作出了部分否定性评价，同时对被告人给予了一定的抚慰和救济。当然，辩护律师应将说服法院宣告无效作为程序性辩护的应有目标，但在确实无法达到这一目标时，也可以退而求其次，说服法院作出尽可能宽大的量刑裁决。这也不失为一种基于现实主义的辩护经验。

六、制度夹缝中的程序性辩护

随着非法证据排除规则在我国法律中的确立，律师的程序性辩护空间逐步得到拓展。在申请排除非法证据方面，辩护律师可以通过积极地努力，说服法院启动庭前会议和正式调查程序，并可以围绕着侦查程序的合法性问题与公诉方展开积极地抗辩。可以说，程序性辩护已经具有了特有的操作方式，也具有了有别于其他辩护形态的独立目标。

但是，在非法证据排除规则的实施遇到困难的情况下，律师的程序性辩护也陷入了困境。无论是“非法证据”的模糊性、程序性裁判的附属地位、检察机关对证据资源的强势地位，还是相关证据规则的缺失，都导致程序性辩护很难达到预期的诉讼效果。对于检察机关提起公诉的案件，法院又怎么可能动辄接受辩护律师的申请，将部分指控证据予以排除甚至削弱整个公诉证明体系呢？

尽管如此，我国律师界仍然坚持这种反守为攻的辩护方式，通过挑战侦查程序的合法性来说服法院作出有利于被告人的裁决。这一方面是因为侦查机关非法取证的情形确实具有相当程度的普遍性，另一方面也是因为辩护律师“为权利而斗争”的程序意识在逐步得到强化。在程序性辩护方面，律师界的努力既是积极的，也是惨烈的。在刑事辩护实践中，律师挑战侦查程序的合法性已经成为一种常态化的辩护活动。但是，律师要说服法院接受这种程序性辩护请求，却经常会遭遇重重困难。面对法院的不合作态度，极少数律师甚至不惜通过挑战法庭权威的方式进行抗争。但大多数律师还是采取了一种现实主义的态度，在各种制度的夹缝中，探索出一些颇具中国特色的辩护经验。表面上看，这些“辩护经验”大都有“不合乎法理之处”，甚至是对不公正司法现实的迁就和妥协。但是，从“有效说服法官”的角度看，律师的这种辩护有时确实会有一些积极的效果，最终有利于维护委托人的利益。

一方面是带有法治理想色彩的非法证据排除规则，以及与此相伴而生的“审判之中的审判”机制；另一方面却是改革进程仍显滞后的刑事司法体制。这就是我国律师界困在其中的制度夹缝。在这种制度夹缝中，律师界唯有既保持“为权利而斗争”的强大意志，又具有在现行制度中寻求资源的智慧，才有可能说服法官追究侦查人员的程序性法律责任，又同时为非法侦查行为的受害者提供一些抚慰和救济。在我国，律师的程序性辩护要走上正常的轨道，可能还有很长的路要走。

第三部分

03

辩护保障论

第十三章

审判前程序中辩护权的救济问题

一、辩护权救济问题的提出

自1996年以来,我国刑事辩护制度曾发生过两次重大的改革。这两次改革都涉及刑事审判前程序的变化。根据1996年《刑事诉讼法》,犯罪嫌疑人在被侦查机关第一次讯问后或者被采取强制措施之日起,可以聘请律师为其提供法律咨询,代理申诉、控告。这是我国法律第一次允许律师在刑事审判前阶段参与诉讼活动,为嫌疑人提供法律帮助。但是,在这部修改后的刑事诉讼法实施后不久,律师在审判前程序中的辩护就遇到了前所未有的困难。按照律师界和司法行政部门的普遍看法,律师在刑事审判前阶段存在"会见难""阅卷难""调查取证难"等三大困难。[1]还有的律师认为除了上述三大困难之外,还有"取保难"和"维权难"两大问题。前者是指律师在为嫌疑人申请取保候审或者变更强制措施方面遇到困难,后

---

〔1〕 2002年10月13日至23日,司法部研究室组织了一次有关"律师在刑事诉讼中若干问题"的调研活动,先后对浙江、云南、河南等省的律师、律师管理部门以及公检法机关进行了调查和座谈,写成了"关于律师在刑事诉讼有关问题的调研报告"。孙业群:《做一个刑辩律师究竟有多难——律师参与刑事诉讼活动有关问题的思考》,载《中国律师》2003年第4期。

者则是指律师本身经常遇到侦查机关、公诉机关对其任意采取刑事追诉措施的问题。[1]有些律师甚至认为，1996年修订后的《刑事诉讼法》对于律师阅卷权和调查取证问题的规定，较之修改前的《刑事诉讼法》而言是一个重大的倒退；《刑法》第306条是悬在辩护律师的一把"撒手锏"，调查取证问题构成了律师执业过程中的一个"法律陷阱"。[2]

针对辩护律师所遭遇的"会见难""阅卷难""调查难"等问题，我国2007年颁行的《律师法》作出了一次颇为引人注目的立法努力。而2012年由全国人大修正后的《刑事诉讼法》则对刑事审判前程序中的辩护权作出了进一步的加强。根据这一法律，律师在侦查阶段一旦接受嫌疑人的委托，就具有"辩护人"的身份。在侦查、审查批捕和审查起诉等审判前阶段，辩护律师提出要求的，侦查人员、负责审查批捕的检察官以及负责审查起诉的检察官，都应当面听取辩护律师的辩护意见；对于辩护律师提交的书面辩护意见，这些侦查人员和检察官还应将其载入案卷，随案移送。由此，辩护律师在侦查、审查批捕和审查起诉阶段向侦查人员和检察官发表辩护意见的权利，终于得到了确立。不仅如此，辩护律师在侦查阶段会见在押嫌疑人的权利，得到了切实有效的制度保障。律师接受委托或者被指定担任辩护人之后，可以持三种法定证件到看守所申请会见，看守所只进行形式审查，除法定的特大贿赂犯罪、危害国家安全、恐怖犯罪等三种案件外，律师会见不再经过侦查机关的审查批准；在律师会见在押嫌疑人过程中，侦查人员不得在场，也不得进行监听，任何机构和个人也不得对律师与嫌疑人会面的时间和交谈的内容作出无理限制。而在阅卷问题上，辩护律师可以在审查起诉和法庭审判前对公诉方所掌握的案卷材料进行无条件的查阅、摘抄和复制，检察机关和法院甚至还允许律师使用

---

〔1〕 参见田文昌、周汉基：《刑事诉讼：律师为你而困惑》，载《中国律师》2000年第11期。

〔2〕 参见孙业群：《做一个刑辩律师究竟有多难——律师参与刑事诉讼活动有关问题的思考》，载《中国律师》2003年第4期；康怀玉：《让我看到法律——刑辩律师的真实处境及其他》，载《律师与法制》2005年第1期。

拍照、扫描等更为便利的复制方法……

凡此种种，都说明辩护律师在刑事审判前阶段的辩护权得到了更为充分的保障，其诉讼权利的范围也得到了相应地扩大。但是，辩护律师的上述诉讼权利真的能得到切实的实现吗？假如律师申请会见在押嫌疑人，仍然遭到侦查人员或监管人员的拒绝，假如律师到检察机关申请查阅案卷，而受到无理的刁难，那么，他们究竟应向何处寻求救济呢？对于侦查机关、看守所、检察机关任意剥夺律师诉讼权利的行为，哪个机构通过什么方式将其宣告为无效呢？

鉴于此，笔者拟运用社会科学的一般方法，以律师会见权问题为切入点，对审判前程序中的辩护所面临的困难作重新研究。在此基础上，笔者将从司法体制、法律传统和理念以及权利救济机制的角度，分析这些困难产生的原因，预测这些困难将来可能的走向，讨论立法者建立规则的可能效果及其局限性。笔者将提出并论证以下假设和命题：没有一个中立的裁判者参与其中，审判前程序中的辩护就没有存在的空间；要对辩护制度改革作出根本的改革，我们不应仅仅着眼于权利外延的扩大，还应确立基本的权利救济机制。

二、2013年以后的“会见难”问题

尽管在大多数案件中，律师在侦查阶段的“会见难”问题得到了解决，但是，在特定案件的会见中，律师又开始遭遇新的“会见难”问题。其中，在涉及所谓“特别重大贿赂案件”问题上，一些地方的检察机关出现了扩大解释甚至任意解释的倾向，这导致律师在一些受贿案件中无法成功地会见在押嫌疑人。以下是《法制日报》的相关报道。

> 新刑诉法规定，危害国家安全犯罪案件、恐怖活动犯罪案件、特别重大贿赂案件，侦查期间辩护律师会见在押犯罪嫌疑人，应当经侦查机关许可。

实施之初很多律师就担心，三类案件会成为一些地方阻止律师侦查阶段介入的“挡箭牌”。

“这一规定在实践层面上有被异化倾向。”韩嘉毅表示，办理这三类案件时，办案机关存在执行法律过于随意情况，“只要不想让律师会见，就说是三类案件”。

李春光告诉记者，“特别重大贿赂案件”已经成为律师会见的突出问题。何为重大，不同地方解释不同，有的地方直接以嫌疑人行政级别作为标准，一名副科级干部涉嫌犯罪，都有可能被认定为具有重大社会影响。

“最高人民检察院规定，重大贿赂指涉案数额在50万元以上。但如何确定50万元，是以侦查人员的猜想，还是应以律师提出会见时已查明的数额？”曹宏表示，目前多数贿赂案件都难以会见，且不需理由。〔1〕

任意限制律师会见权的情况除了发生在“特别重大贿赂犯罪”案件中外，还有可能出现在对所谓“恐怖犯罪”案件的理解上。以下是媒体报道的案例。

（律师）朱建伟在今年4月办了一起勐海县公安局侦破的朱某某等走私武器、弹药案，2013年1月21日朱某某被拘留，他接受委托后于3月4日、4月9日两次到勐海看守所、公安局递交辩护手续、要求会见，均被拒绝。直到今天都没有会见到当事人，而该案也已经进入了审查起诉阶段。

朱建伟说，看守所拒绝会见给了他一个铁的理由：局领导答复，因朱某某案件涉黑，所以不准会见。朱建伟据理力争：“你们的拘留通知书上没有写涉黑，再说涉黑案件也不属于不准会见的范围呀？”之后他得到的回复是：“此

---

〔1〕 李娜：《专家称“特别重大贿赂案”律师会见难且不需理由》，载《法制日报》2013年6月21日。

案因涉枪犯罪，又是在侦查阶段，领导不准见，我们也没办法。”

而对于走私武器、弹药这一罪名，朱建伟认为根据刑法规定，根本就不在“三类案件”之中，他们在偷换概念。朱建伟说：更何况按照刑诉法的规定，“三类案件”在侦查期间辩护律师会见犯罪嫌疑人应由侦查机关许可，但你无权拒绝会见啊！

当然，因为没有能够会见到当事人，最近，当事人家属已经解除了朱建伟的委托。“律师的委屈到哪里去诉呢？乱解释法律就是对法律的极不尊重。”

张振宇说，重大贿赂案件，何为重大，不同地方有不同解释，有的地方直接以嫌疑人行政级别作为标准，基层一个副科级干部犯罪，都有可能被认为具有重大社会影响。〔1〕

在这一案例中，律师在接受嫌疑人的委托后，先后多次向侦查机关申请会见在押的嫌疑人，但都遭到了看守所和侦查机关的拒绝。本来，根据刑事诉讼法的规定，对于那些涉及“恐怖犯罪”的案件，律师会见嫌疑人时需要经过侦查人员的批准。但看守所和侦查机关对此做出了随意性解释，将这种涉及“组织和领导黑社会性质组织”和“涉及枪支弹药”的案件，也纳入需要侦查机关批准会见的范围之中。在这种情况下，律师的会见权就演变成为“向侦查机关申请会见的权利”；侦查机关的审批已经成为律师刑事会见权的前置程序；律师的会见权遭到拒绝后，也几乎没有任何诉讼程序内的救济途径。

这种拒绝批准或者任意拖延批准的行为，究竟为什么会发生呢？作为嫌疑人的拘捕者和刑事案件的调查者，侦查人员一方面

---

〔1〕 参见邓建华：《新刑诉法缓解律师会见难，非法证据排除仍难》，载云南网，http://society.yunnan.cn/html/2013-05/30/content_2750110.htm，2013年5月30日最后访问。

需要通过预审讯问来获取嫌疑人的口供，并通过口供来获得其他相关证据的线索；另一方面也要努力获取尽可能多的证据，以便固定嫌疑人口供的效力，防止嫌疑人在后来的讯问中“翻供”。可以说，侦查破案的压力会自然地驱使侦查人员在尽可能长的时间里剥夺嫌疑人的人身自由，迫使其孤立无援地面对侦查人员的预审讯问。而过早地允许律师与嫌疑人会见，则必然增强嫌疑人对抗侦查人员的心理防御能力，造成有罪供述的难以取得或者已经供认有罪的嫌疑人推翻口供，甚至导致整个侦查讯问计划的完全失败。可以说，对于嫌疑人拒绝供述或翻供的担忧，必然会促使侦查人员尽量保证“羁押性讯问”的顺利进行，避免这种讯问因为律师会见而受到困扰。在此情况下，对律师会见嫌疑人的限制、干扰甚至拒绝，就几乎成为侦查人员的例行举动。尤其是在一些影响重大、侦查人员面临较大破案压力的案件中，阻止律师与在押嫌疑人的会见甚至会成为侦查人员的本能反应。

三、通过行政诉讼的司法救济

本来，根据现行行政诉讼法的规定，只有作为被管理者的相对人才可以对行政机关所作“具体行政行为”的合法性问题向法院提起行政诉讼。提起行政诉讼的主体通常只能是与某一行政决定有着直接利害关系的人，诉讼请求的事由也主要被限制为行政行为的合法性问题。而在刑事诉讼过程中，公安机关、检察机关在侦查、审查起诉阶段所从事的诉讼行为，一般并不被认为具有“具体行政行为”的性质，也当然并不属于行政诉讼的“受案范围”。

然而，我国的刑事诉讼法并没有建立任何针对侦查行为合法性问题的司法审查机制，嫌疑人、辩护律师即使认为侦查机关所采取的预审讯问、搜查、扣押、监听、勘验、检查以及各种强制措施存在违反法律程序的情况，也无法直接诉诸法院，更不可能获得司法审查的机会。在1996年《刑事诉讼法》实施以后，律师在侦查阶段会见在押嫌疑人的，一般都要向侦查机关提出申请，并获得侦查机关的批准。作为主要侦查机关的公安机关，更是在大多数刑事案件的侦查程序中拥有审查批准律师会见的权力。按照现行的刑事诉讼制度，对公安机关拒不批准律师会见的行为，嫌疑人、律师无法直接向法院提出诉讼请求，法院在刑事诉讼中更不会针对这种拒绝批准会见行为的合法性进行司法审查。而在案件进入刑事审判阶段之后，辩护方即使向法庭提出这一问题，法庭也不会对当初公安机关拒绝律师会见的行为进行审查，更不会以公安机关拒绝律师会见为由，判定侦查机关“违反法律程序”；辩护方即使以一审法院拒绝提供救济为由提出上诉，二审法院也不会将其作为一审法院“违反法律规定的诉讼程序，影响公正审判”的理由，更不会提供进一步的司法救济。由此看来，对于发生在刑事诉讼过程中的“拒绝安排会见”行为，律师几乎不可能在现行刑事诉讼程序内获得任何有效的救济了。

不过，中国公安机关同时具有治安行政机关和刑事侦查机关的双重身份，既有权实施包括行政处罚行为在内的具体行政行为，也有权对刑事案件的嫌疑人采取各种专门调查行为和强制措施。正是基于这一制度现实，一些律师就以公安机关拒绝安排会见属于“具体行政行为”为由，向法院提出行政诉讼，要求法院对这种行为的合法性进行司法审查。还有的律师以看守所属于公安机关下辖的职能部门为由，对其拒绝安排律师会见的行为也提出了行政诉讼请求。而一些地方的基层法院也受理了这种案件，并按照行政诉讼程序对案件进行了审理。以下是一起在全国曾具有广泛影响的相关案例。

1999年2月8日，湖南晨晖律师事务所的廖建华律师接受委托，担任嫌疑人宁某的辩护人。当日，廖建华律师向湖南省检察院娄底市分院刑事检察二科的检察官出示了授权委托书及其他材料，获得了检察机关提交的《移送起诉意见书》。2月8日和12日，廖建华律师持“律师执业证”、

> “律师会见犯罪嫌疑人、被告人专用介绍信”、“授权委托书”和“移送起诉意见书”两次会见了嫌疑人。因为案情需要，廖建华律师于2月24日再次要求会见，但遭到了看守所的拒绝。后者拒绝的理由是，律师会见嫌疑人必须经办案机关批准，律师需持有办案机关签有“同意会见”字样的专用介绍信才能允许会见；前两次之所以允许律师会见，是因为值班干警不熟悉业务。2月25日，廖建华律师向娄底市中级人民法院递交了行政诉状，要求确认娄底市公安局在审查起诉阶段不允许律师会见犯罪嫌疑人的行为违法，要求判令娄底市公安局赔偿律师经济损失。1999年5月13日，法院作出判决：确认被告娄底市公安局在审查起诉阶段不允许律师会见在押嫌疑人的具体行政行为违法，并判令被告赔偿原告的交通费用和经济损失。被告不服判决，向湖南省高级人民法院提出上诉。在二审期间，娄底市公安局出示了公安部有关“是否允许律师会见是公安机关的权力，不属于行政诉讼受案范围”的批复意见。1999年8月30日，湖南省高级人民法院作出终审判决：驳回娄底市公安局的上诉，维持原判。据称，这一案例开创了律师会见权受到侵犯，可以通过行政诉讼予以救济的先河。〔1〕

这是一起律师因公安机关拒绝安排会见在押嫌疑人而提起行政诉讼并最终获得胜诉的案例。根据笔者的调查和了解，这种行政诉讼案例在2000年以前曾出现过多起，但法院最终判决律师胜诉却是十分罕见的。〔2〕尽管如此，律师与公安机关在此案中所争议

〔1〕 廖建华:《法律的胜利——公安机关侵犯律师会见权所引发的诉讼及思考》，中华全国律师协会刑事业务委员会99年会会议材料；另参见董小军:《公安机关凭什么剥夺律师的会见权》，载《律师与法制》2003年第9期。

〔2〕 按照现有的媒体报道，律师在此类行政诉讼中获得胜诉的案例，还有1998年的陈苏仪诉湖南涟源市公安局不许可律师会见在押被告人案。参见董小军:《公安机关凭什么剥夺律师的会见权》，载《律师与法制》2003年第9期。

的法律适用问题确实是具有普遍性的。这些争议问题主要有以下几个：公安机关拒绝安排律师会见的行为究竟属于行政行为，还是司法行为？律师在刑事诉讼中是否与公安机关构成了行政管理关系，律师是否为行政管理中的“相对人”？公安机关拒绝安排律师会见的行为，是否属于法院行政诉讼的受案范围？

毫无疑问，在所有争议问题上，提起行政诉讼的律师都提出了与公安机关针锋相对的观点。最初，一些地方的基层法院对被拒绝会见的律师表现出了同情态度。上述案例中判决律师胜诉的法院，就属于这种同情态度的持有者。但是，随着这类行政诉讼越来越多地被提起，公安机关与法院在此类案件中的关系也变得微妙的紧张。各地法院逐渐在这类行政诉讼的受理和审理中采取了天平倒向公安机关的政策。

1999年11月24日，最高法院发布了《关于执行〈中华人民共和国行政诉讼法〉若干问题的解释》（已失效），在第1条第2款中明确将公安机关、国家安全机关的“刑事侦查行为”排除于行政诉讼的受案范围。这一司法解释的出台，导致律师试图借助行政诉讼途径获取司法救济的希望归于破灭，律师对于公安机关拒绝安排会见问题既无法从刑事诉讼程序中获取救济，也无法通过行政诉讼方式获得司法审查的机会了。〔1〕在以后发生的律师提起行政诉讼的案例中，法院要么拒绝受理，要么在受理后作出驳回起诉的裁定，其理由都是相似的，“公安机关在刑事侦查过程中实施的行为属于国家司法权范畴，不构成行政行为，也不属于行政诉讼的受案范围”。〔2〕

尽管从中国行政诉讼的性质和“受案范围”来看，最高法院作出这种司法解释确实有其法律依据，各地基层法院拒绝受理这类行政诉讼请求也是具有现实法律基础的，但是，刑事侦查行为是否

〔1〕对于最高法院这一司法解释的分析和评价，参见陈瑞华：《程序性制裁理论》，中国法制出版社2005年版，第382页以下。

〔2〕参见董小军：《公安机关凭什么剥夺律师的会见权》，载《律师与法制》2003年第9期；叶才勇：《公安机关安排律师会见：行政行为还是司法行为？》，载《律师与法制》2004年第8期。

具有可诉性、应否被纳入司法审查范围的问题，却成为一个迄今尚未解决的问题。面对律师会见权屡屡遭到任意剥夺的问题，法院在关闭了行政诉讼这一救济之门的同时，却没有开启另一扇司法救济的大门，使得律师会见权仍然处于无法获得救济的境地。

四、向谁辩护？谁来倾听？

传统意义上的辩护，是指被告人在辩护律师的帮助下，向法庭提出能够证明被告人无罪或者罪轻之辩解，以便说服法庭作出有利于被告人的裁判结论的诉讼活动。这种辩护发生在检察机关提起公诉之后，是辩护方在法庭上针对指控所作的申辩活动。与这种辩护不同的是，刑事审判前的辩护则主要是辩护方为从事法庭辩护所进行的必要防御准备活动，当然也包括辩护律师与侦查人员、检察人员就维护嫌疑人的诉讼权利所进行的程序交涉活动。在这一阶段，检察机关尚未提出正式的公诉，辩护方所针对的往往是侦查人员、检察人员对嫌疑人所采取的各种刑事追诉行为，而不是一项明确的起诉主张；辩护方所进行的辩护活动也不是说服裁判者作出无罪或者罪轻的裁判结论，而是旨在寻求有利于嫌疑人的程序保障。诸如会见在押嫌疑人、查阅案卷材料、申请变更强制措施、调查取证等审判前的辩护活动，大体上都具有这方面的程序保障功能。

然而，无论是法庭上的辩护还是审判前的辩护，都必须向一个独立于侦查人员、检察人员的第三方提出，才有其存在的空间。否则，那种辩护方向侦查人员提出申请、向检察人员寻求救济的问题，就会反复出现，一种“原告充当裁判者”的制度困境也会妨碍辩护活动的有效进行。尽管辩护律师在审判前阶段不可能像在法庭上那样只能向法官提出申请，而可以向侦查人员、检察人员提出会见在押嫌疑人、查阅案卷材料等方面的申请，但在控辩双方发生争议之后，辩护方必须有机会向中立的裁判者提出进一步的申请或者寻求有效的司法救济；否则，对辩护权的保障就会由作为辩护方对立面的侦查人员、检察人员所掌控。这经常是导致辩护权无法实施、难以获得救济的重要制度原因。

迄今为止，中国刑事审判前程序在构造上仍不具有基本的“诉讼形态”，没有形成那种有中立的裁判者参与、控辩双方平等交涉的司法格局。法院只是在检察机关提起公诉之后从事与司法裁判有关的诉讼活动，而根本不参与刑事审判前的任何诉讼活动；在侦查阶段拥有诉讼决定权的是侦查机关，在审查起诉阶段主导诉讼进程的则是负有公诉职责的检察机关。〔1〕结果，无论是会见在押嫌疑人、查阅案卷材料、申请取保候审还是调查取证，辩护律师只能向侦查机关、检察机关提出申请。即使在辩护申请遭到拒绝或者无理拖延之时，辩护律师也只能向侦查机关、检察机关或者其上级机关申请法律保障，而无法向中立的裁判者寻求救济。甚至按照笔者以前所作的研究，在没有第三方参与的情况下，辩护律师所作的申请、交涉活动最多只能算作“自然意义上的辩护”，而并不具有“法律意义上的辩护”属性。〔2〕

按照拉德布鲁赫的形象说法，如果原告本身就是法官，那只有上帝才能充当辩护人。〔3〕拉德布鲁赫的意思是说当一种诉讼活动并不具备控诉、辩护和裁判三方所构成的诉讼形态时，原告既享有追诉权又行使裁判权，辩护活动是没有存在空间的，辩护方也必然面临一系列的程序困难。中国刑事审判前的辩护之所以陷入困境，也可以从这一程序的构造形态上获得解释。在笔者看来，律师在会见在押嫌疑人方面所面临的困难，其实主要是无法向中立裁判者寻求司法救济的问题。本来，公安机关、检察机关作为刑事案件的侦查机关，不应拥有批准律师会见，决定会见人数、时间、次数，

---

〔1〕 有关检察机关法律监督的性质及其局限性，参见陈瑞华：《程序性制裁理论》（第3版），中国法制出版社2017年版，第97页以下。

〔2〕 参见陈瑞华：《程序性制裁理论》，中国法制出版社2005年版，第368页以下。

〔3〕 ［德］拉德布鲁赫：《法学导论》，米健、朱林译，中国大百科全书出版社1997年版，第121页。

限制会谈内容的权利。对这些事项作出裁决的只能是那些作为司法裁判者的“侦查法官”或者“预审法官”，侦查人员、检察人员要对律师的会见作出合理的限制，律师要对侦查人员、检察人员的限制提出申辩，也只能向这种法官提出申请，这样的申请和交涉活动也才具有实质的意义。但是，在没有任何司法官员参与的程序中，侦查人员、检察人员既是负责侦查破案职责的诉讼一方，又是拥有最终决定权的事实上的裁判者，律师即使在会见时遇到困难，也只能向他们提出申请和寻求救济。而一些遭遇会见困难的律师，之所以明知公安机关拒绝会见问题并不属于法院“行政诉讼的受案范围”，还仍然将这一问题诉诸行政诉讼程序，就是因为在刑事诉讼程序范围内，律师几乎无法获得任何司法救济，而只能通过提出行政诉讼请求来“碰碰运气”。而对于公安机关在侦查过程中任意剥夺律师会见权的行为，刑事诉讼法只有建立专门的司法救济机制，才能为律师提供“为权利而斗争”的机会。

至于查阅案卷材料、申请变更强制措施以及调查取证等方面的问题，也可以被归结为辩护律师无法向中立的司法裁判机关寻求司法救济的问题。这种由侦查机关、检察机关主导的审判前程序，注定只能算作一种带有“行政治罪”性质的纠问程序。律师的各项辩护活动要想取得有效的结果，只能寄希望于个别侦查人员、检察人员的职业素养和道德品行，而无法具有普遍的制度基础。更何况，“维护律师辩护权”又经常与“成功地侦查破案”“有效地惩治犯罪”等诉讼目标处于矛盾之中。侦查人员、检察人员要在惩治犯罪方面表现出色，也不得不对辩护方的诉讼采取一定的限制措施。然而，现行刑事诉讼法却要求侦查人员、检察人员同时承担犯罪追诉者和辩护权利保障者的双重角色，迫使绝大多数侦查人员、检察人员为摆脱无法同时胜任两种对立角色的困境，而不得不变成一种单纯追求追诉效果的“畸形裁判者”。

按照法学界的主流意见，中国刑事审判程序中应当设立一种类似西方国家“预审法官”或“侦查法官”的司法裁判官员，使其按照令状主义的要求，对那些涉及限制嫌疑人基本权利和自由的侦查行为进行司法授权，并负责为辩护方提供司法救济。只有进行这样的改革，律师在遇到诸如“会见难”“阅卷难”“调查难”之类的问题时，才可以随时向法官提出程序申请，并获得法官的及时裁决。然而，这种理论设想并没有被列入司法改革的方案设计之中，中国刑事审判前程序还没有发生这种重大构造变化的迹象。在2003年和2008年进行的司法改革研究过程中，最高检察院曾两度建议将检察机关在自行侦查案件中所享有的批准逮捕权移交给法院，以避免各界对检察机关同时行使侦查权、公诉权和法律监督权，致使权力过于集中的问题，产生过多的非议。然而，这一建议并没有为最高法院所接受。一种在中国刑事审判前程序中构建司法审查机制的历史机会被错过了。

没有司法裁判机关参与的审判前程序，注定无法为律师辩护提供有效的司法保障。这是因为，辩护律师与侦查人员、公诉人所发生的任何诉讼争议，都无法被纳入司法裁判的对象，而只能由侦查机关、检察机关单方面作出有利于本方的决定。与此同时，整个侦查程序注定是高度封闭化和垄断化的国家追诉活动，侦查机关为收集犯罪证据，可以动用一切司法资源，并依法剥夺嫌疑人的自由，迫使其放弃一切有效的防御行动，而不得不配合侦查机关的追诉行为。这样，所谓嫌疑人的“辩护权”和“诉讼主体地位”，都将失去最基本的制度基础。不仅如此，在检察机关的公诉不受司法审查的情况下，一些不具备公诉条件的案件可能顺利进入法庭审判程序，一些被告人则可能受到无根据、无理由的刑事追诉。这也使得在审判前阶段建立证据展示制度、案件繁简分流制度，不得不面临体制上的困难。

第十四章

被告人的自主性辩护权

——以“被告人会见权”问题为切入的分析

一、被告人自主性辩护权问题的提出

2012年《刑事诉讼法》实施以来，律师在侦查阶段取得了“辩护人”的地位，律师会见在押嫌疑人的权利得到了较为充分的保障。[1]除了刑事诉讼法明文规定的三类案件外，普通案件中律师申请会见在押嫌疑人的，一般都能得到及时的安排。[2]律师一旦获得会见嫌疑人的机会，就可以单独进行会面和交谈，侦查人员在场监视的情况已经不复存在，律师与嫌疑人的会谈也不再受到监听，律师与嫌疑人会谈的时间、内容也不再受到无理的限制。可以说，1996年以来一直存在的律师“会见难”问题在一定程度上得到了解决。[3]

律师会见在押嫌疑人的问题之所以得到持续不断地关注，是因为律师界作为一种独立的法治力量，已经拥有了相当大的话语权，并

〔1〕 有关2012年《刑事诉讼法》有关律师辩护制度的改革问题，可参见陈瑞华、黄永、褚福民：《法律程序改革的突破与限度——2012年刑事诉讼法修改述评》，中国法制出版社2012年版，第1~45页。

〔2〕 参见廖世杰：《江西已全部建成律师会见室，江西律师会见不再难》，载《新法制报》2013年2月25日。

〔3〕 李占洲等：《刑辩律师单独会见当事人悄然破冰》，载《华商晨报》2013年6月7日。

越来越多地参与到法律修改和司法改革进程之中。而法学界也对解决律师“会见难”问题给予了同情，并从法对策学的角度提出了解决这一问题的方案，从而大大推动了保障律师会见权的立法进程。而在这种立法推进过程的背后，则存在一个似乎不证自明的命题——“律师会见在押嫌疑人”是嫌疑人获得律师帮助的唯一途径。对于这一命题，无论是律师界还是法学界，都没有进行过论证，也谈不上作出反思性的评论。人们似乎想当然地以为，所谓“会见权”，就是指律师会见在押嫌疑人的权利；只要律师争取到会见在押嫌疑人的机会，嫌疑人自然就可以获得有效的法律帮助了。

但是，律师会见在押嫌疑人，更多的是从律师辩护的角度来作出决定的。嫌疑人作为丧失人身自由的当事人，面临受到刑事起诉和定罪判刑的危险，天然地存在“要求会见辩护律师”的愿望。从刑事辩护的实践来看，律师要求“会见在押嫌疑人”与嫌疑人要求“会见律师”在时间上并不总是吻合的。假如只强调律师享有会见在押嫌疑人的权利，那么，律师在会见嫌疑人方面就占据了绝对的主导权，嫌疑人在会见辩护律师方面就只能处于消极等待和被动承受的地位了。遇到敷衍塞责的辩护律师，在押嫌疑人就可能很难获得“被辩护律师会见”的机会。尤其是那些被指定辩护的在押嫌疑人，要获得与法律援助律师会面的机会，就更是难上加难了。

由此看来，仅仅将“会见权”定位为“律师会见在押嫌疑人”的权利，会存在多方面的局限性；仅仅从保障律师会见嫌疑人的角度展开制度设计，也会忽略嫌疑人的诉讼需求，使得嫌疑人与律师的会面和沟通无法得到及时地实现。我们有必要将会见权的内涵进行适度地扩展，也就是增加“在押嫌疑人要求会见辩护律师”的内容。实际上，“会见权”应当同时包括“律师会见在押嫌疑人”与“在押嫌疑人会见辩护律师”这两项权利内容。这一点，也同样适用于那些被正式提起公诉的被告人。

本章拟以会见权为范例，讨论被告人的自主性辩护权问题。所谓“自主性辩护权”，是指嫌疑人、被告人作为辩护权的享有者，可以成为一系列辩护权的行使者，被告人在获得律师有效辩护的前提下，有机会亲自行使各种诉讼权利。被告人亲自行使各项诉讼权利，与辩护律师行使这些权利，是相互补充且不可取代的。在会见权的保障方面，赋予在押嫌疑人、被告人会见辩护律师的权利，就属于对律师会见嫌疑人、被告人权利的必要补充。不仅如此，被告人亲自行使阅卷权，就相对于辩护律师阅卷权具有一定的独立性；被告人亲自行使调查权，尤其是自行申请司法机关强制调取证据，也是对律师核查核实证据权利的必要补充。

二、“会见权”的重新定位

迄今为止，并没有人提出一种将会见权仅仅定位于“律师会见在押嫌疑人、被告人”的理论。但是，无论是律师界、法学界，还是立法决策人士，在讨论会见权问题时似乎都有意无意地秉持了这一立场。[1]在这种集体无意识的讨论中，律师会见在押嫌疑人的权利得到了明显的强化，有关的程序设计也取得了较好的效果。

但是，假如律师会见在押嫌疑人的请求不被接受，或者律师不愿意会见在押嫌疑人，那么，嫌疑人还有没有与辩护律师会面的办法呢？假如嫌疑人向未决羁押机构提出会见辩护律师的请求，该机构是否应承担通知律师前来会面的义务呢？又假如嫌疑人提出了会见辩护律师的请求，看守所方面也向律师转达了嫌疑人的这一请求，辩护律师是否应承担会见嫌疑人的义务呢？以上问题在嫌疑人已经委托或被指定律师的情况下都是可以成立的。但假如嫌疑人尚未委托辩护律师，他一旦提出与一名律师会面的请求，看守所或者办案机构有无义务为其指定一名辩护律师呢？又假如嫌疑人提出了与辩护律师会见的请求，或者提出了被指定一名法律

〔1〕 参见田文昌、陈瑞华主编：《〈中华人民共和国刑事诉讼法〉再修改律师建议稿与论证》（增补版），法律出版社2012年版，第354页以下。

援助律师的请求，而看守所或者办案机构予以无理拒绝的，嫌疑人究竟能获得怎样的法律救济呢？

以上问题的提出，显示出那种仅仅将会见权定位于“律师会见权”的理念，对于保障嫌疑人、被告人获得律师帮助的权利而言，是存在一定局限性的。从“会见权”设置的本来意义来看，这一权利似乎还应包含另一层面的内涵，也就是在押嫌疑人、被告人要求会见辩护律师的权利。对此权利，我们可以简称为“被告人会见权”。

所谓“被告人会见权”，是指那些受到未决羁押的嫌疑人、被告人，有权获得与辩护律师会面、交谈及展开协商的机会。原则上，在押嫌疑人、被告人一旦提出与辩护律师会面的请求，未决羁押机构就负有通知辩护律师当场会见的义务，那些接受委托或被指定辩护的律师，也有义务前往羁押场所，与嫌疑人、被告人进行会面。相对于以往的“律师会见权”而言，“被告人会见权”一旦得到确立，即意味着与辩护律师的会见将成为嫌疑人、被告人自主行使的诉讼权利，嫌疑人、被告人有权决定会见的时间以及会谈的内容，从而获得更为有效的法律帮助。

在法律已经确立“律师会见权”的情况下，为什么还要确立“被告人会见权”呢？对这一问题，我们可以从以下三个角度进行简要的论证。

首先，确立“被告人会见权”是保障嫌疑人、被告人辩护权的内在应有之义。这里所说的“被告人会见权”，是指那些在押嫌疑人、被告人会见辩护律师的权利。嫌疑人、被告人一旦受到拘留、逮捕或其他形式的未决羁押，就失去了人身自由，并面临遭受起诉、定罪或判刑的危险。可以说，与其所信任的辩护律师进行及时的会面和交谈，是嫌疑人、被告人的本能反应。与此同时，这些嫌疑人、被告人还处于信息不畅通的状态，可能会面临侦查人员以暴力、威胁、引诱、欺骗等非法手段进行侦讯的可能性，存在与辩护律师沟通和协商的强烈愿望。正是考虑到这些情况，我们才有必要确立“被告人会见权”，使得嫌疑人、被告人在需要律师帮助之时，能够与律师进行及时的会面和交谈。通过这种会面，嫌疑人、被告人可以缓解孤立无援的恐惧心理，获得辩护律师的心理疏导，对自己的诉讼角色作出自主自愿的选择，对维护自己的合法权益增强信心，并做好必要的防御准备工作。

其次，“被告人会见权”是“律师会见权”的必要补充，具有不可替代的诉讼价值。一般情况下，辩护律师是根据辩护的需要而提出会见请求的，这种会见都是从律师的角度进行安排的。一旦在押嫌疑人、被告人有了会见律师的愿望，或者有紧急事项需要与辩护律师进行沟通和协商，那么，仅凭律师行使会见权可能是靠不住的。这与病患者求医问诊的情形非常相似。假如只允许医生循例探视病人，而不允许病人及时请求医生探望的话，那么，病人就不仅无法得到及时的治疗，而且有可能因为医患之间沟通不畅而耽搁病情，以致酿成更为严重的后果。同样的道理，那些被羁押在看守所的嫌疑人、被告人，时刻面临身体的、精神的乃至法律上的危险，他们只要遇到难题和困境，就只能求助于辩护律师。只有确保嫌疑人、被告人自行申请会见律师的权利，才能使这种会见得到及时的安排，嫌疑人、被告人也才有可能获得有针对性的法律帮助。此外，律师的敬业精神有强弱之分，律师辩护也有委托辩护与指定辩护之别，在押嫌疑人、被告人假如不幸委托了或者被指定那种不尽职尽责的辩护律师，就很难指望律师主动地作出会见的安排。而确立“被告人会见权”，将意味着嫌疑人、被告人自行提出会见辩护律师的要求，这对辩护律师而言构成一种法律义务，也就是根据嫌疑人、被告人的需要前往看守所会面的义务。假如辩护律师拒绝履行这一义务，那么这就足以构成一种明显的违约或失信行为，可以成为委托人投诉律师甚至有关部门惩戒律师的事实依据。因此，相对于“律师会见权”而言，“被告人会见权”的确立，足以使辩护律师承受一种履行辩护职责的压力，而不得不与在押嫌疑人、被告人进行及时的沟通和交流。

最后，确立“被告人会见权”可以给予被告人与辩护律师进行沟通、协商的机会，避免不必要的观点分歧和冲突，实现辩护效果的最大化。从我国刑事辩护的现状来看，辩护律师在法庭上发表与被告人不一致的辩护观点，甚至双方出现辩护观点的对立和冲突，这种情况是屡屡发生的。最典型的情况是，被告人当庭突然作出有罪供述，而辩护律师仍然作无罪辩护；被告人当庭突然翻供，而辩护律师却依然宣读庭前准备好的罪轻辩护意见。[1]这些辩护律师之所以当庭发表与被告人不一致的辩护观点，除了与中国律师普遍持有“独立辩护人”理念有着密切关系以外，还往往导源于律师庭前与被告人沟通的不畅和交流的欠缺。而只要确立“被告人会见权”，赋予在押嫌疑人、被告人要求辩护律师前来会面的权利，那么，律师在开庭前就有义务与被告人进行会见，告知其辩护思路，听取被告人的意见，并在与被告人观点相左时进行及时的庭前沟通和协商，以便对双方的辩护思路进行最大限度的协调，从而找出一种可以为双方都接受的辩护方案。至少，通过这种沟通和交流，辩护律师发生与被告人观点冲突的概率将会大大降低。当然，确立“被告人会见权”并不会彻底解决辩护律师与被告人当庭观点冲突的问题。假如某一律师固执己见，拒绝与被告人进行过沟通和交流，那么，即便他有机会听取被告人的意见，也仍然会发表与被告人不一致的辩护观点。但是，“被告人会见权”的确立，可以为在押嫌疑人、被告人提供一个机会，要求辩护律师开庭前前来会面，了解律师的辩护思路，并向律师发表自己的看法。这是任何一个理性的被告人都可能拥有的想法。毕竟，被告人无论是委托律师还是被指定律师辩护，都希望律师作出有利于自己的辩护，并追求辩护效果的最大化。

以上的论证逻辑假如能够成立的话，那么，在法律上确立“被告人会见权”就不存在太多的观念障碍了。“被告人会见权”的确立，将为被告人辩护权的实现打开一扇新的大门，并启发我们提出一些新的改革思路。

---

〔1〕 参见赵蕾：《李庄案辩护：荒诞的各说各话？》，载《南方周末》2010年8月12日。

三、被告人自主性辩护权的提出

将会见权定位于“律师会见权”与“被告人会见权”的双重组合，强调嫌疑人、被告人可以自主行使会见律师的权利，这表面看来属于一个技术性较强的问题，似乎并不牵涉太多的理论问题。但实际上，会见权的这种变化一旦发生，不仅会使嫌疑人、被告人掌握会见的主动性和积极性，而且将会带来辩护权行使方式的重大变化。

在原来律师“垄断”会见权的制度下，律师在会见方面占据了绝对的主导地位，什么时间会见、会见几次、会谈什么话题、是否就辩护思路进行过沟通等，几乎都是由辩护律师自行决定的。在会见问题上，嫌疑人、被告人是完全被动的，几乎不具有太多的自由选择权；嫌疑人、被告人也没有发挥作用的空间和余地，而只能听从辩护律师的安排。遇有律师会见受到无理阻挠的情况，这往往被视为律师辩护权受到侵害，辩护律师成为事实上的“受害者”，而那些无法得到会见律师机会的嫌疑人、被告人，却被看作与会见权被剥夺问题毫无关系的“第三方”了。

而嫌疑人、被告人一旦拥有了“会见辩护律师的权利”，情况就会发生实质性的变化了。在辩护律师自行决定会见在押嫌疑人、被告人之外，嫌疑人、被告人也可以根据自己的需要，来决定会见律师的时间和次数，将某一事实告知辩护律师，就某一诉讼问题征求律师的意见，甚至就法庭上的辩护观点与律师展开协商和讨论。在会见问题上，嫌疑人、被告人不再是完全被动的等待者，而成为主动行使会见权利的“辩护方”；嫌疑人、被告人也不再消极地承受辩护律师的诉讼安排，而可以根据自己的愿望和思路，来获取辩护律师的法律帮助，并督促辩护律师履行应尽的诉讼义务。由此，“会见”成为嫌疑人、被告人自主行使的权利，也有可能成为看守所、办案机关乃至辩护律师必须加以满足的诉讼义务。

“被告人会见权”的确立，意味着嫌疑人、被告人行使辩护权的方式发生了重大变化。在这一权利没有确立之前，嫌疑人、被告人充其量只能行使一种“被动性辩护权”，也就是完全任由辩护律师左右的辩护权。而这一权利确立之后，嫌疑人、被告人则可以行使一种“自主性辩护权”，也就是通过自己的自主选择和积极努力而获取法律帮助的权利。打一个形象的比喻。被告人的“被动性辩护权”就好比一种“医生不定期探访”的患者求诊模式，而被告人的“自主性辩护权”则犹如一种“医生随叫随到”的医生出诊模式。

在会见权之外的其他领域，被告人的“自主性辩护权”也有必要得到确立。例如，在阅卷权问题上，传统的理论认为只有辩护人才可以行使阅卷权，而嫌疑人、被告人则被排斥在阅卷权的权利主体之外。这与“律师会见权”的情形极为相似，造成了辩护人单独享有对控方证据的知情权，而嫌疑人、被告人则无从了解控方所掌握的证据情况，而不得不完全依赖辩护律师的法律帮助，在法庭上陷入无能为力、无所作为的境地。要改变这一局面，嫌疑人、被告人就需要享有独立的“阅卷权”，可以通过辩护律师或者办案机关获得查阅、摘抄、复制案卷材料的机会。2012年《刑事诉讼法》所确立的律师向在押嫌疑人、被告人“核实有关证据”的权利，就带有承认嫌疑人、被告人享有阅卷权的意味。而在嫌疑人、被告人享有“阅卷权”的情况下，他们不仅可以对控方所掌握的证据有真切全面的了解，从而向辩护律师提供更多的事实和信息，而且还可以就法庭上的举证、质证与辩护律师展开有针对性的协商和讨论，从而形成协调一致的辩护思路。〔1〕由此，嫌疑人、被告人的自主性辩护能力也可以得到显著的提高。

又如，在调查权问题上，传统的观点认为嫌疑人、被告人既享有辩护权，又同时属于言词证据的提供者，他们不宜亲自进行调查、收集、核实证据的活动。所谓的“调查权”，尽管来源于嫌疑人、被告人的辩护权，但在辩护实践中却变成一种为辩护律师所专享的诉讼权利。尽管律师在调查证据方面面临重重困难，又经常

〔1〕 有关律师向在押嫌疑人、被告人“核实有关证据”的问题，可参见郎胜主编：《〈中华人民共和国刑事诉讼法〉修改与适用》，新华出版社2012年版，第95页。

遭遇职业上的法律风险，但我国主流的法律理论依然将调查权视为“律师调查取证的权利”，并将嫌疑人、被告人排除在调查权的权利主体之外。结果，嫌疑人、被告人在什么时候调查、调查哪些证据、调查证据做何用途等问题上，经常是“一头雾水”，不得不听从辩护律师的安排，显示出完完全全的被动性。但假如我们转变一下思路，将调查权视为“自行调查权”与“申请调查权”的双重组合，那么，嫌疑人、被告人固然不能亲自调查取证，却是可以行使申请调查权的。[1]也就是说，嫌疑人、被告人假如了解案件的证据情况，特别是那些能够证明其无罪或罪轻的证据，他们完全可以向法院提出调取该项证据的请求。特别是在庭前会议环节，被告人就有行使这一权利的法定机会。即便被告人不了解行使这一权利的方式和程序，他们也可以向辩护律师表达自己的意愿，从而在后者帮助下实现这一权利。

类似的例子还可以继续分析下去。可以说，在刑事诉讼的大多数领域，嫌疑人、被告人都可以亲自行使各种旨在实现其辩护权的诉讼权利。在我国刑事诉讼制度中，嫌疑人、被告人获得律师帮助的权利得到了越来越完善的保障，而那些接受委托或被指定辩护的律师，也获得了越来越多的参与诉讼的机会。但是，与辩护律师的日趋活跃形成鲜明对比的是，那些本应享有辩护权的嫌疑人、被告人，却被排斥在辩护权的行使主体之外，形同与辩护活动无关的“第三人”。无论是会见权、阅卷权、调查权，还是其他诸多方面的诉讼权利，大都成为辩护律师垄断行使的诉讼权利。但是，在嫌疑人、被告人地位低下、处遇不佳且无所作为的制度下，律师的辩护是不可能取得理想效果的。因此，被告人的“被动性辩护权”应发生根本的转变，真正走向“自主性辩护权”。

当然，从“被动性辩护权”走向“自主性辩护权”，并不意味着嫌疑人、被告人要对辩护律师弃之不用，或者完全取而代之，也不意味着嫌疑人、被告人回归传统的“自行辩护”。其实，律师作为

---

〔1〕　参见陈瑞华：《刑事辩护的几个理论问题》，载《当代法学》2012年第1期。

专业的法律工作者，不仅拥有法律专业上的优势，具有专门的辩护经验、知识和技巧，还可以作为一种相对独立的社会力量，介入国家与个人之间的法律争端之中，相对超脱地为委托人提供有效的法律帮助。可以说，辩护律师的这种独特优势是不可取代的。既然如此，被告人的"自主性辩护权"究竟意味着什么呢？

简单说来，所谓被告人的"自主性辩护权"，是指被告人亲自从事各种辩护活动的权利。嫌疑人、被告人作为辩护权的享有者，可以行使各种为实现辩护权而设置的诉讼权利；他们从自己的角度行使这些诉讼权利，不是被动地接受辩护律师的诉讼安排，而是实施独立于辩护律师的辩护活动，并对律师的辩护活动形成一种有益的补充。准确地说，被告人的"自主性辩护权"，与辩护律师的有效帮助权形成了一种相互补充、相互协助的关系，两者是不可分离的。

四、确立被告人自主性辩护权的正当性

在前面的讨论中，我们对确立"被告人会见权"的正当性作出过论证。现在，我们倡导的是一种普遍意义上的被告人"自主性辩护权"，强调嫌疑人、被告人可以行使那些原来只能由辩护律师行使的诉讼权利，使得嫌疑人、被告人与辩护律师分别从不同角度来分享会见权、阅卷权、调查权以及其他诉讼权利，从而发挥嫌疑人、被告人在维护自身权益方面的自主性作用。这显然属于一个更为宏大的命题，我们有必要对其正当性进行全面的论证。

（一）律师辩护是被告人自主选择的结果

传统的理论强调被告人尽管是辩护权的享有者，但他们没有行使辩护权的能力，因此只能委托辩护律师全权行使各项诉讼权利。这就造成了"被告人享有辩护权""律师行使辩护权"的基本格局。但是，被告人在行使辩护权方面真的是"无行为能力人"吗？假如

被告人在行使辩护权方面不具有任何自主权的话，那么，被告人就连选择和委托辩护律师的权利也不需要行使，而完全被动地等待律师前来辩护就可以了。而事实恰恰不是这样。被告人不仅在遴选和委托辩护律师方面具有完全的自主性，而且就连法院指定的法律援助律师都有拒绝接受的权利。不仅如此，嫌疑人、被告人可以随时拒绝已委托的律师为其继续辩护，也可以另行委托律师担任辩护人。这说明，嫌疑人、被告人可以根据自己的意愿拒绝律师继续辩护，也可以随时更换辩护律师。

既然就连律师担任辩护人都是被告人自主选择的结果，那么，为什么被告人就不能根据自己的意愿来行使辩护权利呢？其实，嫌疑人、被告人之所以要委托辩护律师，主要是因为自己缺乏辩护的能力，需要律师从专业的角度协助自己有效地行使辩护权。但是，嫌疑人、被告人才是辩护权的享有者，律师只是接受他们的委托和授权，来代为行使辩护权。律师辩护的目的只是增强嫌疑人、被告人的辩护能力，而并不能完全取代嫌疑人、被告人的辩护活动。在嫌疑人、被告人与辩护律师之间的法律关系中，嫌疑人、被告人是主导辩护权行使方向的一方，律师则是辩护权行使的协助者。正因为如此，律师接受委托或者被指定担任辩护人之后，就不能完全取而代之，成为唯一有资格辩护权的一方。律师的介入不仅不应取代嫌疑人、被告人的辩护活动，反而应当成为一种有益的补充。只要不妨碍诉讼活动的正常进行，嫌疑人、被告人就与辩护律师拥有同样的诉讼权利，从而在获得律师帮助的同时，可以自主地行使包括会见权、阅卷权、调查权在内的诉讼权利。既然嫌疑人、被告人就连律师辩护都拥有自主选择权，那么，他们为什么不能自主地行使各项辩护权利呢？

（二）被告人自主行使辩护权是激活其“辩护者”地位的必由之路

传统的理论强调嫌疑人、被告人是言词证据的提供者，将其地位视为特殊的“证人”，而对其行使辩护权的资格表示怀疑，因此形成了一种“被告人陈述事实”“律师全权辩护”的诉讼格局。但事实恰恰相反，我国法律确立了嫌疑人、被告人的“辩护者”地位，使其在法庭上可以行使各项辩护权利。

在我国刑事诉讼中，嫌疑人、被告人都具有当事人的地位，并可以行使一系列重要的诉讼权利。尤其是在法庭审理阶段，被告人不仅可以行使其他当事人享有的诸多权利，还可以行使一些为其所独享的诉讼特权。例如，被告人可以申请回避，申请通知证人、鉴定人、专家辅助人出庭作证，申请调取新的证据，申请重新鉴定或者勘验，申请排除非法证据，申请延期审理……这些权利既可以在庭前会议阶段行使，也可以当庭行使。又如，在法庭审理中，被告人有申请举证的权利，也有对控方证据进行当庭质证的权利，还可以在法庭辩论阶段发表辩护意见的权利。再如，与其他当事人不同的是，被告人还可以行使最后陈述的权利，以便对法庭的裁判施加最后的影响。

被告人尽管享有行使上述诉讼权利的资格，但在辩护实践中却极少行使这些权利，而几乎都委托辩护律师代为行使这些权利。这一方面与被告人不具备辩护能力有着密切的关系，另一方面也是现行法律过于压缩被告人的辩护空间所造成的。试想一下，在嫌疑人、被告人无法要求辩护律师到场会见的制度下，律师会见的次数和效果必然受到消极的影响，被告人既难以全面了解律师的辩护思路，也无法与律师展开充分的沟通和协商。在一种信息不对称的情况下，被告人既无法有效行使举证权，也难以提出有针对性的辩护意见，而不得不全面依赖律师的辩护活动。或者在嫌疑人、被告人无法全面阅卷的情况下，他们无法对控方证据形成全面的认识，更难以发现这些证据的缺陷和问题。被告人既然就连控方证据都不熟悉，又怎么可能有效地行使质证权呢？

由此看来，法律尽管赋予被告人当庭参与诉讼抗辩的机会，却没有确立一种保障其自主行使诉讼权利的保障机制，结果造成被告人法庭上实际变成一种“无行为能力人”，其各项诉讼权利几乎都“形同虚设”。要激活这些诉讼权利，使被告人摆脱被动和消极的境地，就必须确立被告人的“自主行使辩护权的资格”，使其在开庭前就可以自行安排会见、自行阅卷并亲自行使调查权，从而有效地行使各项诉讼权利。

（三）被告人在行使各项诉讼权利方面具有优先性

传统理论认为，律师一旦具有辩护人的地位，就在行使辩护权方面具有主导性，被告人即便发表辩护意见，也只能是处于协助和补充的地位。甚至有人提出了“被告人在法庭上是辩护律师的助手”等诸如此类的命题。但是，这种观点与刑事辩护的实际情况是不相符的。

我国刑事诉讼制度在赋予被告人当事人地位的同时，也将被告人塑造成一种“辩护者”，使其与辩护律师享有完全相同的诉讼权利。我们前面所列举的被告人权利，其实也同样为辩护律师所享有。这说明，被告人在法律上并不是完全将辩护权让渡给辩护律师的当事人，而是与律师分享辩护权的诉讼一方。此外，被告人在行使各项诉讼权利方面还享有“优先权”，也就是在时间顺序上，先于辩护律师行使诉讼权利。例如，在申请调取新的证据方面，法庭首先给被告人行使这一权利的机会，然后再征求辩护律师的意见；在对控方证据进行质证方面，法庭首先给被告人发表质证意见的机会，然后再听取辩护律师的质证意见；而在法庭辩论的发言顺序上，法庭也会安排被告人与辩护律师先后发表辩护意见。

被告人不仅与辩护律师一起具有“辩护方”的地位，而且在当庭行使诉讼权利方面具有优先性，这一事实显然说明，法律的立法意图是让被告人在辩护方面发挥更为积极的作用，而并不仅仅充当辩护律师的附庸和助手。但令人遗憾的是，在刑事辩护的实践中，被告人的“辩护者”作用大都没有得到充分体现，被告人在行使辩护权方面的优先性也被放弃了。究其原因，还是被告人无法自主地行使辩护权，尤其是不能根据自己的意愿来安排庭审前的防御准备活动，造成被告人既无法享有知情权，又无法对辩护思路的形成施加积极有效的影响。可以说，在法庭上的辩护展开方面，被告人完全被边缘化了，辩护律师完全取代被告人成为一切辩护权利的行使者。而要改变这一局面，就只能确立被告人的"自主性辩护权"，增强被告人在会见律师、查阅案卷和调查证据等方面的自主安排能力。

（四）被告人自主行使辩护权是督促律师有效辩护的保障

传统的理论认为，律师是否提供有效的辩护，主要取决于律师是否具有敬业的精神，以及律师管理部门能否确立可行的辩护质量控制体系。而律师的辩护一旦被认定为无效辩护，那么，唯一的制裁方式就是一种宣告无效的程序性制裁，也就是说由上级法院撤销原判，发回重审。[1]但是，这种观点忽略了被告人对律师辩护的制约作用，作为与案件有着直接利害关系的当事人，被告人最关心案件的诉讼结局，也对律师辩护报以极大的期待。假如律师在辩护中不能尽职尽责，那么，作为委托人的被告人会及时表达不满和提出抗议，并对辩护律师施加程度不同的压力。因此，确立被告人的"自主性辩护权"，可以督促律师作出有效的辩护。

我国的刑事辩护制度将会见、阅卷、调查等设置成辩护律师所独享的诉讼权利，律师取代被告人成为辩护权的主要行使者，被告人无论是进行防御准备还是当庭辩护，都被置于边缘化和从属性的地位。结果，被告人根本无法对律师的辩护进行有效的制约，造成了律师在辩护方面难以达到预期的诉讼效果。例如，一个无法要求律师前来会见的嫌疑人、被告人，无论如何也难以做到与辩护律师的充分协商和沟通，这有时会造成被告人与辩护律师在法庭上的"自说自话"，甚至出现辩护观点的分歧和冲突，以致削弱了辩护的效果。又如，一个无法查阅案卷的嫌疑人、被告人，不享有对控方证据的知情权，根本无法判断律师在举证、质证、辩论等方

---

〔1〕 有关无效辩护的理念和制度，可参见彭勃：《刑事辩护人过失行为研究》，载《深圳大学学报（人文社会科学版）》2001年第4期。另参见林劲松：《美国无效辩护制度及其借鉴意义》，载《华东政法学院学报》2006年第4期。

面是否做到了尽心尽力，律师辩护有时会出现失控的危险。再如，一个被指定辩护的律师，基于种种原因，既不会见在押被告人，也不进行阅卷工作，而被告人自己又无法亲自行使这种会见权和阅卷权，这势必造成准备工作极为欠缺，法庭上的辩护活动流于形式，失去了存在价值。

而唯有确立被告人的“自主性辩护权”，确保被告人亲自行使会见权、阅卷权、调查权，才能对律师辩护造成一定的压力和督促。可想而知，一个拥有知情权的被告人，是不会轻易对律师的草率辩护予以确认的；一个可以主动安排律师会见的被告人，是可以与律师进行尽可能详细的协商和沟通的，最终的辩护思路也会得到详细的讨论；一个能够查阅全部案卷材料的被告人，也会对律师法庭上的举证、质证和辩论活动是否达到较高水准进行判断的；一个可以请求法院协助调查搜集证据的被告人，也可以督促律师保持旺盛的诉讼斗争精神，免于消极懈怠，尽一切可能发现对被告人有利的事实情节和法律观点。

五、被告人自主性辩护权的实现

经过多次大规模的法律修订，我国刑事辩护制度一直发生着持续不断的改革。律师不仅逐渐参与到侦查、审查批捕、审查起诉、庭前会议等审判前程序之中，而且在会见、阅卷、调查、申请变更强制措施、申请排除非法证据、申请证人出庭作证等方面的作用也得到显著地加强。中国刑事司法改革的历史在一定程度上也就是律师辩护从无到有、从弱到强的发展史。但是，在律师辩护得到愈加完善的程序保障的同时，嫌疑人、被告人的权利保障却一直没有受到真正地关注，在立法层面所发生的实质性变化也是微乎其微的。

从1979年《刑事诉讼法》到1996年《刑事诉讼法》，再到2012年《刑事诉讼法》，这三部法律尽管一步步强化了辩护律师的权利保障，却没有从根本上改变嫌疑人、被告人的诉讼客体地位，也没有真正改善嫌疑人、被告人的处境。例如，2012年《刑事诉讼法》尽管以宣言的形式确立了“不得强迫任何人证实自己有罪”的原则，却仍然保留了嫌疑人对侦查人员的提问“如实回答”的义务。这一义务贯彻了“坦白从宽，抗拒从严”的刑事政策，使得嫌疑人无法享有保持沉默的权利，更难以享有选择诉讼角色的自由。而嫌疑人、被告人一旦不履行这一义务，如保持沉默，或者拒不认罪的，还有可能被视为“认罪态度不好”或者“无理狡辩”，从而受到从重量刑的惩罚。这说明，嫌疑人、被告人因为保持沉默或者作出辩护，而可能受到更为严厉的惩罚。〔1〕这种“辩护从严”的现状，无论如何都是与嫌疑人、被告人的“诉讼主体”地位格格不入的。

又如，侦查人员对嫌疑人进行预审讯问的程序，向来对案件的结局具有极为重要的影响。只要嫌疑人作出了有罪供述，只要侦查人员获得了嫌疑人确认过的“讯问笔录”，那么，即便他后来多次推翻有罪供述，或者改作无罪的辩解，法庭一般仍然会将那份有罪供述笔录作为定罪的根据。但这一预审讯问却是秘密进行的，属于侦查人员对嫌疑人所进行的单方面侦讯活动。迄今为止，在侦查人员的预审讯问过程中，嫌疑人仍然无法获得律师的法律帮助。嫌疑人即便提出律师到场的申请，侦查人员也可以严词拒绝。而在律师不到场的情况下，嫌疑人失去了人身自由，并受到侦查人员的精神强制。面对侦查人员的长时间连续不断地讯问，嫌疑人可能无法做出自由自愿的陈述。如果，作为“当事人”、拥有“辩护权”的嫌疑人，在选择是否供述的关键阶段，无法获得律师的法律帮助，而只能孤零零地承受侦查人员的强制和逼迫时，那么就可能作出难以补救的有罪供述。一个就连拒绝“自我归罪”的自由都不具有的嫌疑人，又如何保持其“诉讼主体”地位呢？

本章所讨论的被告人“被动性辩护权”问题，其实就属于嫌疑人、被告人诉讼地位“客体化”问题的一部分。在笔者看来，立法

---

〔1〕 参见陈瑞华：《义务本位主义的刑事诉讼模式——论“坦白从宽、抗拒从严”政策的程序效应》，载《清华法学》2008年第1期。

者拒绝确立嫌疑人、被告人的会见权，就与拒绝嫌疑人、被告人的沉默权具有一脉相承的立法思路。根据这一思路，嫌疑人、被告人作为被追究刑事责任的一方，负有对刑事追诉活动加以配合和服从的义务，而不能享有太大太多的诉讼抗辩权，更不能对刑事追诉机构的调查活动造成实质性的妨碍。而立法者之所以拒绝嫌疑人、被告人享有完整的阅卷权，也是因为嫌疑人、被告人一旦拥有查阅控方案卷的机会，就可能对控方所掌握的情况产生全面的认识，以至于大大增加翻供、串供的可能性，这无疑将被视为对侦查、公诉效果的一种削弱。

由此看来，要走出“被动性辩护权”的误区，确立被告人的“自主性辩护权”，我们需要认真对待被告人诉讼地位的“客体化”问题，从实质上推进重建被告人诉讼主体地位的工作。其实，在刑事辩护制度发生重大变化的今天，只注重对辩护律师权利的权利保障，而忽略嫌疑人、被告人诉讼地位的提高，已经严重不合时宜了。要确保律师的有效辩护，要使律师辩护发挥积极的作用，我们就必须在强化律师诉讼地位的同时，确立被告人的自主性辩护权，使得嫌疑人、被告人可通过自身的努力，来自主地行使会见权、阅卷权和调查权，从而使刑事诉讼法所确立的被告人举证权、质证权和辩论权得到有效的行使。从长远来看，要激活那些处于“沉睡”状态的被告人辩护权利，就需要确立嫌疑人、被告人的沉默权，赋予其选择诉讼角色的自由，使嫌疑人在接受预审讯问过程中享有申请律师在场的权利，使被告人在法庭审理中，能够与辩护律师坐在一起，具有相互协商和沟通的便利条件。当然，具体到本章所讨论的“被告人会见权”问题，我们也可以进行必要的制度设计。

例如，有必要促使看守所转变职能，使其为在押嫌疑人、被告人委托律师提供最大限度的便利。迄今为止，我国的看守所作为专门的未决羁押机构，将在押嫌疑人、被告人视同罪犯，除了采取一些惩罚和预防的措施外，还被赋予一种特殊的侦查职能，也就是通过在未决犯中“深挖余罪”来达到提高破案率的效果。这一方面与看守所隶属于各级公安机关的管理体制有着密切联系，另一方面也是法律对看守所的职能定位所决定的。结果，看守所不仅难以发挥保障嫌疑人、被告人辩护权的职能，反而有可能为嫌疑人、被告人行使辩护权设置诸多方面的障碍。

假如我们要确立“被告人会见权”的话，那么，在押嫌疑人、被告人只要提出会见律师请求的，看守所就应当承担通知律师到场会见的义务。通过2012年《刑事诉讼法》的实施，看守所普遍为律师会见在押嫌疑人、被告人提供了便利，律师只要提前提出请求，看守所一般都会及时安排律师会见。而“被告人会见权”的确立，则要求看守所往前再走一步，对于在押嫌疑人、被告人提出会见律师请求的，都要通知律师到场会见。不仅如此，看守所也有必要改革管理方式，为嫌疑人、被告人委托律师提供必要的便利。例如，在看守所监室外设置通讯设备，备有权利告知书、律师名录以及律师事务所、法律援助机构的联系方式，使其有机会自行与律师联络。又如，在看守所设置法律图书室，使嫌疑人、被告人有机会查阅法律，了解相关的法律理论和实务问题，从而为后者行使辩护权创造基本的条件。

又如，遇有嫌疑人、被告人提出会见请求，而他们又没有委托律师的，看守所有义务转告法律援助机构，请求为其指定一名法律援助律师，以保证他们及时获得与律师会面的机会。“被告人会见权”的确立，必然会涉及法律援助范围扩大的问题。2012年《刑事诉讼法》生效实施后，我国法律援助的范围已经得到了扩大，至少在部分案件中，嫌疑人在侦查和审查起诉阶段就可以获得法律援助律师的帮助。但是，这种改革仅仅是初步的，对于保障在押嫌疑人、被告人的会见权还是远远不够的。按照一种长远的制度设计，任何嫌疑人、被告人在被拘留、逮捕后，只要是遭受长时间的未决羁押的，就都可以申请法律援助律师的会见。无论是办案机关还是看守所都有义务安排法律援助律师介入，及时会见嫌疑人、被告人，为其提供必要的法律帮助。为此，也有必要确立一种特殊的权利救济制度，嫌疑人提出的会见律师请求遭到无理拒绝的，嫌疑人所作的有罪供述一律应被排除于定罪证据之外。

再如，在嫌疑人、被告人已经委托辩护律师的情况下，嫌疑人、被告人提出会见请求的，看守所有义务通知辩护律师，接到通知的辩护律师也有义务尽快前来与嫌疑人、被告人进行会面。“被告人会见权”的确立，意味着看守所承担通知律师到场会见的义务，那些接受委托或被指定辩护的律师，也有义务及时安排会见。甚至那些正在负责预审讯问的办案机关，也有义务通知律师到场，与嫌疑人、被告人会面。同时，嫌疑人、被告人无法会见律师的，也应确立一定的救济机制。遇有嫌疑人、被告人提出会见辩护律师的请求，看守所不转达、律师拒绝前来会见的，那么，侦查人员对嫌疑人所作的讯问应属无效，所获得的讯问笔录应被排除于法庭之外。

六、作为辩护权行使者的被告人

过去，我国刑事诉讼制度存在“重国家，轻个人”的传统，将嫌疑人、被告人视为带有诉讼客体意味的诉讼参与人，过分重视被告人的“证人”角色，将防止被告人翻供、串供或作出不实供述作为诸多制度设计的出发点，大大忽略了被告人的“辩护者”角色。而在被告人与辩护律师的关系上，传统的刑事诉讼理论过分强调辩护律师在诉讼中的主导权，将会见权、阅卷权和调查权均视为律师所独享的诉讼权利，结果，本来作为辩护权享有者的嫌疑人、被告人，反倒成为诉讼中的“旁观者”，成为被动等待和消极承受律师辩护效果的“辩护客体”。

我国法律对会见权的制度安排，在一定程度上体现了被告人目前行使辩护权的方式带有“被动性辩护权”的色彩。为改变这一局面，我们有必要提出被告人“自主性辩护权”的理论设想。在会见权的重新设计上，“自主性辩护权”意味着被告人可以自主地确定会见辩护律师的时间、次数和会谈的内容，从而将会见权设置成“律师会见权”与“被告人会见权”的双重组合。在阅卷权的重新设置上，“自主性辩护权”意味着被告人可以拥有独立的阅卷权，也就是对控方案卷笔录的查阅权，从而将阅卷权设置成律师阅卷权与被告人阅卷权的有机结合。而在调查权的重新设计上，“自主性辩护权”意味着被告人可以独立地向法院提出调查取证的申请，使得那些有利于被告人的证据可借助于法院的强制性调查手段而出现在法庭上。

当代的刑事诉讼理论已经承认被告人的“诉讼主体”地位，强调被告人相对于刑事追诉机关和审判机关的自主地位，拥有与公诉方平等对抗并向裁判者进行说服活动的正当性。但是，这种理论还应该走得更远一些，重视嫌疑人、被告人相对于辩护律师的独立性问题，强调嫌疑人、被告人的“辩护者”身份，使其在行使诉讼权利方面与辩护律师拥有同等的机会。无论是会见权、阅卷权还是调查权，都可以被设计成为律师行使权利与嫌疑人、被告人自行行使这些权利的双重组合。确立嫌疑人、被告人相对于辩护律师的自主辩护地位，从而维护辩护权的有效行使，确保有效辩护目标的实现，这应当是确立自主性辩护权的主要目标。

第十五章

被告人的阅卷权

一、从律师阅卷权到被告人阅卷权

按照传统的刑事诉讼理论，嫌疑人、被告人尽管为辩护权利的享有者，但却不是所有辩护权利的行使者。一些学者甚至认为，律师无论是通过接受委托还是被指定担任辩护人，都同时享有“固有的权利”与“传来的权利”。所谓“固有的权利”，是指辩护律师基于其辩护人的身份所独立享有的诉讼权利，这种权利的行使不受被告人意志的约束和左右。而所谓“传来的权利”，则是指律师可以代为行使的诉讼权利，这些权利本来就可以为被告人所直接行使，但辩护律师在被告人授权的前提下，可以被告人的名义代其行使权利。其中，“阅卷权”“会见权”“调查权”等就属于典型的“固有权利”，而“申请权”“异议权”“上诉权”等则属于“传来权利”。〔1〕

2012年通过的中国《刑事诉讼法》，在对辩护律师的阅卷权、会见权做出新的程序保障的同时，还首次授予辩护律师向在押嫌疑人、被

---

〔1〕 参见黄朝义:《刑事诉讼法》(第2版)，台北，新学林出版股份有限公司2009年版，第90页以下。

告人“核实有关证据”的权利。[1]按照通常的理解，辩护律师在会见在押嫌疑人、被告人时，向他核实的“有关证据”，既可以包括律师自行调查得来的证据材料，也可以包括律师通过阅卷所掌握的控方证据。其中，后一种证据由于是律师通过查阅、摘抄、复制所得的控方案卷材料，律师在会见时一旦向嫌疑人、被告人出示这些证据，就意味着嫌疑人、被告人获得了查阅控方证据材料的机会。对于嫌疑人、被告人通过律师的核实证据活动所获得的查阅控方证据的权利，我们可以称为“被告人的阅卷权”。

被告人的阅卷权与辩护律师的阅卷权是不可同日而语的。因为被告人无法摘抄、复制公诉方的案卷材料，而最多只能查阅这些材料；被告人查阅的材料范围也主要局限在辩护律师所能复制且带入看守所的部分，而对律师没有复制或没有携带进来的部分，被告人则无从查阅。尽管如此，2012年《刑事诉讼法》通过加强对辩护律师阅卷权和会见权的程序保障，仍然间接地确立了在押嫌疑人、被告人查阅、获悉控方证据材料的机会。这显然属于该法在加强辩护权保障方面取得的制度突破。[2]而从诉讼理论上看，这一立法进展也打破了一项惯例，使得原来那种将阅卷权视为律师“固有权利”的理念受到挑战，阅卷权有可能逐渐变成一种可以为嫌疑人、被告人亲自行使的诉讼权利。

然而，迄今为止，围绕着辩护律师向嫌疑人、被告人“核实有关证据”的程序规则，法学界尚未展开深入的讨论，但立法界、司法界和律师界确有截然不同的理解。按照有关立法界人士的看法，这一规则的目的是“为了更好地准备辩护”和“进行质证”，辩护律师需要对其掌握的控方证据材料向嫌疑人、被告人进行核实，“以

---

〔1〕 根据2012年《刑事诉讼法》第37条第4款之规定，辩护律师“自案件移送审查起诉之日起，可以向犯罪嫌疑人、被告人核实有关证据”。

〔2〕 参见陈瑞华、黄永、褚福民：《法律程序改革的突破与限度——2012年刑事诉讼法修改述评》，中国法制出版社2012年版，第10页以下。

确定证据材料的可靠性”。[1]但是，立法界人士并没有说明律师可以向被告人核实哪些证据，以及通过什么方式来核实证据。

而在一些司法界人士看来，律师向嫌疑人、被告人核实有关证据，最多只是将那些有可能发生争议的证据告知嫌疑人、被告人，以征求后者的意见，至于告知的方式，既可以通过律师口头说明、宣读的方式，也可以交由嫌疑人、被告人亲自阅读。但无论如何，嫌疑人、被告人所获悉的仅仅是那些有可能存在争议的证据材料，而不能是律师从检察机关、法院所复制的全部案卷材料。正因为如此，刑事诉讼法并没有赋予在押嫌疑人、被告人“阅卷权”，而只是允许辩护律师向嫌疑人、被告人核实部分证据，这一程序的主动权仍然掌握在辩护律师手中，属于辩护律师的“诉讼权利”。

对于司法界的观点，一些辩护律师明确地提出了异议。在律师们看来，刑事诉讼法既然允许辩护律师向嫌疑人、被告人核实证据，就必然意味着律师可以携带全部案卷材料进入看守所。因为该法所规定的“有关证据”，只能由辩护律师作出判断，并确定其范围。否则，看守所和办案单位难道还要对辩护律师所携带的案卷范围进行审查吗？这显然是没有法律依据的。此外，既然辩护律师与在押嫌疑人、被告人会谈的过程是秘密的，办案人员既无权在场，也无权监听，那么，律师究竟是通过口头告知的方式还是让嫌疑人、被告人查阅的方式来“核实有关证据”，这必然是由律师自行掌控的事项，无论是看守所还是办案人员也都无法干预。更进一步地说，假如允许辩护律师将部分证据材料出示给嫌疑人、被告人，那么，律师将全部证据材料给予后者查阅，也是必然的结果。因为无论是看守所还是办案人员，同样无法审查律师出示给嫌疑人、被告人的证据材料范围。

按照律师们的看法，刑事诉讼法既然允许辩护律师向嫌疑人、被告人核实证据，那么，嫌疑人、被告人假如主动要求律师出示证

---

〔1〕 参见郎胜主编：《中华人民共和国刑事诉讼法修改与适用》，新华出版社2012年版，第95页。

据，以便核查这些证据的真伪虚实，律师对这种要求难道要加以拒绝吗？从辩护实践的角度来看，通过会见来核实有关证据的真伪，这既可能是辩护律师的意思，也有可能是嫌疑人、被告人主动提出的要求。要保证律师核实证据这一规则的有效实施，就必须承认嫌疑人、被告人亲自行使核实有关证据的权利。而要核实有关证据，嫌疑人、被告人首先就需要行使查阅控方证据的权利，也就是获得“阅卷权”。

本章拟通过对辩护律师核实证据规则的分析，对被告人行使阅卷权的利弊得失作出客观的分析。在本章看来，围绕着被告人阅卷权问题所出现的争论，与被告人所拥有的双重诉讼角色有着密不可分的关系。迄今为止，中国刑事诉讼法并没有确立一种较为合理的制度安排，使得被告人的当事人地位和辩护权经常受到忽视，而其言词证据提供者的角色则受到不应有的重视。而要从根本上解决“被告人阅卷权”问题，我们需要对被告人的双重地位作出新的调整，提出新的理论思路。

二、被告人行使阅卷权的正当性

对于被告人的阅卷权问题，法学界过去很少进行专门的讨论。但律师界则对此不持异议，并通过各种方式推动被告人阅卷权的实现。早在2006年，全国律协就以立法建议稿的形式，向立法部门提出了确立“辩护律师向嫌疑人、被告人展示案卷的权利”的建议。[1]而在2011年，全国律协在向立法部门提交的一份有关律师会见权保障的建议稿中，再一次建议确立律师“会见过程中对案卷材料的核实权”，也就是律师在会见时向嫌疑人、被告人宣读、出示案

〔1〕 参见田文昌、陈瑞华主编：《〈中华人民共和国刑事诉讼法〉再修改律师建议稿与论证》（增补版），法律出版社2012年版，第193页以下。

卷材料，核实证据，并与后者讨论辩护意见。[1]而从律师辩护实践的角度来看，律师在会见在押嫌疑人、被告人时，将有关案卷材料向后者出示，给予其阅读的机会，并与其就将来的法庭质证交换意见，这几乎已经成为不成文的惯例。尤其是在开庭审判之前，律师既要将自己的辩护思路告知被告人，也会就有关证据的质证问题与被告人进行沟通和协商。这被视为律师辩护的基本经验。[2]

那么，究竟为什么要保证被告人获得查阅案卷材料的机会？律师在会见时为什么要向在押嫌疑人、被告人核实有关证据呢？对于这一问题，我们拟从保障辩护权有效行使的角度加以论证。具体说来，论证可以从以下四个方面展开。

（一）被告人是辩护权的行使者

作为辩护权的享有者，被告人究竟能否行使辩护权呢？对于这一点，答案当然是肯定的，也是毋庸置疑的。我国刑事诉讼法赋予了嫌疑人、被告人在行使辩护权方面的一系列程序保障，使其可以通过各种方式行使辩护权。更何况，被告人没有辩护人帮助的情况下，还可以通过自行辩护，来亲自行使举证、质证、辩论等各种诉讼权利。

其实，获得律师的法律帮助，不过是被告人行使辩护权的一种程序保障，其目的主要是确保被告人获得更为有效的辩护。但是，辩护律师的参与，不应当也不可能替代被告人行使辩护权的活动。在很多场合下，有了辩护律师的参与，被告人既可以获取更多、更有价值的事实信息，也可以提出更有针对性的辩护意见。辩护律师的参与从根本上还是服务于被告人辩护权的有效行使，使得司法人员更有可能接受辩护方的意见。正因为如此，所谓“辩护律师可以独立行使辩护权，不受被告人意思左右”的说法是不成

---

〔1〕 参见田文昌、陈瑞华主编：《〈中华人民共和国刑事诉讼法〉再修改律师建议稿与论证》（增补版），法律出版社2012年版，第367页以下。

〔2〕 参见田文昌、陈瑞华：《刑事辩护的中国经验》，北京大学出版社2012年版，“序言”。

立的。即便被告人可能不便行使部分诉讼权利，而不得不由辩护律师来代为行使，但这种权利也来自被告人，并受到被告人意志的影响。

从制度发展的角度来看，有些表面上只能由律师行使的诉讼权利，将来注定是要由被告人亲自行使的。我们不能仅根据当下的制度安排，就断言只有辩护律师才能行使这些权利。例如，会见权似乎一直被视为律师的专门权利，有人还将这一权利直接称为“律师会见权”。但随着司法体制改革的深入和辩护制度的发展，在押嫌疑人、被告人迟早将获得“要求会见辩护律师的权利”，而这一要求一旦提出，不仅监管机构要依法予以保障，而且就连接受委托或被指定辩护的律师，也有义务应嫌疑人、被告人的要求，前往看守所进行会面。又如，调查权也被视为律师的专门权利，人们似乎普遍认为只有律师行使这一权利，调查核实证据才能取得积极的效果。但是，假如我们将调查权分为“自行调查权”和“申请调查权”的话，那么，嫌疑人、被告人仅靠自身力量可能难以充分行使“自行调查权”，但他们如果向法院申请调取某一证据，或者申请传召某一证人出庭作证，这又有什么制度障碍呢？〔1〕

同样的道理，原来被视为律师“固有权利”的阅卷权，现在已经逐渐被赋予在押嫌疑人、被告人。后者借着律师会见的机会，或多或少地获得查阅控方证据材料的机会。这种立法进展实际已经承认在押嫌疑人、被告人行使阅卷权的合法性，属于辩护权的行使从律师扩展到被告人的又一典型例证。联想到传统诉讼理论将阅卷权视为律师“固有权利”的论断，这显然说明无论是律师行使阅卷权，还是由被告人亲自行使阅卷权，只要有利于被告人辩护权的有效行使，就都是具有正当性的，也迟早会成为辩护制度的现实内容。

当然，对于有些诉讼权利，被告人确实是难以亲自行使的，这主要是因为被告人身陷囹圄，丧失了人身自由，无法自行实施辩护

〔1〕 参见陈瑞华：《刑事辩护的几个理论问题》，载《当代法学》2012年第1期。

活动。与此同时，被告人不是法律专业人员，既不熟悉法律知识，也不具备基本的辩护能力和技巧，没有能力实施辩护活动。但是，随着法律制度的改革完善，被告人行使辩护权的法律障碍逐渐减少。从配合、协助律师展开辩护活动的角度来看，被告人亲自行使辩护权是未来的大势所趋。在这一方面，被告人庭前获得阅卷的机会，就属于这一制度变革的典型例证。

（二）阅卷权是被告人有效行使质证权的制度前提

在我国刑事诉讼制度中，被告人作为当事人，可以与辩护人、诉讼代理人一起行使举证权、质证权和辩论权，并可以向法庭提出各种诉讼请求。在行使诉讼权利方面，被告人与辩护人享有完全相同的机会。例如，被告人和辩护人在“申请通知新的证人到庭，调取新的物证，申请重新鉴定或者勘验”等方面，享有同样的权利；在申请通知证人、鉴定人以及“有专门知识的人”出庭作证方面，被告人与辩护人拥有同样的机会；公诉方申请证人、鉴定人出庭作证的，被告人与辩护人可以先后进行发问，公诉方提交的实物证据以及宣读的证言笔录、鉴定意见以及其他文书，被告人和辩护人也可以先后发表质证意见；在法庭辩论过程中，被告人和辩护人可以在公诉人发表公诉意见之后，相继发表辩护意见……

如果说辩护律师行使阅卷权可以保证其有效地进行举证、质证和辩论的话，那么，被告人假如庭前没有机会查阅相关证据的话，他怎么可能有效地行使举证权和质证权呢？从逻辑上看，法律既然将被告人与辩护人一视同仁，都赋予了对控方证据进行质证的权利，就应当给予他们同样地进行防御准备的机会。被告人庭前不了解控方证据的范围和内容，他是不可能提出有力的质证意见的；被告人不了解控方证言的内容，他也根本无法对控方证人提出有针对性的问题。同样的道理，庭前不了解控方证据的范围和内容，被告人也无法了解从哪一角度提出本方的证据，更不可能协助辩护律师提出有价值的证据线索。

由此看来，被告人要有效地行使举证权和质证权，就要像辩护律师那样，在庭前获得查阅控方证据的机会，这样才能避免其举证权和质证权形同虚设，防止被告人参与庭审的过程流于形式。迄今为止，中国刑事法庭尽管给予被告人进行当庭举证、质证的机会，但绝大多数被告人要么放弃了，要么寄希望于辩护律师。因为他们庭前并没有查阅控方的案卷材料，对控方证据提不出有力度的质证意见。但是，假如他们没有律师帮助，或者律师也提不出有理有据的质证意见，那么，被告人的举证权和质证权无疑就难以实现了。2012年《刑事诉讼法》对律师“核实有关证据”规则的确立，给了被告人庭前查阅控方证据材料的机会，使其可以就当庭举证和质证进行一定的程序准备，并可以当庭提出新的调查证据请求，并可以对控方证据提出有针对性的质证意见。可以说，被告人依法享有举证权和质证权，这从根本上决定了被告人行使阅卷权的必要性。

（三）阅卷权是被告人获悉起诉罪名和理由的应有之义

一场公正的审判，至少要求那些被追诉者事先获悉指控的罪名和理由，并针对这些罪名和理由进行有效的法庭抗辩。事先获悉指控罪名和理由，一般要通过法院庭前送达起诉书副本来实现。因为通过阅读起诉书，被告人不仅可以了解检察机关起诉的罪名和所援引的刑法条文，而且还可以获悉公诉方所指控的“犯罪事实”。正是通过对起诉书所载罪名和犯罪事实的了解，被告人才能进行有针对性的防御准备，从而形成足以推翻或者削弱指控的辩护思路。可以说，唯有确保被告人庭前获悉指控的罪名和理由，法庭审判才能保证被告人充分有效地参与到法庭裁判的制作过程之中，并对裁判结论施加积极的影响，从而实现基本的程序正义。

但是，要确保被告人获悉指控的罪名和理由，仅仅给予被告人查阅起诉书的机会还是远远不够的。事实上，起诉书所记载的“犯罪事实”仅仅属于公诉方认定的事实结论，而不包括公诉方认定“犯罪事实”的根据和理由。公诉方的案卷则不仅有对各类侦查过程和诉讼决定的书面记录，更对公诉方准备当庭提出的证据材料作出了详细的记录。唯有通过对这些证据材料的详细研读，被告人才能了解检察机关所认定的“犯罪事实”的根据和理由，也才能借此发现公诉方证据体系的缺陷和漏洞，从而对事实认定问题提出有根据的辩护意见。相反，假如被告人仅仅阅读了起诉书，而不了解公诉方的任何证据材料，那么，在法庭调查和法庭辩论中，被告人不仅无法提出有理有据的举证和质证意见，也根本无法提出令人信服的综合辩论意见，难以说服法庭作出有利于本方的裁判结论。在这种情况下，被告人对法庭审判过程的参与将是流于形式的，而只能被动地接受法庭的制裁，消极地听任法庭的定罪量刑。

（四）阅卷权是被告人与律师协调辩护思路的保证

按照过去的“独立辩护人”理论，律师独立从事辩护活动，不受委托人意志的控制和左右。根据这一理论，律师独立从事阅卷权，阅卷和会见都是了解案情、形成辩护思路的必要途径之一，被告人只是接受谈话的对象，律师一旦形成了自己的辩护思路，就要按照这一思路展开辩护活动。在这一理论影响下，辩护律师没有必要向在押被告人核实证据，也没有必要给予被告人阅卷的机会，更没有必要与被告人就证据质证和辩护观点问题与被告人进行沟通和协商。

但近年来，这种“独立辩护人”理论开始面临一系列的危机。独立辩护的理念经常面临委托人的质疑。尤其是在辩护人与被告人当庭出现辩护观点分歧的情况下，双方的辩护无法形成合力，甚至在辩护效果上相互抵销。例如，被告人坚持拒不认罪，或者当庭翻供，而律师则坚持“被告人有罪”的观点，作出了所谓的“罪轻辩护”，这直接导致辩护人与被告人的冲突。又如，两名为同一被告人辩护的律师，坚持独立辩护的理念，结果分别作出有罪辩护和无罪辩护，带来了辩护方观点的对立和冲突。诸如此类的辩护观点冲突，令人对“独立辩护人”理论的正当性提出质疑。尤其是对辩护人不与被告人进行庭前沟通和协商的做法，令人对辩护律师是

否忠诚于委托人的利益、恪守职业伦理的问题，都产生了争议。〔1〕

其实，律师无论是接受委托从事辩护，还是被指定担任辩护人，都首先属于一个“法律代理人”，要承担代理人的义务，遵守代理人的职业伦理。为此，律师需要最大限度地忠诚于委托人的利益，并就辩护观点与委托人进行充分的沟通和协商。在开庭之前，律师一旦初步形成了辩护思路，就更要告知被告人，并听取被告人的意见，以便及时修正和调整辩护思路；律师一旦对某一证据的质证产生疑问，也需要向被告人核实，听取被告人对该证据真伪虚实的看法，以便形成更为成熟的质证意见。经过这种沟通和协商，假如律师与被告人形成一致的辩护思路和质证意见的，当然就可以按照事先的思路和分工，在法庭上分别进行举证和质证活动。而假如律师与被告人始终达不成一致意见的，律师也不能强行参与辩护，而只能选择退出本案的辩护，被告人可以获得另行委托辩护人的机会。〔2〕

保证被告人庭前获得阅卷的机会，其实是实现被告人与辩护人充分沟通和协商的程序保证。考虑到被告人与辩护人都有权参与举证、质证和辩论活动，他们假如存在信息不对称的问题，一方了解控方证据，而另一方对控方证据毫不知情，就无法在法庭审理中形成较好的配合关系，而很有可能出现观点的矛盾和分歧，甚至出现辩护观点的直接对立。一般情况下，被告人庭前查阅控方证据材料，可以在与辩护人的协调方面达到以下几个方面的积极效果：一是缩小争议的范围，避免不必要的证据争执，经过对控方证据的查阅和核实，被告人对证据作出必要的解释，律师对那些确有争议的证据产生了深刻印象，而对那些没有实质争议的证据则放弃质证；二是对某些专业性较强的证据，借助于被告人的专业能力，形成较为完善的质证意见，尤其是那些专业性较强的合同、会议决议、财务流转过程、票据等证据，被告人一经查阅，就可以给

〔1〕 参见赵蕾：《李庄案辩护：荒诞的各说各话？》，载《南方周末》2010年8月12日。

〔2〕 参见陈瑞华：《律师独立辩护的限度》，载《南方周末》2010年8月19日。

出准确的专业判断，这可以弥补律师专业知识的不足，从而形成较为成熟的质证意见；三是对那些前后自相矛盾的证言、陈述和被告人供述笔录，律师通过交由被告人查阅，可以对这些证据的真伪以及改变陈述的缘由等情况，产生真切的认识，形成有针对性的质证意见。

很显然，确立被告人的庭前阅卷权，可以保证被告人与辩护人在法庭调查和法庭辩论中保持协调一致的立场，最大限度地避免矛盾和冲突。同时，在被告人的协助下，律师的辩护可以发挥最佳的庭审效果，以达到尽可能说服裁判者的目的。正因为如此，律师界才有"被告人是律师的有用助手"这一说法。可以说，律师所要追求的不仅仅是尽职尽责的辩护，更应该是"有效的辩护"。而被告人的阅卷以及所给予的支持和配合，恰恰是有效辩护的程序保障。

三、被告人行使阅卷权的消极后果

根据前面的分析，从保障辩护权、实现有效辩护的角度来看，赋予被告人阅卷权是有正当理由的。但在被告人庭前阅卷权问题上，还有另一种观察问题的视角。从发现案件事实真相、实现国家刑罚权的角度来看，被告人一旦行使阅卷权，也有可能产生一些负面作用。[1]通过查阅公诉方的证据材料，被告人有可能推翻原来的有罪供述，作出不真实的陈述，对证人、被害人实施报复，甚至伪造证据、唆使证人改变证言。对于这些消极后果，下面依次作出简要的分析。

---

〔1〕 参见石献智：《律师能否将复制的案卷提供给犯罪嫌疑人》，载《检察日报》2008年8月6日。

（一）阅卷容易诱使被告人翻供

假如被告人庭前没有机会阅卷的话，他对控方证据的范围和内容就不会产生真切的感性认识。被告人既无法了解证人证言、被害人陈述的细节，也无从了解各种实物证据和笔录证据的具体内容。即便律师通过会见告知其一些证据的情况，但这种口头告知也是十分有限的。尤其是侦查人员所作的被告人供述笔录，在案卷中动辄多达数份甚至十余份，那些没有亲自阅读过这些笔录的被告人，也根本无法获知侦查人员记录的内容以及供述笔录的具体情况。

相反，被告人一旦在庭前行使阅卷权，即便只是查阅辩护律师所提供的部分控方证据材料，就可以较早地了解公诉方指控证据的内容和细节，他会根据这些内容和细节来了解公诉方的证据“底牌”，当发现控方证据不足，或者证据相互间存在矛盾时，还会心存侥幸心理，容易推翻原来所作的有罪供述。尤其是在看到侦查人员所记录的多份被告人供述可能与自己原来所陈述的内容不完全相符时，被告人更是会产生推翻有罪供述的想法。假如侦查人员曾经采取过威胁、利诱、欺骗乃至刑讯逼供等非法取证手段，被告人当时所作的有罪供述确实出于被迫或无奈的话，那么，被告人推翻有罪供述的可能性就更大了。不仅如此，法庭审理的公开性，控辩双方的对抗性，以及被告人当庭进行程序选择的自愿性，这些较为宽松的庭审环境和氛围决定了被告人更容易改变原来的有罪供述。可以说，被告人庭前了解的控方证据材料越多，就越有可能推翻原来的有罪供述。这确实是一个不争的事实。

（二）阅卷可能影响供述的真实性

被告人作为言词证据的提供者，可以对有关的案件事实提供言辞陈述。但是，与证人一样，被告人就案件事实所作的陈述，也应当是其独知的事实，也就是通过耳闻目睹等方式感知到的事实情况。假如在案件发生后，被告人通过阅卷、参加庭审等活动了解到更多的新证据和新事实，就有可能改变原来的陈述，将后来知悉的事实与原来感知的事实混为一谈，司法人员也根本无从辨明究竟哪些属于被告人独知的事实，而哪些则属于被告人事后获悉的传闻事实，因此对被告人当庭陈述存在难辨真伪的问题。

律师在会见时将控方证据材料出示给被告人，使得被告人获得查阅控方证据的机会。被告人一旦接触本案的证人证言、被害人陈述、实物证据以及大量的笔录证据，就有可能根据这些证据的情况调整自己的供述，避重就轻，从而作出不真实的供述和辩解。这种对供述的调整就犹如证人通过当庭听取其他证据而改变证言一样，导致被告人所作言辞陈述的“独知性”和“优先性”受到消极的影响。毕竟，被告人作为案件的当事人，与案件的结局有着直接的利害关系，他为了逃避刑事制裁，经常会作出虚假的陈述。假如被告人庭前获得查阅控方证据的机会，就更有可能利用控方证据相互间的矛盾，或者利用证人证言、被害人陈述、被告人供述所存在的前后不一致之处，作出不真实的供述或者辩解。被告人即便不推翻原来的有罪供述，而只是改变一些有关案件事实细节的陈述，就足以对公诉方的追诉活动造成不同程度的妨碍。

（三）阅卷给被告人报复证人、被害人提供了机会

2012年《刑事诉讼法》在两个方面保障了辩护律师的阅卷权：一是在审查起诉阶段允许律师查阅和复制所有案卷材料；二是在开庭前允许律师到法院查阅、复制全部案卷材料。最高法院、最高检察院随后颁布实施的司法解释，还进一步保障律师通过扫描、拍照等方式复制案卷材料。这就意味着，律师在开庭前不仅可以复制控方的全部证据材料，而且还可以复制那些记载侦查过程和诉讼决定的笔录材料。[1]

律师在会见时假如将全部案卷材料都带到看守所，并向被告

〔1〕 参见陈瑞华、黄永、褚福民：《法律程序改革的突破与限度——2012年刑事诉讼法修改述评》，中国法制出版社2012年版，第17页以下。

人进行核实，就意味着被告人有可能看到控方案卷中任何一份笔录材料。假如被告人通过律师的核实证据活动，了解到证人证言和被害人陈述的具体内容，尤其是那些足以令被告人受到定罪判刑的证言和陈述内容，就容易对证人、被害人心生怨恨之情，甚至产生报复之念兴。再加上案卷笔录中经常有证人、被害人身份、职业、住址、联系方式等信息的记录，那些阅过卷的被告人就有更多的机会实施报复行为了。

当然，在我国刑事诉讼中，被告人一般都身陷囹圄，受到未决羁押，他们自身没有机会实施这种报复行为。而证人、被害人的陈述也迟早会在法庭审理中宣读和出示，甚至证人、被害人也有可能亲自出庭作证，那些参与过法庭审理的被告人不通过阅卷也可以获悉证人、被害人的身份。不过，至少在部分案件中，被告人假如获得取保候审或监视居住的机会，而又通过阅卷获悉证人证言、被害人陈述内容的话，就有可能采取报复行为。

（四）阅卷给被告人伪造证据、串供、唆使证人伪证提供了便利

被告人庭前阅卷还有可能引发司法界人士的另一种担心：那些阅过卷的被告人，熟悉了控方证据情况，有可能伪造、变造证据，也有可能亲自或者通过近亲属对被害人、证人进行威胁、利诱，使其改变证言或陈述，或者找到同案被告人，建立"攻守同盟"，共同提供不真实的供述和辩解。当然，这种情况在被告人受羁押的情况下发生的概率并不是很高。但被告人一旦受到取保候审、监视居住，他们就可能有更多的机会实施上述行为。

然而，律师一旦将控方证据交由被告人查阅，最有可能带来的是串供的现实危险。在一些检察官看来，律师尤其不宜将共同犯罪人的口供披露给被告人。因为这样做"等于在共犯供述之间搭起了一个桥梁，似有串供之虞"。特别是律师庭前会见时，让被告人获知其他被告人口供的内容，"会自然唤起往事的记忆，强化对不利事实相抗拒的心理暗示，尤其是对己有利的部分会形成契合，对不利于自己的口供内容会有所调整"，而这都会使查明真相变得

更加困难，导致同案被告人供述的弱化。[1]

四、被告人的双重诉讼角色与阅卷权

面对在被告人庭前阅卷权问题上的两种对立观点，我们究竟应做何种选择呢？其实，被告人庭前阅卷权所触及的是刑事诉讼制度中的一个重大理论问题，也就是说被告人双重诉讼角色的问题。[2]在被告人是否享有庭前阅卷权问题上，赞成说强调了被告人的当事人角色，注重被告人有效辩护权，但否定说则更为重视被告人的言词证据提供者角色，注重被告人如实提供事实陈述的义务。但是，被告人的辩护者角色实际是不明显的，而其言词证据提供者角色则是得到过分重视的。这可能是造成被告人庭前阅卷权难以得到确立的一个原因。

（一）被告人的双重诉讼角色

作为一个重要的当事人，被告人依法享有辩护权，并可以亲自行使那些以辩护权为核心的诉讼权利。我国刑事诉讼法将被告人与辩护律师并列为“辩护方”，并赋予其与辩护律师大体相同的举证权、质证权、申请权和辩论权。在行使辩护权方面，被告人甚至还要比辩护律师具有更大的优先性，无论是提出申请还是发表意见，都会优先于辩护律师。除非被告人自愿放弃行使辩护权，否则，被告人与辩护律师都会同时充当辩护者的诉讼角色。

但与此同时，被告人也是言词证据的提供者，被告人供述和辩解属于一种独立的法定证据种类。在提供言词证据方面，被告人与证人具有相似的地位，被赋予如实提供陈述的义务。在开庭之

---

〔1〕　参见王新环：《律师不宜向被告人披露同案犯口供》，载《检察日报》2010年4月2日。

〔2〕　参见林钰雄：《刑事诉讼法》（上册总论编），台北，台湾元照出版有限公司2004年版，第203页。

前，公诉方一般都获取了被告人的有罪供述笔录，被告人事实上充当了证明自己有罪的“控方证人”。而在法庭审理中，公诉方期望被告人继续充当这一“控方证人”角色，也就是对其犯罪事实作出如实供述。被告人在法庭上无论是推翻供述、改作无罪辩解，还是作出虚假供述，或者根据其他共犯供述的内容而进行“串供”，都不符合公诉方的利益，也都是与被告人的“言词证据提供者”的角色不相符的。

通常情况下，被告人的当事人角色与言词证据提供者地位大体是相互协调的。但在某些场合下，这两种诉讼角色则会发生一定的冲突。〔1〕例如，在被告人是否享有沉默权问题上，辩护者的角色决定了被告人既可以行使辩护权，也可以放弃辩护权，而保持沉默则属于放弃辩护权的标志。但言词证据提供者的角色，则意味着被告人不能享有沉默权，而只能“如实陈述”。又如，在被告人是否拥有“翻供权”问题上，辩护者的角色决定了被告人当然可以作出无罪的辩解，也可以作出有罪的供述，即使在庭前作出了有罪供述，被告人也可以改作无罪辩解，只要出于被告人的自由自愿的选择即可。而作为言词证据的提供者，被告人一旦翻供，即意味着否定了原来的有罪供述，假如原来所作的供述是真实可信的，那么，翻供就意味着被告人作出了虚假的陈述。再如，在被告人当庭能否与辩护律师进行沟通问题上，辩护者的角色决定了被告人可以随时随地与辩护律师协调辩护思路，商量辩护对策，避免辩护观点的分歧和冲突。因此，法庭布局应当调整，至少被告人应当被允许与辩护律师坐在一起，或者辩护律师可以申请短暂休庭，以便与被告人进行协商。相反，作为言词证据的提供者，被告人负有如实提供陈述的义务，辩护律师与被告人的当庭协商，很可能会促使被告人为追求较为理想的辩护效果，而选择推翻供述，或者改变供述的内容。

---

〔1〕 关于被告人诉讼角色的双重性问题，可参见［德］克劳思·罗科信：《刑事诉讼法》（第24版），吴丽琪译，法律出版社2003年版，第226页以下。

很显然，被告人是否享有庭前阅卷权的问题，不过是被告人双重诉讼角色发生冲突的一个领域。作为享有辩护权的当事人，被告人当然可以查阅控方案卷材料，而且查阅得越全面，防御准备就做得越充分，被告人与辩护律师的沟通和协商也就越加彻底，被告人也就有可能获得有效的辩护。但是，作为言词证据的提供者，被告人一旦庭前阅卷，就有可能出现翻供、串供或者作出虚假供述的可能性。这一点已经在前面分析过了。

（二）被告人“辩护者”角色受到忽略的问题

从理论上看，刑事被告人与辩护律师都属于统一的“辩护方”，两者拥有同等的诉讼权利。无论是申请调取实物证据，申请证人、鉴定人出庭作证，申请重新勘验和鉴定，还是对控方证人当庭发问，对控方证据发表质证意见，法庭都会给予被告人和辩护律师平等的机会。可以说，中国刑事诉讼中的被告人在亲自行使辩护权方面，与大陆法国家的制度设计如出一辙。〔1〕

但是，被告人由于不熟悉法律制度，没有基本的辩护能力，因此经常放弃行使这些权利，而交由辩护律师代为实施各项辩护活动。不仅如此，在大多数案件中，被告人既无力委托辩护律师，也不符合获得法律援助的条件，而只能选择自行辩护。在这些案件中，被告人由于得不到律师的帮助，其各项法定诉讼权利经常是无法得到实现的。

当然，即便被告人获得了律师帮助，也有着亲自行使辩护权的意愿，但他要有效地行使辩护权，也是非常困难的。这是因为，被告人并没有获得法定的庭前阅卷权，无论是检察机关还是法院，都不会向被告人提供案卷的副本。被告人要获悉控方证据的情况，唯一的途径就是律师在会见时向其提供案件证据的情况。但在如此短暂的会面时间里，被告人要通过口头告知或书面阅卷的方式

---

〔1〕 参见［美］弗洛伊德·菲尼、［德］约阿希姆·赫尔曼、岳礼玲：《一个案例　两种制度——美德刑事司法比较》，郭志媛译，中国法制出版社2006年版，第342页。

获悉全面控方证据情况，这几乎是不可能的。再加上律师携带案卷材料会受到重重的限制，律师有时也不愿意将太多的证据材料展示给被告人，因此，被告人庭前所能知晓的证据情况就更为有限了。

如果说被告人庭前难以获悉控方的证据材料，会导致被告人因为信息不对称问题而难以行使质证权的话，那么，辩护律师与被告人沟通机制的不畅通，则会造成被告人辩护者角色的边缘化。按照我国的辩护文化，那种将被告人视为辩护律师的"协助者"，强调与被告人充分协调辩护立场的观念，还没有被律师界所普遍接受。而那种"独立辩护人"的思维方式，注重律师在辩护中不受被告人意志左右的思想，至今在律师界比较盛行。在开庭之前，假如律师不将辩护思路告知被告人，也不与被告人讨论本方的举证以及对控方的质证问题，那么，被告人就只能被动地听从辩护律师的辩护，而无法有效地参与律师辩护活动之中。而在庭审过程中，被告人与辩护律师假如出现辩护观点的冲突，或者对某一控方证据的质证意见存在不一致的情形，也无法通过短暂的休庭来实现及时的沟通和协商。

（三）被告人"言词证据提供者"角色的畸形状态

与英美法不同，中国法中的被告人是不可以充当证人角色的，被告人所作的有罪供述和无罪辩解，都可以成为一种独立的证据形式，被告人属于一个独立于证人的言词证据提供者。〔1〕在这一点上，中国法中被告人的地位有些类似于大陆法国家。〔2〕但与大陆法不同的是，中国法中的被告人没有保持沉默的自由，而负有如实回答提问的义务。在中国刑事诉讼中，无论是在庭审之前，还是法庭

---

〔1〕 关于英美法中被告人充当证人的情况，可参见王兆鹏：《美国刑事诉讼法》，北京大学出版社2005年版，第496页以下。

〔2〕 关于大陆法国家被告人当庭陈述的证据效力，可参见［法］贝尔纳·布洛克：《法国刑事诉讼法》，罗结珍译，中国政法大学出版社2009年版，第378页以下、第490页以下。

审理过程中，那些拒绝回答问题或者作出不真实陈述的被告人，经常会被视为“认罪态度不好”“无理狡辩”，法院会将其作为从重量刑的根据。

被告人在法庭上一旦作出有罪的供述，且与庭前供述没有实质性的区别，这些有罪供述当然可以成为法庭认定有罪的证据。但被告人一旦当庭否认了原来供述过的犯罪事实陈述，而改作无罪的辩解，公诉方就可以宣读其庭前供述笔录，以证明当庭辩解的虚假性。公诉方会尽力说服法庭采纳庭前供述。被告人有时会辩称原来的有罪供述系侦查人员非法取证所得，辩护律师也会提出排除非法证据的申请，但在绝大多数情况下，这种辩解和申请都不会成功。法庭直接采纳被告人的庭前供述，这是法庭审理的常态。

从刑事辩护的实践情况来看，中国被告人的辩护者角色是不明显的，而其言词证据提供者的角色则是得到强调的。刑事法官更愿意将被告人视为一种特殊的“证人”，注重对其陈述真实性的审查判断。与此同时，刑事法官还将被告人视为一种“控方证人”，对其有罪供述部分给予更多的强调，而对其无罪辩解则采取不信任的态度。不仅如此，考虑到禁止强迫自证其罪的原则并没有得到真正的贯彻，被告人并不拥有选择诉讼角色的自由，被告人因为翻供或拒绝如实供述还要承受更为严厉的消极法律后果。

五、解决被告人阅卷权问题的基本思路

中国刑事诉讼中的被告人地位建立在被告人服从追诉的基础上，注重案件事实真相的发现和刑事追诉活动的成功。在辩护方提不出强有力辩护意见的情况下，这一制度模式是可以维持其正常运转的。但是，刑事诉讼法的持续修订，带来了中国刑事诉讼制度的深刻变革。其中，被告人知情权的逐步扩大，被告人对律师辩护的有效配合和支持，以及辩护律师与被告人的沟通和协商，成为中国刑事诉讼制度所要面对的基本现实。这一现实对原有的被告

人诉讼角色模式构成了一定的挑战。

例如，刑事诉讼法至今仍然保留的“如实回答”义务，尽管有助于确保被告人作出“真实的”有罪供述，却违背了禁止强迫自证其罪的原则，可能剥夺了被告人的无罪辩护权。又如，原来将防止翻供作为主要目标的制度安排，纷纷失去了正当性，现在“翻供”被视为被告人自由选择诉讼角色的一种标志，而大量的可能导致被告人翻供的改革举措则相继出台，如律师无障碍地会见嫌疑人，律师全面查阅和复制控方案卷材料，律师向嫌疑人、被告人核实有关证据等，就都可能带来翻供的后果，但却都被确立在刑事诉讼法之中。再如，原来被认为具有合理性的刑事法庭布局，现在则被认为有可能阻碍被告人与辩护律师的充分沟通和协商，因为被告人无法与其辩护人坐在一起，也难以通过申请暂时休庭而与被告人进行秘密沟通。

那么，究竟如何对被告人的“辩护者”与“言词证据提供者”角色进行协调呢？

根据禁止强迫自证其罪的原则，嫌疑人、被告人不得被强迫作出不利于自己的陈述，而应享有供述的自由性和自愿性。这一点应当成为我们解决被告人诉讼角色冲突的理论前提。根据这一原则，被告人无论是作出有罪供述，还是作出无罪辩解，都必须出于自愿的选择，而不能存在被强迫、欺骗、利诱、威胁的情形。考虑到这一点，被告人至少在法庭审判过程中，应当拥有选择诉讼角色的自由，他既可以作出无罪辩解，也可以作出有罪供述，还可以保持沉默，而拒绝作出任何陈述。被告人的无罪辩解、保持沉默或者翻供，既不应成为对被告人定罪的证据，也不应成为对被告人进行从重量刑的根据。

而根据权利可以放弃的原则，被告人的辩护权不应被强迫行使，而可以自由自愿地放弃。诸如举证、质证、申请、辩论等诸多诉讼权利，只要被告人出于真实的意思表示，就可以放弃行使，而改由辩护律师代为行使，或者在没有辩护人的案件中，直接放弃行使。当然，对于被告人放弃行使诉讼权利的行为，法庭应当进行合法性和自愿性的审查，以避免那些不是出于真实意愿的权利放弃行为。

从解决中国刑事辩护制度问题的角度来看，加强被告人的“辩护者”角色，适度减弱被告人的“言词证据提供者”角色，实为重新调整被告人双重诉讼角色的必由之路。既然刑事诉讼法承认被告人的辩护者地位，与辩护律师享有同等的诉讼权利，那么，被告人就必须享有庭前阅卷权，辩护律师在会见时既可以将自己存有疑义的证据材料提交被告人查阅，也可以应被告人的请求，将其他证据材料展示给被告人。唯有如此，被告人的知情权才能得到保障，被告人与辩护律师就辩护思路的沟通和协商也具有现实的可能。此外，要适度弱化被告人的“言词证据提供者”的角色，就必须强调被告人陈述的自愿性和明智性，法庭要告知被告人作出有罪供述的后果，令其谨慎行事。同时，在被告人当庭翻供、拒不供述犯罪事实的情况下，法庭不应对其作出“认罪态度不好”“无理狡辩”的评判，更不能将其“认罪态度”作为从重处罚的量刑情节。这是贯彻禁止强迫自证其罪原则的必然要求。

为维护被告人的辩护者角色，确保被告人有效行使辩护权，未来的刑事诉讼立法应当确立被告人的庭前阅卷权。具体来说，自审查起诉之日起，律师会见在押嫌疑人、被告人时，可以将其认为有疑问的任何证据材料，交由后者查阅，与后者进行当面核实，并与后者协商质证的方案和辩护的思路。而在押嫌疑人、被告人假如提出查阅某一证据请求的，辩护律师只要复制了该份证据材料，就有义务携带该证据进入看守所，并出示给嫌疑人、被告人。无论是办案机关还是看守所，都有义务保障被告人庭前阅卷权的实现。不仅如此，在法庭审理过程中，被告人或辩护律师需要就证据进行核实和协商的，可以申请法庭暂时休庭，使被告人与辩护律师获得一个秘密谈话的机会，以便协调对证据的质证意见，或者及时调整辩护的思路。

而在被告人自行辩护的案件中，为保障被告人的知情权，确保其有效地行使辩护权，检察机关和法院都应主动向被告人提交案卷的复制件。具体来说，在审查起诉阶段，被告人没有律师帮助的，检察机关应当制作案卷材料的复制件，直接提交给在押的嫌疑人，使其获得必要防御准备机会。而在开庭之前，法院则要另行制作一份案卷的复制件，提交被告人，使其为法庭上的辩护做好准备。在法庭审理过程中，法庭一旦发现公诉方准备提交新的证据材料，就要交由被告人提前进行查阅，或者提交其复制件。这是因为，被告人自行辩护的现实，决定了检察机关和法院要承担一定的证据展示义务，以确保被告人获得充分的防御准备，并尽量有效地行使辩护权。

第十六章

辩护律师调查取证的三种模式

一、律师调查取证的难题

在刑事诉讼中，辩护律师为维护嫌疑人、被告人的合法权益，为其提供有效的辩护，经常要进行调查核实证据的活动。这种调查核实证据活动大体分为两大类：一是搜集、调取与案件事实有关的证据，如向有关单位或个人调取物证、书证、视听资料、电子数据等实物证据，或者向有关侦查机关、公诉机关调取各类笔录证据，包括勘验笔录、检查笔录、搜查笔录、扣押清单、讯问嫌疑人笔录、询问证人笔录等；二是向有关单位或个人了解案件事实情况，制作相关的询问笔录，或者传召证人、被害人、鉴定人等出庭作证。通过这种调查活动，律师将所调取的实物证据或笔录证据提交到法庭上，使其接受法庭的审查，或者将证人、被害人、鉴定人传召到法庭上，使其有机会当庭陈述相关事实，并接受法庭的询问。可以说，与会见、阅卷一样，调查核实证据属于辩护律师开庭前防御准备活动的重要组成部分，也是辩护律师所享有的主要诉讼权利。对于这种调查核实证据的权利，本章统一简称为“调查权”。

迄今为止，我国刑事诉讼法确立了两种律师“调查权”：一是律师自行调查、搜集证据的权利，包括自行向有关单位或个人调取证据，或者自行要求证人、被害人、鉴定人提供证言或者出庭作证的权利；二是律师申请法院、检察机关调查证据的权利，也就是申请法院、检察机关向有关单位或个人调取证据，或者通知证人、被害人、鉴定人提供证言或出庭作证的权利。对于前者，本章简称为“自行调查权”；而对于后者，本章则简称为“申请调查权”。

所谓“自行调查权”，其实是律师凭借个人力量调取相关证据并促使其出现在法庭上的权利。作为律师实现调查权的一种常态方式，自行调查在很多情况下都不存在法律上的障碍。律师凭借自己的经验、技巧和智慧，完全可以从相关单位或个人那里调取相关证据，也完全有可能说服证人、被害人、鉴定人出庭作证。但是，与侦查机关、公诉机关、审判机关所进行的调查活动不同，律师的自行调查带有“民间性”“社会性”的色彩，不具有国家强制力，其效果完全取决于被调查单位或个人的配合和支持。假如被调查者积极支持律师的调查活动，那么，律师就可以成功地获取证据。相反，假如被调查者拒绝律师的调查请求，那么，律师的调查活动就会遇到困难。这时候，律师就有可能求助于法院或检察机关，请求后者帮助其实现调查证据的权利。

所谓“申请调查权”，是在律师自行调查受阻或者律师直接提出请求的情况下，申请司法机关直接进行调查证据的权利。我国刑事诉讼法允许律师向法院和检察机关提出这种调查核实证据的请求。但在司法实践中，律师向检察机关提出调查核实证据请求的情形一般是非常罕见的。绝大多数相关请求还是向法院提出的。具体来说，“申请调查权”包括两个基本构成要素：一是律师向法院提出调查核实某一证据的申请，或者提出申请传召某一证人出庭作证的请求；二是法院经过审查，认为该证据与案件事实具有相关性的，就可以亲自调取相关证据，或者通知相关证人出庭作证。这样，律师的申请一旦被法院批准，调查证据的活动就由律师的“民间调查行为”，转化为法院的“官方调查行为”，其调查活动也就具有了强制性。被调查者假如拒不服从法院的调查核实行为，就构成妨碍司法的行为，并有可能承担程度不同的法律责任。

作为实现律师调查权的两种基本模式，自行调查和申请调查具有相互补充、不可替代的作用。但是，司法实践的经验表明，这两种调查方式也具有一些难以克服的缺陷。例如，律师自行调查经常遭到被调查单位或个人的拒绝，律师在调查中一旦操之不当，还会带来程度不同的职业风险。又如，律师申请调查看上去固然美妙，但要想成功地说服法院直接调取证据，却又是十分困难的。

在自行调查与申请调查之外，是否还有可能创设第三种律师调查模式呢？我国民事司法改革的经验表明，律师在实现调查权方面还可以走另一条道路，也就是由律师提出申请，法院有条件地发布调查令，律师持调查令前往调查的道路。这种调查令制度最早出现在一些地方法院的民事执行程序中，后来经过探索和尝试，逐渐扩展到整个民事诉讼过程之中。这种调查令制度适用的前提是律师自行调查受阻，或者律师在特定情形下被禁止采取自行调查行动；律师提出申请后，法院要经过审查，对于符合条件的申请才会发布调查令；法院发布调查令后，律师持调查令前去调查证据，其调查也就具有“司法调查”的效力。从实质上看，调查令制度赋予律师“受委托从事司法调查”的权利，律师尽管仍然从事自行调查活动，却取得了法院的授权和批准，持有法院的令状，因而带有一定的官方性和强制性。当然，对于律师在持调查令情况下所进行的调查活动，被调查单位或个人拒不服从的，究竟应否承担一定的法律责任，各地法院做法不一，也存在一定的争议。

本章拟对辩护律师实现调查权的三种模式作出初步的讨论。笔者将对两种既有的调查模式进行比较分析，并对其优劣得失作出评价。在此基础上，笔者还将对未来有可能被引入到刑事诉讼之中的委托调查模式作出分析和评价。这一调查模式在民事诉讼中获得了广泛的赞誉，并在很大程度上缓解了律师的调查难问题。要解决辩护律师调查难的问题，引入这种委托调查模式或许是未来刑事司法改革的一个选项。

二、自行调查模式

在中国法律语言中，所谓的“调查权”，主要是指辩护律师自行调查证据的权利。而律师在实践中所遭遇的“调查难”，也主要是律师在自行调查方面所遇到的困难。那么，“自行调查权”究竟是不是一项完整意义上的诉讼权利呢？经过数十年的制度演变，律师的自行调查究竟有哪些制度保障呢？在自行调查过程中，辩护律师有可能遇到哪些制度性困难和法律风险呢？对这些问题作出分析，将有助于我们对律师自行调查模式的准确认识。

（一）自行调查的法律定位

在刑事诉讼中，辩护律师经有关单位和个人同意，可以向他们收集与本案有关的材料。如果被调查人是被害人或者被害方提供的证人，辩护律师的调查除了取得被调查人的同意外，还需要取得检察机关或者法院的许可。当然，与任何调查核实证据的活动一样，律师的这种自行调查既包括向被调查者收集实物证据，也包括向被调查者了解案件情况，请其提供书面证言，或者邀请其出庭作证。

与侦查机关、公诉机关和法院所进行的调查证据活动不同，辩护律师的自行调查不具有国家强制力，带有“民间调查”的意味。首先，这意味着，辩护律师对于那些拒绝配合调查的单位和个人，无权采取任何强制性措施。其次，辩护律师的调查要以被调查单位和个人的同意为前提，在一定程度上，被调查单位和个人有权拒绝律师的调查要求。从法律意义上讲，被调查单位和个人拒绝辩护律师调查请求的，并不会因此承担任何消极的法律后果。

尽管按照约定俗成的说法，辩护律师“享有调查核实证据的权利”，但是，这种“调查权”究竟是否具有法律权利的属性，这却是不无疑问的。这是因为，任何法律权利的实现，都会以特定人承担相应的法律义务为前提，并且在这种权利受到侵犯的时候，法律还会提供一定的救济措施。假如“调查权”属于一种法律权利的话，那被调查单位和个人是否承担配合和服从律师调查的义务呢？答案显然是否定的。可以说，辩护律师的“调查权”属于一种没有特定人通过承担义务加以保障实现的“权利”。此外，对于辩护律师调查证据的请求，被调查单位或个人无理由加以拒绝的，律师能够获得什么样的救济呢？假如辩护律师请求某一证人提供证言或者出庭作证，该证人断然拒绝的，律师又能通过什么途径获得救济呢？答案显然也是不容乐观的。在中国刑事诉讼中，对于辩护律师的调查证据请求，被调查者拒绝配合的，律师根本无法凭借自身的力量强制被调查者提供证据，或者提供证言。

当然，对于被调查单位和个人拒绝配合调查的，辩护律师可以申请检察机关、法院“收集、调取证据”，或者申请法院“通知证人出庭作证”。从形式上看，这种自行调查一旦受阻，律师就可以通过申请检察机关、法院调查证据来获得救济。律师的申请调查也确实具有为自行调查提供司法救济的性质。但实际上，辩护律师向检察机关、法院提出调查证据请求的，检察机关、法院并不必然会直接调取、搜集证据。这两个司法机关通常会进行审查，以确认律师所申请调查的证据是否与案件事实具有相关性，或者所通知的证人能否提供有关的证据事实。经验表明，检察机关对于辩护律师的调查证据申请，经常不予理会。而法院在大多数情况下，对于辩护律师的调查请求也会置若罔闻。这显然说明，至少在部分情况下，辩护律师向检察机关、法院提出调查证据之申请的，都会遭到这两个机关的拒绝。

根据以上分析，辩护律师自行向有关单位和个人调查证据，或者请求证人出庭作证，这其实属于一种“自然意义上的权利”，而不具有“法律权利”的属性。具体来说，这种自行调查权的实现，主要依靠被调查单位和个人的主动配合。假如被调查者愿意向律师提供证据或者同意出庭作证，那么，辩护律师的自行调查权就可以得到实现。相反，假如被调查者拒绝提供证据，或者拒绝出庭作证，那么，辩护律师的自行调查权也就无法得到实现。换言之，辩护律师的这种自行调查权并不必然受到法律的有效保护，而处于一种自生自灭的自然状态之中。

（二）自行调查模式的演变

在我国法律制度中，相对于申请调查权而言，律师的自行调查权受到更大的重视，也经历了多次制度变化。值得注意的是，在律师职业定位发生变化的情况下，法律往往会对律师调查权的保障机制作出相应的调整。

1982年颁行的《律师暂行条例》，作为我国第一部律师法，确立了律师“国家法律工作者”的法律地位。该法明确规定，律师有权“向有关单位、个人调查”，被调查单位和个人“有责任给予支持”。尽管这部法律并没有规定被调查单位和个人拒不配合律师调查的法律责任，但律师所具有的“国家法律工作者”地位，以及该法对律师“调查权”的明确授予，决定了辩护律师的调查取证带有一定的强制性。而从20世纪80年代的刑事司法状况来看，辩护律师向有关单位和个人进行调查取证，并不存在普遍的困难，也很少遭遇被调查者的拒绝。可以说，在当时特殊的历史时期，辩护律师“调查难”的问题是不存在的。

20世纪80年代以来，随着律师管理制度的逐步改革，合伙制和合作制律师事务所的大量出现，那种由司法行政机关直接领导的“法律顾问处”逐渐消失，作为律师执业机构的律师事务所，最终成为一种自负盈亏、通过盈利获得生存的法律服务机构。律师的“国家法律工作者”身份也受到越来越大的冲击。1996年，立法部门颁布了《律师法》，将律师的职业定位修正为“依法取得律师执业证书，为社会提供法律服务的执业人员”，也就是所谓的“社会法律工作者”。与此相对应地，该法也要求律师在承办法律事务过程中，“经有关单位或者个人同意，可以向他们调查情况”。这样，律师原先作为“国家法律工作者”所享有的调查权不复存在，取而代之的是有限度的“调查权”，也就是在被调查单位和个人同意基础上的“调查权”。与此同时，1996年《刑事诉讼法》也要求，律师向有关单位和个人收集材料，要经过“证人或者其他有关单位和个人同意”。对于律师向被害人或其近亲属、被害人提供的证人进行的调查，该法除了要求被调查者同意外，更是将检察机关、法院许可作为前提条件。

辩护律师的调查取证要以被调查单位和个人同意为前提，这是1996年《律师法》对律师调查制度所做的最大调整。通过这一调整，律师调查的民间属性得到了强调，这种调查的强制性丧失殆尽。律师法要求律师调查以被调查者“同意”为前提，这就意味着，那些接受律师调查的单位和个人，依法享有拒绝律师调查的权利。不仅如此，1996年《律师法》将被调查者的“同意”明确写入法律条文之中，这在一定程度上大大激励了“有关单位和个人”拒绝律师调查的行为。在此后的刑事司法实践中，辩护律师在调查取证方面遭到被调查单位、个人拒绝的情况普遍出现。而遭遇这种调查困境的律师，在法律中竟然得不到任何形式的救济。正因为如此，律师界普遍批评这部《律师法》，认为这是律师调查权保障制度的最大倒退，并直接造成了制度性的律师“调查难”问题。

面对辩护律师“调查难”的现实，立法机关开始启动律师法的修改问题。2007年修改后的律师法，根据我国律师业发展的最新情况，对律师的职业定位作出了进一步的调整，将律师界定为“依法取得律师执业证书，接受委托或者指定，为当事人提供法律服务的执业人员”。对于这一定位，律师界通常简称为“法律服务工作者”。为解决律师“调查难”问题，2007年《律师法》规定，律师自行调查取证的，可以“凭律师执业证书和律师事务所证明”，“向有关单位或者个人调查与承办法律事务有关的情况”。

从2007年《律师法》的条文表述来看，律师调查取证不再以“有关单位和个人的同意”为前提；律师只要持合法证件，就可以向有关单位和个人进行调查取证。对于该法所作的这一调整，律师界普遍给予了肯定，法学界也有人认为这是解决律师“调查难”问题的重要立法步骤。[1]

但是，对于律师的自行调查，该法仍然没有解决两个基本问题：一是律师提出调查取证要求后，被调查单位和个人究竟是否承担配合调查的义务？二是对于律师的调查取证行为，被调查单位或个人拒绝配合的，律师究竟有何救济手段？而2012年《刑事诉讼法》对这些问题也没有提供任何新的解决方案。令人困惑不解的是，明明2007年《律师法》都取消了律师调查取证需要被调查单位或个人同意的限制，但2012年《刑事诉讼法》仍然保留了1996年《刑事诉讼法》有关辩护律师调查需要被调查者同意的规定。这显然就与律师法发生了明显的冲突。

而从刑事司法实践的情况来看，辩护律师"调查难"问题并没有随着律师法的修改而自动消失。甚至在2012年《刑事诉讼法》实施以后，辩护律师向有关单位或个人的调查取证活动仍然存在困难，不仅随意拒绝律师调查的情况经常发生，而且在遭到拒绝后，辩护律师仍然难以获得有效的救济。[2]

（三）自行调查面临的困难

尽管律师法为解决律师的"调查难"问题确立了各种保障性规则，但一种制度性或结构性的"调查难"问题，仍然是存在的。这种"调查难"主要表现在被调查单位和个人动辄拒绝律师的调查，包括拒绝向律师提供有关物证、书证、视听资料、电子数据等实物证据，拒绝接受律师的访问和制作谈话笔录，拒绝出具情况说明类证言材料，也包括拒绝按照律师的建议出庭作证。根据一些实证调查的结果，辩护律师向一些公安、工商、房地产、财政、建委、社保等国家机关进行的调查取证活动，几乎普遍遭到拒绝。辩护律

---

〔1〕 参见余茂玉：《新律师法力破律师"调查取证难"》，载《法制日报》2007年11月1日。

〔2〕 参见白开宇等：《新〈律师法〉实施情况调查"三难"问题仍困扰云南律师》，载《云南法制报》2009年10月19日。

师向银行、电信、邮局、医院、物业等非政府职能部门申请调查取证的，也经常遇到困难。当然，在向有关单位和个人进行调查时，也有被调查者积极配合律师调查的情况。但律师界普遍认为，这种情况纯属侥幸，律师的调查取证并没有制度性的保障。〔1〕

从根本上说，辩护律师的自行调查属于一种民间调查，不具有国家强制力。再加上律师职业定位被界定为“法律服务工作者”，而不具有国家公职人员的身份。这是造成辩护律师“调查难”问题普遍出现的制度原因。在律师提出调查取证要求时，被调查单位或个人动辄予以拒绝。但相比之下，面对公安机关、检察机关、法院的调查取证要求，这些单位或个人明确予以回绝的情况，其实是非常少见的。为什么同样是发生在刑事诉讼过程中的调查取证，公检法机关的调查就非常顺利，很少遇到“调查难”的问题，而辩护律师的调查取证却经常受阻？这显然说明，律师的职业定位以及律师自行调查的非强制性，是造成辩护律师调查难的制度原因。

一旦在调查取证过程中遇到困难，辩护律师本能地都会向检察机关或者法院申请调查。在此情况下，律师的自行调查就转化为申请调查。在一定程度上，向检察机关、法院的申请调查，确实带有为律师的自行调查提供“司法救济”的性质。但是，这种申请调查的效果并不尽如人意，这就决定了这类司法救济的途径并不真正畅通。这样，律师的自行调查一旦遭遇困难，也无法将原先的“民间调查”转化为“强制调查”，更难以诉诸检察机关和法院的强力支持。这就使得律师的自行调查事实上面临着“难于救济”的问题。

当然，律师界普遍批评刑事诉讼法至今保留律师调查要征得“被调查单位和个人同意”的条款，也反感有关律师向被害人调查要征得“被害人同意”以及检察机关、法院“许可”的限制性规定，并认为这也是造成律师调查难的制度原因。但实际上，刑事诉讼法即便取消这些限制性规定，允许律师向有关单位和个人调查取

〔1〕 参见廉颖婷：《律师调查取证难寻求制度突破》，载《法制日报》2007年7月29日。

证，允许律师向被害人调取证据，辩护律师的自行调查仍然属于民间调查，也仍然不具有国家强制力，律师在进行这种调查时也难以获得司法救济。或许，关键的问题不在于法律条文上有无“征得被调查者同意”的表述，而在于律师的自行调查本身就具体先天的制度局限。

（四）自行调查的风险

辩护律师的自行调查不仅经常遭遇困难，还会面临一种受到刑事追诉的职业风险。特别是在向证人、被害人调查取证过程中，这种职业风险出现的频率还是非常高的。

辩护律师在调查取证方面的职业风险通常发生在以下情况：律师发现某一向公安机关、检察机关提供过有罪陈述的证人、被害人，其实提供了不可靠的证言；律师单独向该证人、被害人进行询问，被调查者推翻了原先的有罪陈述，而改作无罪的陈述，并提供了书面证言或者配合律师制作了询问笔录；该证人、被害人的新证言被提交法庭，公诉方申请中止审理，私自对证人、被害人采取强制措施；证人、被害人迫于压力，承认改变证言是受到律师“唆使”“引诱”的结果；检察机关、公安机关直接对本案的辩护律师采取强制措施，并以“涉嫌伪证”或“涉嫌妨害作证”的名义，对辩护律师进行立案侦查，甚至向法院提起公诉。在很大程度上，这种针对辩护律师的刑事追诉被视为一种赤裸裸的“职业报复”行为。

在司法实践中，律师辩护的无罪辩护一旦获得成功，法院有可能宣告无罪、撤销原判或者迫使检察机关撤回起诉的，检察机关经常会迁怒于辩护律师，对其展开法律追诉行动。例如，在有些案件中，辩护律师说服某一关键证人推翻了原来的有罪证言，使得一审法院作出了宣告无罪的判决，或者检察机关不得不申请法院准许撤回起诉，甚至二审法院因为某一关键证人改变证言，而只能以“事实不清、证据不足”为由，作出撤销原判、发回重审的裁定。这些不利于检察机关的裁决结论，都可能导致检察机关的公诉难以取得成功，使得侦查机关侦查破案、立功嘉奖的希望化为泡影，负责办案的侦查人员和公诉人也可能因此而面临各种压力和风险。于是，一种迫使办案人员与案件结局发生利益牵连的制度设计，就有可能促使公诉人、侦查人员“铤而走险”，将造成这一不利局面的辩护律师作为刑事追诉的对象。

《刑法》第306条是一个以律师为特定犯罪主体的刑法条款。根据这一条款，律师无论是充当辩护人还是担任诉讼代理人，只要实施了“威胁、引诱证人违背事实改变证言或者作伪证”的行为，就可能构成“妨害作证罪”。其中，威胁、引诱证人“作伪证”的情况发生的较少，因为证人究竟最终是否构成伪证罪，要由法院已生效的判决来判定，而难以由检察机关在刑事诉讼过程中擅自加以判断。在司法实践中，检察机关所追究的大都是辩护律师“威胁、引诱证人违背事实改变证言”的行为。

从立法原意来看，辩护律师要构成这种“妨害作证罪”，至少要同时符合以下三个条件：一是律师存在对证人的“威胁”或者“引诱”行为；二是被威胁或被引诱的证人“改变了证言”，而这种改变又是“违背事实”的；三是证人错误地改变证言确实是律师“威胁”或者“引诱”的结果。

但是，刑法并没有规定这种犯罪究竟是“行为犯”还是“结果犯”，没有规定究竟由哪个机构来判定证人“违背事实改变证言”。假如原来向检控方提供证言的证人经过辩护律师的说服，后来推翻了原来所作的虚假证言，而改作“符合事实”的证言，那么，检察官能否以律师“引诱”证人改变证言为由，对其采取追诉措施呢？对于这一问题，刑法也没有给出明确的解释。

很显然，《刑法》第306条就“妨害作证罪”的构成要件所做的规定，具有极大的不明确性。尤其是考虑到这种犯罪的特定主体是作为辩护人、诉讼代理人的律师，而发动追诉程序的通常是与辩护律师处于职业对立状态的检察官，因此，这种不明确性将使追诉者拥有极大的自由裁量权。那些与案件存在利害关系的检察官，完全有可能利用这一罪名来达到报复辩护律师的目的。即便法院最终判定律师不构成妨害作证罪，检察机关的追诉行动也会造成辩护律师无法正常执业或者被剥夺人身自由的后果。正因为如此，检察机关在绝大多数追究辩护律师“妨害作证责任”的案件中，明知最终无法使律师受到定罪，但仍然“乐此不疲”。

检察机关、公安机关对于辩护律师“妨害作证”行为的追诉，尽管在大多数案件中并没达到对律师治罪的效果，却大大伤害了辩护律师的自尊心和安全感，使得律师界普遍将调查取证活动视为充满职业风险的领域。当然，相对于众多从事刑事辩护的律师而言，那些受到检察机关、公安机关刑事追诉的律师毕竟是极少数的。相对于其他妨碍司法的刑事案件而言，辩护律师涉嫌“妨害作证”的案件所占的比例也并不高。有时候，一个律师被采取这样的刑事追诉行动，往往还有律师执业方式、律师与当地公检法三机关的关系等诸多方面的复杂因素。但是，恰恰是这些针对个别律师的刑事追诉活动，却使得全体律师的安全感都受到了威胁。其实，辩护律师只要从事调查取证活动，而证人、被害人又推翻了原来所作的证言，那么，这种针对辩护律师的刑事追诉行动就有可能发生。这就导致大多数律师不愿意从事那种效果不好而又充满风险的调查取证活动，甚至越来越多的律师拒绝办理刑事案件。近年来，刑事案件的辩护率持续偏低，其中的主要原因之一就是调查取证的职业风险太大，至少令律师们感到没有最基本的安全感。而在那些有律师参与辩护的案件中，律师也在尽可能地规避调查取证活动。辩护律师在调查取证方面的职业风险，最终导致调查取证活动的普遍减少，甚至对律师参与刑事辩护的积极性都造成了消极影响。

三、申请调查模式

辩护律师在自行调查取证以外，还可以向检察机关、法院提出调查证据的申请。作为律师调查取证制度的第二种模式，申请调查是一种需要诉诸司法机关强力支持的调查方式。假如辩护律师提出申请之后，检察机关、法院可以代为实施调查取证活动的话，那么，律师就不会经常面临调查难的问题了。但是，司法实践的情况表明，这属于一种一厢情愿的制度设计。这是因为，辩护律师向检察机关、法院提出调查证据之申请的，经常遭到检察机关、法院的拒绝。而且对于检察机关、法院拒绝调查证据的决定，辩护律师还无法获得进一步的司法救济。在以下的讨论中，笔者将就申请调查的性质、效果、困难及其救济问题作出初步的分析。

（一）申请调查的性质

我国律师法和刑事诉讼法都确立了辩护律师的申请调查权。根据这些法律规定，辩护律师可以向检察机关、法院提出调查、搜集证据的申请。但是，考虑到检察机关作为国家公诉机关，在刑事诉讼中与被告方存在直接的利益冲突，因此极少会支持辩护律师的调查证据申请。在以下的讨论中，本章所说的申请调查主要是指辩护律师申请法院调查、搜集证据的活动。

完整意义上的“申请调查权”，可以包含三个基本要素：一是辩护律师向法院提出调查取证的申请；二是法院对此申请进行审查；三是法院同意律师申请后，自行向有关单位或个人进行调查取证。

首先，辩护律师要向法院提出调查取证的申请。通常情况下，辩护律师会首先考虑自行调查取证，只有在自行调查遇到困难时，才会向法院提出调查证据的申请。这种调查取证的申请既可以是申请法院向有关单位或个人调取物证、书证等实物证据，也可以是申请法院向有关个人进行询问，还可以是申请法院通知证人、鉴定人、被害人等出庭作证。

其次，对于辩护律师的调查证据申请，法院要进行审查，以确定属于需要法院亲自调查的事项范围。从理论上说，辩护律师需要向法院说明，所要调查的证据能够证明案件事实，或者对其辩护观点可以起到支持作用，法院才有可能同意律师的调查证据申请。相反，假如法院经过审查，发现律师所申请调查的证据与案件事实没有太大的相关性，或者法院认为没有必要的，也会拒绝辩护律师的调查请求。

最后，法院经过审查同意辩护律师的调查证据申请的，会亲自实施调查取证活动。法院可以应辩护律师的要求，亲自向有关单位和个人调取实物证据，亲自向有关个人进行询问，制作询问笔录，或者亲自通知证人、鉴定人、被害人等出庭作证。到了这一步，律师的申请调查也就成功地转化为法院的强制调查了。法院作为国家司法审判机关，所进行的调查一般具有国家强制力，被调查单位和个人一般都会提交证据，接受询问，出具书面证言，也会出庭作证。

可以说，与律师的自行调查相比，申请调查的本质其实是“申请法院以强制手段调取证据”，或者“申请法院以强制手段传召证人出庭作证”。作为一种诉讼权利，申请调查权的主体是被告人及其辩护律师，接受这一申请并承担调查义务的则是法院。辩护律师一旦提出这一申请，就意味着在行使一种“诉诸司法裁判”的权利，也就是通常意义上的“诉权”。当然，辩护律师一旦行使这一诉权，法院不一定会支持其诉讼请求。但是，法院假如拒绝了辩护律师的调查证据之申请，就需要提供拒绝的理由。而辩护律师认为法院拒绝调查证据的决定不合法的，还可以向上一级法院提出司法救济的机会。

（二）申请调查权的救济问题

律师的自行调查所面临的最大困难是被调查单位和个人拒绝调查，而又不承担任何法律责任的问题。相比之下，律师的申请调查所面临的主要难题则是在法院拒绝律师的调查证据请求后，律师无法获得有效的司法救济问题。

在刑事司法实践中，辩护律师向法院提出的调查证据申请，大都遭到法院的拒绝。这是因为，面对辩护律师提出的调查证据或者通知证人出庭作证的请求，假如法院一律都予以批准，并亲自调取证据或者传召证人出庭作证的话，法院将面临极大的工作压力。在法院刑事审判人手紧张、办案经费有限而庭前准备时间又十分短暂的情况下，基于诉讼经济的考虑，法院对于辩护律师的调查证据请求也会难以提供支持。此外，法院对某一刑事案件组成合议庭之后，负责承办案件的法官在开庭前都进行了全面阅卷，了解了公诉方提交的全部证据材料，对案件的事实认定已经大体形成了初步的印象，对于被告人构成犯罪的问题也已经形成了基本的判断。可想而知，一个对被告人构成犯罪已经有了预先判断的法官，对于辩护律师提出的调取证据、传召证人出庭的要求，很容易产生抵触和反感的情绪。再加上我国公检法三机关之间存在“分工负责、相互配合、相互制约”的关系，这就导致承办法官尽量追求法庭审理的快速进行，而对辩护律师的调查证据请求难以支持了。

根据我国刑事诉讼法，一审法院假如无理拒绝了辩护律师调查证据的请求，被告方究竟有什么样的救济途径呢？原则上，对于一审法院所实施的违反法律程序、影响公正审判的行为，被告方可以向上一级法院提出上诉，而二审法院经过审理，一旦确认一审法院存在这种程序性违法行为，就可以作出撤销原判、发回重审的裁定。而一审法院无理拒绝辩护方调查证据申请的行为，无疑程度不同地侵犯了被告方的辩护权，影响了被告方的辩护效果，这一规定属于一种“违反法律程序，影响公正审判”的行为。但是，我国刑事司法实践的经验表明，对于一审法院拒绝律师调查证据请求的行为，二审法院几乎从没有将其列为“违反法律程序”行为，更没有以此为依据宣告一审判决无效的。对于这类先例，笔者也几乎是闻所未闻的。无论是对一审法院拒绝辩护方调取证据请求的决定，还是对一审法院拒绝通知证人、鉴定人、被害人出庭作证的决定，二审法院都不将其视为“侵犯诉讼参与人诉讼权利”的行为，更遑论对其作出程序性制裁了。

那么，即便法院支持了辩护律师调查证据的请求，法院亲自实施的调查取证行为真的就具有强制力吗？假如法院亲自进行证据调查仍然会面临困难的话，那么，辩护律师的申请调查权岂不仍然得不到实现吗？

过去，法院在向有关单位和个人调取实物证据方面，很少遇到太大的困难，被调查单位和个人大体是服从的。但是，对于法院所提出的出庭作证要求，证人、被害人、鉴定人、侦查人员予以拒绝的情况却是经常发生的。可以说，在传召有关个人出庭作证方面，我国法院的权威性和强制力却是较为弱化的。这也在客观上造成了律师申请调查权的难以实现。

2012年，立法机关颁布了修订后的《刑事诉讼法》，对证人、鉴定人出庭作证问题确立了更为明确的规则，对拒不出庭的证人、鉴定人确立了相应的法律责任。根据这部法律，控辩双方对证人证言存在异议，而该证言又对定罪量刑具有重大影响，法院认为，该证人有必要出庭作证的，就应当通知证人出庭作证。而控辩双方对于鉴定意见存在异议，法院认为鉴定人有必要出庭作证的，也应当通知其出庭作证。对于经法院通知，证人拒不出庭作证的，法院可以对其采取强制到庭、当庭训诫甚至拘留措施。而对于经法院通知，鉴定人拒不出庭的，法院可以拒绝将该鉴定意见作为定案的根据。〔1〕

2012年《刑事诉讼法》对证人、鉴定人出庭作证确立了更为严格的程序保障性措施。这一方面有助于增强法院在传召证人出庭方面的权威性和强制力，另一方面对于辩护律师申请调查证据的法律效果也具有保证作用。在该法实施后，各地法院通知证人、鉴定人出庭作证的情况有所增加。但是，在法院发出出庭通知后，证人、鉴定人是否会普遍出庭作证，以及辩护律师提出申请后，法院是否会普遍支持其诉讼请求，这显然还是个未知数，有待于从司法实践中继续观察。〔2〕

（三）申请法院向国家专门机关调取证据

辩护律师的调查取证还面临着另一个方面的困难，那就是公

〔1〕 参见郎胜主编：《中华人民共和国刑事诉讼法修改与适用》，新华出版社2012年版，第324页以下。

〔2〕 参见陈瑞华、黄永、褚福民：《法律程序改革的突破与限度——2012年刑事诉讼法修改述评》，中国法制出版社2012年版，第77页以下。

安机关、检察机关拒绝向其提供证据的问题。这种情况通常发生在公安机关、检察机关掌握着一些与案件事实有关的证据材料，而辩护律师自行向这些机关调查取证，却遭到它们的无理拒绝。例如，公安机关、检察机关在预审讯问过程中制作了被告人的辩解笔录、证人推翻原来证言的陈述，却没有将其放入侦查案卷之中。辩护律师向这些机构提出调取证据的请求后，经常遭到拒绝。又如，检察机关在审查起诉阶段发现并收集了一些有利于被告人的物证、书证，却没有将其提交给法院。辩护律师提出调取证据要求后，检察机关也拒绝理会。再如，作为未决羁押机构的看守所，掌握着或了解到一些足以证明侦查人员实施刑讯逼供等违法取证行为的证据材料或证据线索，却拒绝辩护律师的调查请求，更不会将这些材料或线索提供给辩护律师。不仅如此，假如某一受到羁押的嫌疑人、被告人了解本案的事实情况，或者某一正在服刑的犯罪人属于本案的重要证人，辩护律师别说动员其出庭作证，就连进入羁押场所向其当面了解案件情况，都会变得极为困难。

相对于向一般单位和个人调查取证而言，辩护律师自行向公安机关、检察机关、羁押机构等专门机构所做的调查取证，更加难以获得成功。这不仅是因为律师属于法律服务工作者，其调查行为不具有国家强制力，这些专门机构在配合律师调查方面缺乏足够的动力支持，而且还因为这些机构与辩护律师存在明显的利益冲突问题。毕竟，无论是公安机关、检察机关还是羁押机构，都具有调查犯罪事实、查获犯罪嫌疑人、防止被告人翻供以及追求法院定罪裁判的诉讼目标。而辩护律师的调查取证一旦获得成功，就有可能给侦查、起诉工作造成程度不同的妨碍，并进而对刑事追诉的成功带来困难。可以说，公安机关、检察机关、羁押机构与辩护律师所存在的利益冲突，直接导致了这些机构对辩护律师调查活动的反感和抵触。

辩护律师在向这些国家专门机构自行调查遇到困难的时候，申请法院调取证据就变得非常重要了。自2012年《刑事诉讼法》实施以后，辩护律师获得了在审查起诉阶段和开庭前“查阅、摘抄、复制”公诉方案卷材料的权利。但是，假如侦查机关、公诉机关将某一有利于被告人的证据材料没有放置于案卷之中，也没有将该证据移交法院，那么，辩护律师仅仅依靠“阅卷”是无法了解这些证据材料的。为解决这一问题，刑事诉讼法确立了辩护律师向法院、检察机关申请调取证据的权利。具体而言，辩护律师了解到公安机关、检察机关收集到足以证明被告人无罪或罪轻的证据材料，而这些机关没有向检察机关或法院提交该证据材料的，可以申请检察机关、法院分别向公安机关、检察机关调取这类证据材料。当然，辩护律师向检察机关调取证据材料的，检察机关基于对公诉成功问题的考虑，通常不会接受律师的申请。辩护律师只有向法院申请调取这类证据材料，才有可能达到调取这类证据的目的。〔1〕

从司法实践的情况来看，辩护律师申请法院调取那些掌握在公安机关、检察机关手中的证据材料，既有成功的经验，也有失败的教训。假如辩护律师申请调取的确实是足以证明被告人无罪或者罪轻的证据材料，而法院又对公安机关、检察机关施加了压力，或者进行了有效的“协调”工作，那么，法院是有可能迫使检察机关、公安机关将证据提交到法院的。相反，假如辩护律师所申请调取的属于对定罪量刑无足轻重的证据材料，也没有尽职尽责地提出诉讼申请，或者法院没有向检察机关、公安机关施加足够大的压力，那么，法院要么会拒绝辩护律师的申请，要么根本无法完成调取证据的工作。

与其他方面的申请调查权一样，辩护律师申请法院向专门机关调取证据的权利，也面临着“救济不力”的问题。对于辩护律师调取证据的申请，法院拒绝调取或者经过努力没有成功调取的情况，辩护律师无法通过上诉机制获得上级法院的救济。辩护律师既无法将下级法院这类“不作为”转化为“违反法律程序，影响公正审判”的诉讼行为，也难以说服二审法院作出撤销原判、发回重审的裁定。

---

〔1〕 参见王尚新主编:《关于实施刑事诉讼法若干问题的规定解读》，中国法制出版社2013年版，第41页以下。

四、委托调查模式

作为辩护律师调查取证制度的两种模式，自行调查与申请调查都面临一些制度性困难。在我国现行司法体制下，要通过变法修律来解决这些困难，可能是不太现实的。在此背景下，我们有必要另辟蹊径，来发现解决律师调查困难的第三条道路。其实，在我国民事司法改革过程中，一些地方法院创造性地提出了“调查令”制度，并以此来探索解决律师调查难的问题。这种“调查令”制度最初被用到执行程序之中，作为律师调查被执行人财产状况的一种手段。后来，有些法院将这种制度扩大适用到整个民事诉讼之中。〔1〕“调查令”制度的实质，是律师向法院提出调查取证的申请后，法院通过发布授权调查的令状，委托律师向有关单位和个人调取证据。“调查令”发布后，律师仍然要进行自行调查，只不过这种调查获得了法院的授权，带有受委托从事调查活动的性质。

迄今为止，我国刑事诉讼法并没有确立“调查令”制度。一些法律文件甚至明文禁止检察机关、法院在刑事诉讼中“向律师签发准许调查决定书”。〔2〕笔者认为，“调查令”制度克服了律师自行调查的局限性，赋予律师调查一定程度的强制力，同时也缓解了法院在调查证据方面所面临的资源短缺的困境，节省了法院的司法资源，因此取得了良好的法律效果。通过将“调查令”制度移植到刑事诉讼之中，我们可以提出解决律师调查困难的第三种模式，也就是“委托调查模式”。这一制度模式有望成为辩护律师调查制度的未来发展方向。

（一）民事调查令制度的探索

所谓“调查令”，是指律师在民事诉讼中无法取得相关证据时，

---

〔1〕 参见李光明：《安徽高院出台调查令制度，律师持令可在民事诉讼全过程调查证据》，载《法制日报》2013年8月28日。

〔2〕 参见王尚新主编：《关于实施刑事诉讼法若干问题的规定解读》，中国法制出版社2013年版，第41页以下。

向法院申请签发的一种旨在授权向有关单位和个人收集证据的文件或者令状。律师向法院提出签发调查令申请后，法院并不是自动地批准律师的申请，而要进行一定的审查，对符合条件的申请予以接受，并签发盖有法院公章的调查令。律师获得调查令后，可以持令向有关单位或个人进行调查取证活动。原则上，律师持调查令向任何单位和个人进行调查，被调查者都有配合调查的义务。从理论上看，律师持调查令所进行的调查，与法院直接进行的调查具有同等法律效力。〔1〕

调查令制度是我国一些地方法院为解决律师调查难问题所做的一种改革探索。早在1998年，上海一些基层法院就率先开始试行调查令制度。2001年以后，调查令制度在上海市法院系统得到了全面的试行。此后，北京、山东、重庆、安徽、河南等省市的法院也陆续开始试行这一制度。最初，调查令主要在执行程序中适用，被用来保障律师调查被执行人的财产情况。后来，调查令逐步在整个民事诉讼程序中得到适用。在民事诉讼的任一阶段，律师向法院申请发布调查令的，法院经审查后发布调查令的，律师即可持调查令向有关单位和个人调查取证。从民事诉讼的实践情况来看，一些对律师调查曾普遍加以抵制的单位，如银行、证券公司、工商行政机关、房地产管理部门、公安机关等，对于律师持调查令所进行的调查，逐渐开始配合了。〔2〕

随着调查令制度的不断完善，民事当事人遇有难以自行收集证据的情形时，向法院申请调查令的情况也越来越多。上海法院系统适用调查令的情况是一个较为典型的例子。在调查令制度实施初期，上海各法院当事人提出的调查令申请，每年为几十件左右。而到了2005年前后，当事人申请调查令的数量逐年递增。例如，上

〔1〕 参加韩芳、倪燕：《调查令：左顾程序保障 右盼立法跟进》，载《人民法院报》2012年7月22日。

〔2〕 参见蒋安杰：《全国律协建议民诉法修改确立调查令制度引热议》，载《法制日报》2012年6月21日。

海市长宁区法院从2004年开始，每年受理的调查令申请都高达600余件。同时，法院对符合条件的申请准予签发调查令的数量也在不断增加。如上海市长宁区法院从1998年12月到1999年年底，共签发了38份调查令。2000年至2003年，该法院签发的调查令总数则上升至800余件。而到了2004年，该法院签发的调查令则大幅上升为607份，2005年增至622份，同期增长2.4%，2006年则增至740份，同期增长18.97%。〔1〕

随着法院发布调查令数量的逐步上升，被调查单位和个人对调查令的认知和配合程度也在逐步提高。还是以上海市长宁区法院的情况为例。该院1998年12月至1999年4月签发的15份调查令中，有9份遭到被调查者的拒绝，仅6份得到回复，拒绝率高达60%。而在1999年至2000年发布的调查令中，经抽样分析显示，被调查者拒绝配合调查的有29份，拒绝率为48%。而到了2006年，经过对该法院所发布的调查令再次抽样调查分析发现，被调查者拒绝配合调查的只有8份，拒绝率仅为13%。〔2〕

调查令制度的推行，使得律师的调查从原来单纯的民间调查变成一种带有强制力的调查，使得原来那些动辄拒绝律师调查的单位逐步对律师调查采取配合态度，从而在很大程度上缓解了律师调查难的问题。这是民事调查令获得律师界支持的主要原因。而从法院的角度来看，调查令制度也使得法院从繁重的调查取证任务中解脱出来，保证其专心致志地从事审判和执行活动。这对于审判资源普遍有限的法院来说，无疑大大节省了司法资源，降低了诉讼成本，减轻了法官的调查负担。这种制度的推行在提高诉讼效益的同时，还有效地解决了律师的调查难问题，确保更多的证据材料能够出现在法庭上，保证了民事审判的公正性。这无疑达到

〔1〕 参见韦杨、曾俊怡、刘亚玲：《当事人调查取证权之程序保障的路径尝试　以调查令制度的检讨及其实证量化分析为研究视点》，载《法律适用》2008年第3期。

〔2〕 参见韦杨、曾俊怡、刘亚玲：《当事人调查取证权之程序保障的路径尝试　以调查令制度的检讨及其实证量化分析为研究视点》，载《法律适用》2008年第3期。

了一种双赢效果，因而得到了法官和律师的普遍接受。

但是，调查令制度的试行也面临着一些反对的声音。有人指出，律师在自行调查面临困难时申请法院调查证据，这本是希望法院通过强制性调查来获取那些与案件有关的证据材料。但是，调查令制度的推行，却使得法院通过委托律师调查，放弃了调查取证的责任。此外，律师作为一方当事人的诉讼代理人，接受法院委托从事调查取证活动，一般不可能同时维护双方当事人的利益。调查令制度的推行，使得一个无法保持中立地位的律师，充当了司法裁判者的角色，所调取的证据难以保证全面性和客观性。不仅如此，调查令制度的推行，还显示出律师申请法院签发调查令，这种令状带有“调查许可证”的意味。这就等于承认律师调查要事先经过法院的批准才能进行，在一定程度上否定了律师的“调查权”。这只能让律师的调查陷入更为艰难的境地。

（二）委托调查模式的提出

民事调查令制度能否被引入刑事诉讼之中？对此问题，我国律师界给出了肯定的回答。

早在2006年，全国律师协会曾向立法部门提交了一份律师版的刑事诉讼法修正案建议稿。这一建议稿是在征求全国律师意见的基础上完成的，大体反映了律师界的主流观点。根据这一建议稿，在调查取证过程中，辩护律师可以申请法院颁发“证据调查令”或“证人出庭令”；对于辩护律师要求颁发“证据调查令”或“证人出庭令”的申请，法院除法律另有规定的情形外，应当同意；辩护律师持法院颁发的证据调查令进行调查取证的，任何单位和个人都不得拒绝，否则，法院应当强制调取证据；辩护律师持法院颁发的证人出庭令要求证人出庭的，证人不得拒绝，否则，法院应当传唤其出庭作证。〔1〕

〔1〕 参见田文昌、陈瑞华主编：《〈中华人民共和国刑事诉讼法〉再修改律师建议稿与论证》（增补版），法律出版社2012年版，第51页以下。

按照律师界的解释，之所以要建议确立“证据调查令”和“证人出庭令”制度，主要是考虑到辩护律师的调查取证没有强制力，假如被调查者拒绝接受调查取证，辩护律师就无法取得相应的证据。而证据调查令和证人出庭令制度则为辩护律师的调查提供了法律上的救济。“辩护律师持令状进行调查取证时，由于是代表人民法院，其调查取证活动具有强制力，因此被调查者、证人有配合的义务。”同时，被调查者一旦拒绝接受这种调查，法院将亲自进行调查取证活动，或者传唤证人出庭作证，这样，“法院通过颁发令状与亲自调查取证，可以为辩护律师的调查提供保障，有效解决立法和司法实践中的问题”。〔1〕

但是，律师界的这种立法建议并没有得到立法部门的采纳。迄今为止，我国刑事诉讼法仍然保留了辩护律师自行调查与申请调查相结合的律师调查制度。由最高法院、最高人民检察院、公安部、国家安全部、司法部会同全国人大常委会法制工作委员会通过的《关于实施刑事诉讼法若干问题的规定》（以下简称“六部委实施规定”），甚至明文禁止检察机关、法院向律师签发准许调查决定书。根据该“六部委实施规定”，辩护律师申请检察机关、法院收集、调取证据，检察机关、法院认为需要调查取证的，“应当由人民检察院、人民法院收集、调取证据，不得向律师签发准许调查决定书，让律师收集、调取证据”。〔2〕

这一禁止法院向律师签发“准许调查决定书”的规定，在实践中引起了一些争议。一种观点认为，无论是法院还是检察机关，面对辩护律师提出的调查取证申请，在调查取证方面缺乏足够的内在动力，经常拒绝辩护律师的调查申请。而由辩护律师手持司法机关签发的准许调查决定书前去调查，一方面免除了检察机关、法

〔1〕参见田文昌、陈瑞华主编：《〈中华人民共和国刑事诉讼法〉再修改律师建议稿与论证》（增补版），法律出版社2012年版，第181页以下。

〔2〕参见王尚新主编：《关于实施刑事诉讼法若干问题的规定解读》，中国法制出版社2013年版，第41页。

院的调查负担，另一方面也赋予这种调查一定的强制力。更何况，由辩护律师调查取证，所获取的证据被提交法庭之后，也有助于控辩双方的举证、质证活动。但另一观点则认为，我国刑事诉讼法只确立了辩护律师申请检察机关、法院调取证据的权利，这一规定的本意是由检察机关、法院亲自行使法律赋予的调查权，这种调查取证权是检察机关、法院的专有职权，应由这两个机关依法履行，而不宜交由辩护律师代为行使。

我国立法机关和最高司法机关显然采纳了上述第二种观点，强调检察机关、法院在接受辩护律师的调查申请后，只能亲自调查取证，而不能向律师签发准许调查的决定书或者令状，然后由律师收集和调取证据。这被普遍解读为民事调查令制度在刑事诉讼中不能适用。之所以要作如此规定，主要是考虑到“查明案件事实，收集能够证实犯罪嫌疑人、被告人有罪或者无罪、犯罪情节轻重的各种证据，正确定罪量刑，是审判机关、检察机关和侦查机关的法定职责和职权，有关机关也无权将法律授予的调查权转授律师行使”。〔1〕

应当说，我国刑事诉讼法没有确立委托调查制度，“六部委实施规定”也禁止司法机关向律师签发准许调查的令状，这都是无可争议的事实。但是，立法机关和最高司法机关拒绝采纳委托调查制度的理由却是值得商榷的。

假如调查取证、查明案件事实都属于法院、检察机关的“法定职责和职权”的话，那刑事诉讼法为什么还要授予辩护律师进行调查取证的权利呢？无论是自行调查还是申请调查，律师从事调查取证活动本身不就代行了检察机关、法院所享有的专有职权了吗？假如法院的专有调查权是不可替代行使的，那么，当事人、辩护律师、诉讼代理人就都不必再进行调查取证活动了，而听任检察机关、法院亲自调取证据就是了。很显然，有关部门至今仍然持有

---

〔1〕 参见王尚新主编：《关于实施刑事诉讼法若干问题的规定解读》，中国法制出版社2013年版，第43页。

一种“超职权主义”的观点，将审判机关、检察机关、侦查机关视为刑事诉讼的主体，而当事人、辩护律师、诉讼代理人则只是被动接受国家专门机关调查结果的客体。而这一点并不符合我国刑事诉讼制度的基本事实。

我国越来越多的法院都在探索试行调查令制度，并将这一制度的适用范围从执行程序逐步扩大到整个民事诉讼程序之中。我国最高法院也一度承认了调查令制度的合理性和正当性，并建议全国各级法院继续对这一委托调查制度进行探索和试行。〔1〕既然如此，这岂不也意味着法院将其专属的调查权转授给律师行使吗？既然最高法院和各地法院都同意在民事诉讼中向律师签发调查令的话，那法院在刑事诉讼中向辩护律师签发这类准许调查的令状，又有什么理论障碍呢？

而从法律实施的效果来看，尽管1996年《刑事诉讼法》确立了自行调查和申请调查相结合的律师调查制度，2012年《刑事诉讼法》又基本维系了这一制度的基本框架，但是，辩护律师“调查难”的问题始终没有得到解决。如前所述，辩护律师的自行调查经常遭到被调查单位和个人的无理拒绝，律师对于这种拒绝接受调查的情况完全无能为力。而一旦向检察机关、法院提出调查取证的申请，辩护律师又会遭遇检察机关、法院的拒绝调查问题。检察机关作为刑事案件的公诉机关，基于与案件的利害关系，通常都不会对辩护律师的调查申请给予配合和支持。法院则基于节省司法资源、降低诉讼成本的考虑，也很少会支持辩护律师的调查证据申请。可以说，辩护律师无论是自行调查还是申请调查，都陷入了前所未有的困境之中。既然辩护律师向检察机关、法院申请调查已经被司法实践证明是行不通的调查方式，那么，立法机关、最高司

〔1〕 参见最高人民法院2006年3月13日发布的《关于认真贯彻律师法依法保障律师在诉讼中执业权利的通知》，这一发文号为法〔2006〕38号的“通知”，具有司法解释的效力。根据这一“通知”，“人民法院可以在民事诉讼中积极探索和试行证据调查令做法，并认真研究相关问题，总结经验”。

法机关再强调这一制度的“正当性”又有什么意义呢？

其实，在刑事诉讼中引入“调查令制度”，意味着一种有别于自行调查和申请调查的第三种调查模式——委托调查模式将出现在刑事诉讼之中。与自行调查不同的是，委托调查是辩护律师向法院提出申请后，法院签发委托律师调查的令状，律师随后手持令状所进行的调查。这种委托调查实质上是辩护律师接受法院的委托所进行的调查取证活动，不再属于单纯的民间调查，而与法院的亲自调查具有相似的法律效果，带有一定的强制力。而与申请调查也不相同的是，委托调查并不是法院亲自实施的调查取证活动，而是由辩护律师在法院签发令状后所进行的调查，它从形式上看仍然属于律师自行实施的调查活动，只不过，律师的调查取证获得了法院令状的支持和授权。法院通过依托辩护律师调查取证的方式，既避免了自己亲自调查所面临的诉讼成本增加的困境，也避开了因为亲自调查取证所带来的取证不中立问题。

从性质上来说，委托调查属于一种法院授权下的调查活动。调查令或调查决定书的签发，意味着法院正式将调查取证的权利授予辩护律师代为行使。通过这一授权调查令状的发布，辩护律师的调查就具有与法院亲自调查同等的法律效力。而这对于被调查单位和个人也具有法律约束力。此外，委托调查的令状一旦发布，也意味着法院正式准许律师代为调查取证。调查令在一定意义上也是准许律师调查的令状。因为法院在签发此类调查令之前，都会进行专门的审查，以便确定由辩护律师代为调查是否具有正当性和合法性。

不仅如此，辩护律师通过委托调查，所获取的证据并不当然可以被作为定案的根据，其证明力和证据能力仍然要接受法庭上的举证、质证和辩论过程。辩护律师持调查令所进行的调查取证活动，充其量只是一种保证有关证据材料提交法庭的方法。而在有关证据材料被提交法庭之后，该证据仍然要由取证方向法庭予以举证，另一方有权对此证据进行质证，法庭也有权对该证据进行当庭审查。辩护律师持令状所进行的调查取证活动，对于法庭对相关证据的举证、质证和辩论没有任何影响。

（三）委托调查制度的局限

如同民事诉讼学者所论证的那样，委托调查的正当性是毋庸置疑的，“调查令”制度在试行中所出现的积极效果也是有目共睹的。民事调查令制度的实施经验足以证明，委托调查制度在刑事诉讼中的推行，对于缓解辩护律师调查难问题将会起到不可替代的作用。

当然，委托调查制度也并不是一种尽善尽美的调查模式。一些地方试行民事调查令的经验表明，在法院签发调查令之后，律师持令进行调查取证仍然有可能遇到一些单位的拖延、刁难甚至拒绝。上海市律师协会的一项调查表明，对于律师持令调查不予配合的主要集中在银行、房地产管理部门、工商行政机关、税务机关、公安机关、海关等部门。〔1〕与律师自行调查和申请调查一样，委托调查制度在试行中面临的最大挑战仍然是如何为辩护律师提供司法救济的问题。具体来说，辩护律师持调查令进行调查取证的，被调查单位或个人一旦予以无理拒绝，应当承担什么样的法律后果呢？辩护律师又能向哪个司法机关提出救济申请呢？

一些地方法院在民事诉讼中试行的调查令制度，曾经对被调查单位或个人拒绝律师调查的行为，确立了“由法院亲自实施调查取证”的法律后果，并将其视为一种可供选择的司法救济。〔2〕应当说，由律师“持令”调查转化为法院亲自调查，调查取证的强制力确实得到了强化。但是，这里又会出现两种可能的情况：一是法院亲自调查仍然受阻怎么办？二是法院拒绝亲自调查取证怎么办？

对于法院亲自调查受阻的情况，我国法律并没有现成的解决方案。一些西方国家为保证法院审判的权威性，曾对那些拒绝服

〔1〕　参见廉颖婷：《律师调查取证难寻求制度突破》，载《法制日报》2007年7月29日。

〔2〕　参见陶庆、王峰：《安徽建立调查令制度，律师取证不再难》，载《合肥晚报》2013年8月28日。

从法庭指令的人确立了“蔑视法庭罪”等相关罪名，并允许法庭不经审判直接对这类妨碍司法公正的人予以定罪判刑。但是，我国法律在维护法庭权威方面并没有确立类似的制度。在民事诉讼中，面对拒不配合法庭审判的人，法院最多采取司法拘留措施，或者交由侦查机关按照拒不服从判决、裁定罪来采取刑事追诉行动。而在刑事诉讼中，对于被调查单位或个人拒绝配合法院调查取证的，法律还没有授权法院采取类似的追究责任措施。

而对于法院拒绝亲自调查取证的情况，几乎所有试行调查令制度的法院都没有探索出有效的救济途径。按理说，律师持令调查受阻的，委托调查应当转化为申请调查，也就是由法院亲自实施调查取证行为。法院假如无理拒绝的，律师应通过上诉程序，申请上一级法院撤销原判、发回重审。但是，即便是在保证律师调查权方面走得较为超前的民事诉讼实践中，这种救济途径也还没有“发育”出来。将来刑事诉讼法假如引入了委托调查制度，必将面临同样的制度难题，

在委托调查的救济问题上，未来的刑事诉讼法还将难以回避一个问题，那就是法院应当签发调查令而无理拒绝签发的，辩护律师可通过什么途径获得救济的问题。

从民事调查令试行的情况来看，这一问题并没有得到各地法院的重视。这显然反映出法院在推行调查令制度方面实际存在不愿“引火烧身”的问题。但从委托调查制度的全面设计来看，这一问题确实会出现在司法实践之中。

全国律师协会2006年提交给立法部门的立法建议稿，在建议设立“证人出庭令”和“证据调查令”的同时，还建议确立相应的救济机制。根据这一建议稿，法院无正当理由拒绝向辩护律师颁发证据调查令、证人出庭令的，被告人、辩护人可以一审法院违反法定程序、影响公正审判为由，提起上诉；二审法院认为一审法院的行为确实存在违反法定程序情形的，应当撤销原判、发回重审，并责令一审法院纠正原来的违法行为，向辩护律师颁发相关

令状。[1]

由此看来，无论是法院拒绝亲自调查取证的行为，还是法院拒绝发布调查令的行为，都面临着能否被视为“违反法定程序、影响公正审判”之行为的问题，也都面临着能否通过宣告无效的方式加以救济的问题。对这一问题的全面解决，显然不能诉诸于一些地方法院的改革探索，而有待于立法机关对诉讼制度的全面改革。

当然，我国2012年《刑事诉讼法》已经对拒不出庭作证的证人确立了强制性措施，证人经法院通知仍然拒绝出庭的，法院可以对其采取强制到庭、当庭训诫或拘留等制裁性措施。这就意味着，辩护律师要求某一证人出庭遭到拒绝的，可以申请法院通知该证人出庭作证，而被法院通知出庭的证人假如继续拒绝出庭的，就将被追究法律责任。鉴于此，为避免委托调查制度困难面临的难以获得救济的问题，对于证人、鉴定人、被害人的出庭作证，在辩护律师提出相关申请后，不宜由法院签发所谓的“证人出庭令”，而可以由法院统一通知证人、鉴定人、被害人出庭作证。未来的委托调查制度将主要适用于辩护律师向有关单位或个人调取实物证据或者笔录证据问题上。这就可以使委托调查的适用范围受到一些必要的限制，委托调查的救济难题将变得更加容易解决一些。

五、律师调查取证的发展方向

我国现行法律确立了两种辩护律师调查取证的模式：一是自行调查模式，二是申请调查模式。30年来，这两种律师调查模式虽然几经变化，却仍然被作为保证辩护律师调查取证的基本制度安排。然而，无论是自行调查模式还是申请调查模式，都没有从根本上解决辩护律师“调查难”的问题。辩护律师的自行调查经常遭到被调

---

〔1〕 参见田文昌、陈瑞华主编：《〈中华人民共和国刑事诉讼法〉再修改律师建议稿与论证》（增补版），法律出版社2012年版，第52页。

查单位或个人的拒绝，而在申请调查中也会遇到检察机关、法院拒绝亲自调查取证的问题。从根本上说，律师自行调查的“民间性”和“非强制性”决定了这种调查取证方式的局限性。而检察机关与辩护方诉讼立场的对立，法院基于诉讼经济的考虑而无力承担较多的调查责任，则造成了申请调查模式的制度性难题。

委托调查是一种在民事诉讼中得到试行的律师调查模式。从实施效果上看，这一调查模式使得律师在获得法院准许和授权基础上展开调查活动，其调查效力类似于法院亲自实施的调查取证，大量被调查单位和个人都对此给予配合，公开抵制律师调查的情况有所减少，因此受到了不少地方法院和律师界的肯定。在刑事诉讼中引入这一律师调查模式，将有助于弥补自行调查和申请调查的双重缺憾，使得辩护律师的调查取证在获得法院强力支持的同时，又不至于使法院承受更多的调查取证负担。因此，委托调查将有望成为我国未来辩护律师调查取证制度的发展方向。

但是，委托调查也并不是一种完美无缺的律师调查模式。与自行调查和申请调查一样，委托调查也照样存在律师难以获得救济的问题。面对被调查单位或个人拒绝接受律师的委托调查，或者面对法院拒绝签发调查令状的问题，辩护律师也难以通过上诉程序促使上级法院作出第一审程序无效之宣告。不仅如此，委托调查在民事诉讼中所出现的问题，也显示出法院在督促被调查单位和个人配合律师调查取证方面缺乏必要的权威，有关维护司法公正的强制性手段也是十分稀缺的。我们有理由相信，将来在刑事诉讼中引入委托调查制度以后，法院对于拒绝接受调查的单位和个人，有必要建立一种责任追究机制。毕竟，一个法院在调查取证方面的权威性越高，辩护律师在调查取证方面获得法院的授权和委托就越富有意义。

第十七章

辩护律师说服法官的方式

一、说服法官的难题

在刑事诉讼中,辩护权通常表现为各种形式的诉讼请求权,也就是请求司法机关作出有利于被告人诉讼决定的权利。在刑事诉讼理论中,辩护权具有诉权的性质,属于被告人所享有的诉讼请求权;与诉权相对应的是裁判权,也就是司法机关针对被告人的诉讼请求,就某一诉讼事项所拥有的裁决权。至少在刑事审判程序中,辩护权的实现,在很大程度上取决于被告人能否通过行使诉权来有效地制约裁判权,说服裁判者接受本方的诉讼主张。

在被告人获得律师帮助的案件中,被告人所享有的辩护权主要是由辩护律师来行使的。在法庭审判阶段,辩护律师通常会代表被告人,向法院提出一系列诉讼请求,从而推动刑事诉讼活动的进行。对于辩护律师的诉讼请求,法院有时会无条件地予以满足。例如,辩护律师一旦在法定上诉期内提出上诉,二审法院都会启动二审程序;辩护律师在被告人自愿认罪的前提下,一旦申请或者同意适用简易程序,基层法院经过审查认为确属合法的情况下,会按照简易程序审理案件。但是,对于辩护律师的有些诉讼请求,法院却很少予以支持，甚至也不作出是否支持的决定。例如，辩护律师以案件违背地区管辖或者级别管辖为由，提出变更管辖的请求，法院对此要么不予理会，要么予以拒绝；辩护律师申请法院通知侦查人员出庭作证，法院往往都会以侦查人员“不便出庭”为由，驳回辩护律师的诉讼请求。当然，在更多的情况下，法院对于辩护律师提出的诉讼请求，都会予以审查，并区分情况，作出或支持或拒绝的决定。这方面的典型例子有：辩护律师申请法院启动非法证据排除的程序，申请证人出庭作证，申请二审法院开庭审理等。

那么，在辩护律师通过提出诉讼请求来实现辩护权方面，究竟存在怎样的规律呢？辩护律师的诉讼请求究竟在多大程度上能够对法院产生影响呢？针对这些问题，本章拟对辩护权实现的方式做一初步的模式化研究。根据我国法律和司法实践的情况，本章将辩护权实现的方式区分为三种模式：一是诉权控制模式，也就是辩护律师一旦提出诉讼请求，法院即无条件地予以支持的模式；二是裁判权控制模式，也就是辩护律师即便提出诉讼请求，法院也极少加以支持的模式；三是诉权影响裁判权的模式，也就是辩护律师的诉讼请求对法院的裁决具有影响力的模式。根据辩护律师的诉讼请求对法院的影响程度，本章又将这一模式细分为两种：一是诉权对裁判权的强影响模式；二是诉权对裁判权的弱影响模式。

笔者拟结合相关成文法规定和司法实践情况，对辩护权实现的三种模式进行理论上的分析，并对其实际效果做出评论。在笔者看来，作为一种行使诉权的方式，被告人和辩护律师的诉讼请求不一定都能为法院所接受，对法院的裁决结论也不一定具有直接的决定作用。但至少，这种辩护活动应当对法院的裁判活动产生有效的影响。具体而言，被告人及其辩护人一旦提出某一诉讼请求，法院就应在程序上给予必要的回应，对该项请求是否成立进行讨论，给出一项附理由的裁决，并给予被告人获得救济的机会。这应当是辩护权得以实现的最低程序保障。

二、诉权控制模式

(一)什么是诉权控制模式

对于辩护权与裁判权的关系,人们很容易形成一种约定俗成的印象,也就是“被告方提出申请,法院作出是否准许的决定”。换言之,被告方提出申请是一回事,但法院是否批准甚至是否予以受理,则是另一回事。法院对于是否准许被告方的诉讼请求,享有程度不同的自由裁量权。但是,假如我们认真地考察一下被告方诉讼权利的行使方式,就会发现至少在部分诉讼事项上,被告方一旦提出特定的诉讼请求,法院既不会拒绝受理,更不会驳回这些诉讼请求,而一般会支持被告方的诉讼请求。

【例一】上诉权

对于一审法院所作的判决和裁定,被告人在法定上诉期内提出上诉的,二审法院会无条件地予以支持,并对该案件启动二审程序。具体来说,对于被告人提出的上诉请求,二审法院既不会拒绝受理,也不会对其提出上诉的理由进行审查,而是一律加以接受。可以说,被告人的上诉构成了二审法院启动二审程序的充分条件。对于这种诉讼请求的行使,法律所提出的唯一限制是被告人必须在法定上诉期内提出上诉。

在行使上诉权过程中,被告人的上诉请求权之所以对法院的裁判活动具有决定性的影响,是因为这种诉讼请求无论是向一审法院提出,还是直接被提交二审法院,后者都会予以受理和进行审查。这显示出被告人的上诉请求权可以直接左右案件的诉讼进程。不仅如此,这种上诉请求一旦提出,法院经过形式上的审查,一般都会予以支持,从而使案件进入二审程序。所谓“形式上的审查”,主要是指法院只对被告人是否在上诉期内提出上诉进行审查,而不会对其上诉的事实根据和法律理由进行任何实质性审查。这显示出，被告人的上诉请求权对于法院的裁判活动具有强大的控制力。

【例二】简易程序选择权

对于基层法院受理的刑事案件，被告人自愿认罪，并主动提出或者同意适用简易程序的，法院可以按照简易程序来审理案件。而在这种简易程序中，被告人一旦反悔，放弃适用简易程序，法院就要按照普通程序审理案件。可以说，无论是简易程序的适用，还是从简易程序转向普通程序，被告人的选择都具有决定作用。被告人的程序选择权直接决定了法院的审判方式。

与上诉权相似，被告人和辩护律师申请选择简易程序的权利，也对法院的裁判活动具有决定性的影响。这是因为，对于被告人申请或者同意适用简易程序的，基层法院一般只是进行一种形式上的审查，也就是审查被告人是否自愿认罪，是否了解适用简易程序的法律后果，以及案件是否符合适用简易程序的法定条件。经过审查，只要案件符合这些形式要件的，法院就会尊重被告人的自由意愿，按照简易程序审理该案件。〔1〕同样，在基层法院按照简易程序审理案件的过程中，被告人一旦提出反悔的，法院就要尊重被告人的这一要求，终止进行简易程序，并按照普通程序的要求重新开庭审理此案。

【例三】阅卷权

我国法律明确授予辩护人查阅、摘抄、复制案卷笔录的权利。在开庭审判前，辩护律师提出阅卷请求的，法院通常都会予以支持，并为律师阅卷创造较为便利的条件。在司法

〔1〕 参加陈瑞华、黄永、褚福民:《法律程序改革的突破与限度——2012年刑事诉讼法修改述评》，中国法制出版社2012年版，第166页以下。

实践中，辩护律师可以通过摘抄、复制、拍照等多种方式复制案卷材料。

查阅、摘抄、复制案卷材料，是辩护律师辩护准备活动的重要组成部分。通过阅卷，辩护律师可以发现对被告人有利的事实和证据材料，也可以对某些证据材料进行审查核实，这对于律师形成较为成熟的辩护思路是不可或缺的辩护活动。通常情况下，辩护律师会在开庭前提出查阅、摘抄、复制案卷材料的请求，对此请求，法院几乎都会无条件予以支持。不仅如此，即便法院已经启动了开庭审理程序，但假如辩护律师发现了公诉方提交了本方从未查阅过的新证据的，也可以向法庭提出查阅和审核的要求。对此要求，法院通常都会予以支持。

可以看出，在上述例子中，被告人和辩护律师一旦提出合理的诉讼请求，法院都会予以支持，从而作出有利于申请方的决定。当然，法院会对这些诉讼请求进行形式上的合法性审查。这就意味着，被告人和辩护律师通过行使诉权，可以对法院的裁判权具有压倒性的制约作用，对于这种辩护权实现的方式，笔者将其称为“诉权控制模式”。

在这种诉权控制模式下，被告人和辩护律师通过提出诉讼请求，可以对法院的裁判活动具有决定性的作用。首先，被告人和辩护律师可通过提出诉讼请求，直接引导诉讼活动的进程，法院对此请求会加以受理，将其作为裁量的对象。例如，对于法院的一审判决，被告人一旦提出上诉，二审法院都会予以接受；对于被告人同意适用简易程序的，基层法院也会予以受理。其次，被告人和辩护律师一旦提出有关诉讼请求，法院都会予以支持，作出有利于被告人的结论。例如，被告人一旦提出上诉，二审法院一般都会启动二审程序；被告人一旦不同意适用简易程序，基层法院就只能适用普通程序。

（二）诉权控制模式的特征

在这种诉权控制模式下，被告人和辩护律师通过行使诉讼请求权，对法院的裁决具有决定性的影响，法院几乎不存在自由裁量的余地。无论是被告人还是辩护律师，只要提出诉讼请求，就可以得到法院的充分尊重。在我国刑事诉讼中，被告人和辩护律师在此模式下行使诉讼请求权时，很少遇到法院无理拒绝的情形。应当说，这一模式下的辩护权得到了较为理想的实现。

过去，人们经常抱怨辩护权常常得不到法院的尊重。但是，为什么在上诉、选择简易程序等领域，被告人的诉讼权利却能得到良好的保障呢？要解释这一现象，我们需要对诉权控制模式的特征作出分析。

在诉权控制模式下，法律明确授权被告人和辩护律师提出特定的诉讼请求。无论是上诉权、简易程序选择权，还是阅卷的权利，都属于法律明确授予被告人、辩护律师行使的诉讼权利。作为法定诉讼权利，上诉权保证被告人获得上一级法院重新审判的机会；通过同意适用简易程序，被告人获得了选择诉讼程序的机会；通过查阅、摘抄、复制案卷材料，辩护律师可以在庭审前进行充分的防御准备，为有效参与庭审过程创造条件。很明显，上述这些诉讼权利都是被告人辩护权的重要组成部分，它们的实现对于被告人有效行使辩护权实属至关重要的程序保证。法律将这些权利确立为法定权利，就对法院裁判活动构成较大的制约。

在将被告人诉讼权利列为法定权利的前提下，法律还为被告人、辩护律师有效地行使权利设定了明确条件。在刑事诉讼中，任何诉讼权利的行使都是有条件的，这些条件越是明确和具体，诉讼权利的行使就越能获得有效保障。在上诉权方面，法律为一审法院的判决和裁定分别设定了明确的上诉期限。被告人在该上诉期内没有提出上诉的，其上诉请求将遭到驳回。而在简易程序的适用方面，被告人选择简易程序的适用，是有具体的案件适用范围和适用条件的。超出法定适用范围，或者不符合法定适用条件，法院将不会适用这一程序。不仅如此，被告人即便在简易程序中提出反悔，也是有程序限制的。有了这些适用范围和适用条件的限制，被告人、辩护律师在行使诉讼权利方面就有了可预测性，法院的自由裁量权也就受到有效的约束。

诉权控制模式包含过程控制和结果控制两个方面。在这一模式下，被告人、辩护律师通过行使诉讼请求权，可以在过程和结果两个方面对法院的裁判权施加决定性影响。在过程控制方面，这些诉讼请求的提出，可以直接带来法院的受理，被告方不必担心其申请会遭到法院的拒绝。而在结果控制方面，法院通常只进行特定的形式审查，也就是对请求是否符合法定条件进行审查，而不会对被告人是否具有事实依据和法律理由进行实质审查。这就导致该类诉讼请求很容易得到法院的支持，诉讼权利因此得到实现。例如，只要符合法定的条件，被告人提出上诉后，二审法院会启动二审程序；被告人同意适用简易程序后，基层法院不再适用普通程序……有时候，辩护权对裁判权的这种过程控制和结果控制结合得如此紧密，以至于我们很难将其加以严格分离。

在诉权控制模式下，假如被告人的诉讼请求权遭到无理拒绝，法院能够给予必要的司法救济吗？对此问题，法律并未给出明确的答案。但从司法实践的情况来看，符合这一模式的几项诉讼权利，在行使过程中并没有遇到类似的困境。法院对于被告人和辩护律师的诉讼请求，一般都会给予尊重和支持。原则上，无论是对被告人上诉权的剥夺，还是对其选择简易程序的权利的限制，都属于较为严重的程序违法行为。但是，这类程序违法行为一旦发生，二审法院能否以一审法院违反法定程序、影响公正审判为由，申请二审法院撤销原判、发回重审，这还是一个不确定的问题。司法实践中也极少发生类似的案例。

三、裁判权控制模式

（一）什么是裁判权控制模式

与诉权控制模式形成鲜明对比的是，“裁判权控制模式”是一种辩护权对裁判权缺乏实质制约力的模式。在这一模式下，被告人和辩护律师所提出的诉讼请求，对于法院的司法裁判不会产生任何影响，法院既不将其纳入裁判的对象，也极少作出支持该诉讼请求的决定。即便在个别情况下，法院作出了有利于被告人的诉讼决定，也与被告人和辩护律师的辩护活动没有实质的联系，而完全属于法院自由裁量的结果。

【例四】死刑复核程序中的辩护权

最高法院在死刑复核程序中既不举行开庭审理，也极少当面听取辩护律师的辩护意见，而主要依靠阅卷和提讯被告人等方式来作出是否核准死刑判决的裁定。在这一程序中，律师即便接受委托担任辩护人，也最多只能向最高法院提交一份书面辩护意见。但最高法院无论是否作出核准死刑判决的裁定，都不会将辩护意见的意见写入裁定书，更不会对这些辩护意见作出任何回应和评论。结果，律师在此环节的辩护几乎对最高法院不会产生实质性的影响。

被告人和辩护律师在死刑复核程序中难以对法院的裁决发挥实质性的影响，主要原因在于这一带有内部报核性质的程序，不具有基本的诉讼形态，不仅控辩双方无法参与法院裁判的制作过程，而且法院就连开庭审理都不举行，而只是以提供阅卷、提审被告人等方式进行简单的审查。[1]辩护律师失去了当面向最高法院法官陈述辩护意见的机会，其所提交的书面辩护意见也得不到法院的回应。其实，与死刑复核程序相似的是，二审法院假如采取所谓“调查讯问式”的审理方式，辩护律师对法院裁判活动也是难以发挥影响力的。

---

〔1〕 参见陈瑞华：《刑事诉讼的中国模式》（第2版），法律出版社2010年版，第250页以下。

【例五】一审和二审中的程序请求权

在普通的一审和二审程序中，对于被告人和辩护律师所提出的诸多诉讼请求，法院经常作出不予支持的决定，而又不提供任何理由。例如，无论是在开庭前还是在庭审过程中，被告人和辩护律师提出延期审理的申请，法庭有时会直接加以拒绝；在法庭审理中，辩护律师申请休庭，要求与被告人进行私下协商和交流，法庭有时会直接加以驳回；被告人和辩护律师假如对法院的审判管辖权提出异议，法院也会直接加以驳回……

上述例子足以显示，“裁判权控制模式”其实就是一种“被告方提出请求，法院自行作出决定”的模式。在这一模式下，法院在是否审查被告方诉讼请求、是否作出有利于被告人的决定等方面，拥有极大的自由裁量权。法院既可以拒绝受理被告方的诉讼请求，也可以直接作出不支持该诉讼请求的决定。而在作出这些决定时，法院既不对被告人和辩护律师的观点作出回应，也拒绝提供作出决定的理由。即便在极为个别的情况下，法院作出了有利于被告人的决定，也不是被告方行使辩护权的结果，而是法院基于各种因素加以裁量的结果。对于被告人和辩护律师来说，其辩护意见能否得到法院的受理和采纳，这都是不可预测的，也是极为不确定的。

（二）裁判权控制模式的特征

在裁判权控制模式下，法院基本上依据职权自行决定诉讼的进程，而不受被告方诉讼请求的影响。从司法实践的情况来看，被告人的辩护权在这一模式下经常得不到法院的尊重，被告方的诉讼请求也极少获得法院的支持。比如说，律师在死刑复核程序中所提出的辩护意见，很难得到最高法院的采纳；被告人就变更管辖、变更强制措施、侦查人员出庭等问题所提出的申请，也极少得到法院的支持。这种情况的出现，与裁判权控制模式所具有的特征是分不开的。

与诉权控制模式不同的是，裁判权控制模式下的诉讼请求权，对于法院的裁判活动并不具有结果上的影响力。被告方提出这类诉讼请求后，法院拥有自行决定是否予以支持的裁量权。例如，被告方提出重新鉴定的申请后，法院自行决定是否启动重新鉴定程序。这显示出此类诉讼请求对于法院的裁决结果不具有任何实质上的影响力。

被告方的诉讼请求对于法院的裁判也不具有过程上的影响力。被告方一旦提出这类诉讼请求，法院可以自行决定是否予以受理。而在法院不予受理时，也不必提供理由。例如，辩护律师以开庭时间冲突、难以充分做好准备等为由提出延期审理的，法院经常直接加以拒绝，要求辩护律师严格按照法院通知的开庭时间，前来参与诉讼活动。这也足以说明，这种裁判权控制模式具有超职权主义的构造特征，被告人和辩护律师作为辩护一方，无论是在诉讼结果上还是在诉讼过程方面，都缺乏实质的影响力。在一定意义上，法院在这一模式下拥有几乎不受约束的自由裁量权，被告人的诉讼请求权在这一模式下是很难得到实质保障的。

一位最高法院的法官曾经对被告方申请重新鉴定问题发表过这样的见解：

> ……要否进行司法鉴定，这是司法机关的权力，也是司法机关的责任……我们分析判断案件事实、证据，认为被告人没有精神病可能的，影响再大的案件，谁提出要作精神病鉴定，也不需要做，因为没有法律依据。相反，我们在办案过程发现被告人作案动机与手段和结果完全不相称，不符合常情，即使没有任何人提出要作司法精神病鉴定的问题，我们也要作。我认为这是科学的态度。〔1〕

〔1〕 张军主编：《刑事证据规则理解与适用》，法律出版社2010年版，第18页。

按照这位法官的观点，法院是否启动重新进行司法精神病鉴定的程序，这完全属于法院自由裁量的范围，与被告人和辩护律师是否提出申请没有关系。对于被告方的申请，法院认为没有法律依据和科学依据的，就可以直接驳回。这可以说是对裁判权控制模式的一种典型表述。但问题的关键在于，对于被告方要求重新鉴定的申请，法院是否予以受理和审查，要不要给出附具理由的决定呢？对于这一决定，被告方不服的，又能否获得司法救济的机会呢？这些问题假如得不到解决的话，那么，法院在是否启动重新鉴定程序问题上岂不是可以独断专行吗？

在裁判权控制模式下，法院对于被告方的诉讼请求，是否给予尊重和支持，缺乏明确的法定标准。变更管辖就属于一个典型的例子。在刑事司法实践中，被告人和辩护律师经常提出变更管辖的申请。提出这种申请的理由经常是上级法院指定一个本无审判管辖权的法院审理案件，或者法院与案件存在特定的利害关系，难以做到公正审判。但是，我国刑事诉讼法对于审判管辖的变更问题，只是简单地确立了上级法院依据职权指定下级法院管辖的制度，却没有列明法院变更管辖的具体事由。结果，法院在是否准许变更管辖问题上就拥有了任意裁断的空间。这一问题在被告方申请休庭、延期审理、侦查人员出庭、调取同步录像、变更强制措施等方面，都同样存在。

在裁判权控制模式下，被告方所提出的诉讼请求假如遭到法院的无理拒绝，如何获得救济呢？迄今为止，我国刑事诉讼法只是对于一审法院违反法定程序、影响公正审判的行为，确立了撤销原判、发回重审的救济方式。但这一救济方式对于裁判权控制模式下的诉讼请求权，却是难以适用的。这是因为，刑事诉讼法所列举的一审法院“违反法定程序”的情形很难将这些情况包容进去。而在司法实践中，法院拒绝被告方所提出的延期审理、休庭、变更管辖、侦查人员出庭、变更强制措施、调取录像资料等方面的诉讼请求的，被告方即便在上诉中提出这些问题，二审法院也不会将此确立为“违反法定程序、影响公正审判”的行为。

四、诉权影响裁判权的模式

在保障被告人有效行使辩护权方面，诉权控制模式赋予被告人和辩护律师绝对的诉讼控制力，而裁判权控制模式则使得法院获得自由裁量的空间。这两种略显极端的模式都不属于辩护制度的常态。在正常情况下，被告人和辩护律师一旦提出某一诉讼请求，法院都会加以受理和审查，然后作出是否准许的决定。我们把这种被告方通过提出诉讼请求来影响法院裁判结果的模式，称为“诉权影响裁判权”的模式。当然，在不同诉讼权利的实现中，被告方对于法院的裁判活动所施加的影响有强有弱，发挥影响的方式也各不相同。我们把被告方可以对法院施加较大影响力的模式，称为“强影响模式”；而把被告方的诉讼请求权对法院裁判活动影响较弱的模式，则称为“弱影响模式”。在以下的讨论中，我们依次这两种模式进行对比分析。

（一）强影响模式

在刑事诉讼中，法院对于被告人和辩护律师提出的一些诉讼请求，一般会加以受理，对其合法性进行审查，并作出一项附理由的决定。换言之，被告方的诉讼请求尽管不会对法院的裁决结论具有决定作用，却足以对法院的审判过程产生较强的影响力。这就是本章所说的诉权对裁判权的强影响模式。

【例六】申请回避权

在刑事诉讼中，包括被告人在内的当事人有权申请法官、陪审员退出审判活动，这是申请回避权的应有之义。被告人一旦提出要求法官、陪审员回避的请求，法庭就会中止审判程序，将该诉讼请求提交审查程序。其中，普通法官、陪审员的回避，要由法院院长作出决定；院长的回避，则要由本院审判委员会作出决定。经过审查，法庭恢复法庭审理后，要当庭宣告是否准许被告人的申请。对于法院驳回申请回避的决定，被告人可以申请复议一次。被告人还可以在一审判决宣告后，通过提出上诉，要求二审法院宣告一审法院违反回避制度，从而作出撤销原判、发回重审的裁定。

这显然说明，被告人通过行使申请回避权，可以对法院的裁判活动施加以下几方面的积极影响：一是促使法庭中止正常的审理活动；二是促使法院将回避问题纳入审查对象；三是促使法院启动法院院长或审判委员会的审查程序；四是促使法院作出是否准许被告人申请的决定；五是通过申请复议，促使法院对被告人的回避申请重新予以审查；六是通过提出上诉，促使二审法院对一审法院拒绝被告人申请的决定，进行合法性审查，并作出宣告无效的裁决。

【例七】申请采纳和解协议的权利

刑事诉讼法为刑事和解协议的达成设定了适用范围和条件。作为适用刑事和解的前提条件，被告人必须自愿认罪，积极提供民事赔偿，并取得被害方的谅解。对于符合法定适用条件的案件，被告方与被害方达成和解协议的，可以将此协议提交法院。法院应当对其合法性和自愿性进行审查。经过审查，法院认为和解协议不合法的，可以拒绝被告方和被害方所提交的和解协议；法院认为该和解协议合法有效的，则可以将该和解协议作为一项重要的量刑情节，并根据案件情况，对被告人作出从轻、减轻或者免除刑事处罚的裁决。

可以看出，在刑事和解协议达成的过程中，被告方通过提交和解协议，对法院的裁判活动施加了以下影响：一是促使法院审查该和解协议的合法性和自愿性；二是说服法院将被告方与被害方达成和解协议的情况作为一项量刑情节，并对被告人作出宽大处罚。在司法实践中，法院通常将被告方与被害方达成刑事和解协议的情况视为一种法定量刑情节，可以对其从轻、减轻或者免除刑事处罚。〔1〕从实施效果来看，刑事和解制度的推行，有助于化解被害方与被告方的矛盾，修复他们之间的关系，实现社会的和谐。〔2〕

【例八】申请排除非法证据的权利

2012年《刑事诉讼法》所确立的非法证据排除规则，以书面法律的形式为被告人诉讼请求权的实现提供了程序保障。当然，这一规则在司法实践中并没有得到良好的实施，被告人很少能成功地说服法院作出排除非法证据的决定。不过，我们这里着重讨论的是被告人一旦提出这一诉讼请求，究竟能对法院的裁判活动产生多大程度的影响。书本法律所承诺的是被告人诉讼请求权对法院裁判权的最大影响程度。而在司法实践中，某一案件中的被告人究竟能否对法院裁判活动产生这样的影响力，这应属于另当别论的问题。

原则上，被告人和辩护律师一旦提出排除非法证据的请求，法院就可以召开庭前会议，就侦查行为是否存在违法情况问题，了解情况，听取意见。〔3〕对于被告人的这一诉讼请求，法院要进行初步审查，以便确定是否对侦查行为的合法性产生疑问。经过审查，答案假如是肯定的，那么，法院就可以启动正式的调查程序，组织控

---

〔1〕 参见陈光中、葛琳：《刑事和解初探》，载《中国法学》2006年第5期。

〔2〕 参见陈瑞华：《刑事诉讼的私力合作模式——刑事和解在中国的兴起》，载《中国法学》2006年第5期。

〔3〕 参见戴长林：《非法证据排除规则司法适用疑难问题研究》，载《人民司法》2013年第9期。

辩双方对侦查行为的合法性问题展开调查和辩论。[1]在这种正式调查程序中，公诉方就侦查行为的合法性承担证明责任，假如该方不提供证据，或者无法排除侦查人员非法取证可能性的，法院都可以作出排除非法证据的决定。[2]不仅如此，一审法院对于被告人排除非法证据的申请拒绝作出决定，或者被告方在一审结束发现了证明侦查行为违法性的新事实和新证据的，被告方还可以在二审程序中重新提出排除非法证据的申请。对此申请，二审法院也要经过正式调查，并将侦查行为合法性问题与案件是否事实清楚的问题一并作出裁决。[3]

前面所分析的几个例子显示，被告人对法院裁判活动所施加的较强影响，并不意味着法院对被告方的诉讼请求都会一味地加以支持，也不意味着被告方对法院的裁判结果具有完全的控制力。事实上，无论是在回避、刑事和解方面还是在排除非法证据方面，法院对于被告人的诉讼请求也是经常加以拒绝的。诉权对裁判权的强影响模式主要体现在过程控制方面，意味着被告方的诉讼请求权可以对法院的裁判权施加积极而有效的影响。尽管不同的诉讼请求对裁判权会有各不相同的影响力，但是，被告方的辩护活动会直接影响诉讼的进程，促使法院进行富有理性的裁判活动，这是不容置疑的。

一般而言，被告人和辩护律师的诉讼请求权可以对法院的裁判活动施加以下几个方面的影响：一是促使法院中止原来的审判活动，申请回避、提交和解协议和申请排除非法证据大体都具有这一程序效果；二是促使法院举行专门的审查程序，以确定被告方诉讼请求的合法性问题，如法院对回避申请会提交院长或审判委员会进行专门审查，法院对和解协议会进行合法性审查，法院对于非法证据排除申请也会进行初步审查，并在通过这一审查程序后再行

---

〔1〕 参加周峰：《非法证据排除制度的立法完善与司法适用》，载《人民法院报》2012年5月9日。

〔2〕 参见张军主编：《刑事证据规则理解与适用》，法律出版社2010年版，第321页。

〔3〕 参见陈瑞华：《非法证据排除程序再讨论》，载《法学研究》2014年第2期。

启动正式调查程序；三是对该项诉讼请求的合法性确立了法定条件，如对回避法定事由、刑事和解条件、非法证据排除适用对象的法律设定，就对法院在裁判过程中的裁量权施加了有效控制；四是为法院的裁判活动确定了专门的司法证明机制，包括证明责任和证明标准，如在申请排除非法证据问题上，被告方在初步审查程序中承担初步的证明责任，而在正式调查程序中，公诉方则承担证明侦查行为合法性的责任，并要达到最高的证明标准；五是确立了一些司法救济机制，使得被告方在法院拒绝其诉讼请求之后，可以诉诸原法院或上级法院，提供司法救济的机会，如被告方可以对法院拒绝其回避申请的决定，申请复议，或者申请二审法院进行程序合法性审查，对于一审法院拒绝作出决定的，被告方还可以在二审程序中再次提出排除非法证据的申请等。

（二）弱影响模式

诉权对裁判权的弱影响模式，是指被告方的诉讼请求不仅对于法院的裁决结论不具有决定性的影响，而且在过程控制方面也只具有较为微弱的影响力。通常情况下，对于被告方的诉讼请求，法院拥有较大的自由裁量权，它既可以受理这一诉讼请求，也可以不经审查而直接驳回该诉讼请求；它即便受理了该诉讼请求，也可以在不提供任何理由的情况下，作出不利于被告方的决定。不仅如此，对于法院拒绝受理或者不支持被告方诉讼请求的，被告方还几乎无法获得任何有效的救济。

【例九】庭审中的证据调查权

我国刑事诉讼法为各方当事人确立了一项诉讼权利，那就是在庭审过程中“申请通知新的证人到庭，调取新的物证，申请重新鉴定或者勘验”。对此权利，我们可以称为“庭审中的证据调查权”。但是，刑事诉讼法对这一诉讼权利没有确立任何有效的程序保障措施，使得被告方的诉讼请求对法院裁判活动只具有十分微弱的影响力。而在司法实践中，遇有被告方提出该类诉讼请求的，法院尽管有时会对此进行审查，但一般极少会作出支持这些诉讼请求的决定。这是因为，要成功地说服法院接受这一诉讼请求，被告方首先需要说服法院休庭，然后才能进行下一步的行动。但在司法实践中，法院一般都会通过连续的法庭审理活动，对案件进行完庭审程序，而极少会作出中止审理决定的。不仅如此，法院即便中途休庭，也极少会协助被告方通知新的证人出庭作证、调取物证，至于为了被告方的利益而启动重新鉴定或者重新勘验程序，则就更加困难了。

在“庭审中的证据调查权”之外，还有一些诉讼权利可以被列入“弱影响模式”，其中较为重要的有：申请二审法院开庭审理的权利，申请证人、鉴定人、专家辅助人出庭作证的权利，申请法院向侦查机关、检察机关调取新证据的权利等。

【例十】申请二审法院开庭审理的权利

在我国刑事诉讼中，二审法院对被告方提出上诉的案件，极少举行开庭审理，而是采取所谓“调查讯问式”的书面审理方式。这种审理方式由于剥夺了被告人和辩护律师进行当庭举证、质证和辩论的机会，导致二审审理程序流于形式，因此曾长期受到法律界的批评。为促使二审法院尽可能采取开庭审理的方式，2012年《刑事诉讼法》要求对那些当事人对一审认定的事实、证据提出异议，可能影响定罪量刑的上诉案件，应当开庭审理。这一规则假如真能得到有效实施的话，那么，被告人和辩护律师就可以对二审法院的审判方式施加积极的影响。被告方可以在提出上诉的同时，提出要求二审法院开庭审理的申请。对于该项申请，二审法院在以下两项条件同时具备的情况下就应予以批准：一是被告方对一审认定的事实和证据提出异议；二是该项异议可能影响案件的定罪量刑。

但是，2012年《刑事诉讼法》实施的情况表明，二审法院开庭审理的案件并没有出现显著的增加。对于被告人和辩护律师所提出的开庭审理的申请，二审法院极少加以批准，而在不批准时也不提供任何理由。[1]这就使得书本法律中所确立的二审开庭制度在实践中几乎无法得到落实，被告人和辩护律师在申请二审开庭审理方面只能对法院施加非常微弱的影响。之所以会出现这一局面，主要是因为在两审终审制的影响下，对于二审法院拒绝开庭审理的，被告方无法获得有效的司法救济，二审法院也不会因为侵犯被告人诉讼权利而遭受程序上的消极后果。不仅如此，中国司法实践中存在较为普遍的上下级法院内部请示报告制度，一审法院在宣告判决前经常向上级法院进行案件请示，上级法院则就案件的裁判结果给出某种明确指示。可以说，在一个案件已经"先定后审"的情况下，二审法院是否举行开庭审理变得毫无意义。

【例十一】申请证人、鉴定人、专家辅助人出庭作证的权利

在申请二审法院开庭审理之外，申请证人、鉴定人、专家辅助人出庭作证，也是辩护权对裁判权影响甚微的领域。本来，证人、鉴定人不出庭作证，法庭仅仅通过宣读案卷笔录、书面材料来组织法庭调查，这已经成为法庭审理程序的常态。这会造成法庭审理流于形式，大大限制被告人辩护权发挥的空间。为解决这一问题，2012年《刑事诉讼法》重新确立了证人、鉴定人出庭作证的制度。对于同时具备以下条件的证人，法院应当通知证人出庭作证：一是控辩双方对证人证言存有异议；二是证人证言对案件定罪量刑具有重大影响；三是法院认为证人有必要出庭作证。对于符合上述条件而拒不出庭的证人，法院可以对证人采取强

[1] 参见蒋霞宏：《从应然到实然：刑事二审开庭的阻却与对策》，江苏法院网"理论探究"栏目2013年10月29日，网址jsfy.gov.cn，2014年4月3日访问。

制到庭、当庭训诫和拘留等强制性措施。根据这部法律，控辩双方对鉴定意见提出异议，法院认为鉴定人有必要出庭的，也应当出庭作证。经法院通知，鉴定人拒不出庭作证的，其鉴定意见不得作为定案的根据。不仅如此，控辩双方还可以申请法庭通知有专门知识的人出庭，就鉴定人作出的鉴定意见提出意见。这就意味着被告方可以针对公诉方提交的鉴定意见，委托专家辅助人对鉴定意见发表意见，并申请该专家辅助人出庭作证。〔1〕

仅仅从书本法律上来看，被告人和辩护律师申请证人、鉴定人和专家辅助人出庭作证的权利，无疑会对法院的裁判活动产生较大的影响。刑事诉讼法确立了证人、鉴定人、专家辅助人出庭的条件，还确立了证人、鉴定人拒不出庭作证的法律后果。这在很大程度上规范和限制了法院的自由裁量权。但是，该法律实施的情况表明，证人、鉴定人、专家辅助人出庭作证的制度并没有得到有效的贯彻实施，被告人和辩护律师提出通知证人、鉴定人、专家辅助人出庭作证的请求后，法院会以各种理由拒绝被告方的请求。〔2〕之所以造成这一局面，主要原因是，无论是对证人、鉴定人还是对专家辅助人，在是否通知出庭作证问题上，法院都享有极大的自由裁量权。刑事诉讼法明确授权法院在认为“有必要出庭”时，通知证人、鉴定人出庭作证。而对于专家辅助人出庭问题，法院的确会考虑被告方的这一诉讼请求，有时也会接受专家辅助人对鉴定意见发表的书面意见，但在是否传召专家辅助人出庭作证方面，法院也拥有较大的自由裁量权。这显示出被告人和辩护律师的诉讼请求对于法院的裁判活动，不可能产生较强的影响力。

〔1〕　参见郎胜主编：《〈中华人民共和国刑事诉讼法〉修改与适用》，新华出版社2012年版，第342页以下。

〔2〕　参见王峰：《新刑诉法“临床”一周年》，载《二十一世纪经济报道》2014年3月17日。

【例十二】申请向侦查部门、公诉部门调取证据的权利

我国法律确立了被告方申请调取侦查部门、公诉部门所掌握的证据材料的权利。之所以要确立这一权利，主要是考虑检察机关尽管将全部案卷材料都在提起公诉时一并移交法院，但是，一些对被告人有利的证据材料，如被告人辩解笔录、证人证言笔录等，经常被放置于卷宗材料之外，而没有随案移送。这就使得辩护律师在正常阅卷时无法查阅、审核这些证据材料，难以提供有效的辩护意见。但是，被告人和辩护律师即便提出这一诉讼请求，法院也经常拒绝提供相应的支持。这是因为，被告方即便申请法院调取相关的证据材料，法院也难以相信这些材料确实是存在的，更难以向公安机关、检察机关进行审核。而即便没有成功地调取这些证据材料，法院也不会遭受来自被告方的责难，更不会因此而被宣告为审判程序违法并受到程序性制裁。这显示出在申请法院调取那些被侦查部门、公诉部门所掌握的的证据材料问题上，被告方的诉讼请求权对于法院的裁判权只能施加十分微弱的影响。〔1〕

通过对弱影响模式的例子进行具体分析，我们可以看出，符合这一模式的诉讼请求权对于法院的裁判权并不具有实质性的影响。被告方即使提出这些诉讼请求，法院也不一定会启动审查程序，更不会提供附具理由的决定。当然，在书本法律中，法院对于是否保障被告方的这些诉讼请求权，已经有了越来越明确的适用条件。如在二审法院开庭审理，证人、鉴定人、专家辅助人出庭作证等方面，成文法就已经确立了适用标准。但是，法院仍然将是否“有必要”作为最终的裁量标准，并将此标准凌驾于其他法定标准之上。

〔1〕 参见江必新主编：《〈最高人民法院关于适用《中华人民共和国刑事诉讼法》的解释〉理解与适用》，中国法制出版社2013年版，第34页以下。

结果,法院在是否支持被告方诉讼请求方面仍然拥有极大的自由裁量权。再加上这一模式下的诉讼请求权,几乎无法获得任何有效的司法救济,对于法院限制被告人辩护权的行为,也没有明确的制裁性措施,这就使得被告方的诉讼请求权对于法院的裁判权只具有较为微弱的影响力。

(三)强影响模式与弱影响模式的比较分析

本章前面通过对被告人各项诉讼请求权的具体分析,概括出了强影响模式和弱影响模式的基本特征。我们可以看到,在这两种模式中,被告方的诉讼请求权对于法院的裁判权都不具有决定性影响,当然也并不是没有任何积极的影响。这种影响并没有体现在法院的裁判结论上,而主要是在诉讼过程和程序选择上面。换言之,被告人的诉讼请求权与法院的裁判权在"过程控制"方面,有着各不相同的影响力。法院即便对某些诉讼事项拥有最终的决定权,但这并不影响它在形成裁判结论过程中会考虑被告方的主张、请求或者理由,或者启动某一审查程序,或者确立特定的司法证明机制,从而做出较为理性的决策。

当然,强影响模式与弱影响模式的差异还是较为明显的。我们可以将这种差异概括为以下几个方面:一是是否受理了某项诉讼请求;二是是否中止正常的审判活动;三是是否启动了专门审查程序;四是是否确立了证明责任和证明标准;五是是否作出了附理由的决定;六是是否提供了明确的司法救济途径。按照这六个方面的标准,强影响模式无疑都可以给出肯定性的答案,而弱影响模式所提供的一般则是否定性的结论。

更进一步地说,在强影响模式下,法院针对被告方所提出的诉讼请求,一般都会启动专门的程序性裁判程序。这种发生在法庭审判过程中的司法裁判活动,又可以被称为"案中案""审判之中的审判",属于一种发生在正式审判程序之中但又具有相对独立性的简易裁判活动。[1]例如，在被告方提出回避申请之后，法庭要中止审理，将回避问题提交院长或审判委员会审查程序；在刑事和解程序中，被害方与被告方一旦达成和解协议，并将此协议提交法院，法院会对该协议的合法性和自愿性进行专门的司法审查，并对该协议对量刑的影响作出评估；而在被告方提出排除非法证据申请之后，法院会先后启动初步审查和正式调查程序。尽管这些程序性裁判程序与较为正式的实体性裁判程序相比，在程序设计上较为简易，在司法证明方面遵循自由证明的理念，而不是严格证明的原则，但在最低限度上，这些程序都具有较为完整的司法裁判机制，能够符合最低限度的程序公正标准。

相反，在弱影响模式下，法院对于被告方所提出的诉讼请求，都不会启动这种程序性裁判程序，而最多进行考虑和审查，然后作出更为非正式的决定。弱影响模式下的诉讼请求权，所涉及的大都是与法庭调查范围、顺序和方式相关的程序事项，刑事诉讼法往往赋予法院对此类事项较为宽泛的自由裁量权。在对被告方诉讼请求事项作出决定过程中，法院经常不举行任何形式的审查程序，而直接作出决定。例如，对于被告方申请二审法院开庭审理的，二审法院可以不经过任何评议程序，而直接由承办法官或者刑事审判庭庭长作出是否准许的决定。可以说，法院对这些诉讼请求的重要性估计不足，并采取过于简单化、快捷化的决策方式，才导致了这些诉讼请求权对于法院裁判活动难以发挥较大的影响力。

五、辩护权实现的最低程序保障

本章对辩护权制约裁判权的三种模式所进行的分析表明，被告人和辩护律师要真正有效地行使辩护权，并对法院裁判活动施加

〔1〕 参见陈瑞华：《审判之中的审判——程序性裁判之初步研究》，载《中外法学》2004年第3期。

积极的影响，就需要确立一系列程序保障。但是，考虑到被告人的各项诉讼权利具有不同的性质，它们对于辩护权的实现所发挥的作用也是不一样的，我们似乎很难为所有诉讼权利确立一种普遍适用的程序保障机制。例如，在“诉权控制模式”下，被告方一旦提出诉讼请求，法院就一律予以支持，这种由被告方直接左右法院裁判结果的情况，并不能适用于所有诉讼权利。又如，在“强影响模式”下，被告方一旦提出某一诉讼请求，法院就要启动专门的司法审查程序，并为此建立较为复杂的证明责任和证明标准，这也很难被推广到所有诉讼权利上面。

但是，我们在对“诉权控制模式”和“强影响模式”的经验进行评估的同时，也不要忘记另外两种模式下辩护权对裁判权缺乏制约力的教训。例如，在“裁判权控制模式”下，被告方的诉讼请求不仅对法院的裁判结论无法发挥实质性的影响力，而且法院竟然对这类诉讼请求置之不理，既不受理，也不进行合法性审查。这种由法院对被告方的诉讼请求随意处置的情况，无疑是被告方难以实现其辩护权的主要原因。又如，在“弱影响模式”下，法院拒绝被告方诉讼请求的，尽管会作出非正式的决定，却很少提供明确的理由，而对于这类决定，被告方也难以向上级法院申请司法救济。

当然，即便是“强影响模式”，所提供的也不只是“成功的经验”。在这一模式下，一些书面权利也并不能都有效地转化为现实权利。典型的例子是被告方申请排除非法证据的权利。尽管在书本法律中，这一权利具有较为充分的程序保障，但在司法实践中，被告方一旦提出排除非法证据的申请，法院一般都不仅不予支持，而且也很少启动正式调查程序，这类申请大都在法院的初步审查中被拒绝了。对于这种随意拒绝的情况，被告方也无法获得司法救济的机会。究其原因，主要是这一模式尽管提供了一些程序保障，但这些程序安排却出现了“程序失灵”的问题，也就是在司法实践中得不到真正的实施，而出现了程度不同的法律规避现象。

在笔者看来，为确保被告人辩护权的实现，我们需要确立一种最低限度的程序保障。为建立这种最低程序保障，我们应当着眼于汲取那些不成功的诉讼模式的教训，解决那些书本法律与现实法律之间出现的严重脱节的问题。无论是立法者确立一项新的诉讼权利，还是司法部门实施某一授权性规则，都应为被告人和辩护律师提供这种最低限度的程序保障。具体来说，这种程序保障大体可以包括授权、受理、审查、适用条件、附理由的裁决和救济等六个方面。下面依次对这六方面的程序保障作一简要分析。

（一）授权

对于被告人和辩护律师所提出的一些诉讼请求，法院经常以法律未曾确立该项权利为由，作出不予支持的决定，甚至置之不理。比如说，申请变更法院审判管辖权、申请召开庭前会议、申请二审法院开庭审理、申请延期审理、申请休庭等，就不被视为被告人的“法定诉讼权利”。当然，在这些诉讼事项上，被告人都要追求特定的诉讼利益，从不同角度维护其辩护权。正因为如此，被告人和辩护律师才会提出特定的诉讼请求，要求法院在程序安排上保护被告人的利益。但是，现行法律并没有以被告人和辩护律师“有权……”的形式，来保障他们提出特定的诉讼请求。对于这些诉讼事项，法律通常采取“法院有权……”或者“法院可以……”的方式，授予法院相当大的自由裁量权。结果，这些事项就被法官普遍视为可以独断决定的事项，而不必理会被告方的诉讼请求。

经验表明，要有效地保障被告人和辩护律师的辩护权，就要将那些原本由法院自行决定的事项转化为法定的诉讼权利，从而保证被告方“名正言顺”地行使这些诉讼权利。作为一种诉权，辩护权要有效地制约裁判权，至少应当具有“法定诉讼权利”的资格。否则，被告人和辩护律师纵然提出了特定的诉讼请求，法院也不会予以支持，甚至不会予以受理和加以审查。例如，在变更管辖问题上，法律不应只是通过指定管辖制度来解决管辖异议，而应当赋予被告人提出管辖异议之诉的权利，并赋予该项权利特定的程序后果，如法院应中止审判程序，专门审查管辖异议，并对此作出裁决。

又如，在庭前会议是否召开的问题上，法律不应仅仅将此作为法院自行决定的事项，而应授予控辩双方申请召开庭前会议的权利，并促使法院对此申请予以受理并加以审查。再如，在延期审理、中止审理、休庭等事项上，法律也不应将决定权完全交付法院行使，而应给予控辩双方提出申请延期审理、中止审理或者休庭的权利，并要求法院对此申请加以审查并作出决定。

一位最高法院的法官在庭前会议的启动方式问题上就论证了授予当事人申请权的必要性：

> 刑事诉讼法和司法解释……只是规定审判人员可以召集（召开）庭前会议。人民法院为了有效开展庭审准备，对相关的程序性或者实体性问题了解情况、听取意见，可以依职权展开庭前会议。当事人及其辩护人、诉讼代理人为了有效参与庭审，充分行使诉讼权利，可以在庭前提出各种程序性申请或者异议，并申请人民法院召开庭前会议……对于上述申请或者建议，人民法院经审查认为符合刑事诉讼法和司法解释规定情形的，可以决定召开庭前会议……〔1〕

这位法官高度重视庭前会议的作用，并认为这一程序可以有法院依职权启动和控辩双方申请启动这两种启动方式。尽管现行刑事诉讼法只确立了法院依职权启动庭前会议的方式，但为了有效地发挥庭前会议程序的庭审准备功能，由控辩双方申请启动这一程序仍然是不可或缺的。这显然说明，唯有将那些与被告人和辩护律师具有直接利害关系的诉讼事项转化为一种诉讼权利，使得被告人和辩护律师可以通过行使诉权的方式，来启动法院的审查程序，辩护权对裁判权才有可能发挥制约作用。

根据“有利益则必有诉权”的原则，对于那些牵涉被告人诉讼

---

〔1〕 戴长林：《庭前会议程序若干疑难问题》，载《人民司法》2013年第21期。

利益的事项，法律都需要明确授予被告人和辩护律师提出特定诉讼请求的权利，并赋予这些诉讼权利特定的程序后果。唯有如此，才能避免法院仅仅依据职权自行决定程序进程，随意行使甚至滥用自由裁量权。在审判过程中，也唯有通过对被告人加以授权，从而确立诉权与裁判权相互制衡的诉讼机制，才能保证诉讼活动具有最基本的诉讼形态，避免审判构造的职权主义化。

（二）受理

在某一诉讼事项上，被告人即使享有法定的诉讼权利，但假如法院经常对其诉讼请求置之不理的话，那么，被告人的这一诉讼权利也是无法得到实现的。法院的拒绝受理，意味着它对被告方的诉讼请求不会启动专门的审查程序，更不会作出支持或者拒绝的决定。这就导致被告方的诉讼请求在诉讼程序的进程上不会发生任何积极的效果，其诉讼权利的实现必然随之而落空。

在司法实践中，但凡被告人诉讼权利得到有效行使的场合，都有一个普遍的规律：法院对于被告方的诉讼请求予以受理，并启动专门的审查程序，作出是否支持该诉讼请求的决定。例如，被告人对一审法院的判决提出上诉，申请法官回避，申请适用简易程序，申请提交与被害方达成的和解协议等，就会直接导致法院启动审查程序，并作出相应的决定。在这些情形下，法院对被告方诉讼请求的受理是十分关键的一步，也是法院将被告方诉讼请求纳入裁判对象的前提。

可以说，辩护权要对裁判权发挥有效的影响力，就必须构建一种无条件受理被告方诉讼请求的机制。在这一机制下，被告人和辩护律师提出某一诉讼请求后，法院无论是加以支持还是予以拒绝，都应当接受被告方提出的申请书，允许被告方提出相应的证据材料，将该项诉讼请求事项纳入裁判范围。对于被告方的诉讼请求，法院拒不接受，拒绝审查，也不作出任何决定，这都是拒绝受理的表现，也都会导致被告人无法有效地行使辩护权。

(三)审查

在法院受理被告方诉讼请求后，法院需要随即启动一种专门审查程序。这种审查程序的启动，意味着法院会中止正常的法庭审理活动，专门就某一诉讼程序事项进行审理并作出决定。对于这种在审判过程中启动的审查程序，我们也可以将其称为“程序性裁判程序”。

迄今为止，在那些被归入“诉权控制模式”和“强影响模式”的诉讼领域，被告方的诉讼请求都能促使法院启动专门的审查程序。例如，在申请回避方面，法院会对被告人的回避申请院长或者审判委员会的审查程序；在申请非法证据排除方面，法院对于被告人的诉讼请求，会启动初步审查程序，有时这种审查是通过庭前会议来进行的，对于符合条件的案件还会启动正式调查程序；等等。

当然，要指望法院对于被告方的所有诉讼请求都启动正式的庭审或听证程序，这的确是不切实际的。这种正式庭审程序只能在法院裁决重大事项时才能适用。但是，法院对于被告方的诉讼请求，不论其牵涉多大的诉讼利益，具有怎样的重要程度，都至少应当启动一种审查程序。在这种审查程序中，法院应允许被告人和辩护律师提出诉讼请求，提交证据材料，并听取该方发表意见的机会。如果公诉方也提交证据材料和发表意见的，法院还应听取被告人和辩护律师的质证和辩论意见。唯有如此，法院对被告方诉讼请求的决定，才能建立在完整事实信息的基础上，并对相关法律适用的不同方面给予全面的关注，避免决定的片面性和偏颇性。

(四)适用条件

被告人的辩护权是由一系列具体诉讼权利组成的，被告人在辩护律师帮助下通过行使这些诉讼权利，从不同角度来实现辩护权。但是，无论是被告人还是辩护律师，所提出的诉讼请求并不一定都是合法和正当的。法院在对这种诉讼请求进行审查的过程中，假如没有明确的适用条件和标准，那么，它无论是支持还是拒绝这种诉讼请求，就都可能是随性而为的，而无法具有起码的明确性和可预测性。

通过对辩护权制约裁判权的三种模式进行分析，我们可以看出，凡是对被告方诉讼请求设定具体适用条件的，法院通过审查就有可能作出一项合乎理性的决定。例如，法律对当事人申请回避确立了法定的事由，对于不符合这些法定事由的回避申请，法院就可以作出不批准回避申请的决定。又如，对于哪些案件适用简易程序，法律也划定了非常具体的适用范围，还规定了不适用简易程序的法定情形，对于被告方提出的申请符合法定条件的，法院就可以加以支持。再如，对于被告方与被害方达成和解协议的条件，法律也作出了明确规定。对于被告方申请法院采纳和解协议的，法院就要审查该协议是否符合这些法定条件。对于符合法定条件的和解协议，法院就可以予以接受，并据此作出从轻、减轻或者免除处罚的裁决。

我们之所以强调为被告方的诉讼请求设定法定的适用条件，主要是为法院审查该类诉讼请求提供明确的法定标准。而有了这些标准，法院无论是支持还是拒绝被告方的诉讼请求，就都具有了较为明确的理由和根据。不仅如此，假如被告方提出的诉讼请求完全符合法定的条件，法院仍然作出拒绝其诉讼请求的决定，那么，被告方就可以将此作为申请司法救济的依据。比如说，被告方在上诉过程中就可以一审法院违法剥夺其诉讼权利为由，要求二审法院审查一审程序的合法性，并申请作出撤销原判、发回重审的裁定。

（五）附理由的裁决

对于被告人和辩护律师的诉讼请求，法院无论是予以支持还是加以拒绝，都应提供一份明确的决定。当然，除非是作出判决或者裁定，法院所作的决定一般都是采取非正式的口头宣告方式，而极少提供书面的决定。但即便是作出这种非正式的口头决定，法院也应当针对被告人和辩护律师的诉讼请求，作出是否予以支持的结论。法院只有作出这种明确的决定，才能对被告人和辩护律师的诉讼请求作出回应，并对被告方提出的程序异议提供解决方案。而有了这种结论，被告人和辩护律师假如认为不服的话，就可以向上一级法院寻求司法救济。

法院不仅对被告方的诉讼请求要作出明确的决定，而且还必须提供作出这种决定的理由。与一般的裁判结论一样，这种决定理由也可以包括事实根据和法律依据两个部分。在陈述事实根据时，法院要对被告方所提供的证据和事实进行审查，并作出是否采纳的决定。而在陈述法律依据时，法院则要对被告方诉讼请求是否符合法定条件或者法定事由作出说明。对于这种理由，法院一般在宣布口头决定时一并予以宣布，并将其记录在审判笔录之中。对于法院的决定不服的，被告方可以法院所做决定的理由不能成立为由，向上一级法院提出上诉。在此情况下，法院的决定理由也就成为被告方挑战法院决定合法性的直接依据。

（六）救济

无救济则无权利。一项没有救济机制加以保障的诉讼权利，根本就不可能得到实现。在被告人和辩护律师行使诉讼权利方面，我国法律除了在个别情况下允许被告方申请复议以外，一般主要是给予被告方通过提出上诉来寻求司法救济的机会。而通过提出上诉，被告人和辩护律师可以初审法院违法拒绝其诉讼请求为由，请求二审法院宣告其审判违反法定程序，影响公正审判，并要求二审法院撤销原判，发回原审法院重新审理。

但是，“撤销原判，发回重审”作为一种旨在宣告无效的制裁方式，所适用的范围很小，所针对的初审法院违反法定程序的情况也是极为有限的。迄今为止，我国法律只针对初审法院违反回避制度、违反公开审判制度、所组成的审判组织不合法以及“剥夺或限制当事人法定诉讼权利”等情形，确立了这种程序性制裁措施。但是，对于何为“剥夺或者限制了当事人的法定诉讼权利”，又在什么情况下被视为达到了“可能影响公正审判”的程度，法律则对此语焉不详，没有给出明确的解释。而多年以来，最高法院也没有对这一成文法规则给出明确的解释。结果，在司法实践中，二审法院以此为根据撤销原判、发回重审的案件，其实是凤毛麟角的。〔1〕而与此形成鲜明对照的是，初审法院随意拒绝被告方诉讼请求的大量情形，都无法被纳入这一救济机制之中。

在笔者看来，要建立辩护权制约裁判权的最低程序保障，就应当对法院无理或违法拒绝被告人和辩护律师诉讼请求的行为，确立程序性制裁措施，并为被告人和辩护律师寻求司法救济提供应有的机会。比如说，对于初审法院无理或者非法拒绝被告方变更管辖、排除非法证据、召开庭前会议、通知证人出庭作证、调取证据、重新鉴定等方面的诉讼请求的，二审法院都可以该法院“限制被告人诉讼权利，可能影响公正审判”为由，作出撤销原判、发回重审的裁定。

当然，对于二审法院和死刑复核法院无理拒绝被告方诉讼请求的行为，现有的撤销原判、发回重审制度是无法发挥救济作用的。对此情况，需要建立一种新的司法救济机制。比如说，对于被告方要求二审法院开庭审理的请求，二审法院无理拒绝的，被告方可以此为由，申请上级法院启动再审程序。至于对最高法院在死刑复核程序中无理拒绝被告方诉讼请求的，被告方究竟如何获得进一步的司法救济，这在我国现行司法体制下还是一个难以化解的难题。

六、律师说服法官的方式

随着我国刑事司法制度的逐步发展，被告人的辩护权得到了越来越充分的保障，辩护律师在刑事诉讼中发挥作用的空间也越来

---

〔1〕 参见陈瑞华：《程序性制裁理论》（第2版），中国法制出版社2010年版，第177页以下。

越大。但是，对于被告人和辩护律师所提出的诉讼请求，法院经常采取不受理、不审查、不作出决定或者随意驳回的态度。这显示出辩护权无法对裁判权产生普遍的影响力。当然，辩护权对裁判权的制约力究竟有多大？对于这一问题，也不能一概而论。至少在一部分场合下，被告方的诉讼请求权对于法院的裁判活动还是具有较大影响力，甚至可以直接控制法院裁判的过程和结论。

本章运用模式分析方法，将辩护权制约裁判权的方式分为三种模式。其中，“诉权控制模式”是辩护权对裁判权制约效果最好的一种模式，在这一模式下，被告方的诉讼请求对法院裁判过程和裁判结论都具有绝对的影响力。“裁判权控制模式”则属于另一个较为极端的模式，在这一模式下，法院对于各项诉讼事项拥有极大的自由裁量权，其决定不受被告人和辩护律师诉讼请求的影响。当然，处于中间状态的则是一种“辩护权影响裁判权的模式”，在这一模式下，被告方的诉讼请求对于法院的裁判活动具有程度不同的影响力。作为这一模式的两个分支，“强影响模式”和“弱影响模式”展示了被告方的诉讼请求对法院的裁判活动所具有的不同影响。

通过对上述三种模式进行具体的比较分析，我们不难看出，被告人和辩护律师要对法院的裁判活动发挥较强的影响力，就必须建立一些最大限度的程序保障。本章将这些程序保障定位在授权、受理、审查、适用条件、附理由的裁决以及救济等六个方面。经验表明，凡是具备这六项程序保障机制的场合，被告方的诉讼请求权就有可能得到法院的尊重。而在那些程序保障机制不健全的领域，被告人和辩护律师的诉讼请求经常得不到支持。

在正常情况下，被告人和辩护律师的请求要对法院的裁判结论发挥决定性的影响力，这是不切实际的。但是，作为一种诉权，被告人的辩护权要真正得到实现，就至少应对法院的裁判过程产生有效的影响。法院无论是支持还是拒绝被告方的诉讼请求，都应在程序上对该项诉讼请求予以回应。在这种诉讼请求提出后，法院应当予以受理，将其纳入司法审查的轨道，使其成为裁判的对象；通过审查，对于那些符合法定条件的诉讼请求，法院应当予以支持，而对于那些不符合法定条件的诉讼请求，法院则可以加以拒绝，但无论是支持还是拒绝，法院都应提供令人信服的理由；对于法院所作的决定，被告人和辩护律师还应有获得救济的机会和途径，从而可以将此诉讼请求的合法性提交上级法院重新加以审查，同时，也使得上级法院有机会对下级法院的决定进行审查，以约束和限制下级法院的自由裁量权，促使其作出符合理性原则的决定。